구약의 숲을 걷다

구약의 숲을 걷다

지은이 홍성환
펴낸이 임상진
펴낸곳 (주)넥서스

초판 1쇄 발행 2010년 9월 10일
초판 20쇄 발행 2023년 11월 1일

출판신고 1992년 4월 3일 제311-2002-2호
주소 10880 경기도 파주시 지목로 5
전화 (02)330-5500 팩스 (02)330-5555
ISBN 978-89-6000-950-9   03230

www.nexusbook.com

구약의 숲을 걷다

하나님을 만나는
행복한 시간

홍성환 지음

넥서스CROSS

● 　　　　　　성경은 하나님의 영감(헬라어로 호흡)
으로 된 것입니다. 사람이 호흡하지 않으면 살 수 없듯이 하나님의 호흡으로 된 성경을 읽지 않으면 그리스도인은 생명을 누릴 수 없습니다. 생명력 넘치는 신앙생활의 비결이 늘 성경말씀을 읽고 따르는 것이라면, 이 책은 우리에게 그 길을 열어주고 있습니다. 저자인 홍성환 목사님은 평신도들이 성경 전체의 흐름을 구속사적인 관점으로 이해할 수 있도록 돕는 사랑의교회 성경대학 강의를 통해, 성경을 지식으로만 이해하는 것이 아니라 예수 그리스도를 인격적으로 만날 수 있도록 교육하며 개인의 삶에 말씀을 적용할 수 있도록 훈련해오셨습니다. 그 경험과 말씀에 대한 사랑이 녹아 있는 이 책은 성경을 읽는 안목과 즐거움을 더해주며 성경을 통해 생명력 있는 신앙생활의 풍성함을 누리도록 도와줄 것입니다.

사랑의교회 담임목사
오정현

서문

●　　　　　　　은평구 갈현동 작은 상가 한편에서
주일이면 다섯 명의 성도가 〈나의 갈 길 다가도록〉을 힘껏 부르며 예배드렸
던 기억이 납니다. 강단에서 설교했던 분은 나이 50이 넘어 교회를 개척하신
아버지셨고, 동그랗게 모여 앉은 남은 네 명은 전부 저의 가족이었습니다.

　아버지는 저희에게 "늘 하나님 앞에 성실하고 사람 앞에 진실하라"고 말
씀해주셨고, 그 말씀대로 목회자의 삶을 사셨습니다. 그런 아버지의 신앙과
삶의 향기를 몸소 경험했기에 형제들은 가난했지만 더없이 행복했습니다.
아버지께서 몸소 보여주신 신실한 신앙 유산은 고스란히 자녀들에게 전달
되었고, 인생의 목적과 삶의 방향성을 알려주기에 충분했습니다. 4남 1녀
중 막내인 저를 비롯하여 세 형들이 모두 목회의 길을 걷고 있는 것만 봐도
아버지께서 깨우쳐주신 말씀의 진리가 형제들의 가슴속에 살아 숨 쉬고 있
는 것을 보게 됩니다.

　2004년, 저는 하나님의 은혜의 부르심을 따라 사랑의교회 목양교역자로
부임받아 목양 사역과 새가족 모임 강의로 목회의 첫발을 내디뎠습니다. 그
후 2007년부터 2009년까지 수요일 오전마다 평신도 성경대학 강의를 진행
하였는데, 이것은 전적인 하나님의 은혜였습니다. 당시 사용하고 있던 교재

가 있었으나 강의를 하면 할수록 성도들이 성경을 일독하기에 실제적으로 도움이 될 만한 교재의 필요성을 절감하게 되었습니다.

그래서 효과적인 교재를 선택하기 위해 많은 고심을 했고, 성경에 관한 책을 모색하는 데서 한걸음 더 나아가 성경을 직접 붙들고 씨름하기로 했습니다. 매주 성경을 펼쳐놓고 성도들의 눈높이에서 '왜 성경이 읽히지 않는지', '왜 늘 아는 것만 알고 모르는 것은 모른 채로 남아 있는지' 함께 고민하며 성경을 그림 그리듯 이야기로 풀어가기 시작했습니다.

첫해는 매주 만든 유인물을 교재로 강의를 진행했습니다. 그러다가 그다음 해부터는 지난해의 유인물을 하나로 엮어 《구약(신약)과의 만남》이라는 제목의 스프링바인더 형식 교재를 발간하여 사용했습니다. 성경대학 커리큘럼 과정이 1년이었기에 상반기는 구약 17주, 하반기는 신약 13주를 배정하여 구약 17강과 신약 13강으로 정리했습니다.

본서는 2009년 구약 강의 녹취록을 토대로 만들어졌습니다. 그래서 현장감은 살아 있는 반면, 현장 강의를 활자화하다 보니 문장이나 어휘 사용이 다소 구어체이고 내용 전개상 치밀하지 못한 부분도 있는 것이 사실입니다. 사실 책을 써내려가며 수많은 책과 신학자들의 통찰력에 빚진 마음을 떨쳐버릴 수가 없었습니다. 그들이 있었기에 저 또한 하나님의 말씀에 대한 통찰력을 갖게 되었기 때문입니다.

사실 저는 학자가 아닌 목회자입니다. 그렇기에 저자라는 표현보다는 편집자라는 표현이 더 잘 어울릴지 모릅니다. 처음 이 책을 작업할 때 많은 신앙의 선배에게 빚진 마음으로 시작하게 되었는데, 그럼에도 불구하고 끝까지 탈고하게 된 것은 누군가 이 책을 통해 신앙에 유익을 얻고 말씀 안에 거하는 은혜를 얻었으면 하는 소박한 마음 때문이었습니다. 또한 그렇게 하는 것이 제가 신앙의 선배에게 빚진데 대한 보답이라고 생각했기 때문입니다.

이 책을 통해 얻고자 하는 목적이라면 세 가지 정도로 말씀드릴 수 있습니다. 첫째, 성도들이 성경을 일독하는 데 도움을 주며, 둘째, 성경 전체의 숲을 보는 눈을 열어줌으로써 그 숲의 나무들도 볼 수 있는 용기를 주는 것입니다. 마지막으로 셋째, 성경에 흥미를 느꼈으면 하는 마음입니다. 그래서 쉽게 쓰려고 했고, 성경의 현장성을 그대로 담으려고 했습니다. 또한 성경을 역사 위에 올려놓고 시간의 흐름대로 읽도록 했습니다. 아울러 이 책의 이해를 위해 특징을 요약하면 다음과 같습니다.

1. 구약을 시간 및 주제별로 10시대로 나눈 후 시대에 해당하는 책을 구분하여 나열했습니다.

2. 10시대를 시작하기 전 전체 개괄을 하였고, 해당되는 책들마다 서론에 해당하는 내용은 '뿌리내리기'로 정리했습니다. 그리고 각 권을 읽기 전, 먼저 큰 숲을 보게 하기 위해 '숲 길잡이'라는 이름으로 각 장의 내용을 한눈에 볼 수 있도록 표로 만들었습니다. 이어서 '구약 숲으로'에서는 본론의 내용을 구체화하였고, 숲을 거닐다가 중간 중간 '열매 맺기'라는 항목을 넣어 성경을 이해하기 위한 tip이나 핵심들을 정리해두었습니다. 그리고 마지막으로 숲 산책을 마치면서 우리가 묵상해야 할 제목들을 생활 속에 적용할 수 있게 '담아가기'를 정리했습니다.

3. 참고로 깊은 내용이나 신학적인 내용들은 다루지 않았습니다. 구약의 개관에서 우리가 성경읽기에 꼭 알아야 할 내용들을 정리하고, 성경의 의미들을 만날 때마다 삶에 적용하는 데 주안점을 두었기 때문입니다.

끝으로 이 책이 나오게 된 결정적인 배경은 사모님 한 분이 부족한 제 강의를 손수 녹취하여 건네주신 섬김에서 비롯되었습니다. 출판을 허락해주시고 추천사를 써주신 사랑하고 존경하는 오정현 담임목사님과 강의 때마다 격려를 아끼지 않으신 강명옥 전도사님, 또한 중간 중간 출판 과정이 너무 힘들어 포기하고 싶을 때마다 위로와 격려를 아끼지 않은 사랑의교회 동역자들께 감사드립니다.

그리고 새벽 4시면 일어나 자녀들을 위해 기도하시면서 신앙의 자세를 알려준 원로 사모님이신 사랑하는 어머니와 누구보다도 뒷자리에서 묵묵히 기도하며 항상 저의 든든한 힘이 되어준 사랑하는 아내, 그리고 11년 만에 우리 가정에 귀한 선물로 안겨주신 쌍둥이 자녀(하늘, 사랑)와 감사의 마음을 전하고 싶습니다. 이 책이 출간되기까지 글을 정갈하게 갈무리해주신 넥서스크로스 김정일 목사님과 효진 자매에게도 감사를 드립니다.

홍성환

"구약의 숲을 거닐며 만난 행복"

성경, 어떻게 먹어야 할까?

매년 새해가 되면 "올해는 꼭 성경을 일독해야지" 하고 결심합니다. 그래서 성경읽기표를 가지고 다니며 읽기 시작합니다. 그러나 3일을 버티지 못하고 자신의 한계를 인정하면서 "올해는 바빠서 어쩔 수 없었어"라고 변명을 합니다. 하지만 한편으로는 "나는 왜 이것밖에 안 될까?" 하는 생각에 마음이 무거워집니다.

마치 거대한 배추 앞에서 어떻게 먹어야 할지 머뭇거리는 어린 병아리의 모습처럼 우리도 거대한 성경 앞에서 어떻게 읽어야 할지 머뭇거리고 있지는 않습니까? 먹고 싶고, 읽고 싶고, 은혜받고 싶은데, 먹자니 못 먹겠고, 떠나자니 아깝고, 머뭇거리는 병아리의 모습에서 장성한 닭으로 성장하길 원하지 않습니까?

우리가 성경을 읽을 때 어려운 이유는 성경의 흐름을 잡지 못하기 때문입니다. 또한 성경에 쓰인 용어와 당시 문화적 상황을 이해하지 못하기 때문이기도 하지요. 이러한 의문점이 풀리지 않고 쌓이기만 하면 늘 아는 것만 알고, 모르는 것은 모르게 됩니다. 분명히 알아야 될 것조차 우리는 믿음으로 받아들입니다. 그래서 어느 때는 모르면서도 아는 척, 믿어지지 않지만 믿어지는 척하기도 합니다. 그러나 이것은 믿음이 아니라 무식입니다. 성경이 우리에게 제시하는 것, 우리가 알아야 할 것은 분명히 알아야 합니다. 알아야만 은혜의 샘이 터집니다.

믿음의 동맥경화

예수 믿는다고 이전의 나의 경험들과 세상적 가치관, 의식구조 등이 없어지는 것은 결코 아닙니다. 내 안에서 충돌과 갈등을 일으키며 여러 반론을 만들어내기도 합니다. 이러한 것들에 대해 자꾸 질문을 하면 믿음 없는 사람처럼 보일까 봐 선뜻 질문을 하지도 않습니다. 그러나 이런 궁금증이 몸 안에 있으면 콜레스테롤처럼 빙빙 돌다가 점점 굳어져 동맥경화라는 심각한 상황으로 갈 수 있습니다. 그러다 보면 후에 불신자가 되어 "나도 교회 다녀 보고 성경도 읽어봤지만 별거 없더라" 하는 말을 하고 다닐 수도 있습니다.

의심은 풀어야 합니다. 이 의심이 방출되지 않고 해결되지 않으면 우리는 그 안에서 헤어나오지 못합니다. 성경을 배우고 연구할 때 믿음이 더욱더 견고해질 것입니다.

구약의 큰 그림

성경에 대해서 소개받을 때 어떤 이야기를 제일 많이 듣습니까? 구약 39권, 신약 27권, 합쳐서 66권이라는 말을 듣습니다. 조금 더 깊게 소개받을 때 구약은 오실 메시아를 바라는 예언의 책이고, 신약은 오신 예수 그리스도와 다시 오실 예수 그리스도에 대한 예언의 책이라는 소개를 듣습니다.

그러면 성경의 주제는 뭘까요? 바로 예수 그리스도입니다.

구약이라고 쓰인 방문을 열어보면 방이 세 개 있습니다. 긴 방 하나가 있고 조그마한 방이 있고 다시 긴 방이 있습니다. 방의 크기가 다르죠? 첫 번째 방을 역사서라고 합니다. 역사서 17권이 그 방 안에 차곡차곡 꽂혀 있습니다. 작은 방에는 시가서 5권이 나란히 꽂혀 있습니다. 다시 긴 방에는 어떤 것이 있습니까? 선지서 17권이 있습니다.

	역사서(17)	시가서(5)	선지서(17)	
모세오경 (5)	창세기 출애굽기 레위기 민수기 신명기	욥기 시편 잠언 전도서 아가	이사야 예레미야 예레미야애가 에스겔 다니엘	대선지서 (5)
역사서 (12)	여호수아 사사기 룻기 사무엘상 사무엘하 열왕기상 열왕기하 역대상 역대하 에스라 느헤미야 에스더		호세아 요엘 아모스 오바댜 요나 미가 나훔 하박국 스바냐 학개 스가랴 말라기	소선지서 (12)
글의 특징	과거의 사건을 이야기 형식으로 쓴 글	하나님과의 현재의 경험들을 시와 노래 형식으로 쓴 글	하나님 백성에 대한 미래의 기대를 예언의 형식으로 쓴 글	

첫 번째 방의 역사서 17권을 또다시 나누어 구분합니다. 〈창세기〉, 〈출애굽기〉, 〈레위기〉, 〈민수기〉, 〈신명기〉 5권을 율법서 또는 모세오경이라고

부릅니다. 나머지 〈여호수아서〉부터 〈에스더서〉까지 12권을 역사서라고 부릅니다. 그리고 〈욥기〉, 〈시편〉, 〈잠언〉, 〈전도서〉, 〈아가서〉 5권을 구분하여 시가서라고 부릅니다.

선지서는 대선지서 5권과 소선지서 12권이 있는데 〈이사야서〉부터 〈다니엘서〉까지를 뭐라고 부릅니까? 대선지서입니다. 그리고 〈호세아서〉부터 〈말라기서〉까지는 소선지서입니다.

그렇다면 대선지서와 소선지서는 어떠한 기준으로 구분될까요? 저자가 유명하거나 큰 인물이면 대선지서로 분류할까요? 저자가 앞선 시대 선지자이면 대선지서로 분류할까요? 정답은 '분량에 따라서' 분류합니다. 〈이사야서〉, 〈예레미야서〉, 〈예레미야애가〉, 〈에스겔서〉, 〈다니엘서〉는 분량이 좀 많죠. 그래서 대선지서라고 부릅니다. 반면 〈호세아서〉, 〈아모스서〉, 〈학개서〉, 〈미가서〉, 〈스바냐서〉, 〈말라기서〉와 같이 10장 미만이면 소선지서로 분류합니다.

옆의 그림을 더 살펴보면, 역사서의 시제는 과거입니다. 과거에 있던 역사적 사건과 사실을 기록했습니다. 그렇기 때문에 역사서 17권은 읽기가 쉽죠. 사건과 스토리 중심으로 시대와 시기별로 쓰였기 때문에 17권만 읽어도 성경을 전체적으로 파악하는 데 조금도 무리가 없어요. 시가서는 현재시제입니다. 현재 내가 하나님과 경험하고 있는 삶을 시와 음률이 있는 노래로 적어놓은 것입니다. 그래서 〈잠언〉과 〈전도서〉와 〈아가서〉를 읽으면 저자의 현재 마음을 엿볼 수 있는 현장성이 있습니다. 그리고 시가서는 신앙의 경험을 소개했어요. 저자가 경험한 자신의 신앙 체험들입니다.

선지서는 미래시제입니다. 미래에 있을 하나님의 백성에 대한 기대입니다. 그래서 선지서를 보면 하나님께서 앞으로 있게 될 일들을 말씀하십니다. 이스라엘 백성이 앞으로 어떻게 살아야 할지 또 앞으로 다가올 미래에 이스라엘 백성이 어떻게 회복될지에 대해서 기록했습니다. 그렇기에 성경에는 과거, 현재, 미래시제가 다 있습니다. 선지서는 어떤 내용의 글이 많습니까? 설교와 예언이죠. 선지서는 백성들에게 설교하고 권면하고 또 예언합니다. 선지서가 조금 읽기 어려운 것은 묵시 문학적 예언 형식이기 때문입니다.

구약의 시간적 흐름

성경은 언제 처음 기록되었을까요? 그 시기는 B.C. 1500년경입니다. 이때 모세가 모세오경을 처음 쓰기 시작했습니다. B.C. 1500년이라면 'Before Christ' 즉 예수님 오시기 1500년 전, 지금으로부터 3500년 전에 쓰인 것입니다.

구약성경이 마지막으로 쓰인 것은 언제입니까? B.C. 430년경에 쓰여진 〈말라기서〉가 아닙니다. 〈느헤미야서〉가 마지막 책으로 쓰였습니다. 기록 연대로 봐도 〈느헤미야서〉는 B.C. 420년경으로 가장 마지막입니다. B.C. 1500년부터 B.C. 400년까지 몇 년의 기간입니까? 약 1100년 동안 구약이 쓰였습니다.

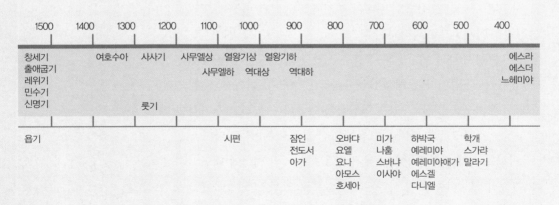

17권의 역사서는 1100년이라는 시간의 흐름 위에 과거의 사건을 이야기 식으로 올려놓은 것입니다. 역사서는 구약의 맥을 이루는 고속도로와 같습니다. 따라서 17권의 역사서만 잘 알아도 성경의 맥을 잡을 수 있습니다.

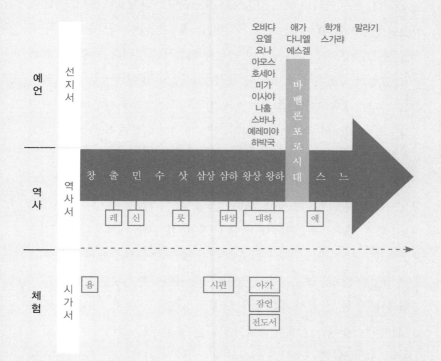

역사서가 구약의 고속도로라면 시가서와 선지서는 무엇일까요? 역사서라는 고속도로 옆에 있는 휴게소와 같습니다. 예를 들면 다윗은 어떤 시대에 살았습니까? 다윗은 역사서 중 〈사무엘상하〉 시대에 살았습니다. 그 시대에 그가 쓴 〈시편〉을 시가서라고 해서 따로 구분합니다. 역사의 고속도로에서 한 시대를 살았던 한 사람이 지은 책이기에 〈시편〉은 그 흐름에 종속되어 있는 글입니다.

또 예를 들어볼까요? 포로시대가 시작되면서 유다의 패망과 포로시대를 경험하면서 한없이 슬퍼했던 선지자가 있습니다. 예레미야 선지자입니다. 그는 유다 말년의 선지자로 구분하지만 그의 애가는 포로시대로 구분하기도 합니다. 그는 역사의 어느 시점에서 살았습니까? 이스라엘이 멸망할 때 살았던 선지자입니다. 그는 나라가 멸망할 때 이스라엘 백성을 향하여 회개를 선포하며, 다시 하나님이 이 백성을 회복시킬 것이라는 예언을 했겠지요. 그렇기 때문에 선지서와 시가서는 역사서와 떨어져 있는 것이 아니라 그 시대에 종속되어 있습니다. 그래서 역사서는 성경을 관통하는 중앙고속도로요, 시가서와 선지서는 역사의 어느 한 지역에 있는 휴게소와 같다고 표현하는 것입니다.

앞의 그림을 보면 역사서에 '창, 출, 민, 수, 삿, 삼상, 삼하, 왕상, 왕하' 그리고 바벨론포로시대, 에스라, 느헤미야가 구약의 주 흐름을 이루고 있습니다. 그 밑에 '레, 신, 룻, 대상, 대하, 에'는 중복되는 내용이거나 다른 시각으로 기록한 내용이기에 따로 분류했습니다. 예를 들어서 〈출애굽기〉는 이스라엘 백성이 출애굽하는 것부터 광야에서의 사건들을 기록한 것이죠. 그 출애굽 현장의 한 정점, 시내 산에서 쓰인 책이 〈레위기〉지요. 그렇기 때문에 〈레위기〉는 〈출애굽기〉에 종속되어 있다는 말입니다.

또 〈사사기〉 밑에 〈룻기〉가 있습니다. 이것은 사사시대에 살았던 룻이라는 사람에 대한 이야기입니다. 욥도 마찬가지입니다. 아브라함, 이삭, 야곱, 요셉이 살았던 〈창세기〉의 족장시대 때 욥도 살았어요. 그 시대를 배경으로 〈욥기〉가 쓰였기에 〈창세기〉 밑에 〈욥기〉가 있는 것입니다. 그러니까 〈창세기〉부터 시작해서 마지막 〈느헤미야서〉까지 17편의 역사서만 읽어도 성경의 큰 맥은 잡을 수 있습니다.

〈열왕기상하〉는 어떤 시대입니까? 나라가 멸망하고 분리된 이야기들 그리고 앗수르와 바벨론에게 멸망당하기 직전의 이야기입니다. 그때 살았던 선지자들이 오바댜, 요엘, 요나, 아모스, 호세아, 미가, 이사야입니다.

이렇게 역사서 속에서 선지자를 보면 어떤 내용을 선포했었는지 대략 알수 있습니다. '그 시대를 살았던 사람들은 당연히 그런 말씀을 선포할 수밖에 없었겠구나' 하며 이해하게 되는 거죠.

귀국시대 선지자인 학개, 말라기, 스가랴는 어떤 내용을 썼을까요? "하나님께서 이스라엘 백성에게 다시 한 번 기회를 주셨으니 성전을 다시 짓고, 이제 하나님께 매 맞지 말고, 회개하여 그분이 보시기에 반듯하고 새롭게 살자"라는 내용을 쓰지 않았겠어요?

정리하면 역사서는 B.C. 1500년부터 B.C. 400년까지 약 1100년의 시간속에서 일어난 객관적인 사건을 기록한 책입니다. 시가서는 역사서에 종속되어 한 시대를 살았던 저자들이 현재 하나님을 노래한 시와 간증입니다. 그럼 선지서는 뭘까요? 역사의 한 시점에서 그 시대를 살았던 선지자들이 하나님의 말씀을 대언하며 때로 백성들의 죄를 책망하고 회개를 촉구하며, 하나님이 기대하시는 바를 설교하고 예언한 것을 기록한 것입니다. 그러기에 선지서 역시 역사서에 종속되어 있습니다.

우리는 17권의 역사서 위주로 공부할 것입니다. 그러다 잠깐 휴게실에 들러 시가서 내용도 살펴보고, 다시 쭉 달려가다가 포로시대와 귀국시대에 선지자들이 선포했던 내용도 들어볼 것입니다.

10시대로 나눈 구약

1	2	3	4	5	6	7	8	9	10
인류의 시작 시대 2100년	이스라엘 역사의 시작 시대 400년	노예시대 400년	광야시대 40년	가나안 정복시대 7년	사사시대 350년	통일왕국 시대 120년	분열왕국 시대 350년	포로시대 70년	귀국시대 93년

구약은 절대 어렵지 않습니다. 구약을 이해하는 역사의 커다란 줄기만 잡으면 됩니다. 초등학교 산수를 잘하려면 구구단을 잘 외워야 합니다. 구약 성경의 구구단이 구약의 10시대입니다. 17권의 역사서를 주제별로 10등분 했습니다.

> ### 1시대 : 인류의 시작 시대 2100년(창세기 1~11장)

인간과 세계의 시작에 관한 역사
- '창조-타락-홍수-민족의 분열' 4가지 사건으로 이루어졌다.

창조
- 성경의 첫 구절인 "태초에 하나님이 천지를 창조하시니라"는 선포이다 (설득, 증명이 필요 없다). 이 사실(창조자 하나님)이 믿어지면 성경 전체가 믿어진다.

- 하나님은 6일간 창조하셨는데 3일간 창조의 틀(우주-궁창-땅)을 만드 셨고 4일부터 남은 3일은 창조의 틀에 창조물(식물, 조류, 인간)을 채우 셨다. 하지만 창조는 타락으로 이어졌다.

타락

- 인간이 죄(선악을 알게 하는 나무를 범함)를 범한다(창 3:14~19).
  - 뱀은 저주받아 배로 기어 다니며 여자의 후손과 원수가 된다.
  - 여자는 임신의 고통, 남편의 다스림을 받을 것이다.
  - 남자는 흙으로 돌아갈 때까지 땀을 흘려야 먹고 산다(에덴에서 추방됨).
  - 가장 큰 저주는 하나님과 교제권이 끊긴 것이다.
- 타락의 저주에도 불구하고 하나님은 곧바로 구원계획을 하신다.
  - "여자의 후손이 나올 것이다"(창 3:15).
  - 에덴동산에서 쫓겨난 인류는 크게 번성하나 죄도 번성한다.
  - 여호와께서 사람의 죄악이 세상에 가득함과 그 마음으로 생각하는 모 든 계획이 항상 악할 뿐임을 보시고 땅 위에 사람을 지으셨음을 한탄하 시고 사람들부터 가축과 기는 것들까지 모두 쓸어버리시기로 작정하 신다(창 6:5~7).

홍수

- 노아가 600세 때 정결한 암수 7쌍, 부정한 것 2쌍과 노아, 셈, 함, 야벳과 그의 아내, 며느리들 8명이 방주로 들어간다.
- 40주야 비가 내린다. "그날에 큰 깊음의 샘들이 터지며 하늘의 창문이 열리고"(창 7:11).
- 150일 동안 물이 땅에 넘치자 아라랏 산에 머물러 방주에서 나온 후 번 제를 드린다.

- 다시는 모든 생물을 물로 멸하지 아니하신다고 무지개 언약을 하신다.
- 노아와 아들들에게 "생육하고 번성하며 땅에 충만하라"고 말씀하신다.
- 노아의 죽음(950세) 후 백성(셈, 함, 야벳)이 나뉜다. 하나님은 노아 홍수 이후 민족이 나눠 살기를 바라셨지만 인간들은 흩어짐을 면하고자 똘똘 뭉쳐 하나님께 바벨탑을 쌓아 자신들의 이름을 내기 바랐다.

민족의 분열
- 하나님은 바벨탑을 쌓는 그들의 언어를 혼잡하게 하여 서로 알아듣지 못하게 그들을 온 지면에 흩으셨다.

> 2시대: 이스라엘 역사의 시작 시대 400년(창세기 12~50장, 욥기)

- 민족이 흩어진 후 하나님은 이방 땅에서 사는 아브라함을 중심으로 4명의 족장을 통하여 이스라엘을 세우신다.
- 이스라엘 역사의 시작 시대는 '아브라함, 이삭, 야곱, 요셉'이라는 족장들의 이야기가 소개된다. "너는 너희 친척 본토 아비집을 떠나 내게 지시할 땅으로 가라"(창 12:1).
  - 하나님은 아브라함을 이방 땅에서 부르시고 아브라함에게 2가지 언약의 약속을 하신다(땅의 축복과 자손의 축복).
  - 야곱의 열두 아들을 통해 12지파가 나오게 된다.
  - 야곱의 열두 아들 중 가장 사랑받았던 요셉은 형들의 시기로 애굽으로 팔려가고 요셉은 그곳에서 국무총리가 되어 30년 후 가족 70명을 애굽 땅 고센 지역에서 살게 한다. 마지막으로 요셉의 죽음과 더불어 임박한 종살이에 대한 암시와 함께 〈창세기〉는 끝난다.

3시대: 노예시대 400년(출애굽기 1~14장)

- 노예생활 기간이 430년이라고 하는 사람이 있는데 그것은 요셉이 애굽에 들어온 세월까지 합친 것으로 노예생활은 400년이 맞다.
- 400년이란 세월이 흘러 요셉을 알지 못한 바로가 등극하면서 그는 이스라엘 백성이 엄청나게 불어나는 것을 두려워하게 되어 강제 노역과 남아산아제한 정책을 썼고 그런 와중에 모세가 태어난다.
- 모세는 버려져 바로 딸에 의해서 키워졌고 궁에서 40년, 양을 치면서 40년, 출애굽 하면서 40년, 총 120년의 생애를 살았다.
- 모세를 통해서 이스라엘 백성의 출애굽 구원 계획을 세우셨던 하나님은, 노예 해방을 거부하는 바로와 애굽 민족에게 10가지 재앙과 장자의 죽음이라는 유월절을 통하여 이스라엘 백성을 출애굽시키셨다.
- 장정만 603,550(200만 명)명이 출애굽하였다.
- 노예시대 400년은 '백성의 고통-10가지 재앙-출애굽-홍해'까지의 이야기이다.

4시대: 광야시대 40년(출애굽기 15~40장, 레위기, 민수기, 신명기)

- 홍해를 건너 시내 산까지 이르게 한다.
- 이스라엘 백성은 시내 산에서 11개월 머물렀고 그동안 하나님께서 모세에게 십계명(율법)과 성막 짓는 방법과 5제사와 7절기를 주셨다.
- 인간과 하나님과의 관계(율법과 제사와 절기), 인간과 인간과의 관계(사회법)
- 하나님께 예배하는 방법, 하나님과 동행하는 삶의 비결을 가르쳐주신다.

- 성막을 만들게 하므로 하나님의 임재와 동행을 경험하게 하신다.
- 시내 산에서 〈레위기〉가 기록된다.
- 율법을 받은 이스라엘 백성은 가나안 땅을 향해 군대 진영을 갖추면서 인구조사를 하게 되고 가데스바네아라는 곳에서 12정탐군을 보내어 땅을 미리 정탐하게 한다. 그 결과 10 대 2라는 보고를 듣고 백성들은 모세를 원망했다. 하나님이 그들에게 진노하사 40년을 광야에서 방황하게 했으며 출애굽 1세대를 모두 죽이시고 2세대와 여호수아와 갈렙과 모세만 살리셨다.
- 모세는 드디어 모압에 이르러 출애굽 2세대에게 제2의 율법을 설교했으며 비스가 산에서 죽음을 맞이한다. 여기까지가 〈신명기〉이다.

5시대: 가나안 정복시대 7년(여호수아)

- 가나안을 정복하고 정착한다(하나님께서 영토를 만드시는 과정).
- 모세의 지도권을 승계받은 여호수아는 백성을 이끌고 요단 강을 건너 가나안에 진을 치고 있는 거친 일곱 족속과 싸운다.
- 첫 성인 여리고 성과 아이 성을 거쳐 7년 동안 31번 싸운다. 31전 30승 1패(아이 성)였으나 하나님은 이방 민족을 모두 쓸어버리지 않고 남겨 두셨다.
- 여호수아는 땅을 정복한 후 12지파에게 땅을 분배하고 계속해서 남은 땅들을 믿음으로 정복하라고 유언한다.
- 마지막은 여호수아의 설교로 끝이 나는데 이스라엘 백성이 축복받을 수 있는 유일한 근거는 "하나님의 언약에 순종할 때"라고 분명히 못을 박았다.

6시대: 사사시대 350년(사사기, 룻기)

- 가장 암울했던 시대이며, 〈룻기〉가 쓰인 시대이다.
  - 당시 시대를 반영한 구절이 있다. "그 세대의 사람도 다 그 조상에게로 돌아갔고 그 후에 일어난 다른 세대는 여호와를 알지 못하며 여호와께서 이스라엘을 위하여 행하신 일도 알지 못하였더라(삿 2:10).
- 사사는 12사사가 있었고, 여호수아의 죽음으로부터 사무엘시대와 통일왕국 직전까지 활동하였다.
  - 〈사사기〉는 순환의 역사이다. '타락-심판-회개-회복-타락'이 7번 반복된다.
  - 자주 사용되는 문장이 있다. "이스라엘 백성들이 여호와의 목전에서 또 악을 행하니."
  - 〈사사기〉를 한마디로 표현한 구절이 있다. "그때에 이스라엘이 왕이 없으므로 사람이 각기 자기 소견에 옳은 대로 행하였더라"(삿 21:25).

7시대: 통일왕국시대 120년(사무엘상하, 역대상, 시편, 잠언, 전도서, 아가)

- 통일왕국시대는 사사시대의 신권정치에서 왕이 지배하는 군주제로 넘어가는 중대한 과도기였다.
- 백성들은 사무엘에게 왕을 요구한다.
  - 사울 40년, 다윗 40년, 솔로몬 40년, 도합 120년을 통치하였다. 이스라엘 최고의 번성기였다. 사울은 하나님을 무심(無心)으로, 다윗은 전심(全心)으로, 솔로몬은 반심(半心)으로 섬겼다.
- 솔로몬이 남긴 가장 큰 유산은 성전 건축이다(다윗이 못한 이유는 손에 피

를 많이 묻혔기 때문) 성전은 7년, 왕궁 13년 만에 건축한다.

-백성은 과중한 강제 노역과 세금에 시달렸다.

• 솔로몬은 다윗이 정복한 주변 나라를 융화하기 위해 혼인정책을 써서 1,000명의 아내와 결혼하고 우상숭배하는 죄를 범한다. 신전들이 1,000개가 생겼다. 하나님을 향한 마음이 식은 솔로몬은 하나님을 버렸고, 하나님도 솔로몬을 버렸다. 솔로몬 죽음 후에 나라가 분열된다.

> ## 8시대: 분열왕국시대 350년
> (열왕기상하, 역대하, 요나, 호세아, 아모스, 요엘, 이사야, 미가, 나훔, 오바댜,
> 스바냐, 예레미야, 하박국)

• 솔로몬의 범죄로 나라가 나뉜다(B.C. 931년).

-솔로몬의 아들 르호보암이 왕이 되자 북쪽 지역 노역을 담당하는 노역 책임자 여로보암이 찾아온다. 세금을 감하고 노역을 줄여달라고 하자 르호보암은 전갈(채찍)로 다스린다.

• 여로보암의 쿠데타로 왕국이 분열된다.

-여로보암이 10지파를 데리고 북이스라엘을 세운다.

-르호보암이 유다와 베냐민 지파와 함께 남유다를 세운다.

• 이 시대에 살았던 선지자는 이사야, 예레미야, 스바냐, 요나, 요엘, 미가, 나훔, 하박국, 아모스, 오바댜이다.

-선지자들의 메시지는 "회개하라 그렇지 않으면 쫓겨나리라"이다.

-400년 동안 남유다는 20명, 북이스라엘은 19명의 왕이 있었다.

-좋은 왕은 남유다는 8명, 북이스라엘은 한 명도 없었다.

9시대: 포로시대 70년(예레미야애가, 에스겔, 다니엘)

- 북이스라엘은 B.C. 722년 앗수르의 살만에셀 왕에게 멸망한다.
- 남유다는 B.C. 586년 바벨론의 느브갓네살 왕에게 멸망한다.
  - 신 바벨론은 앗수르를 멸망시킨 후 곧바로 남유다를 침공한다.
  - 남유다는 3차에 걸쳐 포로로 끌려간다.
- 당시 선지자는 에스겔, 다니엘이었다.

10시대 : 귀국시대 93년(에스라, 에스더, 학개, 스가랴, 말라기, 느헤미야)

- 바벨론이 바사(페르시아)에게 망한다.
- 바사 왕 고레스의 칙령에 따라 3차에 걸쳐 귀국한다(B.C. 606년).
  - 1차는 스룹바벨이 70년 만에 성전을 재건한다. 그리고 에스더 왕후(아닥사스다 왕)는 유대인의 멸족 위기에서 구원시킨다.
  - 2차는 에스라가 백성들의 영적 부흥을 주도했다.
  - 3차는 느헤미야가 성벽을 재건한다.

지도로 보는 구약 세계

성경이 어렵고 읽히지 않는 이유 중 하나는 지도를 알지 못하기 때문입니다. 사실 성경에 기록된 지명을 현재의 지도에서 찾으라면 어려움이 많을 것입니다. 그러나 우리가 보편적인 견해 안에서 구약 지명을 외우는 것은 매우 중요합니다.

지도를 볼 때 일단 큰 지역 세 개를 구분할 줄 알아야 합니다. 다시 말하면 서울, 충청도, 강원도, 경상도 이렇게 외우듯이 우선 큰 지역을 외워야 합니다. 즉 메소포타미아 지역, 가나안 지역, 이집트 지역 이렇게 구분하고 그 지역 안에 어떤 지명들이 있는지 알 때에 성경이 읽힙니다.

예를 들어서 '아브라함이 갈대아 우르를 떠났다' 하면 갈대아 우르가 어디인지 구체적으로 생각이 나야 합니다. '아! 우르가 여기였구나. 아브라함이 가나안까지 왔다면 굉장히 먼 거리를 이동한 거구나. 어떤 경로를 거쳐 왔을까?' 하며 궁금증이 생기게 됩니다. 알면 알수록 궁금증이 더 생기는 것이 성경입니다. 모르면 속 편합니다. 이제부터 고민에 들어가야 합니다. 궁금증을 가져야 합니다. 구약과 신약의 배경이 되는 이스라엘 땅은 지금으로 말하면 중동지역입니다. 지도를 보면서 지역을 외워보길 바랍니다.

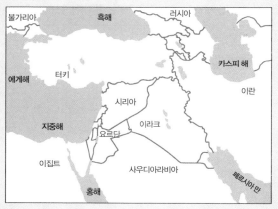

현재의 지도

창세기의 지도

구약을 공부하는 방법 중의 하나는 지명을 잘 아는 것입니다. "이집트가 어디에 있을까요?", "시내 산이 어디입니까?", "우르는 어디에 있습니까?", "어디가 메소포타미아 지역입니까?", "아브라함이 하란에 가족들과 잠깐 머물렀다가 데라가 죽습니다. 하란이 어디에 있을까요?", "바벨론은 어디 입니까?", "모압평지는 어디입니까?", "요단 강은 어디입니까?", "에돔, 모압과 암몬은 또 어디에 있습니까?", "이스라엘은 어디에 있나요?"

이스라엘은 사방이 물로 둘러싸인 나라입니다. 위로는 지중해가 있고 좌측으로 나일 강 삼각주에 애굽이 있습니다. 홍해가 좌측 아래에 있고, 우측 아래에는 페르시아 만, 위쪽에 티그리스 강, 유프라테스 강이 보입니다. 티그리스 강과 유프라테스 강은 늘 헷갈립니다. 긴 강이 긴 이름입니다.

지도에는 표시가 안 되어 있지만 가나안 땅 중간에 올챙이처럼 생긴 갈릴리 호수와 요단 강 그리고 사해가 있습니다. 지중해, 홍해, 페르시아 만, 티그리스 강, 유프라테스 강, 갈릴리 호수와 요단 강, 사해 등 이렇게 가나안 땅은 사방이 물로 둘러싸여 있습니다. 그래서 이 지역을 비옥한 초승달 지역이라고 부릅니다.

앞으로 지명들이 많이 등장하게 되는데 지명이 나올 때마다 머릿속에 그려져야 합니다. 그러면 성경읽기나 공부하기가 더욱 재미있어집니다.

구약의 배경이 되는 고대 근동 세계

구약 초기의 배경이 되었던 고대 근동의 역사적 무대는 크게 세 지역으로 나눌 수 있습니다. 메소포타미아 지역을 중심으로 일어난 메소포타미아 문화, 가나안 지역을 중심으로 일어난 가나안 문화, 그리고 이집트 지역을 중심으로 일어난 이집트 문화가 있습니다.

메소포타미아 지역

우리는 세계사 시간에 고대 인류의 문명은 메소포타미아문명의 쐐기문자와 이집트문명의 상형문자로 시작되었음을 배웠을 것입니다. 그렇습니다. 메소포타미아문명은 일찍이 티그리스 강과 유프라테스 강을 중심으로 발달되었습니다. 티그리스 강과 유프라테스 강 주변으로 형성된 메소포타미아 지역이 지금의 이라크 지역입니다. 두 강 사이가 갈대아 우르입니다. 창세기 12장에 아브라함이 떠난 고향이 이곳 우르입니다.

메소포타미아 지역을 중심으로 먼저 문명이 발생하면서 그 안에서 많은 각축전이 벌어졌습니다. 당시 강이란 생명의 근원이었습니다. 강 중심으로 주변에 있는 왕국의 흥망성쇠가 그친 적이 없었습니다. 그중에서도 우르 민족이 중심이 되어 주변 민족을 장악하면서 한때 강력한 도시국가를 형성했습니다. 물이 풍부했던 이곳에 많은 민족이 밀집해 살면서 우상과 이방 문화가 넘쳐났던 곳입니다. 이 지역에는 수메르인, 후리아인, 엘라인, 앗수르인, 아모르인, 바벨론인 같은 민족이 살았습니다. 후리아인은 히위 또는 여부스 족속이라고 하고, 바벨론인은 갈대아인이라고도 불립니다.

그러다가 유목 민족인 아모르에게 우르가 멸망하게 됩니다. 그리고 B.C. 1700년경에는 바벨론이 도시국가를 형성하여 또 그들을 무너뜨리면서 강력한 국가를 형성하게 됩니다. 그때 바벨론의 제1왕조 6번째 왕이 함무라비입니다. 함무라비 왕 때에 유명한 것이 두 개 있습니다. 함무라비 법전과 길가메시 서사시입니다. 루브르박물관에 있는 길가메시 서사시에는 대홍수 사건이 기록되어 있습니다. 메소포타미아 지역을 바벨론이 장악하고 있다가 구스, 에티오피아에게 망하게 됩니다. 외우려고 하지 마세요. 머리 아픕니다. '메소포타미아 지역은 열강의 각축전이 벌어졌던 지역이구나'라고 기억하시면 됩니다.

가나안 지역

가나안 문화는 팔레스타인 본토인의 문화입니다. 이스라엘 백성이 가나안 땅을 점령한 후에 제일 먼저 겪게 되는 문제는 가나안 본토의 문화를 어떻게 수용할 것인가였습니다. 이들 문화의 특징은 음란과 풍요의 우상문화였습니다. 그래서 구약성경 전반에 흐르는 영적 싸움은 결국 음란과 풍요의 신인 바알과의 전쟁이었음을 알 수 있습니다.

이집트 지역

나일 강을 중심으로 생성된 이집트문명은 지형적으로 완만하여 홍수의 위협이 크지 않고 상류의 좋은 흙들이 흘러 들어와 농사를 지을 수 있는 좋은 조건을 많이 가진 지역입니다. 이집트인들은 자연을 찬미하거나 자연을 우상 삼아 살았으며 노래와 시가 많이 발달되었던 지역이기도 합니다. 나일 강을 중심으로 문명을 일으킨 본토인은 애굽인들입니다. 그리고 그 지역에 많이 분포된 블레셋 민족이 있었는데 그들은 에게 해로부터 배를 타고 들어와 정착한 민족입니다. 이들은 앞선 철기문화를 갖고 있었으며 싸움을 잘하고 좋아한 민족이었습니다. 계속 이집트를 공격하고 또 이스라엘을 괴롭혔습니다.

사사시대 때 툭하면 쳐들어왔던 민족이 블레셋이었죠. 블레셋이 가장 괴롭혔던 사람은 사울 왕이었습니다. 사울 왕은 굉장히 불행했던 사람이에요. 좀 살 만하면 블레셋 사람들이 쳐들어와서 쥐어박고 갑니다. 사울의 눈엣가시는 블레셋이었습니다. 그런데 블레셋을 완전히 평정한 사람이 다윗입니다. 이집트 지역에는 이들 애굽인, 블레셋인, 힉소스인들이 자리 잡고 있었습니다.

귀국시대 93년

포로시대 70년

분열왕국시대 350년

통일왕국시대 120년

사사시대 350년

가나안 정복시대 7년

광야시대 40년

노예시대 400년

이스라엘 역사의 시작 시대 400년

인류의 시작 시대 2100년

01

닭이 먼저인가?
알이 먼저인가?

'이 세상이 어떻게 시작되었을까?'라는 질문은 누구나 갖고 있을 것이다. 10시대 중 첫 번째 시대인 '인류의 시작 시대'는 연대가 다른 시대에 비해 긴 편이다. 〈창세기〉는 우주와 천지만물의 시작 그리고 인류 시작과 죄의 기원을 기록하고 있다. 이 세상 천지만물은 우연이나 진화물이 아니라 하나님께로부터 시작됨을 선언한다. "태초에 하나님은 천지를 창조하시니라"(창1:1). 하나님은 만물을 창조하실 때 번식할 능력, 열매를 맺을 수 있는 나무, 완전히 자란 초목을 만드셨다(창 1:12). 그러니 알을 창조하시기보다는 닭을 창조한 것이 맞을 것이다. 이 시기의 대표적인 사건은 '창조, 인간의 타락, 대홍수, 홍수로 인한 인류의 흩어짐' 등이 기록되어 있다.

달콤한 유혹과 쓰라린 눈물

🌿 뿌리내리기 _성경의 전체를 알아봅니다

　성경의 첫 번째 책인 〈창세기〉는 '기원', '발생'이라는 뜻으로, 우주의 기원, 인간의 역사, 죄의 시작과 구원, 민족의 기원, 하나님과 이스라엘과의 언약 관계 등이 기록되어 있습니다.

　하나님은 천지를 창조하시고 인간을 대리자로 임명하시지만, 인간이 하나님 말씀에 불순종하여 비극적인 결과를 가져옵니다. 그러나 하나님은 그들이 타락했음에도 불구하고 버리지 아니하시고 구원하기 위해 거대한 프로젝트(Project)를 준비하십니다. 그리고 아브라함을 통해서 이스라엘을 만드시고 이스라엘을 축복의 통로로 사용하여 인간을 구원하시려는 인간 구속의 프로젝트를 시작하십니다. 이것이 성경 전체의 이야기이면서 〈창세기〉의 발단입니다.

　〈창세기〉의 저자는 누구일까요? 모세입니다(벧후 1:20~21). 오경(五經, The Pentateuch) 즉, 〈창세기〉, 〈출애굽기〉, 〈레위기〉, 〈민수기〉, 〈신명기〉는 모세가 기록했습니다. 여기서 우리는 "모세가 모세오경을 기록한 연대는

B.C. 1500~1400년경으로 보는데 어떻게 인류가 처음 시작한 태초의 이야기를 기록할 수 있었을까?" "또 모세는 신명기 34장에서 죽는데 34장 이후의 기록들은 누가 썼을까?"라는 의문을 얼마든지 가질 수 있습니다.

성경의 원 저자는 모세가 아닌 성령 하나님입니다. 성령 하나님이 모세를 감동하여 유기적인 관계 속에서 그의 경험과 지식, 노하우 등을 모두 사용하셔서 성경을 기록하게 하셨습니다(요 5:45~47). 신명기 34장 이후의 기록도 마찬가지로 성령의 감동을 받은 다른 저자(여호수아)가 이어서 썼다고 봅니다.

이렇게 성령님께서 저자를 감동하셔서 유기적인 관계 속에서 성경을 기록하셨다는 견해를 유기적 영감설이라고 합니다. 그러나 다른 신학적 견해도 있습니다. 어떤 사람들은 하나님께서 불러주셨고 인간은 기계처럼 받아쓰기만 했다는 기계적 영감설을 말합니다. 그것은 틀린 말입니다. 왜냐하면 저자의 개성과 경험들이 복음서 등에 기록되어 있기 때문입니다. 따라서 하나님은 저자들에게 감동을 주셔서 성령님과 유기적인 관계 가운데서 성경을 기록하게 하셨습니다. 그리기에 창조시대까지도 기록할 수 있었던 것입니다.

〈창세기〉를 포함한 모세오경은 40년의 광야시대 중에 기록됐으며 인간과 죄의 기원(창 1~11장), 그리고 하나님의 구원을(창 12~50장) 설명하고 있습니다. 〈창세기〉의 중심 사상은 하나님의 선택과 그 선택에 따른 구속입니다. 하나님이 선택하시고 인간의 의지와 상관없이 일방적으로 구원을 이루어가시는 것입니다. 따라서 창조주 하나님이 자기 형상을 따라 인간을 창조하시고, 타락한 인간을 버리지 않고 그들을 구원하신다고 강조하고 있습니다. 그 구원을 이루고 열방을 축복할 통로로 사용하기 위해서 하나님은 한 나라를 세우셨는데 그 나라가 바로 이스라엘입니다.

숲 길잡이 _성경의 전체를 표로 알아봅니다

시대	인류 역사의 시작 시대			
초점	네 가지 사건			
구절	1~2장	3~5장	6~9장	10~11장
구분	창조	타락	홍수	바벨탑
주제	모든 인류(원시 역사)			
	사건 중심으로 전개			
장소	에덴-하란(메소포타미아 지역)			
기간	약 2100년			

〈창세기〉 1~11장까지는 인류 역사의 시작 즉, 원시 역사라고도 합니다. 인류 역사의 시작은 창조, 타락, 홍수, 바벨탑(민족 분열) 네 개의 사건 중심으로 전개됩니다. 약 2100년 동안 에덴, 하란 등 메소포타미아 지역을 배경으로 일어났던 이야기입니다.

구약 숲으로 _성경의 중심내용을 알아봅니다

창조의 시작

성경은 "태초에[1] 하나님이 천지를 창조하시니라"(창 1:1)라고 시작합니다. 〈창세기〉의 첫 선언은 하나님의 선언이었습니다. 이 말씀이 믿어지면 성경 전체가 믿어지는 것입니다. 창조자 하나님, 전능자 하나님, 내 인생의 주인이자 만물의 주관자이심을 믿는 것이 신앙의 시작입니다. 하나님은 우리를 설득하지 않으십니다. 우리에게 증명해 보이지도 않습니다. 하나님은 우리에게 일방적으로 선포하셨고 우리는 그것을 믿는 것입니다. 그렇지 않으면 성경을 이해하지 못하고 읽을 수도 없습니다.

1 〈창세기〉의 첫 단어 '베레쉬트(태초에)'는 제목이 되는 동시에 그 책의 내용을 암시하고 있다. 유대인들은 "하나님이 태초에 천지를 창조하시니라" 또는 "하나님이 태초와 천지를 창조하시니라"라고 고쳐 읽는다. 하나님보다 태초라는 단어를 앞에 두는 것을 꺼리기 때문이다.

믿음은 노력으로 생기는 것이 아니라 하나님의 일방적인 선물입니다. 하나님이 만물의 창조자이심이 믿어지지 않고 어딘가 꺼림칙하다면 오늘부터 "하나님, 하나님이 만물의 창조자라는 사실을, 전능자 하나님이라는 사실을 믿을 수 있기를 소원합니다. 믿음을 주세요"라고 기도하세요. 이처럼 하나님의 창조는 무(無)에서부터 창조하신 사역입니다. 하나님의 창조는 신화가 아닙니다. 그렇다면 하나님은 며칠 동안 천지를 창조하셨나요?

첫째 날(창 1:3~5)은 빛을 창조하셨습니다. 둘째 날(창 1:6~8)은 하늘과 바다를 창조하셨습니다.

> 하나님이 이르시되 물 가운데에 궁창이 있어 물과 물로 나뉘라 하시고 하나님이 궁창을 만드사 궁창 아래의 물과 궁창 위의 물로 나뉘게 하시니 그대로 되니라 하나님이 궁창을 하늘이라 부르시니라 저녁이 되고 아침이 되니 이는 둘째 날이니라(창 1:6~8).

하나님이 하늘과 땅을 만드실 때 이를 궁창이라고 하셨습니다. 그런데 위 궁창과 아래 궁창을 만드셨다고 그랬어요. 위 궁창은 무엇일까요? 하늘 즉 창공을 말합니다. 하늘 위에 물을 가두셨습니다. 그것을 위 궁창이라고 합니다. 그리고 아래 궁창이 있습니다. 곧 바다와 강입니다. "노아가 육백 세 되던 해 둘째 달 곧 그 달 열이렛날이라 그날에 큰 깊음의 샘들이 터지며 하늘의 창문들이 열려"(창 7:11). 땅에서는 깊은 샘들이 터지고 하늘에는 문이 열렸다고 했습니다. 바로 하나님이 둘째 날 만드신 위 궁창과 아래 궁창의 문이 열린 것입니다. 셋째 날(창 1:9~13)에는 땅과 식물을 만드셨고, 넷째 날(창 1:14~19)에는 우주를 창조하셨습니다. 구약의 배경이 되었던 메소포타미아 지역에는 자연숭배사상이 있었습니다. 우주가 신을 만들었다고 믿었습니다. 태양과 물과 땅을 우상시하는 것이 메소포타미아 사람들의 문명이었습니다. 그러나 하나님은 반대로 선포하셨습니다. 우주가 신을 창조한 것이 아니라, 창조자 하나님이 우주를 창조했다고 선포하십니다. 그리고 우주를 어떻게 하라고 우리에게 지시하십니까?

> 하나님이 자기 형상 곧 하나님의 형상[2]대로 사람을 창조하시되 남자와 여자를 창조하시고 하나님이 그들에게 복을 주시며 하나님이 그들에게 이르시되 생육하고 번성하여 땅에 충만하라, 땅을 정복하라, 바다의 물고기와 하늘의 새와 땅에 움직이는 모든 생물을 다스리라 하시니라(창 1:27~28).

하나님은 우주를 만드시고 인간에게 다스리라고 위임하셨습니다. 따라서 우리는 자연을 다스리는 존재입니다. 성경을 보면 하나님께서 당시 자연 우상들을 몰락시킴으로써 하나님만이 참 우주의 신이심을 드러내는 사건이 있습니다. 그것이 무엇일까요? 모세의 10가지 재앙 사건입니다. 이 사건의 대상이 바로 애굽의 신들이었습니다. 그들은 나일 강이 생명의 젖줄이었기 때문에 나일 강을 신으로 섬겼습니다. 그때 하나님은 나일 강을 그들 눈앞에서 피로 바꾸셨습니다. 또 태양을 섬겼지만 흑암으로 태양을 가려버렸습니다. 이방 민족들 앞에서 그들의 신들을 무너뜨리시며 "이 모든 우주 자연 만물이 나의 창조물이다"라고 선언하십니다.

다섯째 날(창 1:20~23)은 하늘의 새와 바다의 동물을 만드셨습니다. 여섯째 날(창 1:24~31)은 식물을 먹는 동물과 사람을 만드셨습니다. 마지막 일곱째 날(창 2:2~3)은 모든 일로부터 안식하셨습니다.

창조의 특징

1. 천지창조와 안식

하나님께서는 첫 3일 동안 내용물들을 채울 큰 틀을 만드시고, 나머지 3일 동안은 그 틀 안에 넣을 내용물을 만드셨습니다. 즉, 빛, 궁창, 땅과 식물, 달과 별, 조류와 어류, 그리고 동물과 사람을 만드셨습니다.

모든 자연물은 하나님의 창조물이지 우연히 진화된 것이 아닙니다. 우리는 하나님의 형상을 따라 만들어진 작품입니다. 주위를 둘러보세요. 다양한 사람들이 보일 것입니다. 모두 하나님의 작품입니다. 그리고 "나는 하나님의 작품이다"라고 선포합시다. 하나님께서는 6일 동안 창조하신 후 "심히 좋았더라"(창 1:31)고 선언하셨으며, 일곱째 날에 안식하셨습니다.

2. 날

"날"이란 개념의 길이와 특성에 대해서 여러 이견이 있습니다. 히브리어로 "욤(날)"을 실제로 우리가 생각하는 24시간이라고 해석하는 사람도 있습니다. 길이가 분명치 않은 기간으로, 구분을 위해 첫째 날이라고 지칭했을 것이라 해석하는 사람도 있습니다.

"날이 24시간인가? 길이가 분명치 않은 기간인가?"라는 개념은 시간이 아니라 문학적인 구조로 봐야 합니다. 하나의 창조 행위가 끝나는 시간, 그것을 '날'로 생각합니다. 시간, 분, 초의 개념이 아니라 하나의 창조 행위를 시작한 때부터 그것을 마친 때를 한 날이라고 표현하는 문학적인 구조일 것입니다. 중요한 것은 질서정연하게 이 세계가 창조주 하나님으로부터 창조되었으며 결국 우연이나 진화된 것이 아니라는 것입니다.

3. 하나님의 대리인

마지막 날 창조하신 인간은 만물을 다스리는 존재가 되었습니다(창 1:26).

다스린다는 것은 통치를 의미하지 억압을 의미하지 않습니다. 인간은 하나님의 대리인으로서 그 다스리는 대상들의 유익을 위해서 다스려야 합니다. 하나님은 인간으로 하여금 세상의 자원을 유용할 수 있도록 허락하셨지만 남용(濫用)하라는 권리는 주시지 않았습니다. 우리는 주인이 아니라 이 자연 만물에 있어서 청지기입니다. 청지기가 뭡니까? 주인의 것을 잘 관리하는 것입니다. 주인이 내놓으라고 할 때 다시 내드려야 합니다.

인간의 비극이 어디로부터 오는지 아십니까? 내가 주인이라고 착각하고 내 것이라고 고집부릴 때부터 비극이 찾아옵니다. 이 세상에 내 것이 어디 있습니까? 모든 것은 하나님께 잠시 빌려 쓰고 있는 것입니다. 내 생명이 내 것입니까? 내 뱃속에서 10개월 동안 품었던 아이는 내 것입니까? 자녀를 내 것이라고 고집하고 집착할 때 인생의 비극이 찾아오고 마음이 아프고 상처를 입는 것입니다.

남의 돈도 오래 가지고 있으면 돌려줄 때 상당히 아깝습니다. 십일조도 바로 드려야지 한 주 깜빡 잊고 못 드리면 다음 주에 드릴 때 아깝습니다. "이 돈이면 애들 학원비 낼 수 있는데…", "이 돈이면 마음껏 쇼핑할 수 있는데…" 등 자꾸 욕심이 생깁니다. 돈은 사랑의 대상이 아니라 관리의 대상입니다. '돈을 사랑함이 일만 악의 뿌리'라고 했습니다. 내 생명, 자식, 물질까지도 내 것은 없습니다. 모두 하나님의 것입니다. 내 권리를 이양하고 내 권리를 포기하고 내려놓을 때 마음이 평안해집니다.

신앙생활도 마찬가지로 내려놓는 것입니다. 마음이 평안할 때까지 내려놓고 더 내려놓는 것입니다. "죽이시든 살리시든 하나님께서 알아서 하세요." 이것이 신앙입니다. 이때 평안함과 자유함을 얻을 수 있습니다. 우리 하나님 앞에서 고백합시다. "나는 청지기입니다."

4. 남자와 여자 그리고 식물

하나님은 의도적으로 인간을 두 성(性)으로 창조하셨습니다. 왜일까요? 생육하고 번성하게 하기 위해서입니다. 그리고 하나님은 인간에게 씨 있는 채소와 열매 맺는 나무를 주셨습니다. 당시 메소포타미아 신화에서는 신들이 자신들에게 음식을 제공하도록 인간을 만들었다고 합니다. 인간은 단지 신들을 위해서 만들어진 존재라고 믿었습니다. 그러나 하나님은 사람을 먹여 살리셨습니다. 사람이 먹고 살 수 있도록 채소와 열매를 맺는 식물을 주셨습니다.

에덴에서의 비극

에덴의 위치가 어디였을까요? 보통 에덴이라고 하면 이 세상에 존재하지 않는 땅이라고 하거나 하늘의 어떤 지점(Spot)이라고 생각합니다. 하지만 그렇지 않습니다. 에덴은 분명히 우리가 살고 있는 이 땅의 어디였습니다.

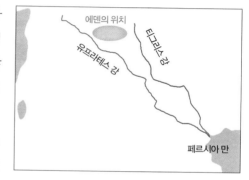

에덴으로부터 발원되었다고 하는 네 강(비손, 기혼, 유프라테스, 티그리스)에서 페르시아 만으로 흘러들어 가는 수원지 근처 어디쯤일 것으로 추정됩니다(창 2:10~14). 그때는 유프라테스, 티그리스, 비손, 기혼 강이 있었으나 노아의 홍수 이후 비손과 기혼 강은 유실된 것으로 보입니다. 그러므로 에덴은 페르시아 만으로 흐르는 강들의 한 거점 어딘가에 있었을 것이라고 유추하고 있습니다. 지금의 이라크 지방입니다. 물이 풍부했던 저 지역 어딘가에 우리가 잃어버린 에덴이 있었습니다.

🌱 **열매 맺기**

하나님은 인간에게 왜 선악
과를 주셨을까요?

1. 피조물로 창조자이신 하나
님을 기억하도록 선악과나무
를 보여주신 것이다.
2. 하나님과 아담과의 언약의
증거이다. 선악과를 따먹지
않으면 하나님을 창조자로
인정하는 것이라는 말이다.
3. 완전한 창조물로 자유의지
를 부여하셨다. 인간을 로봇
으로 만들지 않았음을 증명
한다.
4. 창조물과 피조물과의 정확
한 구분점이다.
5. 하나님이 주인이라는 사실
을 적어도 하루에 세 번 정도
기억할 수 있도록 동산 중앙
에 그 나무를 두셨다.

선악과에 대한 하나님의 입장은 분명했습니다. 창세기 2장 17절에서 "선악을 알게 하는 나무의 열매는 먹지 말라 네가 먹는 날에는 반드시 죽으리라"라고 말씀하셨습니다. "죽을 수도 있다" 혹은 "죽을지도 모른다"라고 하셨나요? "반드시 죽으리라!"라고 하셨습니다. 모든 나무의 열매는 먹지 말라 그러셨나요? 아니죠. "선악을 알게 하는 나무의 열매는 먹지 말라. 만약 먹으면 너는 반드시 죽으리라"라고 선포하셨습니다.

그런데 아담과 하와는 선악과를 먹었습니다. 죽었나요, 안 죽었나요? 죽었지만 살았습니다. 또 살았지만 죽었습니다. 선악과를 따 먹음으로써 하나님 앞에서 영적으로 죽었습니다. 영적으로 죽었기 때문에 하나님과 교제할 수 없었습니다. 하나님을 찾을 수도 만날 수도 없었습니다. 영적으로 죽은 육신은 살아서 에덴동산에서 추방됐지만 그 육신마저 얼마 지나지 않아 사그라져 죽습니다.

하나님은 6일 동안 이 세상을 창조하시고 제일 마지막에 그분을 닮게 우리를 창조하셨습니다. 그리고 "이 세상 가운데 행복하게 살아라! 배고프면 이것도 따 먹고 저것도 먹고 동식물과도 잘 지내라. 단, 한 가지만 기억해주길 바란다. 내가 너의 창조자 하나님, 너의 주인이라는 사실을 꼭 기억해라. 저기 선악과나무 보이지? 저 나무에 있는 열매를 따 먹지 않고 그냥 놔두는 것이 나를 창조자 하나님으로 기억한다는 증표란다. 너의 주인이 나라는 사실, 네가 나를 주인 삼았다는 증표가 바로 선악과를 먹지 않는 것이란다"라고 말씀하셨습니다. 그래서 언제나 기억할 수 있게 동산 중앙에 선악과나무를 세우셨습니다.

이것은 하나님과 아담과의 첫 언약이었습니다. 선악과 명령입니다. 지키면 축복이고 어기면 사망입니다. 선악과는 죄짓게 만드는 올무가 아닙니다. 그걸 볼 때마다 나는 누구인지 하나님은 누구신지 자기 신분을 깨닫게 하는 안전장치와 같은 것이었습니다. 아담과 하와는 에덴동산에서 마음껏 살면서 하나님이 창조자라는 사실 한 가지만 기억하면 됐습니다. 그런데 어떻게 됐나요? 바로 그 열매를 아담은 따 먹었습니다. 창조자 하나님과의 약속을 어긴 것입니다.

하나님과 만물의 관계는 타율의 관계입니다. 이 세상 만물은 하나님이 세우신 일정한 원칙과 관계 속에서 움직입니다. 그러나 하나님과 인간의 관계는 타율적인 관계가 아니라 자율적인 관계였습니다. 자유의지를 주셨습니다. 우리가 그것을 선택하였으면 책임을 져야 합니다. 의무와 책임이 있습니다. 하나님은 인간을 로봇으로 만들지 않으시고, 맘껏 자유롭게 살되 하나님을 인정하고 기억하라는 것이었습니다. 그러나 아담이 그 약속을 깼습니다.

선악과 명령은 인간이 지키기 어려운 명령이 아니었습니다. 또 그 명령은 단 한 번 수행하면 끝나는 일회적 명령도 아니었습니다. 백설공주에 나오는 금사과처럼 열매 속에 어떤 내용물이 들어 있는 것도 아니었습니다. 먹으면 하나님이 되는 것도 아니었습니다. 마귀가 먹으면 꼭 하나님처럼 되는 것같이 꾀어 인간의 욕심을 자극했을 뿐입니다. 고상한 어떤 주제나 특별한 것을 지키는 것이 아니었습니다. 동산 중앙에 있는 나무 열매를 먹지 않으면 되는 문제였지요. 안 먹으면 되는 겁니다. 하나님의 말씀을 기억하면 되는 겁니다. 그러면 그들은 하나님과 자유로운 관계 속에서 평안하게 영원히 살 수 있었을 것입니다.

2 타락의 결과

타락 전 아담은 에덴에서 자유로웠습니다. 하나님 앞에서 부끄러움 없이 즐거운 교제를 나눴습니다. 아담은 배가 고프면 열매를 따 먹었고 동식물들과 어울리며 그들의 이름을 지어주었습니다. "너는 사과나무, 너는 딸기, 너는 수박, 너는 바나나…" 하며 부르면 그것의 이름이 됐습니다.

> 🍃 **열매 맺기**
>
> **타락의 결과 6가지 파탄**
>
> 1. 영적 죽음
> 2. 지적 파탄(창 3:7)
> 3. 심리적인 파탄(창 3:9~10)
> 4. 사회적 파탄(창 3:11~13)
> 5. 육체적 파탄(창 3:19)
> 6. 환경적 파탄(창 3:19)

그런데 타락 후 어떤 일이 일어났나요? 하나님 앞에서 숨습니다. 켕기는 것이 있으니 숨고 도망간 것입니다. 결국 하나님이 범죄한 아담을 찾아오십니다. "아담아, 네가 어디 있느냐?" 죄를 짓고 두려웠던 아담은 하나님 앞에서 "당신이 주신 하와가 나를 꾀어 내가 어쩔 수 없이 말씀을 어겼습니다"라고 변명합니다. 결국 아담과 하와는 에덴에서 추방당하고 더불어 타락으로 인한 저주를 받게 됩니다. 그러나 가장 무서운 저주와 고통은 하나님과 더 이상 교제할 수 없음이었습니다. 이제는 하나님이 스스로 그들에게 나타나 주시지 않으면 아담은 하나님을 찾아갈 수가 없었습니다.

에덴에서 사탄의 전략

사탄은 하와와 소통하기 위해서 보이는 형체가 필요했습니다. 누구의 모습으로 마귀가 나타났을까요? 그 당시 아름답고 정감(情感) 있고 진실하게 생긴 것이 뱀이었던 것 같습니다. 만약 사기꾼처럼 다가오면 말을 안 들었겠죠. 무슨 말을 하면 다 맞는 말 같고 가장 듬직해 보이는 그런 모습으로 나타났을 것입니다. 언제나 사탄은 아름답고 진실한 모습으로 다가옵니다. 죄의 모습은 먹음직스러운 육신의 정욕, 보암직한 안목의 정욕, 지혜롭게 할 만큼 탐스러운 이생의 자랑으로 나타납니다. 죄의 모습은 광명의 천사의 모습으로 우리에게 다가옵니다.

우리를 유혹하는 것들이 주위에 얼마나 많은지 모릅니다. 그것들이 우리와 대화하기를 원합니다. "일단 이야기나 한번 나눠보자. 대화나 한번 해보자! 네가 싫으면 안 사도 돼! 이야기나 한번 해보자! 내 욕심을 만족하게 하는 기도 제목, 내 자녀의 진로 문제, 내 인생의 꿈과 비전 또는 목표를 가장한 모습으로 다가오기도 합니다.

그럼 구체적으로 사탄은 에덴에서 아담에게 어떻게 다가갔을까요? 에덴에서 아담을 유혹했듯이 똑같은 방법으로 신약에서도 예수님을 유혹합니다

(마 4:1~11). 사탄의 전략과 전술이 달라지지 않습니다. 에덴동산에서 아담을 꾀었던 방법과 40일 동안 광야에서 금식하신 예수님을 시험했던 방법과 지금 이 시대를 살아가는 우리를 꾀는 방법이 모두 같습니다. 이 전략과 전술을 알아야 합니다. 물론 알면서도 넘어갈 때가 있습니다. 그러므로 에덴에서의 아담과 광야에서의 예수 그리스도가 유혹에 어떻게 실패했으며 어떻게 이겼는지를 살펴보는 것은 중요합니다.

1. 혼란

첫 번째 사탄의 작전은 혼란입니다. 창세기 3장 1절을 보면 사탄은 이렇게 아담을 꾑니다. "하나님이 참으로 너희더러 모든 나무 실과를 먹지 말라고 하더냐?" 맞습니까? 모든 나무 실과가 아니었습니다. 모든 나무 실과는 먹지만 선악을 알게 하는 나무의 실과는 먹지 말라고 하셨는데, 사탄은 모든 나무라고 왜곡시킵니다. 그러면서 죄에 대한 경계심을 낮춥니다. 죄에 대한 경계심이 낮아지면 혼란이 생깁니다. 그리고 혼란이 생기면 또 죄의 경계가 낮아집니다.

그렇다면 죄를 짓는 것이 쉬울까요, 안 짓는 것이 쉬울까요? 자신의 경험에 미루어 한번 생각해봅시다. 우리는 죄인이기 때문에 죄짓는 것이 쉽습니다. 그냥 떠밀려가다 보면 죄짓는 자리에 와 있습니다.

우리는 간혹 이런 혼란에 빠집니다. "너만 그러고 사는 거야. 왜 그리 지지리 궁상을 떠냐? 남들이 알아줄 것 같아? 네가 지금 십일조 낼 형편이냐? 남의 도움받아도 시원찮을 네가 교회 갈 시간이 있어? 교회는 주일에 한 번만 가면 되지, 수요예배는 또 뭐하러 가? 너 이렇게 해봐야 달라지는 거 아무것도 없어! 너 작년에 그렇게 살아봤잖아. 뭐가 달라졌어?" 판단력이 흐려져서 경계심이 확 낮아집니다. 이렇게 우리를 혼란하게 하고 하나님의 뜻을 분간하지 못하게 시선을 가려버린다면 죄에 대한 경계심이 낮아집니다. 그러다 보면 어느 순간 죄와 타협하며 자연스럽게 살아가고 있습니다. 이것은 분명 혼란입니다.

2. 어림짐작

두 번째 사탄의 작전은 어림짐작입니다. 하나님께서 "반드시 죽는다"고 말씀하셨는데, 사탄은 "너는 죽지 않을 거야"(창 3:4)라고 속삭입니다. "하나님이 널 너무 사랑하셔서 혼낼 뿐이지 넌 결코 죽지 않을 거야. 그냥 네가 못 먹게 겁준 거야. 이 바보야!" 그러면서 자꾸 착각을 일으키게 합니다. 사랑한다는 핑계로 타락으로 유혹합니다. "하나님은 충분히 너의 상황을 이해하실 거야. 이 정도쯤이야 기분 전환이지. 이까짓 게 무슨 죄냐. 정 마음에 걸려? 그러면 딱 한 번만 하고 더 이상 하지 말자. 딱 한 번만 하자. 그리고 나중에 꺼림칙하면 회개하면 돼. 하나님이 사랑하기 때문에 다 용서하실 거야!"라고 꾀면 우리는 또 어림짐작하며 넘어갈 수 있습니다.

3. 야망

세 번째 사탄의 작전은 야망입니다. "이것을 먹는 날에 너희 눈이 밝아져서 하나님이 되는 거야"(창 3:5)라고 말합니다. "언제까지 하나님한테 물어보며 살래? 이번에는 네가 하나님이 되어봐! 너 자신을 위해서 어떤 판단이 옳은지 한번 생각해봐!"라고 유혹합니다.

사탄의 메시지는 나 자신에 대해 어떤 것이 옳은지 내가 생각하고 판단하라고 합니다. 혹하지 않습니까? "언제까지 하나님한테 물어보며 질질 끌려 살래? 넌 너야! 너는 개성이 있는 존귀한 존재야. 네가 선택하고 그것이 옳으면 그게 정답이야. 네 맘대로 살아. 네 소견대로 살아!" 하면서 우리에게 외칩니다. 사탄은 우리에게 소신껏 행동하라고 말합니다. 그래도 된다고 이야기합니다.

이렇게 인간 내면에 감추어진 야망과 욕심을 자극합니다. "딱 한 번이야! 내 앞에서 한 번만 신앙을 내려놓아 봐! 이 모든 걸 다 줄게! 너의 꿈과 목표를 위해서 용기를 내! 네 신앙이 네 인생의 방해거리가 되지 않았으면 좋겠어"라고 속삭입니다. "신앙도 하나님도 네가 잘 먹고 잘살기 위해서 필요한 거 아니야? 네가 잘 먹고 잘사는 데 네 신앙이 방해가 된다면 그런 건 다 필요 없는 거야!"라고 우리 안에 속삭입니다.

정치, 경제, 사회, 문화 모든 분야의 사람이 각기 소견대로 살아갑니다. 힘 있는 자가 큰소리치고 그것이 당연한 것처럼 보이는 시대에 우리는 살고 있습니다. 사탄은 오늘도 우리의 연약함을 가지고 유혹합니다. 우리는 누구입니까? 예수 그리스도의 신부입니다. 거룩한 신부로서 주님 만나는 날을 사모하며 기다리는 우리가 됐으면 좋겠습니다.

하나님의 눈물

1. 죄의 악순환

죄는 하나님의 명령을 따르지 않는 불순종이며, 하나님의 뜻을 따르지 않는 반항이며, 하나님이 필요 없다고 하는 교만입니다. 이 세상에서 가장 큰 죄가 어떤 죄입니까? 하나님을 믿지 않는 죄입니다.

육신의 DNA가 유전되듯이 에덴에서 시작되었던 영적인 죄성의 DNA도 유전되었습니다. 그래서 태어나면서부터 우리는 죄인의 신분으로 태어납니다. 가르쳐주지 않아도 죄의 속성이 드러납니다. 학습되지 않아도 죄의 성품이 나타납니다. 어린아이들이 아무리 예쁠지라도 그 안에 죄성이 있습니다. 죄 나무이기 때문에 그 죄의 성품이 자연스럽게 드러나는 것입니다. 이것이 죄인의 모습입니다.

아담과 하와의 범죄는 다음 세대에 무섭게 전달됩니다. 가인이 동생인 아벨을 돌로 쳐 죽입니다. 그리고 하나님 앞에서 "내가 내 동생을 지키는 자입니까? 내가 어떻게 압니까? 왜 나한테 물어봅니까?"라고 오리발을 내밉니다. 가인이 아벨을 죽인 것은 죄의 악순환의 시작일 뿐입니다. 죄는 이 땅에 사람 수가 증가하는 만큼 무섭게 번져나갔으며 죄의 힘도 점점 강해지고 다양해졌습니다. 하나님이 이러한 인생을 보시면서 특단의 조치를 계획하십니다.

> 여호와께서 사람의 죄악이 세상에 가득함과 그의 마음으로 생각하는 모든 계획이 항상 악할 뿐임을 보시고 땅 위에 사람 지으셨음을 한탄하사 마음에 근심하시고 이르시되 내가 창조한 사람을 내가 지면에서 쓸어버리되 사람으로부터 가축과 기는 것과 공중의 새까지 그리하리니 이는 내가 그것들을 지었음을 한탄함이니라 하시니라 (창 6:5~7).

에덴에서 쫓겨난 인류는 수적으로 번성해가면서 죄악도 심히 번성했습니다. 하나님은 인류 대청소의 프로젝트를 준비하십니다. 그것이 바로 노아의 홍수였습니다. 이것은 인류의 죄악을 쓸어버리시려는 하나님의 가슴 아픈 결단이었습니다. 우리는 여기서 하나님의 가슴에 흐르는 눈물을 느낄 수 있어야 합니다.

2. 홍수를 준비하시는 하나님 (창 6:13~10장)

하나님은 먼저 당대의 의인이었던 노아(600세)를 부르셔서 방주를 만들라고 명령하십니다. 그리고 정결한 짐승 암수 7쌍씩, 부정한 것은 2쌍씩을 불러 모아 방주에 들어가게 했습니다. 그렇다면 과연 B.C. 1500년 전에 배를 어떻게 만들었을까요? 지구 상에 있는 모든 동물을 넣으려면 얼마나 큰 방주를 지어야 했을까요? 길이 137m, 너비 23m, 높이 14m로 미식 축구장보다 길이는 더 길고 폭은 약간 좁게 3층으로 지었습니다.

하나님은 비 내리기 전, 가족들에게 모두 들어가서 7일 동안 머물러 있으라고 말씀하십니다(창 7:4~7). 노아의 입장이 되어 생각해봅시다. 비는 한 방울도 오지 않는데 방주를 지었습니다. 남들은 미쳤다고 합니다. 게다가 비라도 내리면 방주 안으로 들어갈 맛도 날 텐데 햇볕은 쨍쨍 모래알은 반짝인데 가족들을 데리고 방주 안으로 들어가라고 명령하십니다. 하루가 지나도 비는 안 옵니다. 3일, 4일, 5일, 6일이 지나도 비 한 방울 오지 않습니다. 더워 죽겠지, 짐승들은 울어대지…. 그 찌는 더위 속에서 얼마나 불평불만이 나왔겠습니까? 그럼에도 노아는 7일을 견뎠습니다. 이런 상황 속에서 노아가 인내할 수 있었던 이유는 무엇일까요? 그것은 하나님의 말씀에 기초한 믿음이 있었기 때문입니다. 하나님의 말씀을 붙들고 인내했습니다. 진정한 믿음은 약속을 붙드는 믿음, 말씀을 붙드는 믿음입니다.

그러면 가짜 믿음은 무엇일까요? 감정 위에 세우는 믿음입니다. 기차를 보면 선두에 있는 기관차가 수십 개의 화차나 객차를 끌고 갑니다. 마찬가지로 내 인생을 끌고 가는 기관차가 무엇인가에 따라 신앙의 수준이 달라집니다. 내 감정이 선두의 기관차가 되면 내 감정에 따라 신앙생활을 합니다. 기분 좋을 때는 교회 일을 혼자 다 할 것처럼 나서다가 기분이 침체되면 얼굴도 안 보입니다. 사람들이 "저 사람 또 기분이 안 좋은가 봐" 하며 긴장합니다. 이런 사람은 성숙하지 못한 사람입니다.

진짜 신앙은 내 인생의 선두에 하나님 말씀이 서는 것입니다. 그래야만 햇볕이 쨍쨍한 날에도 방주를 지을 수 있습니다. 믿음은 신념이 아닙니다. 믿음은 맑은 날에 하나님의 약속 붙들고 방주 짓는 것입니다. 이러한 노아를 성경은 이렇게 표현합니다. "노아는 의인이요 당대의 완전자라"(창 6:9).

드디어 40주야 동안 비가 내리기 시작합니다. 창세기 7장 11절에 보면 "깊은 샘들이 터지며 하늘이 열렸다"고 나옵니다. 하늘의 문이 열리고 땅의 문이 열렸다는 것입니다. 150일 동안 물이 온 땅에 창일했습니다(창 7:24).

비가 멈추고 물이 빠지며 아라랏 산에 방주가 머물렀고, 그곳에서 번제를 하나님께 드립니다(창 8:20).

하나님은 노아 가족과 무지개 언약을 맺습니다(창 9:8~17). 첫째, "너희는 생육하고 번성하여 땅에 충만하라." 이것은 창세기 1장 28절에 아담에게 했던 말씀과 같습니다. 흩어져서 생육하고 번성하여 그 땅에 충만하라는 것입니다. 둘째, "다시는 세상을 물로 심판하지 않을 것"이라는 약속을 주십니다(창 9:11~15). 그리고 노아의 죽음 후에 셈과 함과 야벳이 나뉘게 됩니다(창 10장).

노아의 홍수 사건이 근동지방에만 국한된 사건이었을까요, 전 세계적인 홍수였을까요? 전 세계적인 홍수였습니다. 노아 홍수 이후 지구 상에는 노아와 그 가족만 있었을까요? 그러면 우리는 다 그들의 후예입니까? 그렇습니다. 같은 가족입니다. 아담 가족, 노아 가족, 셈은 황인종 계열, 함은 흑인과 아프리카 계열, 야벳은 유럽과 아메리카 계열로 나뉘었습니다. 우리 아시아인은 셈의 후손입니다.

• 방주와 예수 그리스도 노아 방주의 영적 의미를 마지막 날 예수 그리스도의 재림과 심판으로 비교해보겠습니다.

	노아의 때	세상의 마지막 때
심판	홍수	끔찍한 심판, 불(벧후 3:10)
구원자(도구)	방주	예수 그리스도
구원의 선포	지역사회 한복판에 있었다. 누구든지 볼 수도, 들을 수도 있었다. 그러나 그들은 조롱하고 분주했다.	복음을 들을 수 있는 기회는 많았다. 단지 외면할 뿐이다.
구원의 방법	방주 안에 들어와야 산다.	예수 그리스도(교회) 안에 들어와야 산다.

노아의 때는 무엇으로 심판했습니까? 홍수, 물로 심판했습니다. 세상 마지막 때는 불로 이 땅이 심판된다고 합니다(벧후 3:10). 노아 때 구원의 도구

는 무엇이었습니까? 방주였습니다. 방주 안에 들어가 있는 자는 다 구원을 받았습니다. 그러나 세상의 마지막 날은 어떻게 구원을 받습니까? 예수 그리스도입니다. 예수 그리스도를 구주로 영접하는 자에게는 구원이 있습니다. 노아 때의 방주는 그 지역사회 한복판에 있어서 누구나 볼 수 있었습니다. 누구나 방주에 들어올 수도 있었지요. 120년이나 되는 기회가 있었는데 그들은 오히려 노아를 조롱하며 관심을 보이지 않았습니다.

구원의 방법은 무엇이었습니까? 방법은 단 하나, 방주 안에 들어가는 것이었습니다. 다른 방법이 없었습니다. 방주에 있던 여덟 식구만 구원받았습니다. 그들이 의로워서 구원받은 것이 아니라 단지 방주 안에 있었기 때문에 구원받을 수 있었습니다. 마찬가지로 우리도 예수 그리스도 안으로, 교회 안으로 들어와야 합니다. 그리스도 안에 있는 자에게는 결코 정죄함이 없습니다. 이것이 복음입니다.

3. 바벨과 하나님 나라의 태동

홍수 이후 인류는 노아의 가족들로부터 새롭게 시작합니다. 노아와 그의 아내 그리고 그의 세 아들인 셈, 함, 야벳과 며느리들 총 여덟 식구가 새로운 역사를 시작하게 되었습니다. 홍수를 통해 죄에 대한 심판은 있었지만 죄의 문제는 여전히 해결되지 않았습니다. 죄의 뿌리는 노아의 후손들에게도 그대로 잔존하고 있었습니다. 결국 인간은 바벨탑을 쌓게 됩니다. 바벨탑은 주권이 인간에게 있음을 드러내는 교만의 탑입니다.

"그들이 시날평지(영토)를 만나 거하고 우리가(주권) 이름을 내고, 흩어짐을 면하자(국민)"(창11:1~4) 하고 바벨이라는 세상나라를 세웁니다. '시날평지'는 영토를 말하고 '우리의 이름을 내자'는 것은 우리의 주

바벨탑

바벨탑은 상상으로 만들어진 것이 아니고 실제로 존재하는 탑이다. 메소포타미아 지역에는 지구라트라는 건축물이 존재했다. 바벨탑은 바벨론(우르)에 지어진 지구라트의 하나일 뿐이다. 메소포타미아의 풍요로운 도시국가들은 B.C. 3000~3500년 사이 자신들이 숭배하는 신을 모시는 수백 개의 지구라트(신전)를 만들었다. 바벨론, 우루크, 우르와 같은 주요 도시들은 도시 중앙에 거대한 지구라트를 갖추고 있었다. 현재 유적이 확인된 것만 해도 30곳 이상이다. 지구라트는 위로 올라갈수록 규모가 작아지는 단으로 된 피라미드 형태의 탑이다. 무너진 바벨탑은 인간의 지혜가 하나님의 심판 앞에 무능력함을 보여준 것이다. 사람이 작정했지만, 하나님이 처리하신다. 현존하는 최고의 지구라트는 우르에서 발견됐다. 이 지구라트는 B.C. 1200년경에 건설됐다. 5단으로 만들어졌으며 높이는 50m다. 꼭대기에 있는 신전은 신관만이 출입할 수 있고, 일반인은 1단까지만 접근이 허용된다. 이 지구라트에서 올려지던 특수 의식에 대한 전설은 지구라트가 종교적인 용도로 사용됐음을 말해준다.

권을 갖자는 것입니다. 그리고 '흩어짐을 면하자'는 것은 흩어지지 말고 국민으로 모여 살자는 것입니다. 하나님을 대적하는, 하나님이 없어도 얼마든지 행복할 수 있는 그런 세상을 만들자고 천명합니다. 그래서 그들이 모여 살며 하나님을 대적하는 나라인 바벨을 세우기 시작한 것입니다.

지금도 바벨탑의 흔적인 지구라트가 근동 지방에 흩어져 있습니다. 지구라트(ziggurat)는 몇 개의 층으로 나뉘어 있는데 맨 위가 신전입니다. 신관(제사장)이 제사를 집도했습니다. 돈 많은 사람은 지구라트도 많았다고 합니다. 자신의 부의 능력을 과시하는 것이지요. 나름대로 지구라트의 주인들은 저마다 제사장들을 거느리고 있었습니다. 신자와 제사장들이 제사를 지내고 함께 행음을 합니다. 그러나 결국 하나님 앞에서 이와 같은 가증한 행동은 무너지고 그들의 언어는 갈라져 세상으로 흩어집니다.

담아가기

1. 성경의 첫 선언은 하나님이 천지를 창조하셨다는 것입니다(창 1:1). 창조는 인간
의 설득이나 이해를 요구하지 않습니다. 유일한 창조자의 일방적인 선언입니
다. 따라서 신앙의 시작은 하나님만이 창조자이심을 믿는 것으로부터 시작됩
니다.

2. 창조 마지막 날 인간을 창조하신 의미는 인간이 만물을 다스리는 존재가 되었
다는 것입니다(창 1:26). 다스린다는 의미는 주인으로서 종속물을 억압하는 것
이 아닙니다. 단지 하나님의 대리인으로서 주인이 아닌 청지기의 삶을 사는 것
입니다. 신앙생활이란 자신이 하나님 앞에서 청지기임을 잊지 않는 생활입니
다. 따라서 신앙훈련이란 내려놓는 삶, 종의 삶, 의탁의 삶이라 말합니다.

3. 햇볕이 쨍쨍한 날에 방주를 짓는 것이 신앙입니다. 믿음은 신념이 아닙니다.
진정한 믿음은 맑은 날에 하나님의 약속 붙들고 방주 짓는 실천입니다. 세상을
이해시키려는 지성이 아닌 하나님의 약속 붙들고 방주 짓는 순종과 용기가 있
는 믿음의 사람이 됩시다.

인류의 시작 시대 2100년

이스라엘 역사의 시작 시대 400년

노예시대 400년

광야시대 40년

가나안 정복시대 7년

사사시대 350년

통일왕국시대 120년

분열왕국시대 350년

포로시대 70년

귀국시대 93년

02

사람 중심의 사역을
하신 하나님

● 　　　　민족이 흩어진 후 하나님은 이방 땅에 사는 아브라함을 중심으로 4명의
족장을 통하여 이스라엘을 세우신다. 하나님의 역사는 인간에게 초점을 맞추며 개인의 각 생애를 구체적
으로 개입하시므로 하나님 나라의 초석을 굳게 하셨다. 그래서 두 번째 시대인(창 12~50장) 이스라엘 역사
의 시작 시대는 아브라함을 부르심으로 시작해서 이삭, 야곱 그리고 애굽으로의 이주, 마지막으로 요셉의
죽음까지 흘러가는 역사이다. 또한 당대의 의인이었던 인물이 성경에 소개되고 있는데 육체의 깊은 고통
속에서도 하나님을 향한 아름다운 신앙고백을 드렸던 욥이 살았던 시대이기도 하다.

네 명의 족장 이야기

🍃 뿌리내리기 _성경의 전체를 알아봅니다

하나님은 인간의 교만으로 세운 바벨탑을 보시며 "모든 인류의 왕은 바로 나다"라고 선언하십니다. 멸망으로 치닫고 있는 인류 역사를 그냥 내버려두지 않으시고 "나도 내 나라를 세우겠다"라고 천명하십니다. 하나님 나라는 하나님의 주권과 통치가 있는 곳입니다. 그래서 하나님은 메소포타미아의 우르에서 살고 있던 한 사람, 아브라함을 선택한 땅으로 부르시고 그 자손을 통해 구별된 거룩한 나라, 이스라엘을 만드십니다. 바로 이 시점에 이스라엘 역사가 시작합니다. 그러나 지금의 이스라엘이 하나님 나라는 아닙니다. 이 땅에서 이스라엘을 통한 하나님 나라의 설립은 구약에서 이미 실패했고, 신약에서는 예수님을 믿는 모든 성도가 영적 이스라엘 백성으로 주님을 믿고 그분의 통치를 받으며 영적 하나님 나라에서 삽니다. 구약의 이스라엘은 신약의 영적 이스라엘을 위한 예표일 뿐입니다.

하나님께서 그분의 나라를 어떻게 건설하시고 어떻게 통치하시며 그 백성을 어떻게 이끌어가는지가 성경 66권의 전체 내용입니다. 그러므로 성경을 읽을 때 '하나님 나라 건설'이라는 관점으로 보아야 합니다.

하나님의 구원의 흐름은, 맨 처음에는 모든 인류를 향해 있었습니다. 그러다가 한 나라, 이스라엘을 선택하십니다. 그리고 이스라엘 민족 중에서 유다 지파를 선택합니다. 유다 지파 중에서도 한 가문 이새 가문의 다윗의 계보를 통해 마침내 예수 그리스도께서 오십니다. 그리고 예수 그리스도로 인해 모든 영혼이 구원을 얻는 길이 열렸습니다.

창세기 12장에 아브라함이 하나님께 부름을 받으며 이스라엘의 역사가 시작됩니다. 그리고 창세기 12~50장이 국민 만들기의 과정입니다. 그가 가나안에 들어와 4대를 거치며, 애굽갈 때는 70명이 되었습니다(창 46:27). 400년의 노예기간 동안 70명이던 아브라함의 자손이 200만 명으로 불어납니다. 하나님의 섭리 가운데 애굽은 이스라엘 백성을 양육하는 인큐베이터 역할을 하였습니다. 하나님은 〈창세기〉와 〈출애굽기〉를 통해서 백성을 만드셨습니다.

🍃 **열매 맺기**

성경 전체에 흐르는 구원사의 흐름

모든 인류
↓
한 나라(이스라엘)

한 민족(유다)

한 가문(이새)

한 분(예수 그리스도)

🍃 **숲 길잡이** _성경의 전체를 표로 알아봅니다

시대	이스라엘 역사의 시작 시대			
초점	네 명의 족장 이야기			
구절	창 12장~25:18	창 25:19~27:28	창 27:19~36	창 37~50장
구분	아브라함	이삭	야곱	요셉
주제	이스라엘의 시작(족장역사)			
	인물 중심으로 전개			
장소	하란-가나안-애굽			애굽
시간	약 400년			

왜 아브라함인가?

그는 당시 최고의 의인이었는가? 아니면 한 국가를 건설할 만한 리더십이 있었는가? 그것도 아니면 그 당시 우상을 거부했던 절개 있는 신앙인이었는가? 이것도 저것도 아니었습니다. 하나님이 그를 선택하신 것은 무조건적인 은혜였습니다. 하나님이 아브라함을 택한 것은 그의 업적(공로)으로 인한 것이 절대 아닙니다. 그는 아무것도 한 일이 없습니다. 그저 우상의 도시인 갈대아 우르의 한 소시민이었을 뿐입니다. 하나님이 아브라함에게 자신을 계시하지 않으셨더라면 그는 불신자로 죽었을 것입니다.

아브라함만이 아니라 우리도 마찬가지입니다. 하나님은 그분의 백성을 부르실 때도 역시 주권자로서 친히 선택하십니다. 이것은 우리 편에서 볼 때 은혜입니다. 우리에게는 구원받을 만한, 하나님의 백성이 될 만한 자격이 없습니다. 주권자인 하나님이 친히 부르시고 의롭다 하시고 하나님 나라의 백성 삼으신 것입니다.

1. 아브라함 당시의 문화

아브라함은 B.C. 2200년대 인물입니다. 아브라함 하면 우리나라의 단군처럼 신화 속 인물로 생각하는 사람이 있는데 그렇지 않습니다. 호랑이 담배 피우던 시절의 인물이 아닙니다. 아브라함은 분명히 역사상 한 시대를 점거하고 있었던 사람입니다.

아브라함이 살았던 갈대아 우르는 메소포타미아문명의 영향을 받아 이미 문화와 교육, 음악이 번성했으며, 신화와 많은 저술활동도 있었습니다. 비슷한 시대에 황하문명이 시작된 시기이기도 합니다. 당시 '지구라트', '함무라비 법전'이 우리 귀에 들릴 정도입니다. 지금도 루브르 박물관에 함무라비 법전이 보관되어 있습니다. 하나님은 이때 이스라엘 나라를 건설하기 시작하셨습니다.

2. 아브라함의 인생 여정

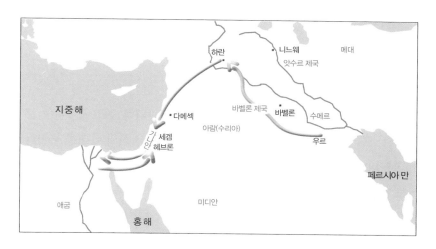

하나님이 아브라함을 갈대아 우르에서 부르셨습니다. 아브라함은 그곳을 떠나 하란을 거쳐 가나안에 도착합니다. 그러나 그 땅에 기근이 오자 하나님의 약속을 믿지도 기다리지도 않고 애굽으로 갔습니다. 그곳에서 아브라함의 불신의 모습이 나타납니다.

아브라함은 아직까지 믿음이 없는 사람이었습니다. 그렇기 때문에 하나님이 가라고 해서 가나안에 왔는데 물이 없자 어떻게 하나요? 기다리지 않고 애굽으로 피신을 갑니다. 그는 믿음이 있다고 하지만 믿음이 없는 자였습니다.

신의 존재를 믿지 않는 자를 뭐라고 합니까? 무신론자라고 합니다. 신의 존재를 처음부터 부정하는 무신론자가 있고 신의 존재는 초경험적이기 때문에 우리가 알 수 없다는 불가지론자가 있습니다. 또 하나는 실천적 무신

🌿 열매 맺기

세계의 문명지

• B.C. 3300년 수메르문명
• B.C. 3100년 이집트문명
• B.C. 3000년 메소포타미아 문명
• B.C. 2333년 고조선 건국
• B.C. 2100년 황하문명

론자가 있습니다. 예수를 믿는다고는 하지만 실제 삶 속에서는 예수님이 없는 것처럼 사는 사람이 실천적 무신론자입니다. 우리 중에 제일 많은 유형이 실천적 무신론자입니다. 주일 예배는 드리지만 일상의 삶을 들여다보면 하나님 없는 삶을 살아갑니다. 중요한 결정을 내릴 때 혹은 자녀와의 관계에서 또는 이웃과의 갈등 관계에서 하나님이 없는 것처럼 불신자와 똑같이 살아갑니다. 즉, 아브라함도 창세기 12장에서는 실천적 무신론자였습니다.

3. 아내를 누이라 속이는 아브라함(창 12:12~13, 20:1~18)

아브라함의 거짓말이 후손에게 대물림되고 있습니다. 아브라함이 기근 때문에 애굽으로 잠깐 이주할 때 애굽 왕 바로에게 자신의 아내를 누이라고 속입니다. 자신을 죽이고 아내를 빼앗을까 봐 그런 것이죠. 후에 아들 이삭도 자신의 아내를 그랄 왕 아비멜렉에게 누이라고 속입니다. 그 거짓말이 똑같이 대물림됩니다. 또 누구에게 전달되나요? 야곱에게 전달됩니다. 야곱은 아버지를 속입니다. "제가 에서입니다" 하고 장자권을 받아 도망갑니다. 이어 야곱의 아들들도 요셉이 죽었다고 아버지를 속입니다.

우리가 던진 가벼운 거짓말이 자녀에게 대물림되고 있다는 사실을 기억하기를 바랍니다. 부모의 상처와 거짓말은 자녀가 그대로 모방합니다. 그리고 치명적인 결과를 가져올 수 있습니다. 우리가 죄를 짓지 않고 살 수는 없죠. 그러나 죄를 짓지 않으려고, 거짓말을 하지 않으려고 노력하면서 살아야 합니다. 하나님 앞에 좋은 성도가 되길 원한다면 삶 속에서 거룩함이 회복되어야 합니다. 자녀들에게 이웃들에게 작은 거짓말들을 삼가야 합니다. 자녀들에게 줄 수 있는 진정한 믿음의 유산은 정직입니다.

4. 실천적 무신론자 아브라함과 신실한 하나님의 약속

• 불신하는 아브라함(창 15:1~6)　하나님은 하늘의 별을 보이시면서 "네

자손이 저와 같을 것이라"라고 다시 한 번 약속하시지만 아브라함은 여전히 믿지 못합니다.

• 기다리지 못하는 아브라함(창 16:1~2)　사라가 나는 이미 경수가 끊어져서 아이를 낳지 못하니까 내 종 하갈에게 들어가서 아이를 낳으라고 합니다. 아직까지 아브라함은 믿음이 설익은 사람이었습니다. 그래서 하갈을 통해 이스마엘이라는 아들을 낳습니다. 생활 가운데서 여전히 인간적인 수단과 방법을 의지합니다. 12장의 아브라함이나 16장의 아브라함은 믿음의 사람인 것처럼 보이지만 아직까지 완전한 믿음의 사람은 아니었습니다.

• 약속을 지키시는 하나님(창 21:1~6)　그런데 어떻게 되었습니까? 하나님은 불가능한 가운데서 약속을 지키셨습니다. 사라가 90세 때, 아브라함이 100세 때 이삭을 주셨습니다. 로마서 4장 18~22절에 아브라함은 바랄 수 없는 중에 믿었다고 했습니다.

> 아브라함이 바랄 수 없는 중에 바라고 믿었으니 이는 네 후손이 이같으리라 하신 말씀대로 많은 민족의 조상이 되게 하려 하심이라 그가 백 세나 되어 자기 몸이 죽은 것 같고 사라의 태가 죽은 것 같음을 알고도 믿음이 약하여지지 아니하고 믿음이 없어 하나님의 약속을 의심하지 않고 믿음으로 견고하여져서 하나님께 영광을 돌리며 약속하신 그것을 또한 능히 이루실 줄을 확신하였으니 그러므로 그것이 그에게 의로 여겨졌느니라 (롬 4:18~22).

창세기 21장의 아브라함은 이런 믿음이었습니다. 12장, 16장, 21장까지 미루어볼 때 아브라함의 믿음이 점차 성장하고 있음을 알 수 있습니다. 마침내 이삭을 바치라는 하나님의 명령까지도 아브라함은 순종합니다.

• 아들 이삭을 바치라는 하나님의 명령(창 22:16~18)　그의 처음 신앙은

하나님과의 약속(언약, covenant)으로 시작되었습니다(창 22:1~22). 그러나 시간이 흐르고 하나님의 은혜를 체험하면서 강해졌으며 결국에는 믿음의 조상이 되었습니다. 이것을 신학적으로 성화(聖化)라고 합니다.

창세기 22장 16~18절에서 아브라함의 순종을 보시고 하나님은 기뻐하시면서 "내가 나를 가리켜 맹세하노니…" 하시며, 자신의 이름을 걸고 맹세하시며 축복하십니다.

> 이르시되 여호와께서 이르시기를 내가 나를 가리켜 맹세하노니 네가 이 같이 행하여 네 아들 네 독자도 아끼지 아니하였은즉 내가 네게 큰 복을 주고 네 씨가 크게 번성하여 하늘의 별과 같고 바닷가의 모래와 같게 하리니 네 씨가 그 대적의 성문을 차지하리라 또 네 씨로 말미암아 천하 만민이 복을 받으리니 이는 네가 나의 말을 준행하였음이니라 하셨다 하니라 (창 22:16~18).

신앙생활하면서 이런 복을 받고 싶지 않은가요? 아브라함의 믿음에 열등감 갖지 말고, 우리가 아브라함이 되어 봅시다. 아들을 바칠 수는 없지만 그 정도의 믿음을 가지고 하나님 앞에 신앙생활합시다. 그러면 그 믿음 보시고 이 시대의 아브라함으로 축복하실 것입니다. 나아가 가정과 교회가 복을 받고, 속한 공동체와 열방이 복을 받게 될 것입니다.

이처럼 아브라함의 인생 여정, 신앙 여정은 시간이 흐를수록 점차 거룩해지고 성화되었습니다. 처음 그는 불신자에서 출발하였지만 시간이 가면 갈수록 하나님 앞에 믿음의 사람이 되었습니다.

우리도 '내 신앙은 창세기 몇 장의 믿음인가? 12장의 믿음인가? 아니면 믿음은 있지만 여전히 인간적인 수단과 방법을 따라 사는 실천적 무신론자의 믿음인가? 아니면 로마서 4장 18절에서 말하는 의로 여길 만한 믿음인가? 아니면 22장처럼 믿음 안에서 하나님이 생명이라도 내놓으라면 십자가 밑에 내려놓을 수 있는 순교자의 영성이 있는가?'라고 스스로 질문해봅시다.

아브라함과 맺은 언약의 종류 및 특징

	본문	언약의 내용	언약의 의미
1	창세기 12:1~3	하나님은 아브라함이 갈대아 우르에 살 때 땅과 자손과 복을 약속하시며, 그와의 첫 언약을 시작하셨다.	하나님이 아브라함을 부르신 첫 언약 -언약의 기초, 하나님 나라의 시작
2	창세기 13:14~17	롯이 아브라함과 갈라선 후, 하나님은 다시 아브라함과 그의 후손에게 땅을 주시겠다고 약속하셨다.	"네가 바라보는 모든 땅을 너와 네 자손에게 주리라" -땅의 약속
3	창세기 15:1~21	아브라함이 하나님 앞에 바친 희생 제물 사이로 하나님이 지나가셨을 때, 이 언약은 확증되었다.	은혜 언약
4	창세기 17:1~27	아브라함이 99세 때, 하나님은 아브람의 이름을 아브라함, 즉, '열국의 아비'로 바꾸고 그분의 약속을 새롭게 하셨다. 언약의 증거로 할례를 행했다.	"너는 내 앞에서 행하여 완전하라" -할례 언약, 아브라함을 열국의 아비로 세움
5	창세기 22:15~18	아브라함의 순종으로 언약이 확증되었다.	하나님 마음에 감격과 축복(창 22:16~18)

〈창세기〉에서 하나님은 아브라함과 5가지의 언약을 맺습니다. 하나님과 아브라함이 맺은 언약은 다른 모든 언약의 기초가 됩니다.

1. 첫 언약(창 12:1~3)

여호와께서 아브람에게 이르시되 너는 너의 고향과 친척과 아버지의 집을 떠나 내가 네게 보여 줄 땅으로 가라 내가 너로 큰 민족을 이루고 네게 복을 주어 네 이름을 창대하게 하리니 너는 복이 될지라 너를 축복하는 자에게는 내가 복을 내리고 너를 저주하는 자에게는 내가 저주하리니 땅의 모든 족속이 너로 말미암아 복을 얻을 것이라 하신지라.

하나님은 아브라함이 갈대아 우르에서 살 때 땅과 자손과 복을 약속하시며, 그와 첫 언약을 시작하셨습니다. 이것이 모든 언약의 기초이며 하나님 나라의 시작입니다.

2. 땅의 언약(창 13:14~17)

롯이 아브람을 떠난 후에 여호와께서 아브람에게 이르시되 너는 눈을 들어 너 있는 곳에서 북쪽과 남쪽 그리고 동쪽과 서쪽을 바라보라 보이는 땅을 내가 너와 네 자손에게 주리니 영원히 이르리라 내가 네 자손이 땅의 티끌 같게 하리니 사람이 땅의 티끌을 능히 셀 수 있을진대 네 자손도 세리라 너는 일어나 그 땅을 종과 횡으로 두루 다녀 보라 내가 그것을 네게 주리라.

롯과 아브라함이 갈라섭니다. 가족들이 많아서 함께 움직이기 힘들어서 서로 나눕니다. 롯이 먼저 좋은 땅을 차지합니다. 이때 하나님은 아브라함과 그의 후손들에게 또 땅을 주겠다고 약속하십니다.

만약 하나님께서 우리에게도 이런 말씀을 주신다면 너무 좋지 않을까요? "판교 땅 보는 대로 모두 네 땅이다. 아니면 하루 동안 걸어 다니면서 줄 친 땅은 모두 네 땅이다"라고 하시면 온종일 피곤한 줄 모르고 발이 부르트도록 다닐 것입니다.

하나님은 아브라함에게 복을 주시되 이 정도의 복을 주십니다. 스케일 있지 않습니까? 아브라함이 믿음의 스케일을 보이니까 하나님도 아브라함에게 축복의 스케일을 보이신 것입니다. 우리도 입을 크게 벌려 하나님 앞에 스케일 있게 구합시다. 하나님 앞에 용량 있게 나아갑시다.

3. 은혜 언약(창 15:4~21)

어느 날 하나님께서 아브라함에게 찾아오셔서 다시 한 번 자손과 땅의 복을 주겠다고 하십니다. 그러자 아브라함은 "주 여호와여 내가 이 땅을 소유로 받을 것을 무엇으로 알리이까"(창 15:8)라고 의심합니다. 증거를 보여달라고 합니다. 그러자 하나님께서는 언약을 맺자고 하십니다.

> 여호와께서 그에게 이르시되 나를 위하여 삼 년 된 암소와 삼 년 된 암염소와 삼 년 된 숫양과 산비둘기와 집비둘기 새끼를 가져올지니라 아브람이 그 모든 것을 가져다가 그 중간을 쪼개고 그 쪼갠 것을 마주 대하여 놓고 그 새는 쪼개지 아니하였으며(창 15:9~10).

이것이 그 당시 고대 근동의 언약 방식 중의 하나입니다. 충성맹세를 할 때 조약문을 읽고 짐승을 그 앞에서 반으로 쪼개고 쪼갠 짐승 사이로 지나갑니다. "만약 너와 나 둘 중 하나가 약속을 어기면 이 동물처럼 쪼개지고 찢어지리라"는 의미입니다. 이러한 방식은 당시 고대 근동의 주군과 봉신의 언약 방식이었습니다.

그런데 어떤 일이 일어납니까? "해가 져서 어두울 때에 연기 나는 화로가 보이며 타는 횃불이 쪼갠 고기 사이로 지나더라"(창 15:17). 하나님이 혼자 지나가신 것입니다. 아브라함과 같이 지나가야 하는데 하나님 혼자 일방적으로 지나가셨습니다.

이것은 무엇을 의미합니까? 하나님이 일방적으로 책임지시겠다는 것입니다. 만약 네가 어길지라도 너에게 책임을 묻지 않겠다는 것입니다. 설령 네가 약속을 어길지라도 네게 결과를 묻지 않고 하나님께서 책임지시겠다는 것입니다. 그래서 이것을 은혜 언약 또는 일방 언약이라고 합니다.

모든 인류가 죄악에 빠져 하나님을 떠날 때에 하나님은 사람을 찢으신 것이 아니라 자신을 찢으셨습니다. 이것이 갈보리의 십자가 사건입니다. 하나님은 우리와 언약을 맺고 하나님 앞에 죄를 범했다 할지라도 그 책임을 우리에게 묻지 않으셨습니다. 육신을 입으시고 친히 이 땅에 오사 자신을 쪼개어주셨습니다.

4. 할례 언약(창 17:1~27)

아브라함이 99세 때, 하나님은 아브람의 이름을 아브라함(열국의 아비)으로 바꾸어주시고 약속을 새롭게 하십니다. 이 언약의 증거로 할례를 명하십니다. "너는 내 앞에서 행하여 완전하라"(창 17:1) 하시면서 할례 언약을 맺습니다. 완전한 자가 되라는 것이 할례 언약입니다.

5. 순종의 언약(창 22:15~18)

아브라함의 순종으로 언약이 확증되었습니다. 하나님은 감격하시며 기쁨으로 축복하십니다. 아브라함의 언약은 다른 언약(이삭, 야곱, 요셉)의 기초가 됩니다. 하나님은 아브라함의 언약을 통해서 3가지 약속을 주셨습니다. 첫째, 그의 후손들에게 땅을 줄 것을 약속하셨습니다. 둘째, 후손에 대한 복을 주셨습니다. 셋째, 그의 후손들을 통해서 민족이 복을 받게 될 것이라는 것입니다. 땅의 복, 후손의 복, 축복의 복, 제사장의 복입니다.

〈창세기〉의 두 계열(아벨의 후손과 가인의 후손)

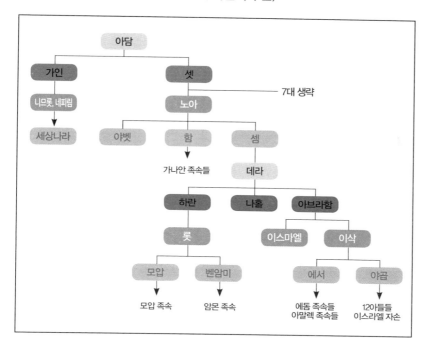

아담의 자손이 누구입니까? 가인과 아벨입니다. 가인은 있는데 아벨은 어디 갔습니까? 죽었습니다. 그렇기 때문에 아벨 대신 하나님이 셋을 주셨습니다. 가인의 후손은 니므롯과 네피림입니다. 쉽게 말하면 골리앗의 조상이죠. 가인의 후손은 계속해서 이스라엘과 갈등하며 싸우는 세상나라를 상징합니다.

그리고 셋의 후손은 노아까지 7대(셋-에노스-게난-마할랄렐-야렛-에녹-므두셀라-라멕-노아)가 이어집니다. 노아의 세 명의 아들은 누구입니까? 셈과 함과 야벳입니다. 함은 아버지의 벌거벗은 모습을 조롱하다가 저주를 받아서 가나안 족속, 쉽게 말하면 아프리카 원주민의 조상이 됩니다.

셈의 아들인 데라에게는 하란, 나홀, 아브라함이 있었는데 하나님이 메소포타미아에서 아브라함을 부르신 것입니다. 4명이 출발해서 하란과 나홀, 아버지 데라는 죽고 아브라함의 계보가 이어집니다. 아브라함은 불신의 아들 이스마엘과 적통의 아들 이삭을 낳습니다. 이스마엘의 후손은 아랍 민족의 조상이 됩니다. 이스마엘의 후손 마호메트가 이슬람을 만들었지요. 지금 이스라엘과 이라크의 전쟁은 쉽게 말하면 이스마엘과 이삭의 싸움입니다. 이스마엘의 열등의식이 아랍 민족에게 전이되었고 마호메트를 만들어낸 것입니다. 이삭의 아들은 에서와 야곱이 있습니다. 야곱의 12아들이 이스라엘 민족의 지파가 되었고, 에서는 유목민인 에돔과 아말렉의 조상이 되었습니다.

하란의 아들 롯이 있습니다. 소돔 성이 불로 멸망할 때 그의 아내가 소금 기둥으로 죽게 되자 딸들이 아버지에게 술을 먹이고 동침하여 큰딸이 모압을, 둘째딸이 벤암미를 낳습니다. 그들은 모압과 암몬 족속의 조상이 되었습니다.

🍃 **열매 맺기**

고대 장남의 특권

1. 장자권(2배의 상속)
2. 가장지위 승계
3. 아버지 축복을 받을 권리

욥기

하나님 끝까지 신뢰하기

🍃 뿌리내리기 _성경의 전체를 알아봅니다

이스라엘의 족장 시대를 배경으로 하는 〈욥기〉는 부와 가족과 건강 등 모든 것을 잃고 "왜"라는 질문과 씨름하는 한 사람의 이야기입니다. 〈욥기〉는 천상에서 벌어진 하나님과 사탄의 논쟁에서 시작하여, 지상에서 욥과 친구들 사이에 벌어진 세 번의 논쟁을 거쳐, 욥의 문제에 대한 극적인 하나님의 판단으로 마무리됩니다. 결국 욥은 자신의 삶에 대한 하나님의 주권을 깨닫게 되고, 시험을 당하기 전에 소유했던 것보다 더 많은 것을 돌려받습니다.

저자가 누구인지 알려지지 않았으며, 그를 암시하는 힌트도 전혀 없습니다. 그러기에 성경학자들은 욥 자신 아니면 모세, 솔로몬 등을 후보로 언급하고 있습니다. 히브리 문화가 아닌 다른 문화 배경을 가진 점으로 미루어 보아 이방인 저자일 가능성도 있다고 합니다. 기록 연대는 족장시대[1]를 시간적 배경으로 하고 있으나, 기록 시기에 대해서는 여러 주장들이 제기되어 있습니다.

중심 주제를 알기 위해서는 〈욥기〉의 근본적인 질문을 알아야 합니다. 그

[1] 아마도 창세기 11장과 12장 사이에 해당하는 시기, 또는 아브라함 이후에 오래지 않은 때일 것으로 여러 학자들이 추정하고 있다.

질문은 "하나님께서 사랑의 하나님이시고 전능하시다면 왜 의로운 사람이 고통을 받는가?" 하는 것입니다. 그러나 〈욥기〉가 우리에게 주는 중요 메시지는 고통 자체가 아니라 욥이 자신의 고통으로 무엇을 배우는가 입니다.

따라서 〈욥기〉를 읽을 때 '고난을 어떻게 이해할 것인가?' 또한 '고난 속에서도 하나님과의 관계를 어떻게 유지할 것인가?'에 관점을 두고 읽는다면 더 깊이 이해할 수 있을 것입니다. 우리는 때로 고난이나 슬픔에 직면하여 자기 자신과 정면으로 맞닥뜨릴 때 비로소 자신을 제대로 이해하며 하나님과의 관계도 올바로 갖게 됩니다. 어찌 보면 고난 가운데서 주님을 더 가슴 절절하게 만날 수 있는 것입니다(욥 42:5).

숲 길잡이 _성경의 전체를 표로 알아봅니다

시대	족장시대						
초점	욥의 재난	욥의 논쟁					욥의 구원
구절	1:1———3:1—	—15:1—	—22:1—	—27:1—	—32:1—	—38:1—	—42:17
구분	하나님과 사탄 사이의 논쟁	첫 번째 논쟁	두 번째 논쟁	세 번째 논쟁	욥의 최종 자기 변호	엘리후의 해결책	여호와의 응답
주제	갈등	논쟁					회개
형식	산문	시					산문
장소	하늘과 땅	우스 땅(북부 아라비아)					하늘과 땅
기간	약 B.C. 2000년						

〈욥기〉의 1장과 2장 그리고 마지막 장인 42장 11절은 이야기체 즉 산문 형식으로 기록되어 있습니다. 산문으로 기록된 부분은 이야기의 배경을 설명합니다. 내용이 사실적이고 직접적이기 때문에 이해하기 쉽습니다. 그러나 3장부터 42장 전까지는 모두 시의 형식을 띠고 있습니다. 그러기에 〈잠언〉, 〈시편〉, 〈욥기〉는 모두 시가서에 속합니다. 이런 성경들은 시답게 읽어

야 제맛입니다. 〈욥기〉의 문체는 대부분 수려합니다. 정확히 말해 수려하면서도 신비롭습니다. 어떤 부분에서는 신화적인 상징 어휘가 사용되기도 했습니다. 〈욥기〉의 내용 가운데 산문으로 된 내용은 역사적이며, 운문으로 된 내용은 철학적입니다. 〈욥기〉를 이해하기 어려운 이유가 바로 여기에 있다고 봅니다. 철학적인 내용은 대개 좀 난해하기 때문입니다.

구약 숲으로 _성경의 중심내용을 알아봅니다

욥은 누구인가?(욥 1~2장)

욥은 모든 면에서 탁월한 사람이었습니다. 이 말은 그가 완벽한 사람이라는 뜻이 아닙니다. 욥은 죄악을 멀리했습니다. 그렇게 할 수 있었던 이유는 그가 하나님을 경외했기 때문입니다. 욥은 하나님께 큰 복을 받은 엄청난 부자였습니다. 그 시대 부의 기준은 소유하고 있는 가축의 수로 측정했는데 그는 양 7천 마리, 약대 3천 마리, 황소 5백 마리, 나귀 5백 마리를 소유하고 있었습니다. 그리고 슬하에 일곱 아들과 세 딸을 두었지요. 그들의 정결한 삶을 위해 그들 하나하나를 두고 희생 제사를 올리곤 했습니다. 그는 항상 자기 가정 속에서 벌어지고 있는 일들이 하나님을 기쁘게 하지 못할까 두려워하였습니다.

1. 배경 이야기

욥의 이야기에서 빼놓을 수 없는 것은 바로 하나님과 사탄의 대화입니다. 욥의 고난은 사실 그 대화에서부터 시작됩니다.

• 사탄 루시퍼의 존재(사 14:12~15)   성경은 지상의 창조 세계를 오염시킨 죄악이 천상의 창조 세계에게 기원했음을 시사하고 있습니다. 루시퍼

(계명성, 금성)는 하나님의 자리를 찬탈하려고 했던 천사였습니다. 루시퍼의 반역은 성공하지 못했고, 그는 하나님 앞에서 내쫓겨 땅으로 떨어졌습니다. 그렇게 해서 인간 역사의 시작에서부터 지상에는 하나님이 하시는 일을 방해하려는 대적이 존재하게 되었습니다.

• 하나님과 사탄의 대화　하나님: "네가 내 종 욥을 유의하여 보았느냐? 그와 같이 순전하고 정직하여 하나님을 경외하며 악에서 떠난 자가 세상에 없느니라"(욥 1:8). 사탄: "당연히 욥은 자신이 원하는 모든 것을 당신이 주시는 한, 하나님을 사랑한다고 고백할 것입니다. 그러나 그의 재물을 모두 빼앗고, 그의 일거리도 빼앗고, 그의 가족들을 모두 떠나보내고, 그의 건강까지 앗아가 보십시오. 그러면 분명히 욥은 당신을 저주할 것입니다." 하나님: "내가 그의 소유물을 다 네 손에 붙이겠다. 오직 그의 목숨만은 손대지 마라."

• 욥의 고난　스바 사람이 소를 빼앗고 불이 하늘에서 떨어져 양들과 종들을 살라버리고 갈대아 사람들이 쳐들어와 낙타들을 다 빼앗아가고 그 종들을 다 죽였습니다. 욥은 자식들마저 모두 잃고 이렇게 반응합니다.

> 이르되 내가 모태에서 알몸으로 나왔사온즉 또한 알몸이 그리로 돌아가올지라 주신 이도 여호와시요 거두신 이도 여호와시오니 여호와의 이름이 찬송을 받으실지니이다 하고 이 모든 일에 욥이 범죄하지 아니하고 하나님을 향하여 원망하지 아니하니라(욥 1:21~22).

욥은 가난한 자나 버림받은 자에게 관대했고, 지역사회의 존경을 받는 인물이었습니다. 심지어 그는 자녀들이 부지중에 범했을지도 모르는 죄악을 씻기 위해 하나님께 희생 제사를 드렸습니다. 어느 날 재산이 날아가고 아들들은 죽고 아내는 욥을 저주하며 떠나고 본인은 지독한 피부병에 걸려

온몸이 찢어지는 듯한 고통으로 신음하게 됩니다. 그를 위로하러 온 친구들은 도리어 그가 이처럼 하나님의 징벌을 받을 만한 죄를 지은 것이 분명하다고 합니다. 멸시의 대상으로 전락한 것입니다. 욥은 이 고난이 부당한 것임을 시종일관 주장하면서도 하나님에 대한 신앙을 포기하지 않았습니다. 그는 감내하기 힘든 고난과 슬픔에도 불구하고 하나님과의 관계를 이해하려고 힘썼습니다.

욥의 논쟁(욥 3~37장)

1. 첫 번째 논쟁(4~14장)

- 엘리바스와 욥(4~7장)　의로운 행위는 복을 가져오지만, 죄는 고통을 가져옵니다.
- 빌닷과 욥(8~10장)　하나님은 의로우시며 욥은 죄를 범했습니다.
- 소발과 욥(11~14장)　하나님은 두려운 분이며 전능자이시므로 회개해야 합니다.

2. 두 번째 논쟁(15~21장)

- 엘리바스와 욥(15~17장)　고난당하는 자. 악한 자의 종말을 말합니다.
- 빌닷과 욥(18~19장)　악한 자의 운명을 아주 어둡게 그립니다.
- 소발과 욥(20~21장)　계속해서 다른 두 친구들이 언급한 동일한 주제인 악한 자의 징벌만을 언급합니다.

3. 세 번째 논쟁(22~37장)

- 엘리바스와 욥(22~24장)　죄 없는 자는 고난받을 가능성이 없습니다.
- 빌닷과 욥(25~28장)　하나님은 크시며 인간은 벌레입니다.
- 소발과 욥(29~31장)　침묵을 지킵니다.

• 엘리후와 욥(32~37장)　긴 변론을 통해 세 사람이 욥과 대화를 나누었습니다. 그동안 옆에서 조용히 있던 네 번째 사람 엘리후가 욥의 상황을 평가합니다. 엘리후는 고통의 대가에도 불구하고 하나님을 섬기는 일은 이롭다는 사실을 증명하려 합니다.

욥에 대한 하나님의 말씀과 욥의 답변(욥 38~42장)

인간의 고통과 하나님의 주권에 대한 문제의 진정한 답변은 〈욥기〉의 후반부인 하나님의 말씀(38~41장)에서 발견할 수 있습니다. "폭풍 가운데"(욥 38:1) 하나님께서는 욥에게 직접 질문하십니다. 그 질문은 하나님의 크심과 이에 비해 하찮은 인간을 설명한 것이었습니다.

신자가 받는 모든 고통과 고난 속에는 하나님의 지혜로우신 목적이 있습니다. 욥도 "내가 주께 대하여 귀로 듣기만 하였사오나 이제는 눈으로 주를 뵈옵나이다"(욥 42:5)라고 고백하며 하나님을 깊이 만나 참된 신앙 단계로 들어갑니다. 하나님께서 그 아들 예수 그리스도의 고난을 통해 인류의 죄, 그 죄에서의 구원을 보여주신 것을 명심해야 할 것입니다(히 12:7~11; 눅 22:31, 32; 사 53:4~12).

담아가기

1. 처음에 불신자였던 아브라함은 창세기 12장, 16장, 21장, 22장으로 세월이 더해 갈수록 그의 삶이 성화되었습니다. 이처럼 나의 믿음이 오늘보다 내일, 내일보 다 그 나중이 훨씬 더 아름답게 성화되어야 합니다. 당신의 믿음의 위치는 창 세기 몇 장에 머물러 있습니까?

2. 아무것도 남김없이 모든 것을 하루아침에 완전히 잃어버린 욥은 고난의 한복 판에서 하나님만 신뢰하며 아름다운 신앙고백으로 하나님께 영광을 올려드립 니다. 욥은 절망스러운 상황을 보며 실망한 것이 아니라 상황을 주관하시는 하 나님을 보면서 소망을 갖습니다. 지금 이 시대는 "하나님을 욕하고 죽으라"는 욥의 아내 같은 사람은 많아도 욥과 같이 상황을 넘어 하나님만 신뢰하는 참 신앙인을 찾아보기가 힘든 것 같습니다. 당신은 욥과 같은 예배자가 될 수 있 습니까?

인류의 시작 시대 2100년

이스라엘 역사의 시작 시대 400년

노예시대 400년

광야시대 40년

가나안 정복시대 7년

사사시대 350년

통일왕국시대 120년

분열왕국시대 350년

포로시대 70년

귀국시대 93년

03

하나님이 백성을
만드신 기간

● 〈창세기〉와 〈출애굽기〉 사이는 종이 한 장이지만 역사적 기간은 400년
이었다. 야곱의 가족이 애굽에 이주한 지 400년이란 시간이 흐르면서 야곱의 후손들은 꾸준히 인구가 늘
어나 급기야는 요셉을 모르는 애굽의 바로에게 위협적인 존재가 되어버렸다. 바로는 그들을 견제하기 위
해 강제 노역과 산아제한정책을 써서 그들의 수적인 확장을 막았다. 그런 와중에 태어난 모세가 이스라엘
백성의 출애굽을 이끌어냈다. 노예 400년의 역사시대는 하나님께서 백성의 고통을 들으시고 바로의 손에
서 백성을 구원하기 위해 애굽 땅에 내리신 10가지 재앙, 그리고 이스라엘 백성이 홍해를 건너 출애굽한
이야기가 펼쳐져 있다.

출애굽기 1~14장

하나님 백성으로 만들어지기

🍃 뿌리내리기 _성경의 전체를 알아봅니다

🍃 열매 맺기

왜 이스라엘이 하나님 나라 인가?

이스라엘의 진정한 왕은 하나님이시기 때문이다. 그러므로 이스라엘 그 자체를 배우는 것이 아니라 이스라엘의 역사를 통해서 하나님의 주권과 통치, 하나님의 왕 되심을 배우는 것이다.

왜 성경을 공부하는데 히브리 역사를 배워야 하는가?

이스라엘 역사의 주인공은 하나님이시다. 이스라엘 역사와 히브리 역사를 배우는 이유는 바로 그 역사 속에 드러나는 하나님의 주권을 배우기 위해서다.

〈창세기〉 후반부에 야곱이 그의 가족 70여 명을 이끌고 애굽으로 내려간 이야기가 나옵니다. 〈창세기〉와 〈출애굽기〉 사이는 종이 한 장 차이지만 400년이 흐른 것입니다. 가운데 노예시대가 빠져 있습니다. 마치 〈말라기서〉와 〈마태복음〉 사이도 종이 한 장이지만 400년의 공백이 있는 것과 같습니다. 〈출애굽기〉는 헬라어로 '탈출'을 의미합니다(히 11:22). 애굽에서 노예생활 중이던 이스라엘에게 하나님이 베푸신 놀라운 구원(탈출)을 소개하고 있습니다. 〈출애굽기〉의 중심 사상은 구속(Redemption)입니다. 언약에 신실하신 하나님이 백성을 고통 가운데서 이끌어내십니다. 그리고 광야 방랑 기간 동안 그들을 지키시며 약속의 땅으로 들어가도록 준비시키십니다. 이 책의 특징이라면 그리스도를 통한 구원을 상징하는 묘사들로 가득 차 있다는 것입니다. 〈창세기〉가 시작의 책이라면 〈출애굽기〉는 구속의 책입니다. 출애굽한 이스라엘 백성을 통하여 하나님은 새로운 시작을 계획하십니다. 신정국가인 하나님 나라를 이 땅 가운데 세우시는 것입니다.

시대	노예시대		
초점	출애굽과 하나님의 은혜		
구분	1:1~5:23	6:1~15:21	15:22~18:27
내용	애굽의 압제와 멍에로 인한 구원을 준비시키심	이스라엘의 구원과 10가지 재앙	광야에서 이스라엘을 지키심
주제	출애굽 이야기 / 구원		
장소	애굽		광야
시간	430년		2개월

〈출애굽기〉는 크게 두 부분으로 나눌 수 있습니다. 1장부터 18장까지는 시내 산까지의 여정을, 19장부터 40장까지는 시내 산에서의 여정을 기록하고 있습니다. 전반부 시내 산까지의 여정은 시간의 흐름에 따라서 쓰였습니다. 드라마틱하여 읽기 쉽고 재미있습니다. 애굽에서 400년간 고통 속에 있던 이스라엘 백성을 구원시키기 위하여 애굽 땅에 내려진 10가지 재앙, 그들을 광야에서 불러내어 구름 기둥과 불 기둥으로 지키시는 섬세하신 하나님의 손길, 그 손길 가운데 있으면서도 불신앙과 불평의 모습을 보이는 백성, 그럼에도 불구하고 그들을 결국 시내 산까지 인도하시는 하나님에 관한 이야기가 시간과 장소의 흐름에 따라 재미있게 쓰였습니다.

구약 숲으로_성경의 중심내용을 알아봅니다

모세의 인생 스토리

400년 노예생활 중에서도 이스라엘 백성은 번성하여 애굽 땅에 가득했습니다. 후에 요셉을 알지 못하는 새로운 바로 왕[1]이 나왔습니다. 바로 왕이 가만히 보니까 이방 민족이 자신의 땅에 들어와서 자신의 나라에 위협이

1 그들은 아마도 아멘호테프 1세(B.C. 546~1525)나 투트모세 1세(B.C. 1525~1508), 투트모세 2세(B.C. 1512~1504) 정도일 것이다.

될 정도로 인구가 많아졌고 애굽에서 제일 좋은 고센 땅에서 살고 있음을 알았습니다. 이렇게 놔두어서는 안 되겠다 싶어서 바로 왕은 그들을 탄압하기 시작합니다. 비돔과 라암셋이라는 성을 건축하게 하여 이스라엘 백성을 학대하며 무거운 노역을 시킵니다. 동물처럼 일만 시킵니다. 그럼에도 불구하고 이스라엘 백성은 계속 늘어납니다. 그래서 바로는 산아제한정책과 남아살인정책을 씁니다. 애를 못 낳게 합니다. 여자아이는 놔두지만 남자아이는 태어나면 무조건 죽이게 했습니다.

이런 상황 속에서 모세가 태어나자 어머니 요게벳은 3개월 동안 아들을 숨겨 키웁니다. 그러나 목소리가 너무 커서 더 이상 숨길 수가 없자 갈대상자에 넣어서 나일 강에 띄워 보냅니다. 그때 애굽의 딸이 목욕하러 나왔다가 모세를 건져서 양자로 삼습니다. 그 후 모세는 궁에서 궁중교육을 받으며 40년을 살게 됩니다. 이 모든 것은 하나님의 섭리였습니다.

장성한 모세는 우연히 애굽인이 히브리인을 학대하는 것을 보고 그 애굽인을 죽입니다. 그 사실이 드러나자 모세는 미디안으로 도망갑니다. 모세가 누구입니까? 왕자입니다. 그런데 애굽 군인 한 명 죽였다고 큰 문제가 될까요? 큰 문제가 될 수 없는데 왜 도망갔을까요? 모세는 적통이 아니었습니다. 당시 왕궁 내에서는 대권을 향한 치열한 각축전이 벌어지고 있었습니다. 그들은 모세가 히브리인임을 알고 있었죠. "저놈이 언젠가는 애굽 정부에 반란을 일으킬 거다"라는 시선을 받고 있었는데 모세가 애굽인을 죽였다는 것이 드러나면 모세 징벌론이 대두될 것입니다. 본격적인 반역이 시작될 것이라는 시각 때문입니다. 애굽인 하나 죽인 것이 문제가 아니라 그로인해 파생될 정치적 혼란 때문에 모세는 도망간 것입니다. 당시 애굽의 왕은 투트모세 3세였습니다.

모세는 미디안으로 도망가 평범한 목자로 40년을 삽니다. 그가 80세가 되었을 때, 하나님은 호렙 산 불타는 떨기나무 아래로 그를 부르십니다. 모세에게 나타나신 하나님은 어떤 하나님이었는지, 모세에게 어떻게 자신을 계시하셨는지는 성경을 이해하는 데 너무 중요합니다. 과거에 모세는 왕궁에서 40년 동안 궁중교육을 받았습니다. 법학, 신학, 천문학 등 많은 학문을 배웠습니다. 그리고 애굽의 여러 신에 대해서도 배웠습니다. 자신이 히브리인인 줄 알고 있었기 때문에 히브리인들이 믿는 야훼에 대해서도 알고 싶어 했습니다. 그러던 어느 날 그 히브리 민족의 신 야훼께서 자기를 부릅니다. 얼마나 놀랐겠어요. 모세의 마음은 어떤 마음이었을까요? 잘 모르는 마음입니다.

> 또 이르시되 나는 네 조상의 하나님이니 아브라함의 하나님, 이삭의 하나님, 야곱의 하나님이니라 모세가 하나님 뵈옵기를 두려워하여 얼굴을 가리매 여호와께서 이르시되 내가 애굽에 있는 내 백성의 고통을 분명히 보고 그들이 그들의 감독자로 말미암아 부르짖음을 듣고 그 근심을 알고(출 3:6~7).

> 이제 가라 이스라엘 자손의 부르짖음이 내게 달하고 애굽 사람이 그들을 괴롭히는 학대도 내가 보았으니 이제 내가 너를 바로에게 보내어 너에게 내 백성 이스라엘 자손을 애굽에서 인도하여 내게 하리라(출 3:9~10).

하나님은 자신을 어떻게 소개하십니까? 아브라함의 하나님, 이삭의 하나님, 야곱의 하나님 즉 네 조상의 하나님이라는 것입니다. 이스라엘 민족을 만드신 하나님이시라는 것입니다. 이제 애굽에서 고통당하고 있는 그들을 구원하러 바로 왕에게로 가라 하십니다. 가서 하나님의 백성을 인도해 나오는 것이 모세의 사명이었습니다. 그러자 모세는 일생일대의 아주 중요한 질문을 합니다. "당신이 누굽니까? 당신이 누군데 이런 엄청난 일을 나한테 맡기십니까? 내가 뭘 믿고 갈 수 있습니까?" 하나님의 대답이 출애굽기 3장 14~15절에 기록되어 있습니다.

> 하나님이 모세에게 이르시되 나는 스스로 있는 자이니라 또 이르시되 너는 이스라엘 자손에게 이같이 이르기를 스스로 있는 자가 나를 너희에게 보내셨다 하라 하나님이 또 모세에게 이르시되 너는 이스라엘 자손에게 이같이 이르기를 너희 조상의 하나님 여호와 곧 아브라함의 하나님, 이삭의 하나님, 야곱의 하나님께서 나를 너희에게 보내셨다 하라 이는 나의 영원한 이름이요 대대로 기억할 나의 칭호니라.

하나님은 "I am who I am(나는 스스로 있는 자)"라고 말씀하십니다. 히브리 문법은 동사가 현재형은 없고 과거나 미래형입니다. 히브리 문법으로 미래형을 표현하면 이렇게 됩니다. "I will be who I will(앞으로 나타낼 나를 통해서 내가 누구인지 나타내게 되리라)." 하나님이 누구인지는 미래로 가면서 알게 될 것이고, 앞으로 경험함으로 알게 될 것이고, 앞으로 삶 속에서 구체적으로 체험함으로 깨닫게 될 것이라는 것입니다.

"네가 이스라엘 백성을 이끌어낼 때 현장 가운데 내가 거하겠다. 그 가운데서 내가 누구인지 앞으로 너에게 보여주겠다"라고 자신을 드러내심은 지금까지는 히브리 민족의 하나님이었지만 이제부터 내가 누구인지 만천하에 알리겠다는 하나님의 선포입니다. "앞으로 될 나를 통해서 만천하에 나를 알리겠다"는 것이 하나님의 의지이십니다. 그런 하나님이 모세에게 나타나셔서 말씀하시니까, 모세가 가는 것입니다. 누군지도 모르는데 어떻게 감히 바로 왕 앞에 갔겠습니까? 모세는 애굽의 막강한 군사력을 이미 잘 알고 있었습니다. 40년 도망자로 이미 현상수배가 붙었을 것입니다.

하나님은 이 세상 일을 초월하여 높은 곳에 있는 것이 아니라, 자신의 백성들의 고통을 분명히 보시고, 그 부르짖음을 들으시고, 근심을 살피시고 계신다는 것입니다. 그리고 이제 백성의 손을 붙잡아, 그 길을 인도하시며 동행하시겠다는 것입니다. 모세는 하나님이 어떻게 자신을 드러내실지 기대감을 가지고 나아갔을 것입니다. 그러나 모세는 가나안에 들어가지 못하고 모압평지 비스가 산에서 파란만장한 생을 마칩니다.

하나님(모세) vs 세상(바로)의 대결

모세는 바로에게 하나님의 백성을 내보내라고 7번 선포합니다. 그러나 바로가 말을 듣지 않았습니다. 그래서 10가지 재앙을 보여줍니다. 피, 개구리, 이, 파리, 악질, 독종, 우박, 메뚜기, 흑암, 장자들의 죽음이었습니다.

재앙의 목적은 바로와 이집트인들에게 그들의 신들보다 이스라엘의 하나님이 더 강하다는 것을 보여주기 위함이었습니다. 그래서 10가지 재앙의 대상은 이집트인들이 섬기는 신이었습니다. 살아 계신 하나님께서 애굽 신들을 멸하심으로 자신이 누구인지를 드러내셨습니다(출 12:12). 그들은 자신들이 섬기던 신들이 한순간에 무너지는 것을 목격했습니다. 지금까지는 이스라엘의 하나님이셨지만 이제 하나님은 열방 가운데 자신의 권능과 살아 계심을 드러내 보이십니다. 바로는 10가지 재앙 앞에서 4번 타협합니다.

	재앙/대상	의미	바로의 반응
1	피/나일 강	나일 강의 생물을 다 죽임으로 그들이 섬기던 우상들을 섬멸하심(나일 강의 신 '크눔', '하피')	듣지 않음(7:22)
2	개구리/사람	토템 종교의 대상인 우상 타파(부활과 다산의 신 '헤트')	듣지 않음(8:15)
3	이/사람, 가축	제사장과 가축이 더러워져서 제사 의식을 행하지 못하고 제물을 쓰지 못하게 됨(땅의 신 '셉')	듣지 않음(8:19)
4	파리/ 온 집과 땅	고센을 구별하심으로 하나님의 권능을 드러냄(곤충의 신 '하트콕') "이 땅에서 너희 하나님께 제사를 드리라"(8:25). "너무 멀리 가지는 말라"(8:28).	보내지 않음(8:32)

5	악질/가축	모든 동물을 다 죽임으로 제물을 없앰 피조물의 생사를 주관하시는 하나님(황소의 신 '아피스')	보내지 않음(9:7)
6	독종/ 사람과 짐승	애굽 요술사들도 악성 종기에 걸림으로 그들의 신도 헛된 것임을 보여줌(의술의 신 '임호텝')	듣지 않음(9:12)
7	우박/사람, 짐승, 채소, 나무	애굽의 농경 신을 섬멸하고 하나님의 말씀을 만홀히 여기는 자를 멸하심(하늘의 신 '누트')[2]	너희는 머물지 마라(9:28)
8	메뚜기/ 곡식, 나무	애굽인들이 섬기는 신의 헛됨을 보여줌 (곤충의 재앙을 막는 신 '세라피아').	장정만 가라(10:11)
9	흑암/ 온 땅	가장 큰 우상인 태양을 가려 제사를 드리지 못하게 함으로 커다란 공포에 휩싸임(태양의 신 '라')	양과 소는 두고 가라(10:24)
10	장자의 죽음/ 사람, 짐승	애굽의 영광이 사라짐(다산의 신 '오시리스') 히브리인의 모든 사내아이를 나일 강에 버리라는 명령을 내린 대규모의 유아살해죄를 지은 이집트 민족에 대한 심판(1:22)	양과 소도 … 나를 축복하라 (12:32) 속히

2 비옥한 나일 강 삼각주 지역이 농사가 잘되는 것은 농경 신이 지켜주기 때문이라는 믿음이 있었다.

• 피   나일 강을 피로 바꿉니다. 나일 강의 생물들을 모두 죽입니다. 그들은 나일 강 삼각주 즉 물을 중심으로 문명이 발달했기 때문에 이 나일 강을 신격화해서 매일 그곳에서 제사를 드렸습니다. 그래서 그들이 신성시 여겼던 나일 강을 핏물로 바꾸어버리십니다.

• 개구리   그들의 토템 종교의 대상이 개구리입니다. 개구리는 부활과 다산의 신이었는데 그 개구리가 물에서 올라와 온 애굽 땅을 덮습니다. 밥솥을 열어도 개구리가 튀어나오고, 가방을 열어도 개구리가 튀어나오고 온통 개구리 천지가 됩니다. 모세의 기도로 개구리가 한꺼번에 죽자 온 땅에 악취가 진동합니다.

• 이   가축으로 애굽 신들에게 제사를 지내야 하는데 이들이 제사장의 옷이나 가축에 옮아 붙어서 제사를 지내지 못합니다.

• 파리   이때부터 이스라엘 백성과 구별시킵니다. 피, 개구리, 이까지는 이스라엘 백성도 동일하게 고난을 당했지만 파리부터는 애굽 백성과 구별합니다. 바로 그때 바로가 타협안을 내놓습니다. "모세야, 네가 너무 성격이

급하니 좀 참아라. 이 땅에서 제사를 드려라. 아니면 멀리 가진 마라." 2가지 타협안을 내놓지만 모세는 모두 거절합니다.

- 심한 악질 생축들에게 발생하여 큰 타격을 입습니다. 피조물의 생사를 주관하시는 분이 하나님이십니다. 풍요의 상징인 황소의 신 아피스에 대한 심판입니다.

- 독종 독종이 생겨서 마술사들까지도 해를 당합니다. 치료의 신 메트, 이시스에 대한 심판입니다.

- 우박 애굽의 비옥한 나일 강 삼각주에서 농사가 잘되는 것은 농경 신이 지켜주기 때문이라고 믿고 있었는데, 그 농경 신이 배반해서 우박을 내립니다. 그러나 하나님의 경고에 주의를 기울인 애굽인들은 안전하게 보호를 받았습니다. 이때 바로는 너무 힘드니까 너희는 머물지 말고 빨리 가라고 합니다. 그러나 이것은 마음에 없는 소리였습니다.

- 메뚜기 애굽인이 섬기는 신이 헛됨을 보여줍니다. 여기서 또 타협안을 제시합니다. "장정만 가서 여호와를 섬기라. 다른 것은 다 놓고 장정만 가라."

- 흑암 그들의 가장 큰 신, 애굽 제일의 신이 '라(태양신)'였습니다. 이 태양을 어둠으로 가려버립니다. 바로는 또 타협안을 제시합니다. "양과 소는 두고 너희만 가라."

- 재앙 애굽의 모든 초태생은 동물에서 사람에 이르기까지 모두 죽이는 재앙이었습니다. 그러나 하나님의 말씀을 따라 어린양을 잡아 그 피를 좌우 문설주와 인방에 바른 집은 재앙이 임하지 않았습니다. 그래서 이날을 유월절이라고 이야기합니다. 그날 밤에 애굽 왕의 장자로부터 모든 애굽인의 생축 초태생이 다 죽었습니다. 이는 구원사적으로 예수 그리스도 보혈의 피로 그의 백성들이 구원받게 될 것을 예표하는 것입니다. 어린양의 죽음과 피는 예수 그리스도의 죽으심과 보혈을 상징합니다. 결국 그들은 양과 소를

다 몰고 나가게 됩니다. 이 유월절을 기점으로 이스라엘 백성은 애굽의 속박으로부터 벗어나게 됩니다.

하나님의 심판의 손길은 누구를 심판함이었습니까? 애굽의 헛된 신들을 심판함으로써 하나님께서 신 중의 신이요, 열방의 왕 되심을 드러내 보이신 것입니다. 아주 통쾌한 일이었습니다. 강과 태양과 자연이 다 그들의 신이었지만 하나님은 그것들을 허무하게 굴복시키셨습니다. 그리고 하나님의 백성들을 모두 이끌어내셨습니다.

바로가 모세에게 타협안 제시

바로는 누구입니까? 사탄의 모형이고 애굽의 두 번째 신이었습니다. 그는 최고의 능력(하나님이 제한한 곳을 제외하고)을 소유하고 있었습니다. 그는 거짓말쟁이고 살인자였습니다. 하나님의 백성을 탄압하고 노예로 만들었습니다. 그런 바로는 10가지 재앙이 임하여 견딜 수 없을 때마다 모세와 교묘하게 타협하려고 했습니다.

1. 이 땅에서 하나님을 예배하라(출 8:25~27)

> 히브리 사람의 하나님 여호와께서 우리에게 임하셨은즉 우리가 우리 하나님 여호와께 제사를 드리려 하오니 사흘길쯤 광야로 가도록 허락하소서 하라(출 3:18).

하나님이 지정하신 곳이 있었습니다. 그러나 바로의 첫 번째 타협안은 "너희는 가서 이 땅에서 너희 하나님께 제사를 드리라"(출 8:25)였습니다. 바로는 하나님이 지정한 땅이 아니라 자신이 지정한 땅에서 제사를 드리라고 합니다. 우리 손이 미치는 곳, 내 영향권이 있는 곳, 사탄의 영향권이 있는 곳, 내가 언제든지 너희를 부르면 다시 올 수 있는 곳, 내가 정한 땅에서 예배를 드리라는 것입니다. 이것은 교묘하게 타협하는 것입니다.

제사를 드리려면 제물로 소를 잡아야 할 텐데 그 당시 애굽 사람들은 황소의 신 '아피스(Apis)'를 섬기고 있었기에, 만약 애굽의 신을 죽여서 제사를 지내면 그들이 가증이 여기고 돌을 들어 치려 할 것입니다. 애굽 백성의 민심을 건드려서 애굽 백성에게 제압당할 걸 계산하고 허락은 하는데 자기 원하는 곳, 자기가 지정한 곳에서 예배를 드리라고 합니다. 바로의 의도는 손 안 대고 코 푸는 거였습니다.

하나님은 세상에서의 완전한 분리를 요구하셨습니다. 세상과 벗 됨은 하나님과 원수가 되는 것입니다. 성도는 세상의 영향권에서 벗어나 철저히 분리된 삶, 거룩한 삶을 살아야 합니다.

2. 멀리 가지 마래(출 8:28)

> 내가 너희를 보내리니 너희가 너희의 하나님 여호와께 광야에서 제사를
> 드릴 것이나 너무 멀리 가지는 말라 그런즉 너희는 나를 위하여 간구하라
> (출 8:28).

두 번째, 바로는 "너무 멀리 가지 말라"고 유혹합니다. 바로의 생각은 멀리 떠나지 않으면 다시 돌아오는 것은 쉬운 것이라고 생각합니다. 사탄은 이렇게 말합니다. "예수를 믿어라. 교회 가도 좋다. 그러나 광신자는 되지 마라. 신앙을 갖는 것은 좋지만 너무 진지하게 믿지는 마라. 세상이 언제라도 널 부르면 곧바로 돌아올 수 있도록 너무 멀리 가지 마라."

우리 주위에도 이런 사람들이 있습니다. 너무 멀리 가지 않기 위해서 고무줄로 묶고 갑니다. 언제라도 세상이 부르면 한걸음에 달려올 수 있는 거

리에 있으려고 합니다. 예수 믿지 않는 남편들도 교회 가는 것을 허락합니다. "여보, 주일은 갔다 와." 그러나 그 외의 모임에 가는 것은 싫어합니다. "믿는 건 좋지만, 너무 유난히 믿지는 마. 너무 진지하게 광신자처럼 믿지는 마. 너 목사 될래?"라며 허락하는 것 같지만 적당하게 타협합니다.

하나님은 적당한 관계를 제일 싫어하십니다. "네가 이같이 미지근하여 뜨겁지도 아니하고 차지도 아니하니 내 입에서 너를 토하여 버리리라"(계 3:15~16). 하나님의 심판의 메시지입니다. 스스로 경계선 신앙에 있다면 하나님께 한 발 더 가까이 나아가시기를 바랍니다.

3. 남자만 가라(출 10:7~11)

세 번째, 뭐라고 타협합니까? "가서 너희 주 하나님을 섬기라. 갈 자는 누구 누구뇨?", "우리가 주 앞에 절기를 지킬 것인즉 우리가 남녀노소와 우양을 데리고 가겠나이다"(출 10:9). "너희 남자들만 가서 주를 섬기라." 바로는 남자들만 가면 아내와 아이들이 집에 있기에 곧 다시 돌아올 것이라는 것을 알았습니다. "너희가 아무리 좋은 곳에 있어도 가족이 걸려서 멀리 가지는 못할 것이다."

"만일 당신이 원한다면 그리스도인이 되라. 하지만 당신의 배우자와 아이들에게 기독교를 강요하지 마라. 왜냐하면 그것은 극히 개인적인 문제니까. 그들에게는 그들의 쾌락을 즐기도록 하고 당신은 그들의 구원에 관해서 그들의 의견을 존중해주어라"라고 제안합니다. 종교의 자유가 있다는 것입니다. 그들의 의지를 존중해줘야 한다는 것이지요.

어느 성도가 목사님께 "가족들이 아무도 예수를 안 믿어요"라고 말합니다. 그래서 목사님이 "성도님, 가족 구원을 위해서 기도하시고 꼭 전도하세요"라고 말하자 정색을 하면서 "목사님, 제가 어떻게 그런 말을 합니까? 종교의 자유가 있습니다. 내 남편이나 자녀는 스스로 선택할 권리가 있습니다"라고 말했다는 것입니다. 자신은 기독교가 좋아서 왔지만 가족과 자녀에게 말할 책임이 자기에게 없다는 것입니다. 어떤 종교를 결정하던 그들의 자유이니 존중해줘야 한다는 것입니다. 맞나요? 맞다고 생각하는 사람은 고민을 해야 합니다. 사탄은 "너만 믿어라. 네 가족들 생각하지 말고, 네 가족들은 스스로 알아서 할 테니까 너만 열심히 믿으면 돼"라고 말하며 우리와 타협합니다. 이것이 사탄의 제안입니다.

4. 재산을 애굽에 남겨두라(출 10:24~26)

> 바로가 모세를 불러서 이르되 너희는 가서 여호와를 섬기되 너희의 양과 소는 머물러 두고 너희 어린 것들은 너희와 함께 갈지니라 모세가 이르되 왕이라도 우리 하나님 여호와께 드릴 제사와 번제물을 우리에게 주어야 하겠고 우리의 가축도 우리와 함께 가고 한 마리도 남길 수 없으니 이는 우리가 그 중에서 가져다가 우리 하나님 여호와를 섬길 것임이며 또 우리가 거기에 이르기까지는 어떤 것으로 여호와를 섬길는지 알지 못함이니이다 하나(출 10:24~26).

사탄은 우리에게 물질적인 부를 붙잡아두어서 사용하지 못하도록 합니다. "신앙은 신앙이고 물질은 물질이다." 이렇게 이야기합니다. 몸과 마음과 시간을 드리면 되지, 왜 교회에 물질을 드려야 하는지 회의를 갖게 합니다. 그래서 교회에서 헌금 이야기를 하면 안 나옵니다.

신앙이 좋은 사람일지라도 돈에 지나치게 약한 사람들이 있습니다. 본인은 쓰고 싶은 것 마음대로 쓰면서도 하나님께 드리는 데는 너무 인색하고 지나치게 집착합니다. 대부분 그런 사람은 복을 받기 위해 예수님을 믿습니다. 하나님은 우리에게 돈을 주시거나 부동산 늘려주시기 위해서 존재하는 분이 아닙니다. 그런 신이 있다면 삼류 신이고 잡신입니다. 성경은 우리가 가진 모든 것은 그리스도께 속한 것이며, "네 보물이 있는 그곳에는 네 마음도 있다"(마 6:21)라고 말씀하십니다. 사탄은 계속해서 우리에게 도전합니다. "물질은 널 위해서 써! 네가 제일 가난해. 그 돈 가지고 아이 학원이나 보내. 이게 하나님 돈이야? 네가 땀 흘려서 번 돈인데, 네 남편이 얼마나 자존심을 버려가면서 번 돈인데, 이 돈이 어떤 돈인데 그렇게 쉽게 하나님께 드려?" 우리 안에 얼마든지 이런 유혹이 있을 수 있습니다. 물질이 우리의 우상이 되어서는 안 됩니다.

모세는 이 타협안들을 거절하였습니다. 왜냐하면 사탄과 세상에 타협하면서 동시에 하나님을 기쁘시게 할 수 없기 때문입니다. 우리는 세상과 평화롭게 지냄으로 승리를 얻었다고 생각할지 모르지만 그렇지 않습니다. 하나님은 전폭적인 순종과 완전한 분리를 요구하십니다.

유월절(Pass–over)

이스라엘 백성은 모든 '첫 태생'을 죽이는 '이집트에서의 최후의 심판' 아래에 있었습니다. 애굽 왕 바로의 장자부터 맷돌을 돌리는 하인의 장자에 이르기까지 애굽 땅에 있는 모든 가축과 사람의 처음 난 것은 죽음을 면치 못할 것이라고 말씀하셨지만 하나님의 백성인 이스라엘 백성에게만은 이 재앙으로부터 피할 수 있는 방법을 알려주셨습니다. 즉, 하나님께서는 이스라엘 백성에게 흠 없는 일 년 된 어린양을 잡아서 그 피를 취하여 그들이 사는 집의 문 양쪽 문설주와 인방에 바르게 하셨습니다. 그러면 정한 날 밤에 주께서 그 피를 보시고 그 집을 그냥 건너가서(Passover, 유월) 피로 표시된 문 뒤에서 보호를 받는 첫 태생은 죽이지 않으실 것이라고 지시하신 것입니다(출 12:1~28).

구약에서 하나님의 '권능'의 표준은 애굽 탈출이었지만, 그분께서 '권능'

으로 이스라엘을 구원하기 전에 그들은 먼저 피로 구원받아야 했습니다. '유월절'은 그리스도를 통한 '구원계획'에 대한 아름다운 실례인 것입니다. "우리의 유월절 어린양이신 그리스도께서 우리를 위하여 희생되셨음이라" (고전 5:7). 유월절 어린양의 피가 이스라엘을 구원했듯이, "하나님의 어린 양(예수 그리스도)"의 피는 우리를 구원하십니다.

1. 유월절 의식의 순서와 의미

가족 수대로 어린양을 잡으라(1년 된 수컷 양, 염소), 해 질 녘에 잡고, 그 피를 문설주와 인방에 발라라, 그 밤에 고기를 불에 구워먹고 무교병(누룩 안 넣은 빵)과 쓴 나물을 아울러 먹되 단, 허리에 띠를 띠고 발에 신을 신고 손에 지팡이를 짚고 급히 먹으라. 이것이 여호와의 유월절이라 (출 12:11).

애굽 땅을 떠난 이후에도 이스라엘 백성은 유월절을 꾸준히 지켰습니다. 성경에 기록된 대로 그해를 이스라엘 백성은 기원 년으로 삼았고 이스라엘 달력으로 정월 아빕월 14일에 지켰습니다. 바벨론 포로 사건 이후 아빕월 은 니산월로 바뀌었는데, 오늘날로 말하면 3월 또는 4월에 해당하는 시기 입니다.

예수님은 유월절 어린양과 같이 이스라엘 백성뿐만 아니라 온 인류를 구원하기 위해 십자가에 달려 돌아가셨고 3일 만에 다시 살아나심으로 우리에게 진정한 유월절을 완성해주셨습니다. 이스라엘 백성이 애굽 땅을 떠날 때의 유월절은 재앙으로부터 건너뛰기 위해 어린양을 잡는 희생이 필요했지만, 이제 온 인류의 죄를 사하여주시기 위해 십자가에 달리신 예수 그리스도의 보혈의 피 값으로 죄와 사망에서 생명으로 완전히 건너가게 된 것입니다. 우리는 유월절 어린양으로 희생당하신 예수님을 그리스도로 영접하고 믿음으로써 하나님의 백성이 되었기 때문입니다.

2. 유월절 어린양과 그리스도의 관계성

유월절 어린양	예수 그리스도
제물은 반드시 양이어야 했다(출 12:3).	그리스도는 하나님의 어린양이었다(고전 5:7).
양은 반드시 흠 없고 점 없는 것이어야 했다(출 12:5).	그리스도는 흠 없고 점 없는 어린양이었다 (벧전 1:18~19).
양은 바쳐질 때 생명에 있어서 최상의 것이어야 했다(출 12:5).	그리스도는 죽으실 때 성인으로서 최상의 전성기셨다(요 8:27).
어린양의 피는 이스라엘 사람들이 생명을 얻도록 뿌려져야 했다(출 12:23).	그리스도의 피는 세상이 생명을 얻도록 뿌려져야 했다(요 3:16).
어린양의 피는 문설주에 발라졌다.	그리스도의 피는 십자가에 흘렀다.

당시 양의 피를 바른다는 것은 구원을 의미했습니다. 모세는 심판 전날 저녁에 집집마다 돌면서 이렇게 외쳤을 것입니다. "문설주와 인방에 어린 양의 피를 바르십시오. 그래야만 살 수 있습니다. 심판의 날이 다가오고 있습니다." 믿는 사람도 있고 무시하는 사람도 있었을 것입니다. 하나님이 그들에게 요구하는 것은 어떤 행위가 아니라 단순히 어린양의 피였습니다. 피만 바르면 살 수 있었습니다.

> 내가 애굽 땅을 칠 때에 그 피가 너희가 사는 집에 있어서 너희를 위하여 표적이 될지라 내가 피를 볼 때에 너희를 넘어가리니 재앙이 너희에게 내려 멸하지 아니하리라(출 12:13).

이 피의 의미는 성경의 어디로부터 시작됩니까? 에덴으로 거슬러 올라가면 아담과 하와가 범죄합니다. 하나님은 그들을 에덴에서 추방하면서 그들에게 친히 가죽옷을 지어 입히셨습니다(창 3:21). 그들을 위해서 그날 동물한 마리가 죽은 것입니다. 동물의 피를 뿌린 것입니다. 아브라함과 이삭도 마찬가지입니다. 아브라함이 이삭을 바칠 때 하나님은 그 제사를 중지시키셨습니다. 그 대신 하나님께서 친히 준비하신 숫양을 제물로 받으셨습니다. 그 양은 이삭 대신 죽은 것입니다(창 22장).

우리가 심판으로부터 구원받는 길은 오직 피 흘림을 통해서입니다. 고린도전서 5장 7절에 "우리의 유월절 양 곧 그리스도께서 희생되셨느니라"라고 기록하고 있습니다. 유월절 양이신 예수 그리스도의 피가 우리를 구원한다는 것입니다. 예수 그리스도의 피를 인생의 인방과 문설주에 바를 때 구원이 있습니다. 우리 심령 가운데 예수 그리스도의 피를 바르길 바랍니다.

예수님은 세상 죄를 지고 가는 어린양이십니다. 그 어린양은 아담과 이삭, 이스라엘 민족을 대신해서, 그리고 우리를 대신해서 죽으셨습니다. 유월절 어린양의 피가 하나님의 백성을 살렸듯이 그리스도의 보혈의 피가 우리를 살릴 줄로 믿습니다. 유월절은 너무나도 중요한 절기입니다. 지금도 이스라엘 백성은 유월절을 지킵니다. 유월절의 어린양 되신 예수 그리스도의 죽으심과 그의 피 뿌림은 우리를 향하신 하나님의 사랑입니다.

출애굽 경로

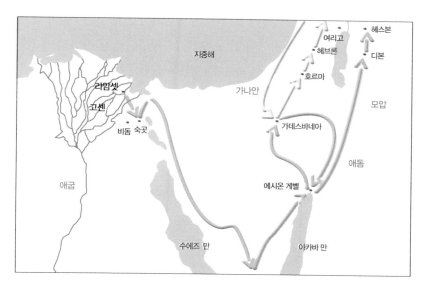

지도를 보며 출애굽 경로를 살펴보겠습니다. 모세와 바로의 끈질긴 줄다리기는 결국 장자의 죽음이라는 애굽에 내려진 마지막 재앙으로 끝나고 바로는 항복을 선언합니다. 애굽인들은 자신들의 경제적인 생산구조를 위해서 노예가 필요했고 모세는 종교적인 이유를 내세워 독립을 요구합니다. 즉 이스라엘의 하나님을 광야에서 예배해야 한다는 것입니다.

> 그 후에 모세와 아론이 바로에게 가서 이르되 이스라엘의 하나님 여호와께서 이렇게 말씀하시기를 내 백성을 보내라 그러면 그들이 광야에서 내 앞에 절기를 지킬 것이니라(출 5:1).

그들은 애굽의 고센 땅에서 출발합니다. 장정만 60만 3,550명입니다. 여자와 아이들을 합치면 약 200만 명은 족히 넘을 것입니다. 고센을 출발하여 숙곳에 들립니다. 그곳에서부터 구름 기둥과 불 기둥의 인도를 받습니다. 에담에 들러 홍해를 건너고, 마라에서 쓴 물을 먹고 백성들이 불평합니다. 엘림에는 물샘 12개가 있고 종려나무 70그루가 있어 편히 쉽니다. 그리고 신 광야에서 만나와 메추라기를 먹고 르비딤에서는 반석에서 물이 솟아나는 사건과 아말렉과의 싸움이 있었습니다. 홍해부터 시내 산까지 약 2개월이 걸렸습니다. 시내 산에서 약 10개월간 머물렀다가 가나안 진격태세를 갖추고 가데스바네아로 갑니다. 그곳이 가나안 정복을 위한 1차 베이스캠프였습니다. 그곳에서 12명의 정탐꾼을 가나안에 들여보냅니다. 그들 중 믿음 없는 10명의 정탐꾼의 부정적 보고로 백성들은 통곡하며 모세와 하나님을 원망하면서 환(還)애굽운동을 벌입니다.

결국 가데스바네아에서 백성들의 원망과 불신앙은 그들을 38년 동안 광야에서 방황하게 만듭니다. 그들이 가나안에 들어갈 자격이 없었기 때문입니다.

담아가기

1. 이 시대는 우리에게 소유로 인한 만족감을 누리는 소유형 인간이 되라고 유혹
   합니다. 그러나 우리는 세상을 모두 얻어도 만족할 수 없는 존재형 인간임을
   알아야 합니다. 따라서 우리의 정체성은 언제나 주님의 십자가 아래 두는 것입
   니다. 당신은 오늘 무엇으로 만족하길 원합니까?

2. 유월절 어린양의 피가 이스라엘을 구원했던 것처럼 유월절의 어린양이 되신
   예수 그리스도의 죽으심과 그분의 보혈로 인해 우리가 죄와 사망의 권세에서
   구원을 받았습니다. 날마다 이 사실을 입으로 증거하고 시인할 때 우리에게 십
   자가의 감격이 있습니다.

귀국시대 93년

포로시대 70년

분열왕국시대 350년

통일왕국시대 120년

사사시대 350년

가나안 정복시대 7년

광야시대 40년

노예시대 400년

이스라엘 역사의 시작 시대 400년

인류의 시작 시대 2100년

시내 산에서 백성이 따라야 할
법을 주신 하나님

●   하나님과 백성이 맺은 시내 산 언약으로 백성은 언약 백성이 되어서 하
나님 한 분만을 그들의 하나님으로 고백하는 신앙 공동체가 되었다. 그러나 백성은 과거의 삶을 청산하지
못하고 불평과 불순종으로 가나안에 들어갈 자격을 갖추지 못했기에 하나님은 가나안 입성을 연기하였
다. 성경에서는 모세에게 주었던 율법들 특히 5가지 제사와 7가지 절기에 관한 규례들은 〈레위기〉로, 약속
을 따라 끝까지 구원하시는 하나님의 손길과 그 손길 가운데 반응하는 백성의 광야 여정은 〈민수기〉로, 모
압평지에서 과거를 돌아보며 실패한 조상의 역사를 대물림하지 않기를 바랐던 모세의 설교는 〈신명기〉로
구분하였다.

모세는 시내 산 등반가였다

🌿 뿌리내리기_성경의 전체를 알아봅니다

성경을 볼 때 한 사건이나 한 문장에 집중하지 말고 먼저 큰 그림을 그리고, 큰 틀을 가지고 이해하는 것이 참 중요합니다. "하나님께서 하나님의 나라를 건설하고 계시는구나"라는 관점으로 성경을 읽는 것은 참으로 유익합니다. 후반부에 들어가면서 이스라엘 백성은 애굽 땅을 떠난 지 3개월 만에, 홍해를 건넌 지는 2개월 만에 시내 산에 도착합니다(출 19:1~2). 하나님께서는 모세를 시내 산으로 부르셔서 십계명과 여러 율례와 규례를 주십니다. 이를 위해 모세는 시내 산에 네 번 오릅니다.

첫 번째, 두 번째, 세 번째, 네 번째 각각 올라갈 때마다 어떤 일이 있었는지 살펴봅시다. 왜 〈출애굽기〉 19장부터 어려운가 하면 이런 내용들이 반복되니까 정리가 안 되어서 어려운 것입니다. 모세가 시내 산에 올라갔는데 또 올라갑니다. 올라간 이야기는 있는데 내려간 이야기는 없어요. 그런데 또 올라갑니다. 도대체 어떻게 된 걸까요? 내려간 이야기가 없어도 올라간 이야기가 나오면 "내려갔었구나"라고 이해하면 됩니다.

🍃 숲 길잡이 _성경의 전체를 표로 알아봅니다

시대	광야시대	
초점	율법 제정과 하나님의 계시(성막 건립)	
	후반부	
구분	19:1∼31:18	32:1∼40:38
내용	언약(율법과 성막) 계시	언약에 대한 백성의 반응과 성막 건립
주제	법률 제정과 성막 건립	
장소	시내 산에서	
시간	10개월	

　후반부 광야시대는 시내 산에서 있었던 10개월간의 이야기입니다. 그곳에서 율법을 받고 성막 짓는 법을 배웁니다. 읽기 어렵다는 것이 특징입니다. 시내 산에 올라갔다가 내려왔다가 다시 올라갔다가 다시 내려왔다가, 성막은 몇 규빗이며, 율법은 이렇게 지키고 저렇게 지키고, 참 읽기 어렵습니다.

🍃 구약 숲으로 _성경의 중심내용을 알아봅니다

첫 번째 시내 산에 오른 모세(출 19:3∼15)

　모세가 시내 산에 첫 번째로 올랐을 때 어떤 일이 있었을까요? 구두로 모세에게 약속을 주시고 백성들은 그 말씀에 응답하였습니다.

> 내가 애굽 사람에게 어떻게 행하였음과 내가 어떻게 독수리 날개로 너희
> 를 업어 내게로 인도하였음을 너희가 보았느니라 세계가 다 내게 속하
> 였나니 너희가 내 말을 잘 듣고 내 언약을 지키면 너희는 모든 민족 중에

서 내 소유가 되겠고 너희가 내게 대하여 제사장 나라가 되며 거룩한 백성이 되리라 너는 이 말을 이스라엘 자손에게 전할지니라 모세가 내려와서 백성의 장로들을 불러 여호와께서 자기에게 명령하신 그 모든 말씀을 그들 앞에 진술하니 백성이 일제히 응답하여 이르되 여호와께서 명령하신 대로 우리가 다 행하리이다 모세가 백성의 말을 여호와께 전하매(출 19:4~8).

너희가 내 말을 잘 듣고 내 언약을 지키면 제사장 나라[1], 거룩한 나라로 세우겠다는 약속을 주십니다. 이 말씀을 들은 백성들은 어떻게 반응합니까? "여호와께서 명하신 대로 우리가 행하리이다"라고 응답합니다. 여호와께서는 3일을 기다리게 한 후 모세를 다시 부르셨고, 백성들은 자신을 정결히 하며 3일을 기다려야 했습니다(출 19:11~15).

두 번째 시내 산에 오른 모세(출 19:16~23:13)

첫 번째 구두 언약 이후 하나님은 3일 후에 다시 모세를 부르십니다(출 19:16~18). 그리고 모세에게 십계명과 이스라엘 백성이 서로 간에 지켜야 할 여러 가지 율법(사회법, 도덕법)을 주십니다. 사람과 사람 사이에 지켜야 할 법, 노예와 종에 관한 법, 보상과 형벌, 재판의 공정성 등의 법을 주셨습니다. 또한 종교법으로 무교절, 맥추절, 수장절 세 가지 절기를 통해 하나님 앞에 어떻게 제사를 지내야 하는지도 가르쳐주셨습니다(출 20:1~23:13). 즉, 두 번째 시내 산에 올랐을 때 십계명과 사회법과 종교법을 주셨다고 기억하면 됩니다.

세 번째 시내 산에 오른 모세(출 24:12~31:18)

세 번째 시내 산에 오를 때는 70명의 장로와 아론, 나답, 아비후는 멀리서 경배하고, 모세는 여호수아를 데리고 시내 산에 올라 40일을 머물게 됩니다. 하나님은 친히 새긴 돌판을 주시기 위해 모세를 부르십니다(출 24:12~14). 그때 모세는 지도권을 아론과 홀에게 줍니다. 이것이 후에 문제가 됩니다.

모세가 세 번째 시내 산에 올라가서 하나님이 친히 새겨주신 그 돌판을 받고 있는데 밑에서는 아론과 그의 백성이 하나님의 형상을 만듭니다. 금붙이를 모아 송아지(애굽신: 황소의 신 '아피스')를 만들어서 "이것이 하나님이다" 하면서 금송아지를 섬겼습니다. 하나님은 백성들의 부패함[2]을 아시고 모세에게 내려가라고 하십니다. 시내 산에서 내려와 백성들의 부패함을 본 모세는 너무나 화가 나서 돌판을 집어 던집니다(출 32:19). 하나님은 역시 분노하셔서 모세에게 이렇게 말합니다.

> 여호와께서 또 모세에게 이르시되 내가 이 백성을 보니 목이 뻣뻣한 백성이로다 그런즉 내가 하는 대로 두라 내가 그들에게 진노하여 그들을 진멸하고 너를 큰 나라가 되게 하리라(출 32:9~10).

> 모세가 그의 하나님 여호와께 구하여 이르되 여호와여 어찌하여 그 큰 권능과 강한 손으로 애굽 땅에서 인도하여 내신 주의 백성에게 진노하시나이까 어찌하여 애굽 사람들이 이르기를 여호와가 자기의 백성을 산에서 죽이고 지면에서 진멸하려는 악한 의도로 인도해내었다고 말하게 하시려 하나이까 주의 맹렬한 노를 그치시고 뜻을 돌이키사 주의 백성에게 이 화를 내리지 마옵소서 주의 종 아브라함과 이삭과 이스라엘을 기억하소서 주께서 그들을 위하여 주를 가리켜 맹세하여 이르시기를 내가 너희의 자손을 하늘의 별처럼 많게 하고 내가 허락한 이 온 땅을 너희의 자손에게 주어 영원한 기업이 되게 하리라 하셨나이다(출 32:11~13).

🍃 **열매 맺기**

세 번째 시내 산에 올라 받은 규례들

• 25~27장 : 성막 건립에 대한 규례
• 28장 : 제사장의 옷에 관한 규례
• 29장 : 제사장의 직분과 위임식에 대한 규례
• 30~31장 : 성전에서 쓰게 될 기름과 향에 대한 규례
• 31장 : 안식일을 지킬 것을 명령

2 창세기 3장과 출애굽기 32장의 반역은 유사점이 많다. 하나님께서 인간을 위해 최선의 것을 주셨을 때 인간은 분수를 넘어 명령을 어겼다. 그러고도 회개하지 않고 모두 변명으로 일관했다.

모세는 "하나님, 그러시면 안 됩니다. 참으세요"라며 중재합니다. 모세는 돌판을 깨뜨리고 백성들에게 화를 냅니다. 그러나 백성들은 회개하지 않습니다. 모세는 죄를 지적했음에도 불구하고 회개하지 않는 우상숭배자들을 하나님을 대신하여 레위 자손을 보내 그날 밤에 3천 명을 죽여버립니다.

네 번째 시내 산에 오른 모세(출 34:1~35)

모세는 또다시 40주야로 금식하며 산 위에 머물렀습니다. 다시 하나님은 친히 기록한 돌판을 모세에게 주셨으며, 하나님과 대화하고 내려온 모세의 얼굴은 광채가 났습니다.

하나님은 모세를 시내 산에 네 번 부르셨고, 모세와 하나님이 언약을 맺은 것을 시내 산 언약이라고 합니다. 모세는 개인으로서가 아니라 이스라엘의 대표로 언약을 맺은 것이기 때문에 시내 산 언약은 하나님과 이스라엘 백성 간에 맺은 언약입니다. 언약의 내용은 하나님과의 약속과 언약을 지키면 제사장 나라, 거룩한 나라로 세우겠다는 것입니다. 시내 산 언약은 백성들의 책임이 따르는 쌍방 언약이고 십자가의 언약은 일방 언약입니다.

율법을 주신 목적

율법은 무엇입니까? "어린양의 피로 구원받고(유월절) 홍해(세례)를 건너 시내 산에 이른 자들이(이스라엘 백성) 마땅히 따라야 할 법이 율법(주권)이다." 다시 말하면 구원받은 하나님의 백성이 따라야 할 법입니다. 구원받기 위해서 지켜야 할 법이 아니라 구원받은 백성이 따라야 할 법입니다. 율법은 이스라엘이 하나님의 선택된 백성이며 하나님의 거룩한 나라임을 표시하기 위하여 하나님 나라 백성에게만 주어진 것입니다.

🍃 **열매 맺기**

시내 산 언약이란?

하나님과 이스라엘 백성 간에 시내 산에서 맺은 언약 체결식을 말한다. 언약 체결 시 중요한 조건은 하나님의 일방적인 은혜였으며, 그에 따른 인간의 의무는 완전한 순종이었다. 지금까지 하나님은 개인이나 가족과 언약을 체결하였으나 한 국가를 상대로 언약을 체결한 것은 처음이었다.

두 가지 언약

1. 일방 언약 : 하나님께서 일방적으로 맺으시는 언약. 창세기 15장에서 하나님은 아브라함과 동물을 쪼개놓고 언약을 맺었지만 전적으로 하나님이 책임지시는 언약(은혜 언약).
2. 쌍방 언약 : 인간 편에서 의무를 수행하는 언약. 인간의 철저한 순종이 요구되는 언약(시내 산 언약).

1. 율법은 거울이다

율법은 인간이 온전히 지키기에는 너무나 어려운 법입니다. 따라서 율법이라는 거울을 통해서 자신의 죄를 발견합니다. 하나님의 완벽한 법 앞에 자신을 비추어볼 때 우리는 힘없고 무능하고 연약한 존재라는 것과 큰 죄인임을 깨닫게 됩니다(약 1:22~23). 그래서 율법은 우리의 죄성을 비추어주는 거울입니다.

2. 율법은 하나님 나라 백성의 매뉴얼이다

하나님의 백성이 마땅히 따라야 할 법입니다. 율법을 지킨 자가 들어가는 곳이 하나님 나라가 아니고 하나님 나라에 속한 백성이 지키는 법이 율법입니다.

3. 율법은 예수 그리스도께로 인도하는 교사다

갈라디아서 3장 24절에서 율법은 몽학선생이라고 표현합니다. 율법의 기능 중 하나가 우리의 죄인 됨을 발견하는 것이라면 이를 통해 율법은 우리에게 예수 그리스도의 필요성을 알려줍니다. 다시 말하면 율법이라는 거울 앞에서 우리 자신의 무능함과 절망을 발견하고 그 자리에서 넘어집니다. "나는 죄인이구나. 하나님 말씀 앞에서 아무것도 할 수 없고 연약하고 무능한 자구나"라고 자책하고 있을 때 율법은 우리의 손을 붙들고 예수님께로 인도하는 몽학선생과 같다는 것입니다. 우리가 부족하고 연약하기에 예수 그리스도가 필요하다는 것입니다.

4. 율법의 핵심은 사랑이다

예수님께서는 가장 중요한 계명은 "네 마음을 다하고 목숨을 다하고 뜻을 다하고 힘을 다하여 주 너희 하나님을 사랑하라 둘째는 이것이니 네 이웃을 네 몸과 같이 사랑하라"(막 12:30, 31)라고 말씀해주심으로써 율법의 핵심을 요약하셨습니다. 그리고 죄인을 위한 대속의 죽음을 통해 율법을 완성하셨습니다. 율법의 결론은 하나님 사랑, 이웃 사랑입니다.

십계명의 의미

1. 너는 나 외에는 다른 신(神)들을 네게 두지 마라

우리의 경배 대상이 하나님만 되어야 한다는 것입니다. 인간의 비극은 내 안의 우선순위가 바뀔 때 찾아옵니다. 하나님께서는 우리가 주님을 영접하고 그분을 주인으로서 인생의 첫 번째에 둘 때 가장 행복할 수 있도록 우리를 만들어놓으셨습니다. 하나님이 첫 번째가 될 때 가장 평안한 상태가 되도록 인간을 창조해놓으셨습니다.

그러면 반대로 비극이 왜 찾아오나요? 그 순서가 바뀌면 뒤틀리고 힘들고 고통스러운 것입니다. 이것이 성도의 영적 비밀입니다. 예수를 믿는다고 하면서 예수 그리스도가 나의 왕이며 내 인생을 다스린다고 고백은 하지만 과연 실제로 누가 자신을 다스립니까? 정말 하나님이십니까? 내 정욕, 야망은 아닙니까? 물질이나 돈이나 명예입니까? 자녀입니까? 그런 것들이 하나님보다 앞에 올 때 내 인생에 비극이 찾아옵니다.

이 시대의 우상들은 돌과 나무로 만들어지지 않았습니다. 더 지적이고 교묘합니다. 우상들은 우리 기도 속에 숨어 있습니다. 우리의 야망 속에 숨어 있습니다. 때로는 그 우상이 내 자녀의 장래 속에 숨어 있습니다. 어느새 부모에게는 자녀가 우상이 되어버렸습니다. 자녀의 앞길이, 자녀의 장래가 우상이 되어버려 그 우상 때문에 낙심하고 슬퍼하고 기뻐하고 왔다 갔다 합니다. 그러니까 인생이 피곤하고 고달프고 자식한테 상처받는 것입니다. 우상은 우리에게 기쁨을 주지 못합니다. 기쁨을 주는 것 같지만 결국은 아픔을 줍니다. 우선순위를 바로 합시다. 기도 제목을 펼쳐보세요. 온통 세상 것들로 가득 차 있지는 않습니까? 내가 잘 먹고 잘사는 것, 우리의 자녀들이 잘 먹고 잘사는 것으로만 기도 제목이 도배되어 있다면 우리는 잘못 믿고 있는 것입니다.

물론 세상 것들도 필요합니다. 그러나 그것이 우리에게 첫 번째가 되거나 전부가 되어서는 안 됩니다. "다만 너희는 그의 나라를 구하라 그리하면 이런 것들을 너희에게 더하시리라"(눅 12:31). 기도 제목을 보면 그 사람의 신앙 수준을 알 수 있습니다. 하나님 앞에서 우상들을 철저히 제거해버리는 결단이 있어야 합니다. 삶이 피곤하고 뜻대로 되지 않습니까? 우상들을 철저하게 버리세요. 그리고 하나님 앞에 고백해보세요. "하나님만이 내 인생의 주인 되길 원합니다. 하나님만이 경배의 대상이 되기를 원합니다."

2. 너를 위하여 우상을 만들지 마라

애굽과 가나안 사람들은 신을 형상으로 만들기를 좋아했습니다. 하나님은 이 세상에 있는 어떤 무엇으로도 형상화하여 표현할 수 없는 존재이십니다.

3. 너는 너의 하나님 여호와의 이름을 망령되이 일컫지 마라

둘째 계명이 형상적인 계명을 금지하는 반면에 세 번째 계명은 언어적인 표현에서 조심하라는 것입니다. 하나님의 이름에 먹칠하고 다니지 말라는 것입니다. 구약 때는 하나님 이름을 감히 말하지 못해서 '야훼'라는 이름을 자음으로만 표시해서 '아도나이'라고 불렀습니다.

이 세상을 살아가면서 하나님의 이름에 먹칠하면서 살지 마십시오. 하나님 이름 들먹이면서 이익보지 말라는 것입니다. 세상에 나가서 사기 치지 말고, 거짓말하지 말고, 깍쟁이처럼 살지 말라는 것입니다. "예수 믿는 것들이 제일 못됐다"는 말 듣지 마세요. 이런 사람은 실천적 무신론자입니다. 삶의 내용을 들여다볼 때 예수 그리스도의 향기가 나야 합니다.

지하철에서 70세 정도 되신 할머니가 힘들게 서 계셨습니다. 그래서 젊은 청년이 "할머니 여기 앉으세요" 하고 비켜드리는데 어디선가 쏜살같이 50대 아주머니가 오시더니 엉덩이를 들이밀고 자리에 앉는 것입니다. 그러면서 "주여!" 하는 겁니다. 사람들의 시선이 그 소리에 초점이 맞춰집니다. 주위에서 우리의 모습을 통해서 예수 그리스도의 모습을 보기를 원합니다.

4. 안식일을 기억하여 거룩히 지키라

안식일은 언약 관계의 표징입니다. 안식일은 이전의 할례라는 언약적 표징과 동일한 기능을 했습니다. 그리스도에 의해 시작된 새 언약으로 인해 안식일(토요일)은 주일(일요일)로 대체되었습니다. 주일은 주님의 날로 꼭 지켜야 합니다.

어린 시절 목회자이신 아버지께서는 "네 장례식 말고는 주일에 빠지지 마라"라고 말씀하셨습니다. 그 후 아버지의 말씀대로 주일을 철석같이 지키다 보니 목사가 되었습니다. 우리도 이 정도의 신조는 있어야 합니다.

5. 네 부모를 공경하라

성경에서 부모는 하나님의 대리자로 묘사되어 있습니다. 또한 가족 단위는 국가의 축소판이었습니다. 그러기에 부모를 공경하지 않는 자녀에게는 형벌을 가하라는 율법이 주어졌습니다(출 21:15~17). 부모를 공경하지 않는 자에게 형벌이 있고, 공경하는 자에게는 축복이 있습니다. 부모님에게 잘하십시오.

6. 살인(殺人)하지 마라

하나님께서 인간의 생명에 높은 우선권을 두고 계심을 증명합니다. 각 사람은 하나님의 형상대로 만들어졌기 때문에 어떤 인간도 타인의 생명뿐 아니라 자신의 생명도 해할 권리가 없습니다(창 1:27). 예수 그리스도께서는 이를 더 구체적으로 말씀하십니다.

> 옛 사람에게 말한 바 살인하지 말라 누구든지 살인하면 심판을 받게 되리라 하였다는 것을 너희가 들었으나 나는 너희에게 이르노니 형제에게 노하는 자마다 심판을 받게 되고 형제를 대하여 라가라 하는 자는 공회에 잡혀가게 되고 미련한 놈이라 하는 자는 지옥 불에 들어가게 되리라(마 5:21~22).

적극적인 의미에서 내 안에 상대방으로 인한 적개심이 있거나 풀리지 않는 분노까지도 살인이라고 말씀하십니다.

7. 간음(姦淫)하지 마라

성적인 순결을 위한 싸움이 결코 쉽지 않음을 하나님은 알고 계십니다. 성적 순결을 지키는 싸움은 전투입니다. 우리의 의지가 세워져야 합니다. 예민해져야 합니다. 단순히 한 남녀가 만나 간음을 했느냐 안 했느냐의 문제가 아니라, 마음과 생각의 문제까지 확장됩니다. 마음과 생각이 있으면 언제라도 기회가 되면 할 수 있기 때문입니다.

인간은 불완전하기에 지속적으로 좋지 않은 환경 속에 노출되어 있으면 누구도 자신할 수 없습니다. 요즘 인터넷 게임, 야한 동영상 중독이 초래한 사건들이 증가하고 있음을 볼 수 있습니다. 우리는 기도하지 않으면 안 될 세상 속에서 살고 있습니다. 우리 가족들의 마음과 생각을 주님께서 지켜주셔야 됩니다. 한순간에 무너지는 것이 인간입니다.

우리가 하나님의 말씀을 듣고 기도의 제단을 쌓는 이유는, 하나님의 은혜

가운데 보호받기 위함입니다. 사수해야 합니다. 이 간음의 문제는 마음과 생각에서부터 평생 싸워야 할 대상입니다.

8. 도적질하지 마라

이기적이지 말라는 것입니다. 자기 소유만 챙기지 말고 타인을 배려하라는 것입니다. 물질 앞에 정직하라는 것입니다. 다른 사람을 희생시키면서까지 자신의 이득을 취하지 말라는 것입니다. 타인의 재산(소유)을 존중하라는 것입니다.

9. 네 이웃에 대하여 거짓 증거하지 마라

정직성의 문제입니다. 진리를 왜곡하거나 이야기를 과장하거나 사건을 거짓으로 전하지 말라는 것입니다. 우리는 남의 말하기를 참 좋아합니다. 남의 말 하는 것은 참 재밌습니다. 자장면 먹어가면서 온종일 해도 지겹지 않습니다.

그렇게 무수한 사람들이 우리 입술의 도마 위에 오릅니다. 소문이 만들어집니다. 누군가가 우리의 혀에 의해 죽어갑니다. 누군가의 이야기를 할 때는 그 사람이 옆에 있는 것처럼 말해야 합니다. 은혜를 나눈다고 모여서 영으로 시작하며 육으로 끝내는 일이 없기를 바랍니다.

10. 네 이웃의 집을 탐내지 마라

이 말씀은 가난한 자에게만 하신 말씀이 아닙니다. 인간의 본성을 향해서 하신 말씀입니다. 탐심을 버리라는 것입니다. 자족의 문제입니다. 하나 가지고 있으면서 둘 없는 것 때문에 불안한 사람이 있습니까? 어떤 물건을 평상시에 갖고 싶었는데 동창회에 가니까 친구가 갖고 있으면 그날은 굉장히 짜증이 나진 않습니까? "저 친구는 옛날에 나보다 공부 못했는데 남편 잘 만나서 명품가방 들고 나왔더라고, 평상시에 내가 갖고 싶었던 건데" 하면서 남편에게 짜증 내지 않습니까? 이런 것이 탐심입니다. 자족할 줄 알아야 합니다.

위의 10가지 계명은 우리 안에서 싸우고 있는 갈등들입니다. 이 십계명은 지키기 어렵습니다. 죄성을 가진 우리는 십계명을 대하면서 내 안의 죄성을 새롭게 발견하게 됩니다. 자신감이 없어지고 '참 내 안에 죄성이 많구나!' 느끼게 됩니다. 그리고 우리에게 예수 그리스도가 얼마나 필요한지를 깨닫게 해줍니다. 그래서 율법은 거울이라는 것입니다. 나의 죄성을 밝히는 엑스레이와 같으며 예수님께로 인도하는 몽학선생과 같은 것입니다.

성막 설계와 성막 구조(출 24~40장)

성막은 천막이라는 뜻으로 이스라엘 백성이 광야생활하면서, 또 솔로몬이 성전을 완공하기 전까지 약 400년 동안 백성이 제사를 지내기 위한 장소로 운반이 가능했던 성소를 말합니다. 성막은 하나님이 거하시는 곳(출 25:8, 22)을 상징합니다. 성막은 예수 그리스도의 모형입니다(요 2:21; 계 22:21). 성막은 광야생활 동안 하나님이 모세에게 지시하신 내용을 따라 지어졌습니다.

하나님께서는 이스라엘 백성 가운데 있는 성막으로 임하셨습니다. 구름(쉐키나)으로 덮인 성막은 하나님의 영광으로 가득 찼고(출 40:34~38), 그 성막을 중심으로 이스라엘 백성은 하나님이 주신 복을 누리면서 살았습니다. 구름은 여호와께서 자기 백성과 함께하신다는 상징적 표현이었습니다. 구름이 움직이면 성막도 움직여야 했고 구름이 머물면 백성들도 머물렀습니다. 그러나 솔로몬에 의해 영구적인 성전이 완성되자 더 이상 성막은 필요하지 않았습니다.

1. 성막의 변천 과정

하나님은 무소부재(無所不在)하시고 편재하십니다. 그러나 하나님은 특별한 곳을 선택하셔서 구별하시고 영광을 드러내시며 그곳에서 인간들과 만나시고 함께하시겠다고 말씀하셨는데 그곳이 성막입니다. 그래서 하나님께서는 모세에게 "내가 그들 중에 거할 성소를 짓되"라고 명령하셨습니다. 성막의 다른 명칭은 성소, 회막, 증거막, 장막, 하나님의 집입니다. 성경에 이런 이름들이 나오면 성막을 생각하시면 됩니다. 하나님이 거하시는 곳이 어디에서부터 시작되었는지 변천 과정을 살펴보겠습니다.

• 에덴동산　인간과 만나기 위해서 하나님께서 에덴동산에 친히 내려오셨습니다. 성막이 하나님의 영광이 있는 곳이라면 그곳을 거슬러 올라가면 에덴동산에서부터 성전의 의미가 있었습니다.

• 제단(번제단)　제물을 드려서 제사를 지내게 됩니다. 아브라함이 그랬고 노아도 홍수 끝난 후에 제단을 쌓고 제물을 드렸습니다. 제물을 드려 하나님께 제사를 지낸 곳을 〈창세기〉에서는 '단'이라고 부릅니다. 단 또한 하나님과 만나는 곳으로 성소의 기원입니다.

• 성막　이스라엘 백성이 광야생활 중에서 하나님과 만나는 이동 장소입니다. 이스라엘 백성과 함께 이동했습니다.

• 성전　솔로몬이 건축한 성전, 성전 건축 후에 성막은 사라집니다.

• 예수 그리스도　예수님은 신령한 제물인 동시에 신령한 성전이 되셨습니다. "너희가 이 성전을 헐라." 여기서 성전이란 예수 그리스도의 몸을 이야기합니다. "내가 3일 만에 다시 지으리라." 부활하신다는 이야기입니다. 예수님은 친히 자신을 성전이라 하셨습니다.

• 교회　교회는 예수 그리스도의 몸으로 친히 임재하시는 장소입니다.

• 천국　지상 교회는 예수 그리스도의 재림으로 끝이 나고 마지막은 천국입니다. 바울은 "만일 땅에 있는 우리의 장막 집이 무너지면 하나님께서

지으신 집 곧 손으로 지은 것이 아니요 하늘에 있는 영원한 집이 우리에게 있는 줄 아느니라(고후 5:1)"라고 말했습니다. 우리가 거할 천국이 마지막 성소로 하나님 계신 곳입니다.

2. 성막의 구조

• 바깥 뜰   길이 45m, 폭 22.5m의 울타리로 직사각형 모양입니다. 놋단 (번제단)과 제사장이 성막에 들어가기 전에 씻는 대야(물두멍)가 있습니다.
• 성소   향을 사르는 제단(분향단)과 일곱 개의 정금등대, 진설병 상이 있습니다.
• 지성소   성소와 지성소를 나누는 휘장이 있고(휘장에는 그룹들의 그림이 있다), 법궤(속죄소)는 '하나님의 임재'를 상징합니다. 지성소는 1년에 한 번 속죄일에 대제사장만 들어가 백성의 죄를 위해 희생 제사를 드립니다.

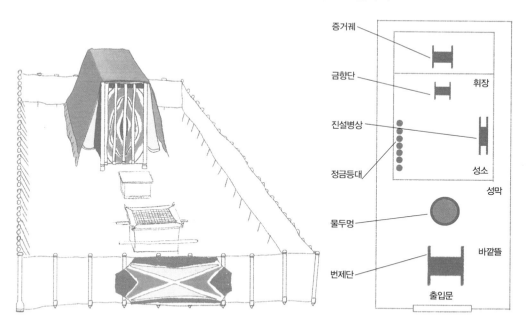

3. 성막의 기구

• 출입문 성막으로 들어갈 수 있는 출입문은 오직 하나였습니다. 이는 우리가 거룩한 보좌로 나아가는 길, 즉 하나님께 나아가는 유일한 길은 예수 그리스도라는 것을 상징하는 것입니다. 예수님께서 스스로를 "나는 양의 문이다"라고 선포하셨습니다.

• 번제단 성막을 들어가면서 맨 처음 맞이하는 제단으로 여러 종류의 희생제물을 불살랐던 기구입니다. 조각목으로 만들었고 놋으로 씌웠습니다. 속죄의 제물을 통한 대속의 죽음 없이는 죄인이 하나님 앞으로 나아갈 수 없습니다. 이곳은 죽음과 심판의 상징입니다. 큰 제물로는 소가 있는데 가죽을 벗기고 피를 받아서 사면에 뿌리고 각을 떠서 태워야 했습니다. 이동을 위해 양쪽에서 들 수 있도록 막대가 있고 소 한 마리가 올라갈 정도로 큽니다.

• 물두멍 제사장들이 제사 드리기 전에 손과 발을 씻고 들어가야 합니다. 물은 말씀과 성령을 의미합니다. 하나님 앞에 나아가기 위해서는 자신의 죄를 고백하고, 하나님의 말씀으로 정결하여 세상으로부터 구별돼야 함을 의미합니다.

• 진설병 상 상 위에 12덩이 떡이 6개씩 두 줄로 세워져 있습니다. 떡은 그리스도를 가리킵니다(요 6:35). 하나님께서 친히 준비한 신령한 양식이며, 한편으로는 이스라엘의 12지파(하나님의 백성)를 상징합니다. 안식일마

다 떡이 교환됩니다. 그 남은 떡은 제사장들이 먹었습니다. 1주일 동안 떡을 진설하게 되어 있습니다. 누룩을 넣지 않은 무교병입니다.

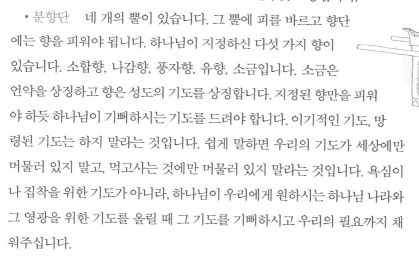

• 정금등대(7개의 정금등대)　성막 안에는 창문이 없어 어둡습니다. "나는 세상의 빛이다"(요 9:5)라고 선포하셨던 예수 그리스도를 상징합니다. 일곱 개의 향단에 불을 켜면 다음 날 아침에 6개의 불은 꺼져 있고 한 개의 불만 켜져 있다고 합니다. 기름으로 때는 것인데 아침에 일어나면 제사장이 거기에 불을 붙인다고 합니다. 일곱 개의 정금등대는 항상 빛이 밝혀져 있어야 합니다. 등잔은 살구꽃 모양입니다.

• 분향단　네 개의 뿔이 있습니다. 그 뿔에 피를 바르고 향단에는 향을 피워야 됩니다. 하나님이 지정하신 다섯 가지 향이 있습니다. 소합향, 나감향, 풍자향, 유향, 소금입니다. 소금은 언약을 상징하고 향은 성도의 기도를 상징합니다. 지정된 향만을 피워야 하듯 하나님이 기뻐하시는 기도를 드려야 합니다. 이기적인 기도, 망령된 기도는 하지 말라는 것입니다. 쉽게 말하면 우리의 기도가 세상에만 머물러 있지 말고, 먹고사는 것에만 머물러 있지 말라는 것입니다. 욕심이나 집착을 위한 기도가 아니라, 하나님이 우리에게 원하시는 하나님 나라와 그 영광을 위한 기도를 올릴 때 그 기도를 기뻐하시고 우리의 필요까지 채워주십니다.

• 휘장　성소 안에 성소와 지성소를 나눠 놓은 휘장이 있습니다. 휘장은 양의 가죽으로 만들었고 천사의 그림이 그려져 있습니다. 두께가 약 10cm 입니다. 소 두 마리가 끌어도 안 찢어지는 것이 이 휘장이라고 합니다. 인간의 힘으로는 도저히 찢을 수 없습니다. 이것에는 인간들을 보호하시는 하나님의 사랑이 담겨 있습니다. 죄 많은 인간들이 하나님을 보면 죽을 수 있기 때문에 가려놓으신 것입니다. 인간을 보호하시는 하나님이죠. 성막 안에는 휘장이 두 개 있습니다. 성소로 들어가는 밖 휘장과 지성소로 들어가는 안

휘장입니다. 지성소에 들어가기 위해서는 안 휘장을 통과해야 합니다. 당시 제사장은 1년에 한 번 대속죄일에 번제단에서 잡은 동물의 피를 가지고 밖 휘장과 안 휘장을 지나 지성소로 들어갔습니다. 이 휘장은 예수 그리스도의 육체를 상징하는데, 주님이 십자가에서 죽으신 후 지성소를 가리고 있던 안쪽 휘장이 위에서부터 아래로 찢어졌습니다(마 27:51).

전설에 의하면 예수님의 제자들이 그것을 다시 꿰매었다는 말이 있습니다. 다시 꿰매었지만 다시 찢어졌다고 합니다. 주님은 하나님과 인간 사이의 막힌 담을 당신의 육체로 허무시고 화목제물이 되어 죽으셨습니다. 그분이 죽으심으로 동물의 휘장이 찢어지고, 인간이 하나님 앞에 감히 제사장의 신분으로 나아갈 수 있는 특권을 누리게 되었습니다. 이제는 우리가 하나님께 나아갈 때 동물의 피나 휘장도 지날 필요 없이 예수님을 의지하여 담대하게 나아갈 수 있게 된 것입니다(히 10:19~20).

• 언약궤(법궤, 증거궤)　하나님의 임재를 상징합니다. 그 안에는 십계명 돌판, 아론의 싹 난 지팡이, 만나 항아리가 있습니다. 법궤는 B.C. 1450년에 출애굽하면서 만들어졌습니다. 그러다 A.D. 70년 예루살렘이 주님의 예언대로 돌 위에 돌 하나도 남지 않고 파괴될 때 법궤도 사라졌습니다. 이 땅에 약 1500년 동안만 법궤가 있었습니다.

• 속죄소(시은좌)　법궤 뚜껑에 해당하는 이 부분은 성막 기구 중 가장 영광스러운 곳입니다. 1년에 한 번 대제사장이 속죄의 피를 그 뚜껑에 붓습니다. 그 자리는 죄에 대한 심판과 용서가 있는 자리입니다. 하나님은 그룹들 사이에 있는 속죄소에서 백성들과 만나고 교제하시겠다고 하셨습니다. 속죄소는 예수 그리스도를 의미합니다. 현재도 우리가 하나님을 만날 수 있는 길은 오직 예수 그리스도밖에 없기 때문입니다.

4. 제사장 복장과 사명(출 28~29장, 36~39장)

모세의 형 아론이 이스라엘의 첫 번째 대제사장입니다. 대제사장은 하나님과 인간 사이의 중재자로서의 임무를 가집니다. 그가 입는 옷에는 12개의 보석이 달린 판결의 흉패가 있는데 흉패에는 이스라엘 12지파의 이름이 새겨져 있습니다. 흉패 주머니 안에는 하나님의 뜻을 백성에게 알리는 우림과 둠밈이 있습니다(출 28:30). 이것은 매끈한 돌로서 주사위와 비슷한 기능이 있고 하나님의 뜻을 물을 때 사용하였습니다. 대제사장의 역할로는 해마다 대속죄일에 지성소에 들어가 백성들의 죄를 위한 희생 제사를 드리는 것입니다(출 30:10). 먼저 자신의 죄를 위해서 희생 제사를 드린 후 두 번째로 백성들을 위한 희생제물을 드렸습니다. 그래서 대제사장은 1년에 한 번 있는 대속죄일에 두 번의 제사를 드렸습니다.

신약은 예수님을 "대제사장"이라고 상징하는데(히 5:10) 예수님의 대제사장직은 영원한 직분입니다. 예수님은 자신의 피로 한 번에 완전한 희생 제사를 드렸습니다(히 9:12, 26, 10:10). 그렇기 때문에 우리는 "하나님과 사람 사이의 한 분뿐인 중보자(대제사장)시며, 곧 사람이신 예수님"(딤전 2:5)을 통해 하나님의 임재 속으로 담대히 들어갈 수 있게 되었습니다.

5. 깨어진 언약과 갱신의 언약(출 32~34장)

진에서의 반역으로 화가 난 모세는 돌판을 깨뜨립니다. 이것은 하나님과 백성의 언약 관계가 끝이 났음을 보여주기 위해 고의(故意)로 깨뜨린 것이었습니다. 그리고 회개하지 않는 우상숭배자들을 레위 자손을 보내 죽입니다. 하나님은 다시 모세를 불러 언약을 세우십니다(출 34:10~28). 그리고 모세는 두 번째 돌판을 받아 돌아옵니다(출 34장).

6. 성막 제작 과정(출 35~39장)

35장부터 39장의 성막 제작 과정은 앞장인 25장부터 31장까지 기록되어 있는 하나님의 성막 제작 지시 그대로 반복되고 있습니다. 이것을 착실히 기록하고 있는 것은 하나님께서 말씀하신 일들(출 25~31장)이 하나님의 백성에 의해 그대로 실천되고 있다는 것을 보여주는 것입니다. 이스라엘 백성은 성막을 만드는 데 필요한 물품들을 즐거운 마음으로 드렸습니다. 모든 일을 하기에 넉넉한 재료가 모아졌습니다. 하나님께서는 성소에 쓸 모든 기구를 만들 수 있도록 그분의 종들에게 지혜를 주셨습니다.

7. 성막에 가득한 하나님의 영광(출 40:34)

성막의 모든 것이 완성되었을 때 구름이 성막을 덮었고 여호와의 영광이 성막에 충만하였습니다(출 40:34). 하나님의 임재는 성막 위의 구름과 불을 통해서 모든 사람이 볼 수 있었습니다. 구름과 불은 하나님의 임재하심을 상징하는 것입니다.

구름이 회막에 덮이고 여호와의 영광이 성막에 충만하매 모세가 회막에 들어갈 수 없었으니 이는 구름이 회막 위에 덮이고 여호와의 영광이 성막에 충만함이었으며 구름이 성막 위에서 떠오를 때에는 이스라엘 자손이 그 모든 행진하는 길에 앞으로 나아갔고 구름이 떠오르지 않을 때에는 떠오르는 날까지 나아가지 아니하였으며 낮에는 여호와의 구름이 성막 위에 있고 밤에는 불이 그 구름 가운데에 있음을 이스라엘의 온 족속이 그 모든 행진하는 길에서 그들의 눈으로 보았더라(출 40:34~38).

레위기

예수 그리스도의 죽으심의 리허설

🌿 뿌리내리기 _성경의 전체를 알아봅니다

〈레위기〉는 하나님의 백성으로서의 예배(worship)와 거룩한 삶에 초점을 맞추고 있습니다. 이스라엘은 앞으로 세상을 위해 봉사하는 제사장 나라로서, 열방을 향한 제사장적 소명에 헌신하여야 했습니다. 이를 위해 마련된 지침서가 〈레위기〉입니다. 레위기(법전)는 이스라엘 백성이 시내 산에 도착하면서부터의 기록입니다. 출애굽기 19장에서 민수기 10장까지가 약 10개월간 시내 산에서 머문 기간의 기록입니다.

〈레위기〉의 중심 장은 16장으로, 속죄일에 대한 기록입니다. 그리고 핵심 구절은 19장 2절입니다. "너는 이스라엘 자손의 온 회중에게 말하여 이르라 너희는 거룩하라 이는 나 여호와 너희 하나님이 거룩함이니라." 따라서 〈레위기〉의 핵심 단어는 '거룩함'입니다. 이 '거룩함'이라는 단어는 히브리어로 '카도쉬'라고 하는데 〈레위기〉에서만 152번이 나옵니다. 하나님께 나아가는 유일한 방법은 '피의 제사'밖에 없고, 하나님과 지속적으로 교제할 수 있는 것은 말씀에 순종하며 자신의 '거룩함'을 지켜나가는 것입니다.

광야시대	
희생 제사(하나님께 나아감)	성별(하나님과 동행함)
희생 제사의 규례	삶의 모든 영역에서의 실제적인 거룩함
레위기 1~7장 1장 : 번제 2장 : 소제 3장 : 화목제 4장 : 속죄제 5장 : 속건죄 6~7장 : 제사 규례(5제사 해석)	레위기 18~27장 18장 : 성관계의 규례(근친상간 금지) 19장 : 사회의 강령(너희는 거룩하라) 20장 : 심각한 범죄 처벌(반드시 죽어야 하는 죄) 21장 : 제사장에 대한 거룩함을 요구 22장 : 성물을 먹는 규례 23장 : 규정된 절기와 집회(7절기) 24장 : 성막 관리(진설병 떡, 등잔불) 25장 : 안식년과 희년 26장 : 축복과 저주 27장 : 서원과 봉헌 십일조
제사장 제도	
레위기 8~10장 •제사장 위임식 •아론의 아들(나답과 아비후) 징계	
부정의 진단과 처방	장소: 시내 산(약 1개월) 하나님께 합당히 나아가기 위한 법규들과 하나님과 계속적인 교제를 위한 법규들
레위기 11~17장 11장 : 정, 부정의 음식과 짐승 12장 : 출생에 따른 부정 13~15장 : 감염에 의한 부정, 유출에 의한 부정 16장 : 대속죄일 17장 : 희생 제사와 고기에 대한 추가 규정들(피 채 먹지 마라)	

　〈레위기〉의 전반부 1장에서 17장까지는 피의 제사에 대해서 기록한 것이고, 후반부 18장에서 27장까지는 백성들이 실제 삶의 영역에서 거룩한 삶으로 나아가는 방법들을 제시해놓은 것입니다.

구약의 희생 제사와 절기

〈레위기〉는 희생 제사와 절기, 그리고 거룩한 삶에 대한 법전으로 좀 무겁게 느껴지는 책입니다. 희생 제사의 중심은 '속죄의 피'이며 이 피 흘림이 죄를 처리한다고 명백히 밝히고 있습니다. 죄의 대가는 사망입니다. 죄를 지었으면 생명을 내놓아야 합니다. 생명은 피입니다. 나를 대신해서 누군가가 피를 흘림으로써 심판의 자리에서 첫값을 치르고 은혜의 자리가 베풀어지는 것입니다. 그러므로 생명이 생명을 살리고, 피가 다른 생명을 살린다는 것입니다.

> 육체의 생명은 피에 있음이라 내가 이 피를 너희에게 주어 제단에 뿌려 너희의 생명을 위하여 속죄하게 하였나니 생명이 피에 있으므로 피가 죄를 속하느니라(레 17:11).

> 피 흘림이 없은즉 사함이 없느니라(히 9:22).

이것이 하나님이 정하신 공의의 법입니다. 동물의 피가 백성의 죄를 가리듯이 예수 그리스도의 피가 우리를 구원하는 것이 복음입니다. 피 흘림 없이는 속죄함이 없습니다. 구약의 희생 제사 곧 동물의 피는 죄를 없애는 능력이 있는 것이 아니라 죄를 가릴 뿐이고, 오직 예수 그리스도의 피만이 죄를 사할 수 있습니다. 동물의 피와 예수님의 피의 차이가 분명히 이해되어야 합니다. 하나님은 우리의 피 값을 예수 그리스도에게서 찾으십니다. 예수 그리스도가 우리의 죄를 위해서 죽으셨습니다. 갈보리에서 자기 몸을 찢으시고 물과 피를 다 쏟으시며 죽으셨기에 우리가 오늘날 살아 있는 것입니다. 예수 그리스도의 십자가가 없었다면 우리는 죗값에 따라 죽어야 할 존재입니다.

1. 하나님께 나아가는 다섯 가지 희생 제사

다섯 가지 제사로 거룩하지 않은 백성이 하나님께 나아갈 수 있었습니다. 다섯 가지 제사는 하나님이 정하신 예배 방식입니다. 레위기 1장부터 5장까지는 다섯 가지 제사가 소개되어 있는데 그 내용이 6~7장에 또 기록됩니다. 그러나 6~7장은 다섯 가지 제사의 매뉴얼이라고 생각하면 됩니다. 다섯 가지 제사를 잘 활용하라고 매뉴얼을 덧붙여주신 것입니다. 다시 말하면 1~5장은 다섯 가지 제사로 하나님께 나아가는 방법, 6~7장은 다섯 가지 제사의 매뉴얼 즉 집행 방식이라고 이해하면 됩니다.

제사	성경 구절	목적	제물의 구성	예언적 의미
번제	1:3~17 6:8~13	속죄가 목적 (하나님께 드리는 완전한 헌신과 거룩)	〈재산의 정도에 따라〉 • 흠 없는 수소 • 숫양이나 숫염소 • 산비둘기, 새끼비둘기	하나님께 완전히 생명을 바친다는 의미
소제 (피 없는 제사)	2:1~16 6:14~18 7:12~13	하나님께 드리는 존경과 감사	〈세 가지 유형〉 • 기름 섞은 가루와 유향 • 고운 가루에 기름을 섞어 화덕에 구움. 기름에 바른 무교전병 • 첫 이삭을 빻아 기름과 유 향을 섞어 볶은 것	그리스도의 완전한 겸손을 의미 (누룩이 없는 것은 그리스도 의 무죄를, 기름이 있는 것 은 성령을 상징)
화목제	3:1~17 7:11~21 28~34	〈세 가지 유형〉 • 감사 제사 • 서원 제사 • 낙헌 제사	〈재산의 정도에 따라〉 • 소나 양 중에서 흠 없는 암컷, 수컷 • 염소	성도가 그리스도를 통해 하나님과 함께 화평을 누린다는 의미
속죄제	4:1~5:13 6:24~30	부지중에 저지른 죄를 속죄하기 위함 (손해배상이 불가능할 때)	〈재산의 정도에 따라〉 • 흠 없는 황소 • 족장은 숫염소 • 산비둘기, 새끼비둘기 • 고운 가루(극빈층)	그리스도의 죽음에 담긴 사실을 예표 (그리스도가 우리를 위해 죄 를 감당하셨다(고후 5:21))
속건제	5:24~6:7 7:1~7	부지중에 저지른 죄를 속죄하기 위함 (손해배상이 가능할 때)	흠 없는 숫양 (만약, 하나님과 사람에게 잘못한 것이라면)	

• 번제　헌신과 속죄가 목적입니다. 하나님께 드리는 완전한 헌신과 속죄의 제사입니다. 제물을 가죽을 제외하고 전부 태우는 번제는 인간이 하나님께 바치는 완전한 제사법입니다. 제물은 재산의 정도나 직책, 죄질에 따라서 제사장이 판단합니다. 그리고 각 사람에게 소, 염소, 비둘기를 나누어 정해줍니다. 다른 제사는 일부만 태우고 나머지는 제사장들이 먹는데 번제는 가죽을 제외하고 모두 태워버리는 것이 하나의 특징입니다.

　　그 예물이 소의 번제이면 흠 없는 수컷으로 회막 문에서 여호와 앞에 기쁘게 받으시도록 드릴지니라 그는 번제물의 머리에 안수할지니 그를 위하여 기쁘게 받으심이 되어 그를 위하여 속죄가 될 것이라 그는 여호와 앞에서 그 수송아지를 잡을 것이요 아론의 자손 제사장들은 그 피를 가져다가 회막 문 앞 제단 사방에 뿌릴 것이며 그는 또 그 번제물의 가죽을 벗기고 각을 뜰 것이요(레 1:3~6).

　예배자가 먼저 제물의 머리에 안수합니다. 번제를 드릴 때 제사장이 제물의 머리에 다시 안수합니다. 그리고 가죽을 벗기고 피를 다 빼고 각을 뜹니다. 그 피를 제단의 사방에 뿌립니다. 왜 제사장이 소의 머리에 다시 안수할까요? "하나님, 이 동물은 소가 아니라 바치는 저 사람입니다. 따라서 소가 아니라 저 사람이 드려지는 것입니다"라고 기도합니다. 그러면 그 사람의 죄가 소에게 전가되는 것입니다.

　번제의 목적은 두 가지입니다. 첫째, 여호와를 기쁘게 하는 것입니다. 둘째, 속죄입니다. 다섯 가지 제사 중에서 온전한 제사는 번제이고 하나님께 자신의 생명을 완전히 드리고 충성 헌신하는 것을 의미합니다.

• 소제　다섯 가지 제사 중에서 유일하게 피 없는 제사입니다. 식물성 제사가 이 소제입니다. 하나님께 드리는 존경과 감사입니다. 소제는 소도 양

도 비둘기도 살 돈이 없는 가난한 사람들이 드리는 제사입니다. 여기서 하나님의 세심한 배려를 살펴볼 수 있습니다. 그러나 일반적으로 동물 제사를 드린 후 다시 한 번 하나님께 드리는 제사로 소제를 많이 사용했습니다. 세가지 유형이 있습니다. 무교병이나 무교전병이나 고운 가루로 제사를 지냈습니다. 그리스도의 완전한 겸손을 의미합니다.

• 화목제   화목제 역시 세 가지 유형이 있습니다. 첫째, 감사한 일이 있을 때 드리는 감사 제사입니다. 둘째, 누군가가 아프거나 절박하게 기도의 응답이 필요할 때 서원하며 드리는 서원 제사입니다. 셋째, 아무 이유나 조건 없이 즐거운 마음과 자원하는 마음으로 드리는 낙헌제(樂獻祭, freely sacrifice)입니다. 모세가 성막을 지을 때 그 재료는 모두 이스라엘 백성이 가져온 낙헌 제물이었습니다. 자유와 기쁨으로 자원하여 드리는 제사이며 하나님께서 가장 기뻐하시는 제사입니다.

특별히 화목제를 드릴 때에는 기름과 두 콩팥을 불사르게 했는데 구약성경에서는 콩팥을 자주 마음이나 심장으로 번역하는 것을 보아 콩팥을 하나님께 드리는 화목 제사야말로 가장 순수한 감정이나 생각을 바치는 제사의 의미로 해석할 수 있습니다.

화목제의 주목적은 속죄가 아니라 축하입니다. 번제와 소제는 속죄의 제사가 될 수 있겠지만 화목제만큼은 죄를 속하는 제사가 아니라 하나님 앞에 감사하고 서원하고 기뻐하며 드리는 제사입니다. 그러니까 수시로 드릴 수 있었습니다. 아들이 대학에 붙었을 때, 남편이 승진했을 때 또는 간절한 기도 제목이 있을 때 하나님 앞에 나올 수 있는 제사가 화목제입니다. 현재 우리가 감사헌금을 드리듯이 이스라엘 사람들은 하나님 앞에 수시로 나와서 제사를 드렸습니다.

• 속죄제   나도 모르는 사이에 지은 죄를 속죄하기 위해서입니다. 손해 배상이 불가능한 죄, 엄청난 죄죠. 이 세상에서 돈으로 해결할 수 있는 일은

작은 일입니다. 돈으로 할 수 없는 일이 큰일입니다. 배상이 가능한 일은 괜찮습니다. 그러나 배상 불가한 잘못을 저질렀을 때 하나님 앞에 속죄제를 드립니다. 재산의 정도에 따라 황소를 잡기도 하고 몹시 가난한 사람은 가루로 드리기도 합니다.

예수 그리스도가 우리를 위해서 죽으신 것이 첫째 의미로는 속죄제입니다. 우리는 우리의 죄과를 해결할 수 없었습니다. 속죄제는 제단에 피를 바를 때 죄질에 따라서 세 가지가 있습니다. 죄도 가중치에 따라서 피 뿌리는 장소가 달랐습니다. 죄질이 좀 경미하면 제단에서 피를 뽑아서 번제단에 피를 뿌리고, 죄가 크면 피를 받아서 성소 안에 있는 분향단의 네 개의 뿔에 바릅니다. 정말 큰 죄는 1년에 한 번 대제사장이 지성소로 들어가 피를 법궤 위 속죄소에 뿌렸습니다.

• 속건제   속건제는 속죄제와 같은 속죄의 제사이지만 손해배상이 가능할 때 드립니다. 속건제는 배상해야 할 양의 5분의 1을 더해서 주면 됩니다. 다섯 개를 훔쳤으면 여섯 개를 주면 됩니다. 그리고 제물에 안수하고 속건제를 드리는데 유일하게 숫양만을 드려야 했습니다.

이 다섯 가지의 희생 제사는 완전한 제사가 아닙니다. 오실 예수 그리스도의 십자가 사건을 예표할 뿐입니다. 구약은 신약을 예표하는 그림자와 같습니다.

2. 하나님과 동행하는 일곱 가지 절기

이스라엘 백성은 1년 중 일곱 가지 절기를 통해서 하나님과 동행하는 삶을 살게 됩니다. 다섯 가지 제사는 하나님께 나아가는 방법이고, 일곱 가지 절기는 하나님과 지속적으로 동행하는 방법입니다.

절기	일자	목적	의미
유월절	1월(니산월) 14일	애굽에서의 해방을 기념	그리스도는 우리의 유월절이다. (그리스도의 속죄, 성도의 구원을 기념)
무교절	1월 15~21일 (일주일간)	급히 출애굽을 기념. 무교병을 먹음으로 고생을 기념	무교병은 그리스도의 원형, 진실한 교회의 원형이다.
초실절	1월 16일	곡물의 첫 이삭을 드림	첫 열매가 그리스도의 육체적 부활을 보증한다.
오순절 (칠칠절, 맥추절)	3월 6일, 초실절 후 50일째	풍성한 수확을 감사	성령 강림은 오순절에 일어났다(행 2장).
나팔절	7월 1일	새해 첫날을 드림	신약에서 나팔 부는 것은 주님의 재림과 관련이 있다(주님의 속죄 사역).
속죄일	7월 10일	죄의 문제 해결	그리스도의 못 박히심으로 궁극적 구원을 성취한다.
초막절 (장막절, 수장절)	7월 15~21일	1년 수확을 감사, 광야생활 기념	그리스도가 천년 왕국을 다스릴 때의 평화 번영

• 유월절　히브리어는 '페사'인데, '지나다' '용서하다' '통과하다'는 의미를 가지고 있습니다. 유대력으로 니산월, 3~4월에 해당합니다. 출애굽 사건 때 애굽에 임한 10가지 재앙 중 장자를 죽이는 재앙에서 이스라엘이 구원받은 사건을 기념하는 절기입니다. 신약적인 의미는 그리스도의 대속적 죽음을 통한 인간의 구원을 상징합니다.

• 무교절　유월절 다음 날부터 1주일간입니다. 하루가 아니라 한 주간입니다. 애굽으로부터의 탈출이라는 특별한 구원에 부수된 절기로서 급히 출애굽한 것과 무교병을 먹으면서 고생한 것을 기념합니다. 신약적인 의미는, 예수의 살과 피가 우리의 구원의 양식임과 하나님의 말씀이 영혼의 양식임을 상징합니다.

• 초실절　출애굽한 이스라엘 백성을 추격하던 애굽 군대를 홍해에서

수장시키신 하나님의 권능을 잊지 않게 하기 위해서 홍해를 건너 상륙했던 날을 기념하던 것이 초실절의 유래가 되었습니다. 1월 16일 그러니까 유월절 이틀 후 추수한 곡식의 첫 이삭을 하나님께 가져가서 요제로 흔들어 바쳤습니다. 그리스도가 잠자는 자들의 '첫 열매'가 되어 사망을 영원히 철폐하셨음을 상징합니다.

• 오순절　유월절 후 50일째 행해지는 절기로, 무교절로부터 49일째를 계산하여 붙여진 명칭입니다. 오순절은 출애굽 후 시내 산에서 율법을 받은 것에 감사하는 역사적 신앙고백의 의미가 있습니다. 또 늦봄의 밀 추수기에 지켰던 절기였기에 맥추절이라고도 합니다. 풍성한 수확을 감사하는 것입니다. 신약에서 오순절에 성령이 강림했습니다. 성령이 임한 날이 오순절이 아니라 오순절에 성령이 강림했습니다.

• 나팔절　나팔절은 유대인에게 새해의 첫날을 기념하는 원단절(元旦節)이라 할 수 있습니다. 이날 나팔을 불어 기념한 데서 유래한 것입니다. 나팔절은 7월 1일인데 새해 첫날입니다. 새해 첫날 길게 나팔을 불면서 하나님의 해, 하나님의 때, 하나님의 왕국을 선포한 것입니다. 주님의 재림을 상징하고 있습니다.

• 속죄일　이날은 7월 10일입니다. 티쉬리월 10일을 속죄일로 정해 성회로 모여 큰 안식일로 지킵니다(레 16:31). 전 국민적인 대속죄일로서, 1년에 한 번씩 전 국민의 죄를 속하는 절기입니다. 1년에 한 번 대제사장이 백성의 죄를 가지고 지성소로 들어가는 날입니다. 속죄일의 목적은 죄 문제의 해결입니다. 예수 그리스도가 못 박히신 날이 속죄일입니다.

• 초막절　장막절, 수장절이라고 하는 이날은 이스라엘의 선조들이 출애굽 후에, 광야에서 유목생활을 하며 초막이나 장막에 거하며 살던 40년 광야생활을 기념하는 절기입니다. 그래서 이스라엘 백성은 초막절에 장막을 쳐놓고 무교병을 먹습니다. 그런데 무교병이 맛이 없으니까 잼도 발라

먹고 버터도 발라 먹고 샐러드도 넣어서 먹는답니다. 이 세상이 우리의 고향이 아니라 영원한 본향이 있으며, 우리는 그 본향을 향해 나아가는 나그네임을 일깨우는 절기입니다. 농경적 입장에서 보면, 실과의 추수기에 지키는 과실제이며, 유대인의 신앙적 역사 회고에서 보면, 하나님과 백성 사이의 계약 갱신, 즉 구원의 역사 기념일로 볼 수 있습니다.

이 일곱 가지 절기를 1년 동안 지키면서 하나님과 그때마다 교제하며 동행하는 삶을 살게 되는 것입니다.

3. 그 밖의 절기들

• 안식일　매 7일째 되는 날(토)은 모든 일을 놓고 거룩하게 안식하였습니다. 그러나 예수 그리스도께서 오심으로 안식일의 개념이 주일의 개념으로 바뀌게 됩니다.

• 안식년　매 7년째 되는 해는 농지를 쉬는 '휴경의 해'로 정했습니다.

• 희년　레위기 25장 8~10절을 보면, 안식년이 일곱 번 되는 다음 해, 50년째가 되면 농지며 노예며 모든 것을 원상태로 다 돌려보내라는 것입니다. 노름으로 빚져서 모든 것을 다 잃어버렸어도 50년째가 되면 모두 탕감받을 수 있습니다. 안식년을 일곱 번 계수하여 가나안 진입을 기점으로 50년째가 희년(禧年)입니다. 히브리어로 'יובל (yobel 요벨)', 영어로는 'Jubilee' 그래서 '쥬빌리'라는 이름의 교회도 있죠. 의미는 '크게 환호하다' '나팔을 불다'입니다. 얼마나 좋습니까. 잃었던 것을 모두 다시 얻을 수 있으니까요.

희년의 참된 의미는 애굽에서 종살이하던 자신들을 여호와께서 해방시켰음을 기념하는 것입니다. '너희도 해방되었듯이 네 소유가 네 것이 아니라 여호와 것이니까 다 원상태로 돌려주라'는 것입니다. 그것이 하나님의 희년의 원리입니다. 희년의 교훈은 하나님께서는 인간 사회의 빈부 격차를 원치 않으셨다는 것입니다. 소수의 부자에 의해서 재산이 축적되는 것을 원치 않으셨습니다. 하나님 나라에는 영원한 부자, 영원히 가난한 자가 없기를 원하셨습니다. 내가 가지고 있는 소유, 땅이든 노예든 모든 것이 내 것이 아니라 하나님 것이라는 사실을 깨닫게 해주는 것입니다. 뭐든지 오래 가지고 있으면 자신이 주인 같습니다. 그러나 50년마다 하나님이 도로 빼앗습니다. 이것은 네 것이 아니라 하나님 것이라고 그때그때 기억하게 하는 것이 희년입니다. 하나님의 백성이 이 땅의 재물을 하나라도 더 모으려고 정신 팔려 살지 말라는 것입니다. 우리의 소망은 하나님 나라가 되어야 합니다. 이것이 희년의 교훈입니다.

이 땅에는 내 것이 아무것도 없습니다. 모두 하나님의 것입니다. 우리는 하나님의 것들을 잠시 빌려 쓰고 있는 것뿐입니다. 오늘 내가 누리고 있는 것을 영원히 내 것이라고 생각하지 마십시오. 주인이 내놓으라고 하면 모두 내놓아야 합니다. 내 생명, 내 모든 것까지도 나는 주인이 아니라 청지기일 뿐이기에 주님 앞에 다 내려놓아야 합니다. 내가 내려놓지 못하면 그것들이 나를 뒷발질하여 내려놓게 합니다.

제사장 위임식 및 임무(레 8장)

1. 제사장의 위임식

먼저, 제사장 위임식 때는 수송아지를 잡습니다(속죄제). 그리고 피로 단을 정결케 합니다. 다음으로 숫양을 잡습니다(번제). 하나님께 희생양을 드립니다. 충성을 다짐하는 것입니다. 첫 번째는 자신의 죄를 속하고 두 번째는 제사를 드리면서 자신의 헌신을 하나님께 드리는 것입니다. 그리고 마지막으로 숫염소로 화목제를 드립니다. 그런데 중요한 것은 희생제물의 피를 취해서 대제사장 오른쪽 귓불과 오른쪽 엄지손가락과 오른쪽 엄지발가락에 피를 발랐습니다. 아론의 아들들에게도 똑같이 피를 발랐습니다(레

열매 맺기

희년의 법규

• 모든 주민을 속박으로부터 풀어주어 자유를 공포한다.
• 노예와 토지가 원상태로 돌아간다. 빚 때문에 토지, 가옥이나 종살이하던 모든 것이 원상태로 돌아가는 것이다.
• 잃어버렸던 가족, 재산을 다 돌려준다.

8:23~24). 그 의미는 '너희는 예수 그리스도께 속죄함을 받은 존재'라는 것입니다. 그리고 대제사장은 머리끝에서 발끝까지 여호와께 성결하라는 것입니다. 귀로는 하나님 말씀을 듣고, 손으로는 바른 일을 행하며, 발로는 주의 길을 걸으라는 것입니다.

이것이 구약의 제사장에게만 국한된 것입니까? 이 시대의 제사장은 누구입니까? 우리입니다. "너희는 택하신 족속이요 왕 같은 제사장들이요"(벧전 2:9). 우리는 선택된 백성이며 제사장이기에 우리도 거룩해야 합니다. 거룩함을 잃어버린다면 우리는 무가치해집니다. 성도의 힘은 거룩함에서 나옵니다. 그렇기 때문에 그리스도의 피를 오른 귓불에 바르고 오른 손가락에 바르고 오른 발가락에도 바르세요. 이 위임식은 7일이 걸렸습니다. 헌신의 기간이었습니다.

2. 제사장의 임무

제사장은 성막에 있는 불을 아침부터 저녁까지 꺼지지 않도록 관리하는 일을 감당하고 있습니다. 그리고 다섯 가지 제사를 주관하며 백성들에게 하나님의 말씀인 율법을 가르칩니다. 또한 제사장의 중요한 임무 중의 하나는 문둥병자나 심한 피부병자를 진단하여 정함과 부정함을 선언하는 일입니다. 그리고 제사를 드리기 위하여 찾아오는 자에게 서원자의 형편에 따라 값을 정하여줍니다(레 27:8, 12).

대속죄일의 의식(레 16장)

〈레위기〉의 중심 장은 그리스도에 대한 예표로 가득 차 있는 16장입니다. 16장은 대속죄일은 1년에 한 번(7월 10일) 돌아오는데 이스라엘 백성에게 있어 가장 중요한 날입니다. 대속죄일은 성경에 나타난 복음의 가장 시각적인 표상으로 남아 있습니다. 그날은 예수 그리스도를 가르쳐주며, 그분의 죽음의 의미를 이해할 수 있도록 도와주는 상징적 의미로 가득 차 있습니다. 속죄일에 제사장이 희생제물을 드리는 것을 순서에 따라 5막으로 재연해보겠습니다.

1. 제1막 : 제사장이 등장한다

드디어 기다리던 7월 10일이 되었습니다. 이날은 이스라엘 백성의 모든 죄를 속죄하는 날로 1년에 한 번 돌아옵니다. 많은 사람이 성막 주변으로 모여들기 시작했습니다. 시간이 되자 저 멀리서 허름한 옷을 입고 죄인의 모습을 한 누군가가 서서히 걸어옵니다. 그가 바로 대제사장이었습니다. 그는 죄인의 신분이었기에 에봇을 벗고 허름한 옷을 입고 맨발로 성막으로 다가옵니다. 사람들은 그가 걸어갈 수 있도록 길을 쫙 터줍니다. 그는 머리를 풀고 온갖 죄를 다 지은 죄인의 모습으로 터덜터덜 성막으로 갑니다.

2. 제2막 : 제사장이 준비를 한다

이제 대제사장 앞에서 황소 한 마리가 도살됩니다. 그다음 그 피를 받아서 지성소로 들어갑니다. 자신의 죄를 속하기 위해서 지성소의 속죄소에 피를 뿌립니다.[1] 그리고 다시 나오게 됩니다.

3. 제3막 : 속죄가 이루어지다

대제사장이 다시 나온 후에 백성을 위해서 첫 번째 염소를 도살합니다. 그리고 그 피를 받아서 지성소 안 법궤의 뚜껑 위 속죄소(시은좌)에 뿌립니다. 죄 사함의 은혜는 속죄소에 피를 뿌려야만 이루어집니다. 백성들이 회개하고 결단하고 노력한다고 죄가 사해지는 것이 아닙니다. 누군가가 죗값을 치러야 죄의 문제가 해결되기에 제물인 염소가 백성들의 죄를 대신해서 피를 쏟는 것입니다.

[1] 법궤의 뚜껑인 속죄소(시은좌)에 붓는다.

마찬가지로 우리의 회개의 눈물이나, 노력의 땀방울 등의 행위로 구원받는 것이 아니라 예수 그리스도의 피로 인해 죄 사함을 받습니다.

> 율법을 따라 거의 모든 물건이 피로써 정결하게 되나니 피 흘림이 없은즉 사함이 없느니라(히 9:22).

4. 제4막 : 죄를 고백하다

이제 백성들은 멀리서 대제사장이 나오기만을 기다립니다. 대제사장은 지성소에 들어갈 때 줄과 방울을 달고 들어갑니다. "딸랑 딸랑" 방울 소리가 나면 아직 살아 있구나 생각하고, 들어간 지 오래 되었는데 만약 나오지 않거나 방울 소리가 안 들리면 줄을 잡아당깁니다.

하나님 앞에 거룩하지 못한 자가 들어가면 시체가 되어 끌려나옵니다. 시간이 지나 대제사장이 피곤한 기색으로 나옵니다. 이제 남은 한 마리의 염소도 끌려나옵니다.

> 그 지성소와 회막과 제단을 위하여 속죄하기를 마친 후에 살아 있는 염소를 드리되 아론은 그의 두 손으로 살아 있는 염소의 머리에 안수하여 이스라엘 자손의 모든 불의와 그 범한 모든 죄를 아뢰고 그 죄를 염소의 머리에 두어 미리 정한 사람에게 맡겨 광야로 보낼지니(레 16:20~21).

대제사장은 살아 있는 염소 머리 위에 손을 얹고 이스라엘 백성의 죄를 고백합니다. 염소를 향해서 안수할 때 백성들의 죄가 염소에게 전가되는 것입니다. 마찬가지로 예수 그리스도가 날 위해서 피 흘리고 죽으셨음을 믿고 고백할 때 우리의 죄가 그분께 전가됩니다.

5. 제5막 : 죄책이 제거되다

이 죄책을 짊어진 염소는 어떻게 됩니까? 염소 두 마리가 오면 제비를 뽑아서 한 마리는 도살하며 속죄의 피로 사용하고, 한 마리는 머리에 안수하여 광야로 보냅니다(레 16:8~10). '아사셀'이라는 단어에 대해서는 학자에 따라 여러 가지 견해가 있습니다. 첫째, 속죄 염소를 가리킵니다. 둘째, 어원적으로 '제거한다'는 의미로 사용됩니다. 셋째, 황량한 협곡 같은 장소를 의미합니다. 넷째, 사탄을 가리킵니다. 그러나 공통점은 아사셀 염소를 광야로 떠나보냄으로써 이스라엘 백성의 죄가 온전히 처리되었다고 보는 것입니다.

《요세푸스》에 구전으로 내려오는 이야기가 있습니다. 염소의 머리에 빨간 리본을 매고 성전 문 쪽에도 같은 빨간 리본을 묶는다고 합니다. 그리고 이 죄를 씌운 염소를 황량한 광야로 한참을 보냅니다. 며칠이 지나 성전 안에 묶여 있던 빨간 리본의 색이 흰색으로 변하면 죗값을 지불하고 죽었다는 뜻입니다. 그러면 백성들은 박수를 치면서 이제는 우리 죄가 없어졌다고 하면서 즐거워했다고 합니다.

이 모든 드라마는 예수 그리스도께서 오셔서 행하실 실제 공연에 대한 리허설과 같습니다. 1500년이 흐른 후 드디어 개막일이 되고 예수 그리스도가 대제사장 역으로 등장합니다.

예수 그리스도를 주인공으로 한 실제 공연

1. 제1막 : 신약에는 또 다른 제사장이 등장

신약에는 또 다른 제사장이 등장하는데 그분이 바로 예수 그리스도이십니다. 이제부터 2천 년 전 갈보리 십자가 현장으로 올라갑시다. 많은 군중이 모여 대단한 일이 있는 것처럼 웅성거립니다. 저기 멀리서 예수님이 십자가를 힘겹게 지고 올라오십니다. 대제사장이 자신의 화려한 옷(에봇)을 벗고 노예와 죄인의 옷으로 입었듯이, 예수 그리스도께서도 자신의 영광을 내려놓으시고 친히 종의 모습으로 오셔서(빌 2:6~7) 극한 죄인의 모습으로 십자가를 지고 등장하십니다.

2. 제2막 : 그리스도께서 준비되시다

예수 그리스도는 인간의 몸으로 오셨지만 여느 인생과 달랐습니다. 이 대제사장은 자신을 위해 희생 제사를 드릴 필요가 없었습니다(고후 5:21~벧전 2:22). 예수님은 인간이셨지만 전혀 죄가 없이 완전하셨기 때문에 두 번의 제사가 필요 없었습니다.

3. 제3막 : 죄를 속하다

그분은 십자가에서 피 흘리며 생명을 쏟아부었습니다. 하나님의 심판이 그 당시 예수 그리스도의 십자가에 떨어졌습니다. 그 십자가를 향하여 하나님의 저주가 떨어졌습니다. 그 순간 예수 그리스도의 죽음으로 성전 안의 지성소를 가리고 있던 휘장이 위에서부터 아래로 찢어졌습니다(막 15:34). 휘장은 예수 그리스도의 육체라고 했습니다. 예수 그리스도께서 죽으심으로 하나님과 죄인 된 인간 사이에 화목제물이 되셔서 누구나 하나님의 지성소 안으로 담대히 나갈 수 있는 길을 열어놓으신 것입니다. 다시 말하면 대제사장 되신 예수 그리스도께서 완전한 속죄를 이루셨습니다.

십자가는 하나님과 인간이 만날 수 있는 생명의 길입니다. 십자가에서 예수님이 마지막으로 하신 고백은 "다 이루었다"입니다. 자신의 죽음 위에 구속의 사역이 세워진 것입니다. 예수님은 속죄의 양이 되기 위해 이 땅에 오신 것입니다. 우리를 사랑하여 대신해서 죽기 위해 이 땅에 오신 것입니다. 그리고 마침내 다 이루셨습니다.

4. 제4막 : 죄를 고백하다

우리는 자신의 죄를 고백하면 됩니다. 두 마리 염소는 속죄의 희생제물 (피 뿌림)과 죄의 전가라는 역할을 맡고 있었습니다. 마찬가지로 예수 그리스도 역시 두 가지 역할을 하십니다. 희생제물이 되시고 죄의 짐을 대신 져주십니다. 마음으로 믿어 의에 이르고 입으로 시인하여 구원에 이릅니다. 우리가 예수 그리스도께 "주님은 나의 주인이시며 나의 왕이시며 나의 속죄주이십니다"라고 고백하는 순간 우리 죄의 짐은 다 그분이 가져가시는 것입니다.

5. 제5막 : 죄책이 제거되다

예수 그리스도는 희생제물이 되어주셨고 죄의 짐을 대신 져주셨습니다. 예수 그리스도가 이루신 사역을 통해 우리 죄가 용서되었을 뿐 아니라 완전히 사라졌습니다. 따라서 우리가 단지 믿음으로 예수 그리스도께 죄를 고백하면 속죄는 성취됩니다.

> 이는 하늘이 땅에서 높음같이 그를 경외하는 자에게 그의 인자하심이 크심이로다 동이 서에서 먼 것같이 우리의 죄과를 우리에게서 멀리 옮기셨으며(시 103:11~12).

구약의 제사와 신약의 예배

구약의 제사는 불완전한 제사이며 예수 그리스도의 죽음을 예표할 뿐입니다. 예수 그리스도의 제사는 속죄제이고 화목제이면서 그분을 마음으로 믿을 때 그 속죄의 피가 우리에게 역사합니다. 구약의 예배는 피 흘림이 있는 제사 중심이었습니다. 그러나 신약 교회는 구약과 같은 제사를 드리지 않습니다. 예수 그리스도께서 영원한 제물로 십자가에서 보혈의 피를 뿌려 죄인들을 온전케 하셨으므로 교회는 다시 죄를 위해 제사를 드리지 않게 되었습니다. 우리에게 남은 것은 죄인을 위해 영원한 제사를 드리신 예수 그리스도의 십자가를 자랑하고 증거하는 것입니다(고전 2:2). 예수 그리스도를 자랑하고 사랑하고 그분의 은혜를 증거하는 것, 이것이 교회의 사명이고 교회의 본질입니다.

바른 예배가 뭡니까? "하나님은 영이시니 예배하는 자가 영과 진리로 예배할지니라"(요 4:24). 쉽게 말하면 성령(영)을 따라 '진리'로 드리는 예배입니다. '진리'란 예수 그리스도를 알고 그분이 우리를 위해서 행하신 일들을 아는 것입니다. 예수 그리스도를 알고 믿고 그 안에서 감사하며 드리는 예배가 진리의 예배입니다. 십자가의 은혜 때문에 감격하는 뜨거운 인생 살기를 바랍니다.

민수기

세상에서 가장 긴 장례 행렬

🍃 **뿌리내리기**_성경의 전체를 알아봅니다

〈민수기〉가 시작되는 시점은 출애굽하여 1년이 지난 때입니다. 〈민수기〉
는 출애굽 1세대와 2세대 이야기, 두 번의 인구조사를 기록하고 있습니다.
1장 시내 산에서 출발할 때와 26장 모압평지에 도착해서입니다. 시내 산을
떠날 당시 1차 인원 603,550명(20세 이상의 장정만)에서 40년이 지난 후 2차
인구조사에서 601,730명이었습니다. 놀라운 일은 1차 인구조사 대상자였
던 20세 이상의 남자들이 여호수아와 갈렙을 제외하고 모두 죽었는데도 전
체 인구 중 1,820명의 감소밖에 없었다는 것입니다.

하나님의 징계의 책인 〈민수기〉는 하나님의 백성이 믿음을 버렸을 때 그
결과가 얼마나 고통스러운 것인지를 잘 보여주고 있습니다. 믿음을 잃어버
렸던 1세대가 전진하지 못하고 광야를 방황하다 죽고, 2세대가 가나안 입
구인 모압평지에 다다른 이야기까지를 기록하고 있습니다. 하나님의 사랑
은 매우 엄하게 표현될 때도 있습니다. 하나님의 백성은 그분을 신뢰할 때
에만 앞으로 전진할 수 있습니다.

불신앙에 대한 하나님의 심판이 〈민수기〉의 두드러진 주제입니다. 〈민수기〉에서 이스라엘 백성은 하나님의 약속을 신뢰하지 못했으며 그 결과 40년을 광야에서 방황하다 1세대가 모두 죽는 심판을 받았다고 기록합니다.

〈민수기〉하면 가데스바네아 사건, 12정탐꾼 사건이라고 해도 무방할 정도로 이 사건은 〈민수기〉를 이해하는 데 너무나 중요합니다.

혹자는 역사상 가장 긴 장례 행렬이 바로 이스라엘 백성들의 장례 행렬이라고 말합니다. 어떤 사람이 계산했더니 38년 6개월 동안 매일 350명씩 죽었답니다. 아침에 일어나면 모기나 하루살이들이 죽어 있듯이 매일 350명의 장례가 치러졌습니다. 그들이 가데스바네아에서 10명의 정탐꾼들의 보고를 듣고 "우리는 못 들어갈 것이다. 우리는 죽게 될 것이다"라고 말했던 그대로 됐습니다.

> 너희는 그 땅을 정탐한 날 수인 사십 일의 하루를 일 년으로 쳐서 그 사십
> 년간 너희의 죄악을 담당할지니 너희는 그제서야 내가 싫어하면 어떻게
> 되는지를 알리라 하셨다 하라(민 14:34).

하나님은 두려운 분입니다. 하나님 앞에서 믿음을 보이시기 바랍니다. 하나님 앞에서 긍정적인 이야기를 하십시오. "죽겠다, 못살겠다!" 하지 마세요. 믿음의 발언을 하세요. 〈민수기〉는 무서운 책입니다. 이스라엘 백성처럼 "나는 메뚜기입니다. 나는 아무것도 못합니다" 하면서 늘 남의 탓만 하고, 남편 탓하고, 자녀 탓하고 "내가 원수랑 결혼해서 이 모양이다"라면서 계속 힘들, 어렵다며 상황을 이끌어가시는 하나님을 바라보지 못하고 절망한다면 하나님께 버림받은 이스라엘 백성과 다를 것이 없습니다.

시내 산에서 20일 (민 1~2장)	바란광야에서 38년 6개월 (민 13~24장)	모압평지에서 약 5개월 (민 25~36장)
1 유월절 지킴(9장)	가데스바네아 정탐(13장)	싯딤에서의 바알브올 사건(25장)
2 첫 번째 인구조사(1장)	원망하는 백성들(14장)	두 번째 인구조사(26장)
3 백성의 진 배치(3장)	하나님을 원망하며 38년 방황 (14~20장) -출애굽 1세대 죽음	제사와 서원에 관한 규례 (28~31장)
4 레위 지파의 임무(3~5장) -게르손, 고핫, 므라리	에돔, 모압, 암몬을 우회함 (20~21장)	이스라엘의 정복과 분배 (31~36장)
5 의심법에 관한 규례(5장)	아모리 전쟁 승리 후 요단 동편 얻음(21장)	
6 나실인 법(6장)	모압에 도착(22장)	
7 제사법(7~8장)	발락 왕과 발람 선지자(22~24장)	

〈민수기〉는 세 개의 주요 부분으로 나눕니다.

1. 시내 산에서 약속의 땅으로 들어갈 준비

시내 산을 출발하기 전 모세는 이스라엘을 준비시킵니다. 지파들의 숫자를 계산하고 제사장을 세워 역할을 분담하여 유월절을 지키게 합니다. 시내 산을 출발할 때 우르르 몰려가는 것이 아니라 가나안 정복을 위한 전쟁 시스템으로 모든 것을 맞추고 출발합니다. 국방부를 신설하고 4군단으로 나눴으며 각 군단마다 3지파로 구성하여 싸움에 나갈 만한 육군병사들을 파악했습니다. 그래서 20세 이상의 남자 총 603,550명으로 구성됐습니다. 만약 여자와 아이들까지 포함한다면 200만 명 이상이 될 것입니다.

이 조사에서 레위 지파(8,580명)는 빠졌습니다. 그들은 전쟁에 나가서 싸우는 역할이 아니라 성막을 지키고 보호할 역할이기 때문입니다. 가나안 정복의 중심은 하나님의 성막이었습니다. 여호와께서 대신 싸우신 전쟁이었기 때문입니다. 이스라엘 백성이 싸울 가나안의 전쟁은 병력과 무기를 의존하는 세상 전쟁이 아니라 하나님의 능력에 의존하는 거룩한 전쟁이기 때문에 레위 지파는 성막을 보존해야 하고 백성들은 거룩해야 했습니다. 성도들의 싸움도 마찬가지입니다. 힘과 능력으로 싸우는 것이 아니라 오직 여호와의 능력으로 싸우는 것입니다. 우리가 거룩함으로 준비되어 있다면 하나님께서 대신 싸워주실 것입니다. 그래서 이스라엘 백성에게 먼저 하나님 앞에서 유월절을 지키고 지파들의 숫자를 계산하고 제사장직을 확립하며 거룩해지라고 요구했던 것입니다.

2. 바란광야에서 이스라엘의 비극적 전환기(민 10:11~25:18)

약속의 땅으로 가는 이 여정은 기쁨의 여행이 되지 못했고 불평과 불만의 연속이었습니다. 12정탐꾼의 보고를 들은 이스라엘 백성은 통곡하며 원망과 불평으로 불신앙의 죄를 짓습니다. 결국 모세와 하나님을 배반하고 환(還)애굽운동까지 벌입니다. 그 결과로 38년 6개월간 광야를 방황하며 1세대(舊世代)가 모두 죽습니다. 10장부터 25장까지는 15장밖에 안 되지만 그 안에 38년이 흘렀고 갈렙과 여호수아를 제외한 구세대는 모두 죽습니다.

3. 모압평지에서 바라본 가나안 땅

〈민수기〉는 가나안 땅 입구에 선 신세대(新世代)에서 끝이 나며(민 26~36장) 약속의 땅의 분깃을 얻기 위한 새로운 준비가 시작됩니다. 광야에서 38년 6개월이 흐른 후 가나안 2세대는 결국 모압평지에 도달해서 가나안 땅의 분배를 위해 다시 인구조사(601,730명, 민 26:51)를 합니다. 2차 인구조사의 목적은 군사적인 목적보다 땅의 분배에 있었습니다. 어떻게 그 땅을 정복하고 분배할 것인지, 그 땅에서 어떠한 헌물을 바쳐야 하는지에 대한 명령을 받습니다. 결국 이스라엘의 불신앙에도 불구하고 하나님은 구원 계획을 포기하지 않으시고 언약에 신실하셨습니다.

🌿 구약 숲으로 _성경의 중심내용을 알아봅니다

〈민수기〉를 시기별로 읽기

시기	중요한 일	장소	특이사항	본문
1년 1월 14일	첫 번째 유월절과 출애굽	애굽	출애굽을 시작한 날	출 12~14장
1년 3월	시내 산 광야 도착(출 19:1)	시내 산	• 하나님과 언약을 맺음 • 십계명과 제사법(5제사 7절기) 등 각종 법들을 받음	출 19장~ 〈레위기〉, 〈민수기〉
2년 1월 1일	완성된 성막 하나님께 봉헌 (출 40:17)			
2년 1월 14일	두 번째 유월절 지킴(민 9:1)			
2년 2월 1일	백성들 병력조사(남 20세 이상) 명령하심(민 1:1)			
2년 2월 20일	드디어 시내 산에서 출발	시내 산 ~ 가데스 바네아를 향하여	• 시내 산에 도착한 지 13개월 5일 만에 '쉐키나'의 구름이 떠오름 • 모든 텐트 걷고 성막을 완성한 지 7주 후의 이동	민 10:1 〈민수기〉의 끝은 모압평지
2년 3월 1일	가데스바네아 도착	가데스 바네아	12정탐꾼의 정탐 시작	민 13장
2년 4월 10일	정탐꾼의 보고		백성의 원망과 반역	민 14장
2년 4월 11일 ~ 38년 6개월	방황의 시작	바란광야	1세대 죽음과 백성들의 방황	민 14~20장
40년	모압평지에 도착	모압평지	• 므리바 반석(모세의 범죄) • 에돔 통과 • 아론의 죽음 • 불뱀과 놋뱀(심판과 구원) • 모압 왕 발락과 발람 선지자 • 유업의 분배(도피성)	민 22~36장

1년 1월 14일이라는 말이 있습니다. 출애굽한 첫해를 1년이라고 합니다. 성경을 보면 둘째 해, 첫해라는 말이 나오는데 1년은 출애굽한 그 해입니다. 그리고 2년은 출애굽한 지 1년 뒤라는 말입니다. 그러면 1년 1월 14일은 무슨 날일까요? 출애굽한 당일을 말하는 것입니다. 출애굽한 당일 첫 번째 유월절을 애굽에서 지키고 떠납니다. 그리고 2개월 만에 그들은 시내 산에 도착하게 됩니다. 시내 산에 11개월을 머물며 각종 율법을 받고 출애굽 둘째 해 2년 1월 1일 성막을 완성하여 하나님께 봉헌합니다. 이어 14일 후 2년 1월 14일에 시내 산에서 두 번째 유월절을 지킵니다.

두 번째 유월절을 지킨 15일 후, 즉 2월 1일에 만 20세 이상의 백성이 몇 명인지 병력을 조사합니다(민 1장). 그런데 두 번째 유월절을 지키는 이야기는 민수기 9장에 나옵니다. 사실상 〈민수기〉가 기록될 때 순서를 바꿨습니다. 민수기 1장에 두 번째 유월절을 지키는 이야기가 먼저 나오고 그다음에 15일 뒤에 있을 병력조사가 나와야 정상입니다.

> 애굽 땅에서 나온 다음 해 첫째 달에 여호와께서 시내 광야에서 모세에게 말씀하여 이르시되 이스라엘 자손에게 유월절을 그 정한 기일에 지키게 하라 그 정한 기일 곧 이 달 열넷째 날 해질 때에 너희는 그것을 지키되 그 모든 율례와 그 모든 규례대로 지킬지니라 모세가 이스라엘 자손에게 명령하여 유월절을 지키라 하매(민 9:1~4).

애굽 땅에서 나온 다음 해는 2년차를 말합니다. 첫째 달은 1월을 말합니다. "유월절을 그 정한 기일에 지키게 하라." 그 정한 기일은 곧 열넷째 날 그러니까 쉽게 말하면 2년 1월 14일입니다.

> 이스라엘 자손이 애굽 땅에서 나온 후 둘째 해 둘째 달 첫째 날에 여호와

께서 시내 광야 회막에서 모세에게 말씀하여 이르시되 너희는 이스라엘 자손의 모든 회중 각 남자의 수를 그들의 종족과 조상의 가문에 따라 그 명수대로 계수할지니(민 1:1~2).

민수기 1장 1절에 나오는 애굽 땅에서 나온 후 둘째 해 둘째 달 첫째 날은 무엇일까요? 2년 2월 1일입니다. 그러면 9장의 유월절을 지키는 2년 1월 14일이 빠릅니까? 1장의 인구조사 2년 2월 1일이 빠릅니까? 유월절이 빠르잖아요. 그러니까 〈민수기〉는 시간상으로는 유월절이 먼저 기록되고 15일 후 인구조사가 기록되는 것이 맞습니다. 그리고 2월 20일, 드디어 시내 산을 출발합니다. 열흘이 지난 3월 1일 가데스바네아에 도착합니다.

시내 산에서 가데스바네아까지 240km입니다. 그러면 하루에 몇 km를 걸은 걸까요? 24km씩 걸었을 겁니다. 가데스바네아에 도착하자마자 12정탐꾼을 40일 동안 보냅니다. 40일이 지난 4월 10일 정탐꾼들이 보고합니다. 이 날짜가 성경에 다 기록되어 있어요. 둘째 해 넷째 달 열흘 이렇게 풀어서 써놓은 것뿐입니다.

정탐꾼 보고로 백성들 사이에 원망과 반역이 일어나게 됩니다. 그들의 죄 때문에 38년 6개월 동안 광야를 방황하다 마지막 40년 때에 드디어 백성들은 모압평지에 이르게 됩니다.

이스라엘의 진 배치

성막이 가운데 있고 동쪽에는 유다, 잇사갈, 스불론, 북쪽으로는 납달리, 아셀, 단, 남쪽으로는 갓, 시므온, 르우벤, 서쪽으로는 에브라임, 므낫세, 베냐민입니다. 당시 이스라엘에서는 보통 동쪽은 맏아들에게 줬습니다. 그러나 하나님께서는 맏아들을 동쪽에 두지 않고 유다를 동쪽에 두었습니다. 그 당시 동쪽은 존경받는 곳이었습니다. 이것이 특이한 점입니다. 하나님께서

🍃 **열매 맺기**

광야의 위험

이스라엘 백성은 광야의 뜨거운 태양 아래를 뱀과 전갈과 기근의 위협과 적들의 공격을 받아가며 걸었다. 그들은 최악의 상황 가운데서 하나님이 주신 약속을 믿고 전진해야 했다.

유다 지파를 특별히 주목하여 보셨다는 것입니다. 예수 그리스도가 탄생한 지파입니다.

성막을 둘러 있는 레위 지파도 오른쪽은 아론과 모세가 지켰고, 왼쪽은 게르솜, 고핫, 므라리, 레위 지파의 리더들이 그 주변에서 진을 쳤습니다. 성막을 중심으로 그들을 배치할 때는 레위 지파가 먼저 주위에 서고 동서남북으로 에워쌌습니다.

그림을 보면 성막을 중심으로 주변에 텐트가 쳐져 있습니다. 밤에는 하나님께서 불 기둥으로 이스라엘 백성을 지키셨습니다. 하나님이 지성소에 계심을 상징합니다. 하나님이 모세에게 동행하시며 자신을 드러내실 것이라고 약속하셨잖아요. 하나님은 백성 가운데 계셨습니다. 그들의 모든 싸움은 하나님께 속한 싸움이었습니다.

1. 진 배치의 3가지 교훈

• 첫째   성막은 자기 백성과 함께하시는 하나님의 임재를 의미하는 것으로 진의 중심에 있었습니다. 하나님은 백성들 곁에 거하십니다. 하나님은 지금도 우리가 주님의 임재를 날마다 경험하기를 원하십니다. 우리가 느끼든지 느끼지 못하든지 항상 하나님은 우리 삶의 중심에 계시며 우리와 동행하십니다. 우리가 그 임재를 날마다 느끼며 주님과 교제하기를 원하십니다. 어제 만난 하나님이 아니라 오늘 아침에 새롭게 만나는 하나님 때문에 마음에 감격이 있기를 원하십니다. 지금도 우리와 함께하시며 동행하시는 주님과 사랑에 빠져보십시오. 이것이 신앙생활의 재미입니다.

• 둘째   하나님의 임재는 백성들 가운데 거룩함이었습니다. 지파들은 성막으로부터 거리를 유지해야 했습니다. 거룩함으로 성막을 지켜야 했습니다. 후에 요단 강을 건널 때 2천 규빗(약 800m)의 거리를 띄었습니다. 여기에는 두 가지 의미가 있었습니다. 성막을 거룩하게 지키라는 의미도 있고, 백성이 한 번도 안 가본 광야길을 갈 때 여호와 하나님을 바라보면서 걸으라는 뜻입니다. 200만이 행군할 때 사람들 바로 앞에 법궤가 있으면 앞사람에 가려 뒷사람은 앞사람 뒤통수밖에 안 보입니다. 그러나 법궤가 멀찍이 떨어져서 앞서 가면 멀리서도 법궤가 보입니다. 한 번도 가보지 않은 광야길을 걸을 때 여호와 임재를 바라보면서 안심하고 쫓아오라는 것입니다.

• 셋째   성막의 동쪽 방향은 존경의 장소인데 장자인 르우벤이 서지 않고 유다가 배치받았다는 것은 특별한 의미가 있습니다.

탐욕의 무리들(민 11:4~5)

그들 중에 섞여 사는 다른 인종들이 탐욕을 품으매 이스라엘 자손도 다시 울며 이르되 누가 우리에게 고기를 주어 먹게 하랴 우리가 애굽에 있을 때에는 값없이 생선과 오이와 참외와 부추와 파와 마늘들을 먹은 것이 생각 나거늘(민 11:4~5).

이스라엘의 무리 중에는 이스라엘 백성만 있는 것이 아니라 이방 민족도 섞여 있었습니다. 이들의 불평 속에는 과거 애굽에서 먹던 음식을 그리워하며, 자신들에게 고기를 주어 먹게 하는 이를 하나님으로 섬기겠다는 저의가 숨어 있습니다.

애굽 사람들과 잘 지내던 이스라엘 사람이 있었습니다. 그들은 호형호제하면서 아주 잘 섞여 지냈지요. 그러던 어느 날 이스라엘 사람이 믿는 하나님이 10가지 재앙을 내리고 애굽 사람들이 믿던 애굽신들은 허무하게 굴복되었어요. 하나님이 대단해 보였습니다. '이스라엘 사람들의 하나님을 따라가면 먹고살 만하겠다' 생각해서 그들을 따라 나온 애굽인들도 있었을 것이고, 다른 지역에서 포로로 끌려와 함께 종살이하던 이방 민족도 함께 나오기도 했을 것입니다. 그런데 광야에서 방황하며 만나만 매일 먹게 되니까 "내가 속았다" 하면서 원망하기 시작합니다. 이 부정적인 원망의 속도를 보십시오.

처음에는 섞여 사는 탐욕의 무리들이 불평하니까 이스라엘 백성도 금방 불평하게 되었습니다. 참 놀라운 일입니다. 가데스바네아에서도 10명의 정탐꾼이 불평하자 이스라엘 백성 전체가 불평하기 시작했습니다. 얼마나 죄의 전염 속도가 빠른지 모릅니다.

하나님의 백성 안에는 가짜와 진짜가 섞여 있습니다. 성도들 중에도 가짜와 진짜가 섞여 있습니다. 가짜가 자신은 진짜라고 착각하면서 살기도 합니다. 사이비 교주들도 처음에는 자신들이 신이 아닌 줄 안다고 합니다. 그러다가 세력을 확보하고 신자들이 "교주님, 교주님!" 하면 '내가 정말 신이었나? 내가 정말 신인가 보다'라고 생각한답니다.

〈민수기〉 본문을 보면 진짜와 가짜의 구별법이 있습니다. 가짜의 첫 번째 특징은 과거에 집착합니다. 이스라엘 백성도 광야생활이 이어지자 과거에 애굽에서 먹었던 수박과 참외와 마늘을 그리워하며 그 시절로 돌아가고 싶어 합니다. 가짜의 두 번째 특징은 세상을 끊임없이 바라보면서 그리워합니다. 주님을 믿기 전 즐겼던 것을 그리워합니다. 가짜의 세 번째 특징은 신앙의 지조가 없습니다. 고기를 주는 자가 누구든 상관없이 하나님으로 섬기겠다고 합니다. 내 기도를 들어주고, 내 아들 대학 합격하게 해주면, 사업 잘되면 진짜 하나님으로 믿겠다는 것과 같습니다. 하나님을 싸구려 우상으로 만들지 마세요. 하나님은 집값 올려주시는 분이 아닙니다. 공부 안 하는 아들 대학 보내주는 분이 아닙니다. 하나님을 싸구려 부적처럼 믿는 신앙생활하지 마세요. 이런 것들에 주된 관심이 있고 이런 것이 내 유일한 기도 제목이라면 우리도 '짝퉁'입니다.

그러나 소망이 있습니다. 오늘의 짝퉁이 영원한 짝퉁이라는 보장이 없고 오늘의 진짜가 영원히 진짜라는 보장도 없습니다. 그렇기 때문에 말씀과 기도의 자리가 필요합니다. "하나님, 저는 가짜였습니다. 하나님 앞에서 정말 온전한 사람 되기를 원합니다." 이런 고백이 필요하고, 영적 긴장감 가운데 살며 말씀과 은혜를 사모해야 합니다. 가짜가 되지 마십시오. 세상에 집착하며 끊임없이 과거를 그리워하는 것은 신앙의 지조가 없는 사람입니다.

가데스바네아에서 이스라엘의 비극적 전환기

시내 산을 떠나 민수기 11장에 드디어 구름이 떠올라 가데스바네아에 머뭅니다. 그곳에서 각 지파당 한 명씩 12명의 대표를 뽑아 가나안을 정탐하게 합니다. 그런데 40일 이후 정탐꾼의 보고를 듣고 하나님을 원망하고 반역하는 어마어마한 사건이 일어납니다.

> 그와 함께 올라갔던 사람들은 이르되 우리는 능히 올라가서 그 백성을 치
> 지 못하리라 그들은 우리보다 강하니라 하고 이스라엘 자손 앞에서 그 정
> 탐한 땅을 악평하여 이르되 우리가 두루 다니며 정탐한 땅은 그 거주민을
> 삼키는 땅이요 거기서 본 모든 백성은 신장이 장대한 자들이며 거기서 네
> 피림 후손인 아낙 자손의 거인들을 보았나니 우리는 스스로 보기에도 메
> 뚜기 같으니 그들이 보기에도 그와 같았을 것이니라(민 13:31~33).

불신앙과 원망이 온 백성에게 전염됩니다. 그래서 온 백성이 밤새 통곡했
다고 말합니다. 심지어 그들은 애굽으로 다시 돌아가는 무책임한 결정까지
내립니다. 이런 반응들은 하나님에 대한 반역이었습니다. 이로 인해 이스라
엘 백성은 38년 6개월 동안 광야를 방황하게 되었으며, 여호수아와 갈렙을
제외한 출애굽 1세대는 모두 죽게 되었습니다(민 14~20장).

구원받은 자의 방향성

하나님이 이스라엘 백성을 선택하신 목적이 무엇일까요? 왜 하나님이 이
스라엘을 만드셨을까요? 왜 많고 많은 나라 중에서 아브라함을 통해 이스
라엘을 세우셨을까요? 그들에게 복을 주어 이스라엘을 거룩한 제사장 나
라로 삼아 열방을 구원하시려는 뜻이었습니다.

구원받은 자들은 방향성이 있어야 합니다. 구원받았음에 안주하고 있으
면 안 되고 구원받았으니까 일어나 가야 합니다. 애굽의 고기 가마 곁을 그
리워하면 안 됩니다. 이스라엘 백성들의 방향성은 어디입니까? "가나안을
정복하라"(구원받은 자의 방향성). 그들이 싸워야 할 대상은 하나님 없는 세
상이었습니다.

하나님의 백성으로서 가나안 땅을 정복하고, 하나님을 왕으로 모시며 그
통치 아래 율법과 규례를 따라 거룩한 나라를 이루어 열방의 빛이 되는 것

이 그들의 정체성이고 방향성이었습니다.

하나님께서는 이스라엘이라는 나라만을 구원하기 위해 이스라엘 민족을 선택하신 것이 아닙니다. 하나님이 창조하신 모든 만물과 인류를 위한 복음의 도구로 사용하기 위해 이스라엘을 먼저 부르신 것입니다. 하나님의 구원의 범위는 모든 인류입니다.

> 나 여호와가 의로 너를 불렀은즉 내가 네 손을 잡아 너를 보호하며 너를
> 세워 백성의 언약과 이방의 빛이 되게 하리니 네가 눈먼 자들의 눈을 밝히
> 며 갇힌 자를 감옥에서 이끌어내며 흑암에 앉은 자를 감방에서 나오게 하
> 리라(사 42:6~7).

이스라엘은 마땅히 가나안을 정복하고, 그 땅에 하나님이 왕 되시는 거룩한 나라를 건설하여, 이방 땅에 빛을 비추며 그들을 축복하고 구원하는, 제사장적 사명을 감당해야 했습니다. 그러나 가데스바네아에서 그들은 이 정체성을 망각하고 거룩한 백성으로서의 사명을 감당치 못한 채 불평과 원망의 자리로 떨어져 주저앉고 말았습니다. 하나님 앞에서 존재감과 방향성과 사명감을 상실한 그들은 자신들의 역할이 무엇인지를 몰랐습니다. 단지 먹고사는 것에만 급급해서 하나님을 원망하였습니다. 하나님은 그런 사람들은 가나안 땅에 들어갈 자격이 없다고 하시며 출애굽 1세대를 광야에서 40년을 방황하게 하며 모두 멸하셨습니다.

그들은 하나님 나라 백성으로서 가져야 할 존재의식, 목표도 없이 건성으로 따라왔을 뿐이었습니다. "너 왜 왔니?", "이스라엘 사람이 가니까 따라왔는데요.", "너 여기 왜 왔니?", "그냥 심심해서, 할 일이 없어서 와봤는데요." 이렇게 목표와 비전 없이 건성으로 따라다니는 무기력한 군중은 어디에나 있습니다.

우리 역시 구원받았다고 안락에 빠져서 머물러 있으면 안 됩니다. 구원받았기 때문에 일어나야 합니다. 애굽의 생활을 떨쳐버려야 합니다. 하나님이 왕 되시는 거룩한 나라를 내 심령 안에, 가정에, 사업장에 건설하고, 나아가 죽어가는 이웃과 열방을 위해 복음의 빛을 전해야 합니다. 세상을 복음으로 점령하여 하나님의 왕 되심의 깃발을 꽂고 거룩한 땅을 선포하며 하나님께 영광 돌려야 합니다. 하나님 나라와 그분의 영광을 위해 일하며 이 땅에 복음의 빛을 높이 들어 밝힐 사명이 있습니다. 이 시대에 주님의 왕 되심과 다스리심이 편만해지는 일에 사용하기 위해 하나님이 우리를 부르셨습니다.

이스라엘 백성은 가나안 일곱 족속과 싸워서 이겨야만 그 땅을 차지할 수 있었습니다. 그런데 그들은 노예 근성을 아직 벗어버리지 못했습니다. "나는 메뚜기야! 나는 400년 동안 노예로 살았기 때문에 그들과 싸워 이길 수가 없어"라고 스스로 무력감을 고백합니다. 하나님은 그 고백을 들으시고 판을 뒤집겠다고 하십니다.

> 여호와께서 모세에게 이르시되 이 백성이 어느 때까지 나를 멸시하겠느냐 내가 그들 중에 많은 이적을 행하였으나 어느 때까지 나를 믿지 않겠느냐 내가 전염병으로 그들을 쳐서 멸하고 네게 그들보다 크고 강한 나라를 이루게 하리라(민 14:11~12).

아브라함의 계보를 잘라버리고 모세를 통해 제2의 이스라엘을 만들겠다고 제안하십니다.

모세의 중보(민 14:12~30)

하나님이 그들을 모두 쳐서 멸하고 모세를 통해 그보다 더 강한 민족, 내 마음에 드는 민족을 세우겠다고 천명하십니다. 그러자 모세가 하나님과 담판을 짓기 위해 기도합니다.

모세가 여호와께 여짜오되 애굽인 중에서 주의 능력으로 이 백성을 인도하여 내셨거늘 그리하시면 그들이 듣고 이 땅 거주민에게 전하리이다 주 여호와께서 이 백성 중에 계심을 그들도 들었으니 곧 주 여호와께서 대면하여 보이시며 주의 구름이 그들 위에 섰으며 주께서 낮에는 구름 기둥 가운데에서, 밤에는 불 기둥 가운데에서 그들 앞에 행하시는 것이니이다 이제 주께서 이 백성을 하나같이 죽이시면 주의 명성을 들은 여러 나라가 말하여 이르기를 여호와가 이 백성에게 주기로 맹세한 땅에 인도할 능력이 없었으므로 광야에서 죽였다 하리이다 이제 구하옵나니 이미 말씀하신 대로 주의 큰 권능을 나타내옵소서 이르시기를 여호와는 노하기를 더디하시고 인자가 많아 죄악과 허물을 사하시나 형벌받을 자는 결단코 사하지 아니하시고 아버지의 죄악을 자식에게 갚아 삼사대까지 이르게 하리라 하셨나이다 구하옵나니 주의 인자의 광대하심을 따라 이 백성의 죄악을 사하시되 애굽에서부터 지금까지 이 백성을 사하신 것같이 사하시옵소서(민 14:13~19).

"하나님, 참으세요. 주의 명성을 들은 자들이 다 하나님을 비방할 것입니다. 아마 이 지역에 있는 민족들이 다 하나님과 이스라엘 민족을 지켜봤는데 결국은 구원시킬 능력이 없어서 광야에서 다 죽였노라고 할 것입니다. 하나님의 인자의 광대하심을 따라 이 백성의 죄를 용서하여주세요."

여호와께서 모세와 아론에게 말씀하여 이르시되 나를 원망하는 이 악한 회중에게 내가 어느 때까지 참으랴 이스라엘 자손이 나를 향하여 원망하는 바 그 원망하는 말을 내가 들었노라 그들에게 이르기를 여호와의 말씀에 내 삶을 두고 맹세하노라 너희 말이 내 귀에 들린 대로 내가 너희에게 행하리니 너희 시체가 이 광야에 엎드러질 것이라 너희 중에서 이십 세 이상으로서 계수된 자 곧 나를 원망한 자 전부가 여분네의 아들 갈렙과 눈의 아들 여호수아 외에는 내가 맹세하여 너희에게 살게 하리라 한 땅에 결단코 들어가지 못하리라(민 14:26~30).

결국 출애굽 1세대는 광야에서 모두 죽게 됩니다. 하나님께서 자신의 이름을 걸고 맹세하실 때는 기쁠 때 아니면 화가 나셨을 때입니다. 창세기 22장에 보면 아브라함이 하나님께 이삭을 바쳤을 때, 그분은 자신의 이름을 걸고 맹세하시며 그를 축복하십니다.

하나님께서는 그저 잘 먹고 잘살다가 천국으로 오라고 우리를 부르신 것이 아닙니다. 하나님 나라의 군사로서 복음의 빛을 이웃과 열방에 전해야 할 사명이 있습니다. 우리의 삶을 통해 십자가의 은혜가 흘러 넘쳐 이웃과 열방이 복을 받게 되기를 원하십니다.

가데스바네아에서 모압까지의 여정(민 20~32장)

38년의 방황을 마치고 드디어 하나님께서 가나안으로 진격하게 하십니다. 이스라엘 백성이 가나안에 들어가기 가장 좋은 길은 어떤 길일까요? 12정탐꾼이 갔던 길입니다. 그 지름길을 택하여 올라갔으나 아랏 왕이 그 길을 막아 어쩔 수 없이 다시 서북쪽으로 내려오게 됩니다. 다시 모압과 에돔 땅을 가로지르는 왕의 대로(King's Highway)[1]로 가려 했지만 모압과 에돔 왕이 거부합니다. 이에 하나님은 너희는 형제 민족이기 때문에 싸우지 말라고 하십니다. 어쩔 수 없이 국경 아래 험한 광야길(엘랏, 에시온, 게벨까지 내려옴)로 멀리 돌아 올라가 마침내 모압평지에 이르게 됩니다.

요단 강 주변은 비옥한 토지이기 때문에 여러 민족이 군집하여 살고 있었

1 에돔과 모압 지방을 통과하며 요단 강 동쪽에서 남북쪽으로 뻗어 있던 길

습니다. 200만 명이 넘는 광야를 떠돌던 민족이 제안합니다. "우리가 가나안으로 가려고 하는데 너희 밭으로도, 너희 우물로도, 너희 포도밭으로도 가지 않을 테니까 우리가 지나갈 수 있도록 길만 열어달라!" 하지만 아모리 왕들은 긴장을 합니다. 나라 중간을 지나가겠다는데 누가 쉽게 찬성하겠어요? '뒤돌아서 우리와 전쟁하려는 것이 아닐까?' 생각하며 못 가게 합니다. 그래서 싸울 수밖에 없었습니다.

아모리 족속 아모리 왕 시혼과 바산 왕 옥과의 전투는 필수적이었습니다(민 21:21~35). 성경은 이 땅을 요단 동편 땅이라고 말합니다. 밟고 가지 않으면 넘지 못하기 때문에 어쩔 수 없이 아모리 족속과 싸우게 됩니다. 이스라엘은 요단 동편 왕들과 싸워 무찌르고 그 땅을 차지하게 됩니다. 요단 동편 땅은 가나안에 들어가기 전에 제일 먼저 얻은 땅으로 르우벤 지파, 갓 지파, 므낫세 반 지파에게 주어집니다. 요단 동편 땅도 가나안의 땅의 일부입니다.

이스라엘 백성이 모압평지에 진을 쳤을 때(민 22:1) 모압 왕 발락은 근처에서 가장 세력을 떨쳤던 왕이었습니다. 모압 왕 발락이 브올(메소포타미아 유프라테스 강변)의 아들 발람을 찾아가서 돈을 주며 이스라엘을 저주해달라고 합니다. 발람은 하나님의 선지자가 아닌 쉽게 말하면 전쟁 전문 주술사였습니다. 그러나 하나님의 신이 그를 막고 오히려 축복하게 하셨습니다(민 22~25장). 모압 왕 발락은 4번이나 장소를 바꿔가며 저주를 요청하였으나 모두 저주 대신 축복을 하였습니다. 그러나 발람은 모압 왕 발락에게 한 책략(계 2:14)을 건의합니다. 하나님의 백성들을 꾀어 모압 여인들과 음행하며 우상숭배하게 하여 스스로 타락함으로 하나님께 버림받는 민족을 만들고자 하였습니다(민 25장). 바알브올(바알 페오르, 브올의 바알, 모압의 신에게 올리는 제사 의식과 음행)에 가담한 자들로 인해 여호와께서 진노하셔서 염병으로 24,000명이 죽었는데, 모세가 이들을 공개 처형하고, 아론의 손자

비느하스가 행음하는 시므온 지파의 족장을 죽이자 염병이 그쳤습니다. 가나안 정복과 함께 발람도 비참한 최후를 맞이하게 됩니다.

이스라엘 백성이 에돔과 모압을 지나 아모리의 땅을 차지하고 안도의 한숨을 쉬고 정착한 땅이 바로 〈신명기〉의 무대가 되는 모압평지입니다(신 1:4~5) 앞으로 민족들이 가나안을 분배받았을 때를 내다보며 유업을 분배하는 내용을 다룹니다(33~36장). 각 지파들은 자신의 지역을 할당받았으나 레위인들은 특별한 성(도피성)을 지정받았습니다.

도피성(민 33~36장)

도피성은 레위 지파가 관리했으며 이스라엘에 6개가 있었습니다. 실수로 살인한 자나 부지중의 사고로 인한 과실치사자를 피하게 하신 곳입니다. 그곳으로 도망 오면 안전이 보장됩니다. 땅을 더럽히지 않기 위한 것입니다 (민 35:29~34). 살해당한 사람의 가족 중 하나가 피의 복수를 하려고 할 것입니다(이것이 율법적입니다). 그러므로 무죄한 자를 보호하며 자기의 경우를 설명하고 생명을 구원할 권리를 주기 위함입니다.

그러다 그 성을 지키는 제사장이 죽으면 자유로운 사람이 될 수 있었습니다. 그러나 의도를 가지고 사람을 죽이면 보호를 못 받습니다. 도피성은 게데스, 세겜, 헤브론, 골란, 라못, 베셀에 있었습니다. 성으로 통하는 도로는 잘 정비되어 있었고, 누구(이방인, 나그네)에게나 항상 열려 있었습니다. 도피성으로 들어오는 사람에게는 어느 때나 물과 음식과 잠자리가 제공되었습니다. 그러기에 도피성은 죄인들의 영원한 피난처 되시는 예수 그리스도를 상징합니다.

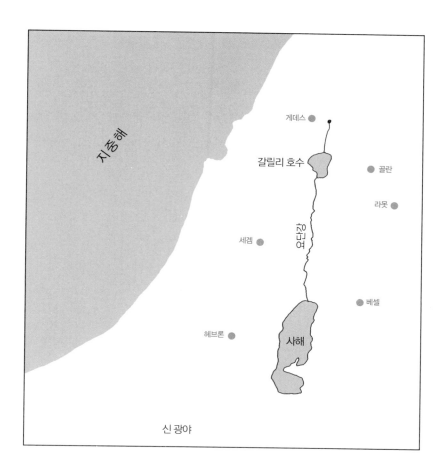

만나세대를 위한 모세의 특강

🍃 뿌리내리기_성경의 전체를 알아봅니다

🍃 **열매 맺기**

신명기란?
〈신명기〉는 옛 언약의 핵심인
'율법'에 대한 내용이다.
〈신명기〉는 신약에서 80회
이상 인용되었을 만큼 초기
그리스도인들에게 매우 중요
한 책이었다.

〈신명기〉는 노년의 지도자 모세가 죽음을 앞두고 한 일련의 고별 설교 메시지입니다. 모세는 약속의 땅 직전인 모압평지에서 출애굽 2세대에게 과거 하나님과 이스라엘의 관계를 회고하고 반성하며 "하나님을 따르면 축복을 받을 것이고, 과거 조상과 같이 하나님을 버리면 저주가 있을 것"이라고 예언합니다. 모세는 신세대에게 과거 부모 세대의 실패한 역사로부터 배운 하나님 앞에서의 철저한 순종의 중요성을 상기시킵니다.

〈신명기〉는 이전의 책들에서 볼 수 있는 율법들을 반복한 것이 많지만, 이 율법들에 새롭고 깊은 의미를 부여하고 있으며, 백성들의 일상생활에 어떤 의미가 있는지를 보여주고 있습니다.

신명기의 이름은 '두 번째 율법'이라는 의미의 헬라어 '듀테로노미온(Deuteronmion)'에서 유래한 것입니다. 모세는 더 나아가 먼 미래에 '열방으로 흩어지며 결국 다시 귀환할 것'까지 예언합니다. 그리고 여호수아를 후계자로 임명하고 민족에게 고별사를 합니다. 34장에는 모세의 사망기사가 나오는데 아마 그의 후계자 여호수아가 기록했을 것입니다.

〈출애굽기〉, 〈레위기〉, 〈민수기〉가 특별히 제사장들과 레위인들을 위해 쓰인 전문적인 책들이라면, 〈신명기〉는 제사장들보다는 백성에게 초점을 맞추고 있습니다.

🍃 숲 길잡이 _성경의 전체를 표로 알아봅니다

시대	광야시대					
초점	첫 번째 설교	두 번째 설교		세 번째 설교		
구분	1:1~4:43	4:44~11:32	12:1~26:19	27:1~28:68	29:1~30:20	31:1~34:12
내용	과거 조상에게 행하신 하나님을 회고함	십계명과 규례	의식법 시민법 사회법	축복과 저주	회개와 모압 언약	모세의 죽음과 여호와의 지도권 승계
주제	하나님께서 하신 일	하나님께서 이스라엘에게 거신 기대		하나님께서 앞으로 하실 일		
성격	역사적 회고	법적		예언적		
장소	모압평지					
기간	약 1개월					

〈신명기〉는 가나안이 보이는 모압평지에서 노년 모세의 세 편의 설교로, 약 1개월간 기록되었습니다. 1장부터 4장까지는 첫 번째 설교로 주제는 '하나님이 하신 일'입니다. 모세가 과거 하나님께서 우리 조상에게 하신 일을 회고하면서 설교하였기에 성격은 역사적입니다.

4장 44절부터 26장까지는 두 번째 설교인데 '하나님이 이스라엘에게 기대하신 일' 즉, 구원받은 하나님의 백성이 지켜야 할 계명들과 규례들을 다시 한 번 점검하였습니다. 성격은 법적입니다.

27장부터 30장까지는 세 번째 설교인데 가나안 땅에 들어가서 하나님께서 하실 일에 대해 설교하였습니다. 그리고 마지막으로 결론에 해당하는 부분으로 모세의 죽음과 여호수아의 지도권 승계를 소개하고 있습니다. 주제는 하나님께서 하실 일[1]이지만 성격은 예언적입니다.

1 B.C. 1405년경 모세가 느보 산에서 임종하기 직전 어느 시기에 기록했다(신 32:48, 50).

🍃 구약 숲으로 _성경의 중심내용을 알아봅니다

만나세대를 위한 〈신명기〉 특강의 이유

1. 새로운 세대에게 하나님의 말씀이 필요

이전에 말씀을 듣지 못했던 백성에게 그들이 누구고, 무엇을 해야 하는지에 대해 구원의 방향성과 정체성을 알려주기 위해서 말씀이 필요했습니다.

2. 새로운 도전(격려)이 필요

가나안에 들어가려면 싸워야 할 전쟁이 있습니다. 그곳은 평화로운 땅이 아니라 거친 일곱 민족들이 음란하고 타락한 문화 가운데 살고 있었습니다. 싸워야 할 전쟁이 있을 것이므로 준비를 갖춰야 했습니다. 미래를 준비하는 최선의 방법은 과거를 이해하는 것이기 때문입니다. "과거를 기억할 수 없는 사람은 그 과거를 되풀이할 운명에 처한다." 그러므로 과거에 하나님이 하신 일을 쭉 소개합니다. 과거에 하나님이 그들과 함께하신 일, 그들을 이기게 하신 일을 소개하면서 조상들의 실패를 대물림하지 않기를 바랐습니다. "너희가 할 수 있는 최선은 순종이다."

3. 새로운 유혹에 대한 대비가 필요

그 땅은 축복의 땅임과 동시에 죄와 우상이 범람하는 곳입니다. 모세는 그들이 그 땅을 소유하고 그 소유를 빼앗기지 않기를 원했으므로, 위험을 경고하며 성공의 길을 제시합니다. 하나님의 말씀에 다시 귀를 기울이고 믿음으로 한걸음 내디뎌 그들의 유업을 누리게 되기를 원했습니다.

　가나안 땅은 신앙을 지키기 힘든 곳이기 때문에 영적으로 재무장이 절실히 필요했습니다. 우리는 가나안 땅이라고 하면 젖과 꿀이 흐르는 축복의 땅으로만 생각하는데 절대 그렇지 않습니다. 그 축복의 땅을 얻기 위해서는 그 땅에 사는 족속들과 싸워서 이겨야 하고 그들이 누리고 있는 음란하고 더러운 문화들을 쫓아내야 했습니다. 광야는 배고픈 문화이고 물이 없는 문화입니다. 그러나 가나안은 정착 문화이고 포장된 문화입니다. 부족함이 없습니다. 그래서 준비 없이 들어가면 금방 유혹을 겪게 됩니다. 그렇기 때문에 가나안에 들어가기 전 영적 재무장이 필요했습니다. "너희는 스스로 성결하라! 너희는 거룩하라! 내가 거룩하니 너희도 거룩할 지어다!"

4. 이스라엘과 하나님과의 관심의 차이

　축복의 땅 가나안을 지척에 두고 있는 이스라엘 백성의 관심과 하나님의 관심은 달랐습니다. 이스라엘 백성의 관심은 하나였습니다. 힘든 광야생활을 청산하고 축복의 땅 가나안에 들어가 잘 먹고 잘사는 것이었습니다. 그러나 하나님은 그들이 거룩한 백성이 되어 열방의 빛으로 살기를 바라셨습니다. 따라서 말씀으로 내면을 무장하고 소명감으로 무장하는 것이 절대적으로 필요했습니다. 그래서 〈신명기〉 말씀을 주셨습니다.

모세의 죽음(민 31~34장)

　갈렙과 여호수아, 모세를 제외한 구세대는 모두 죽었습니다. 이제는 모세가 무대를 떠날 차례였습니다. 그는 이스라엘 백성을 정말 사랑했습니다. 백성은 40년 동안 모세를 비판하고 원망하고 거짓말을 하였으나 모세는 백성을 위해서 하나님께 자신의 영혼과 생명을 걸고 담판할 정도로 백성에게

> ✎ **열매 맺기**
> 이스라엘의 국가(國歌)
>
> 신명기 32장에 모세는 세워질 새로운 나라를 위해 국가(國歌)를 지어 부르게 했다. 이 국가의 가사는 하나님께서 주신 희망과 심판의 말씀으로 이루어져 있는데 모두 암송해야 했다.

충성을 다하였습니다. 모세는 자신이 가나안에 들어가지 못할 것을 알고 있었으나 이스라엘이 들어갈 수 있도록 자기가 할 수 있는 일들은 모두 하였으며, 다음 지도자 여호수아를 세워주고 무대 뒤로 사라졌던 신실한 지도자였습니다.

모세는 백성에게 새로운 지도자를 소개하며 자신은 하나님의 심판으로 들어갈 수 없음을 설명합니다. 그는 승리의 임재를 백성에게 약속하며 여호수아를 통하여 승리가 이루어질 것이라고 예언하였습니다.

'왜 모세가 가나안에 입성하지 못하고 죽었는가?'라는 문제에 여러 신학적인 해석이 있습니다. 가장 대표적인 해석이 모세의 혈기와 교만 때문이라는 것입니다. 므리바에서 하나님은 "반석에게 명령하여 물을 내라 하라"(민 20:8) 말씀하셨지만 그는 "우리가 너희를 위하여 이 반석에서 물을 내랴 하고 모세가 그의 손을 들어 그의 지팡이로 반석을 두 번 치니"(민 20:10~11)라며 자신이 직접 물을 내는 것처럼 교만하게 말하고(시 106:32~33; "모세가 그 입술로 망령되이 말하였음이로다"), 반석에 명령만 하라고 하셨는데 두 번이나 치는 행위는 하나님의 거룩하심을 나타내지 아니한 연고로 가나안에 입성하지 못했다는 것입니다(신 32:51~52).

> 내 거룩함을 나타내지 아니한 고로 너희는 이 회중을 내가 그들에게 준 땅
> 으로 인도하여 들이지 못하리라 하시니라(민 20:12).

하나님께 영광을 돌려야 할 시점에서 모세는 자신을 바라보게 하였고 자신의 능력으로 물을 내는 것처럼 드러냈다는 말입니다. 또 이 반석은 예수 그리스도를 상징합니다(고전 10:4). 그분이 한 번 죽는 것으로 구속의 완성이 이루어지게 되는데, 그 예수 그리스도의 구속의 완전성도 모세는 드러내지 못했습니다.

담아가기

1. 구원받은 하나님의 백성이 따라야 할 법은 율법입니다. 그리고 율법의 핵심은 사랑입니다. 주님은 구원받은 우리에게 가장 중요한 계명을 주셨습니다. "네 마음을 다하고 목숨을 다하고 뜻을 다하고 힘을 다하여 주 너희 하나님을 사랑하라 둘째는 이것이니 네 이웃을 네 몸과 같이 사랑하라"(막 12:30~31). 율법의 결론은 하나님 사랑, 이웃 사랑입니다. 신앙인의 균형이 어느 때보다 필요한 때입니다. 하나님의 마음으로 이웃을 사랑하는 마음이 필요합니다.

2. 우리는 이 시대의 제사장입니다. 나로 인해 내 가정과 공동체와 민족이 복을 받아야 합니다. 하루에 3번씩 내게 속한 공동체를 축복합시다.

3. 이 땅에는 내 것이 아무것도 없습니다. 이스라엘 백성이 희년을 지키며 내 것을 모두 내놓고 하나님의 주권과 소유권을 인정했던 것처럼 나 또한 내가 이 땅의 주인이 아니라 단지 청지기일 뿐임을 날마다 고백하며 나 자신을 끊임없이 내려놓는 훈련을 해야 합니다.

인류의 시작 시대 2100년

이스라엘 역사의 시작 시대 400년

노예시대 400년

광야시대 40년

가나안 정복시대 7년

사사시대 350년

통일왕국시대 120년

분열왕국시대 350년

포로시대 70년

귀국시대 93년

하나님의 백성이 살아갈
영토를 만드신 기간

● 　　　　　가나안 정복과 정복한 그 땅에 정착한 이야기다. 모세를 이어 두 번째 이스라엘의 지도자가 된 여호수아는 아브라함에게 이미 약속된 땅인 가나안을 차지하기 위해서 진격한다. 그는 백성들을 이끌고 요단 강을 건너 가나안에 진을 치고 있는 7족속과 7년 동안 31번의 전쟁을 한다. 그러나 여전히 잔존해 있는 소수 민족을 제외하고 거의 정복한 가나안 땅을 12지파에게 분배하고 계속해서 남은 땅을 정복하고 하나님만을 선택하라고 유언한다.

여호수아

여호수아는 전쟁 전략가였다

🌿 뿌리내리기 _성경의 전체를 알아봅니다

〈여호수아서〉는 10시대 중 가나안 정복시대에 해당됩니다. 모세에 이어 이스라엘의 두 번째 지도자가 된 여호수아는 요단 강을 건너 가나안 입성 후 7년 동안 전쟁을 합니다. 31번의 전쟁을 해서 30번을 이기고 1번 패했습니다. 그는 요단 서편 땅을 차지한 후 12지파에게 땅을 분배하고 고별 설교로 〈여호수아서〉를 마칩니다. 〈여호수아서〉는 17권의 역사서 중에서 모세오경을 제외한 12권의 역사서 중 첫 번째 책입니다. 모세오경이 방황의 역사라면 〈여호수아서〉부터 〈에스더서〉까지는 정착의 역사입니다. 〈여호수아서〉는 모세오경과 12권의 역사서를 이어주는 다리 역할을 하는 중요한 위치에 있습니다.

여호수아는 이스라엘의 지도자이기는 했지만 모든 전쟁의 주체는 하나님이셨습니다. 하나님께서 언제나 모든 전쟁을 계획하시고 방법과 때와 구체적인 것을 언급하셨습니다. 이 책의 제목이자 주제인 '여호와는 구원이다'라는 뜻은 여호수아의 이름이기도 합니다.

여호수아는 애굽에서 노예로 태어났습니다. 아버지의 이름은 눈(Nun)이며 에브라임 지파에 속해 있었습니다(대상 7:20~27). 애굽에서는 노예였다가 민족의 대이동 시에 모세의 시종으로 있었습니다. 아말렉과의 전투에서는 군대를 지휘하기도 했으며(출 17장), 민족이 불신앙의 반역을 할 때에도 가나안에 들어갈 수 있는 믿음을 가졌던 두 정탐꾼 중의 하나였습니다(민 14:6 이하). 이 믿음의 결과로 그는 갈렙과 함께 약속의 땅에 들어가도록 허락받습니다. 유다의 전설에 의하면 그가 모세의 뒤를 이어 지도자가 된 것은 85세 때였다고 합니다. 이스라엘 지도자로 약 15년 활동했는데 7년은 정복 전쟁을 하였고, 8년은 땅을 분배하고 다스렸습니다. 그는 110세에 딤낫 세라에서 죽습니다(수 24:29).

🌿 숲 길잡이 _성경의 전체를 표로 알아봅니다

시대	가나안 정복시대				
초점	가나안 정복		가나안 정착		
구절	1~5	6~12	13~19	20~21	22~24
주제	가나안 입성을 준비함	가나안에서의 7년 전쟁과 정복	12지파에게 땅 분배	여호수아의 고별 설교와 죽음	
			요단 동편 / 요단 서편	도피성과 레위 성읍	이스라엘 백성에게 주는 권면 "여호와만을 섬기라!"
장소	요단 강	가나안	요단 동편 – 2지파 반 / 요단 서편 – 9지파 반		
기간	1개월	약 7년	약 8년		

총 24장의 〈여호수아서〉는 주제에 따라 크게 네 부분으로 나뉩니다. 첫째, 가나안 입성입니다. 하나님은 여호수아에게 가나안으로 들어가라고 하십니다. 그는 여리고 성에 2명의 정탐꾼을 보내서 형편을 살피게 하고 법궤

를 앞세워 요단 강을 건너 길갈에서 백성에게 할례를 행합니다. 둘째, 가나안 정복 전쟁사입니다. 6장부터 12장까지 계속 피나는 전쟁이 소개됩니다. 하나님은 "이 땅에 있는 일곱 족속들은 너희가 모두 다 죽여야 한다"라고 명령하시며 살생부 명단을 주셨습니다. 죄성의 뿌리까지 뽑아내기 위해 그 땅에 있는 어린아이도 다 죽이라 하셨습니다. 그 땅의 기물도 사용하면 안 되고 다 없애야 했습니다. 죄악의 잔재까지 제거하길 원하셨습니다. 가나안 의 첫 성인 여리고를 함락시키고 아이 성, 벧엘, 남부 지역과 북부 지역을 차례대로 점령합니다.

셋째, 열두 지파에게 땅을 분배합니다. 당시 그 땅을 완벽하게 정복하지 못하고 잔존 세력이 있는 가운데 분배가 이루어졌습니다. 여기에는 하나님 의 의도도 있었습니다. 이제 방황의 역사가 끝나고 정착의 역사가 시작된다 는 것입니다. 요단 서편은 9지파 반이 그리고 동편은 2지파 반이 차지합니다. 넷째, 여호수아 고별 설교와 죽음입니다. "너희가 섬길 자를 오늘 택하라! 오직 나와 내 집은 여호와를 섬기겠노라"(수 24:15). 그는 백성들의 결단 에 따라 언약을 맺고 율례와 법도를 제정했습니다.

구약 숲으로 _성경의 중심내용을 알아봅니다

가나안[1]은 어떤 땅인가?

가나안 땅은 지정학적으로 보면 유럽과 아시아, 아프리카 세 대륙을 잇는 위치에 묘하게 놓여 있습니다. 오른쪽의 메소포타미아문명과 왼쪽의 이집 트문명 사이에 끼어 강대국의 위협을 받던 작은 땅이 가나안입니다. 가나안 의 기후는 서쪽으로 지중해가 있어서 바람이 불어오고, 동쪽으로는 아라비 아 사막이 있기 때문에 모래가 날려옵니다. 가나안의 현재 지명은 '팔레스

1 가나안은 B.C. 2000년경 이후에 현대의 레바논과 이 스라엘의 해안에 붙여진 지 명이며, 나중에는 요단 강에 이르는 내륙 지역까지 포함 했다. 다른 여러 족속들을 포 함한 그곳 거민들은 집단적 으로 가나안 족속으로 알려 졌다. 즉, 이스라엘 민족이 정착하기 전에 살았던 원주 민들을 가나안 족속이라 불 렀다.
　　　　　　－앨런 밀러드

타인(Palestine)'입니다. 당시 가나안은 '바알과 아세라'라는 다산과 풍요의 신을 섬기는 우상 문화로 찌들어 있었습니다. 우상의 대표성은 음란함으로 그 형상도 남녀가 성행위하는 모습으로 만들었습니다. 그리고 제사가 끝나면 여 사제들과 함께 성행위를 하였습니다.

지금까지 이스라엘 백성은 40년 동안 정착하지 못하고 거친 광야에서 살아왔습니다. 고생을 많이 했습니다. 물이 귀해 잘 씻지도 못했습니다. 그러나 가나안은 거친 광야와는 달리 젖과 꿀이 흐르는 땅입니다. 한편 그곳은 우상과 타락, 음란과 부도덕의 문화가 가득한 곳이기도 했습니다.

> 너희는 너희가 거주하던 애굽 땅의 풍속을 따르지 말며 내가 너희를 인도할 가나안 땅의 풍속과 규례도 행하지 말고 너희는 내 법도를 따르며 내 규례를 지켜 그대로 행하라 나는 너희의 하나님 여호와이니라(레 18:3~4).

하나님은 그들에게 법을 주실 때 가나안을 염두에 두고 주셨습니다. 레위기 18장 3~23절의 끔찍하고 타락한 문화가 가나안의 문화였습니다. 특히 성적으로 문란한 문화였습니다. 동성연애, 동물과 교합하는 행위가 그 예전부터 있었습니다. 오죽했으면 어머니의 하체를 범하지 말고, 이모의 하체를 범하지 말고, 네 손녀의 하체를 범하지 말라 명하셨을까요. 이것이 공공연히 행해졌던 것이 가나안의 문화였습니다.

> 너는 결단코 자녀를 몰렉에게 주어 불로 통과하게 함으로 네 하나님의 이름을 욕되게 하지 말라(레 18:21).

몰렉신은 인간의 가장 소중한 것을 제물로 원하는 신이었습니다. 그래서

몰렉신에게 자녀를 바치는 풍습이 유행했습니다. 자녀의 머리를 잘라서 항아리에 담아 힌놈의 골짜기에 버리고, 아이의 몸은 몰렉 신상의 뱃속 아궁이에 던집니다. 그리고 몰렉 여 사제와 함께 성행위를 하면서 위로를 받습니다. 이것이 가나안의 허접한 문화입니다. 그래서 하나님은 그 땅을 당신의 백성으로 심판하시고 청소하신 것입니다.

이런 땅에 백성이 들어가야 하니 하나님의 마음이 어땠을까요? 그런 더러운 문화 가운데 순결한 꽃들이 들어가 유혹되고 마음을 빼앗겨 하나님 백성의 정체성을 잃어버리고 오염되고 동화될까 걱정하셨습니다. 그래서 하나님 백성이 그 땅에 들어가기 위해서는 준비가 필요했습니다. 정신 똑바로 차리지 않으면 살 수 없는 땅이 가나안 땅이었습니다. 시내 산에서 십계명과 율례, 법도를 주셨지만 그들은 가데스바네아에서 불신앙의 반역을 합니다. 하나님은 그런 정신과 마음으로 들어가 봐야 모두 가나안 사람들에게 동화될 것이기에 이스라엘 1세대에게서는 가나안에 들어갈 자격을 박탈하셨습니다. 이어 이스라엘 2세대에게 모압 평지에서 〈신명기〉의 말씀을 주셨습니다.

하나님께서는 이스라엘 백성에게 그 땅에 들어가서 그들을 모두 멸하고 그 문화를 뿌리째 뽑으라 명하셨습니다. 그래서 하나님의 왕 되심과 통치를 통해 거룩한 나라를 이루어 열방에 빛을 발하라는 것입니다. 이것이 이스라엘 백성을 부르신 목적입니다.

1. 가나안에는 어떤 사람들이 들어가야 하는가?

가나안 정복 의지가 있는 사람이 들어가야 되지 않을까요? 자신의 구원 방향성이 분명한 사람이 들어가서 정신 똑바로 차리고 그 땅을 심판하고 정복해야 합니다. 적어도 내가 누구인지 분명하게 아는 사람이 들어가야 되

🌿 **열매 맺기**

가나안의 종교

가나안 족속은 날씨와 풍요의 신인 바알과 그의 아내 이스다롯을 위시하여 여러 신들을 섬겼다. 최고의 신모 '엘'이 있다. 이 신은 어린아이의 생명을 헌신하는 잔인함을 요구하기도 했다. 가나안의 신들은 삶에 직접적으로 영향을 주는 풍요와 밀접한 연관성이 있기에 매력적이었다.

－앨런 밀러드

지 않을까요? 아무 생각 없으면 당합니다.

지금 시대도 만만치 않습니다. 아무 생각 없이 살다 보면 당합니다. 당시의 바알과 아스다롯, 아세라와 몰렉이라는 신이 이제는 얼굴을 바꾸어서 음란문화로 우리 가운데에 있습니다. 정신 똑바로 차리고 예수 믿어야 합니다. 하나님 앞에 바르게 살아야 합니다. 주님께서 얼마나 마음이 아프실까요? 하나님이 나를 그렇게 부르시지 않았는데, 그래서 구원하신 것이 아닌데 나도 모르게 은밀하게 도취해서 즐기고 있습니다. 우리가 발을 딛고 살고 있는 곳은 하나님의 통치하심이 있는 문화가 아닙니다. 가나안의 타락한 문화는 내가 누릴 문화가 아니라고 당당히 말할 수 있어야 합니다. "하나님, 이 시대에 녹아 있는 가나안의 음란한 문화도 구별해서 우리가 구별된 삶을 살기를 원합니다"라고 기도해야 합니다.

이 땅의 황무함을 보고 더러운 우상을 불태우며, 하나님 나라가 임하는 부흥을 사모하기를 소원합니다. 무엇이 부흥입니까? 내가 속한 곳에 하나님의 통치가 임하는 것이 부흥입니다. 주님의 이름이 높아지며, 주님의 나라가 임하며 주님의 뜻이 이 땅에 펼쳐지는 것이 부흥입니다. 우리는 이것을 위해서 살아야 합니다.

2. 가나안의 일곱 족속

가나안에는 아모리, 브리스, 가나안, 헷, 기르가스, 히위, 여부스 족속이 있었습니다. 이미 요단 강 동편의 아모리 족속과의 전쟁에서는 승리하여 그 땅을 차지했죠. 그러나 사해 주변에 같은 아모리 족속이 또 살고 있었습니다. 이제 요단 강을 건너면 전투를 너무

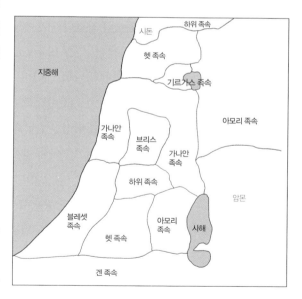

나 잘하는 민족들이 준비하며 기다리고 있었습니다. 이스라엘 백성이 어떻게 저들과 싸워서 이깁니까? 전쟁은 여호와께 속한 것입니다. 이스라엘 백성은 믿음과 순종으로만 나아가면 그 싸움에서 이긴다는 것입니다. 우리의 싸움이라고 여기면 불가능한 싸움입니다. 계란으로 바위를 치는 것과 같은 싸움입니다. 그러나 하나님께서는 너희는 거룩함을 힘쓰고 믿음과 순종으로 약속의 땅을 얻으라고 말씀하십니다.

가나안 입성을 위한 준비(1~5장)
1. 하나님께서 여호수아에게 주시는 말씀(수 1:1~9)
"내가 그들 곧 이스라엘 자손에게 주는 그 땅으로 가라"(1:2), "너희 발바닥으로 밟는 곳은 모두 내가 너희에게 주었노니"(1:3), "너를 능히 대적할 자가 없으리니 내가 모세와 함께 있었던 것같이 너와 함께 있을 것임이니라"(1:5), "강하고 담대하라 너는 내가 그들의 조상에게 맹세하여 그들에게 주리라 한 땅을 이 백성에게 차지하게 하리라"(1:6), "그 율법을 다 지켜 행하고 우로나 좌로나 치우치지 말라"(1:7).

하나님께서는 '그 땅'(1:2), '밟는 곳(1:3)', '주리라한 땅'(1:6)이라고 표현하셨습니다. 하나님은 이미 백성에게 주셨습니다. 그들이 해야 할 일은 단지 믿음과 순종으로 한걸음 내디뎌 취하면 되는 것입니다. 하나님은 명령과 약속을 주셨고 백성은 순종하면 됩니다. 그러면서 하나님이 모세와 함께 계셨던 것처럼 여호수아와 함께 계실 것이라는 약속을 주십니다.

마찬가지로 하나님은 이미 우리에게 모든 영적인 축복을 주셨습니다. 우리는 단지 믿음과 순종으로 받으면 됩니다. 이 모든 영적인 축복은 우리가 순종으로 반응할 때 일어납니다. 그것을 우리 편에서는 기적이라고 말하지만 하나님 편에서는 약속의 응답입니다. 하나님께서 우리에게 예비하신 많은 은혜 앞에서 우리는 어떻게 반응해야 하나요? 믿음으로 순종하시기 바랍니다. 믿음의 순종 없이 기도한다면 그 기도는 하나님 앞에 상달되지 않고 수취인 불명으로 구분되어 하늘나라 쓰레기통에 버려집니다.

2. 여호수아를 향한 백성의 반응(수 1:16~18)

하나님이 여호수아를 제2대 지도자로 세우셨습니다. 그때 이스라엘 백성의 반응은 어떠했습니까? "모세에게 순종한 것같이 당신에게도 순종하리라 하나님이 모세와 함께한 것같이 당신과 함께하시기를 원하나이다"(수 1:16~17)라고 여호수아를 축복합니다.

3. 기생 라합과의 언약(수 2장)

그들은 치밀하게 준비를 합니다. 1차 베이스캠프를 싯딤에 마련하고 요단 강을 건너서 첫 성인 여리고에 신실한 믿음의 사람 2명을 정탐꾼으로 보냅니다. 누구의 집에 머뭅니까? 기생 라합의 집에 머뭅니다. 그녀는 믿음과 확신이 있었기 때문에 목숨을 걸고 그들을 보호해줍니다.

> 또 그들이 눕기 전에 라합이 지붕에 올라가서 그들에게 이르러 말하되 여호와께서 이 땅을 너희에게 주신 줄을 내가 아노라 우리가 너희를 심히 두려워하고 이 땅 주민들이 다 너희 앞에서 간담이 녹나니 이는 너희가 애굽에서 나올 때에 여호와께서 너희 앞에서 홍해 물을 마르게 하신 일과 너희가 요단 저쪽에 있는 아모리 사람의 두 왕 시혼과 옥에게 행한 일 곧 그들을 전멸시킨 일을 우리가 들었음이니라 우리가 듣자 곧 마음이 녹았고 너희로 말미암아 사람이 정신을 잃었나니 너희의 하나님 여호와는 위로는 하늘에서도 아래로는 땅에서도 하나님이시니라(수 2:8~11).

그는 하나님에 대한 신앙고백을 합니다. 그리고 자신의 집에도 구원 있게

🌿 열매 맺기

칭송받는 라합

이방인 기생 라합은 히브리서 11장 31절과 야고보서 2장 25절에 언급될 정도로 후대에 칭송을 받았다. 하나님은 신분이나 출신, 인종이나 남녀의 구분 없이 사람의 마음 중심을 감찰하시고 참 믿음의 사람을 구원하시고 축복하신다.

해달라고 간청합니다. 그러자 정탐꾼은 라합에게 구원의 방법을 알려줍니다. 이 땅을 심판하는 날, 가족을 모두 불러서 붉은 줄을 내리라고 말합니다. 붉은 줄은 곧 예수 그리스도를 상징합니다. 결국 라합은 구원받았으며 후에 메시아의 조상이 됩니다. 구원은 좋은 성품, 행위, 신분으로 받는 것이 아닙니다. 이방 여인이자 기생인 라합 역시 믿음으로 구원받았습니다.

4. 요단 강을 건너는 이스라엘 백성(수 3장)

요단 강을 건널 때 행렬은 언약궤를 멘 제사장이 앞장섰습니다. 그때는 곡식을 거두는 만수기였습니다. 그래서 요단 강물을 가두어두었기 때문에 요단 강물이 굉장히 많았습니다(수 3:14~15). 왜 하필이면 이때입니까? 지금까지 40년을 방황하고 가나안 목전에 왔는데 물이 홍해처럼 갈라지지도 않고 배 하나, 뗏목 하나 없습니다. 그들은 망연자실했습니다. 그때 하나님은 넘실거리는 요단 강 앞에서 말을 잃어버린 이스라엘 백성에게 네 가지 말씀을 주셨습니다. 그들이 듣고 싶었던 말씀은 어떤 것이었을까요? 뗏목은 어떻게 만드는지, 물이 가장 낮은 곳은 어디인지 등 그런 실질적인 이야기를 듣고 싶어 했을 것 같아요. 그런데 하나님은 엉뚱하게 말씀하십니다.

• 가나안을 얻기 위해서 최선을 다할 것을 요구하셨다(수 3:1)　　여호수아는 언제나 아침 일찍 일어나 준비하였습니다(수 6:12, 7:16, 8:10). 분명히 "저 땅은 너희 땅이다"라고 승리를 약속받았음에도 불구하고 중요한 과제를 앞두고 최선을 다하기 위해서 일찍 일어났습니다.

우리도 하나님 앞에 쓰임받고 싶다면 철저하게 준비해야 합니다. 나이와 상관없습니다. 내 삶의 후반부는 주님을 위해서 쓰임받아야 합니다. 이 세상에서 가장 무서운 사람은 모든 것을 다 준비해놓고 아무것도 준비 안 한 것처럼 하나님께 매달려 기도하는 사람입니다. 그런 사람과 싸워서 이길 생각은 하지 맙시다. 반대로 가장 우스운 사람은 아무것도 준비하지 않고 큰 소리치는 사람, 기도 안 하는 사람입니다. 그런 사람과 멍에를 같이 메지 맙시다. 여호수아는 아침 일찍 일어나 준비하고 점검했지만 아무것도 준비하지 않은 사람처럼 하나님 앞에 최선을 다했어요.

• 하나님은 언약궤를 보고 쫓으라고 명령하십니다(수 3:2~4)　진을 칠 때나 언약궤의 위치는 항상 가운데였습니다. 이는 하나님이 이스라엘 백성과 함께한다는 것을 의미했습니다. 그러나 요단 강을 건널 때는 달랐습니다. 요단 강을 진격할 때는 언약궤가 백성보다 몇 규빗 먼저 떨어져 걸었습니까? 2,000규빗을 앞서 행하라고 합니다. 즉, 온 백성이 약 800미터 정도 앞의 언약궤를 보고 쫓으라고 하십니다.

우리에게 주는 교훈도 마찬가지입니다. 두렵고 어려운 상황이 있습니까? 앞서 행하시는 하나님을 바라보고 그 족적을 따라가면 실수가 없습니다. 힘들 때마다 시선을 하나님께 고정하십시오. 상황을 보지 말고 상황을 인도하시는 하나님을 묵상하십시오.

• 스스로 성결하라고 명령하십니다(수 3:5)　하나님께서는 요단 강 앞에 선 이스라엘 백성에게 그들이 듣고 싶었던 말씀은 하지 않으시고 엉뚱한 말씀을 하십니다. "성결하라. 거룩하라. 너희가 성결하면 너희 가운데 기적을 보이리라." 이 말씀의 의도는 무엇일까요? 하나님이 왜 이런 말씀을 주셨을까요? "요단 강을 건너는 것은 네가 하는 것이 아니라 내가 한다. 단지 너는 하나님의 사람답게 거룩하게 있으면 된다." 그래서 하나님은 이스라엘 백성에게 거룩함을 요구합니다. 그것이 성도의 본분입니다.

• 믿음으로 요단을 밟으라고 하십니다(수 3:13)　언약궤를 멘 자들이 요단 강을 믿음으로 밟았을 때 물이 그쳤습니다. 그들은 홍해처럼 갈라지기를 바랐을 것입니다. 잘못 내디디면 빠집니다. 그러나 하나님께서 나아가라고 할 때, 믿음으로 부딪치면 그들의 문제가 해결된 것을 볼 수 있습니다. 하나님의 말씀은 "믿음으로 가라. 그러면 열릴 것이다"입니다.

예수님께서 나사로의 죽음 앞에서 마르다에게 "네가 믿으면 하나님의 영광을 보리라"고 하십니다. 그러나 우리는 반대로 요구합니다. "하나님, 보여주세요. 그러면 믿겠습니다." 하나님은 "네가 믿으면 보리라" 하십니다. 불가능해 보이고 어찌할 바를 모를 때 하나님 말씀을 신뢰하면 기적이 일어납니다. 이것이 믿음의 행위입니다. "믿고 행하면 기적을 경험하리라."

5. 요단 강 기념비(수 4장)

요단 강 횡단을 기념하여 하나님은 두 개의 돌기둥을 세우라고 명령하셨습니다. 첫 번째는 12명의 선발된 사람에 의해서 강둑에 세워졌습니다. 두 번째는 여호수아가 갈라진 강 한복판에 기념비를 세웁니다. 모든 영혼을 구원하셨다는 증거입니다. 하나님께서는 왜 기념비를 세우라고 하셨을까요? 다음 세대가 "이 돌이 무엇을 의미합니까?"라고 물을 때 후손들에게 신앙의 흔적을 보여주라는 것입니다. 하나님이 우리 세대 가운데 행하신 일들을 증거하라는 것입니다(수 4:6~7). 너희가 이렇게 평안하게 정착하여 살 수 있는 것은 하나님이 우리 세대에 행하신 기적 때문이었다고 기념비를 통해서 후손들을 가르치라는 것입니다.

〈여호수아서〉를 읽다 보면 하나님은 다음 세대에 관심이 굉장히 많으셨음을 알 수 있습니다. 왜냐하면 가나안의 문화가 너무나 악하여 자녀들이 살아갈 세상이 걱정되셨기 때문입니다. 하나님은 자녀들을 교육하지 않으면 그들이 가나안 문화에 동화될까 봐 걱정하셨습니다. 그래서 그다음 세대를 향해 증거들을 남겨놓으셨습니다.

우리도 우리가 만났던 하나님을 다음 세대에 소개해야 합니다. 부모 세대에 행하신 하나님의 일들을 자녀들에게 보여야 합니다. 자녀들에게 보일만한 믿음의 증거들이 있습니까? "엄마 저 동판이 뭐예요?" "내가 40일 특별 새벽기도회에 나가서 얻은 동판이란다." 나름대로 특별새벽기도 동판을 자랑할 수도 있겠죠? 또 어떤 사람들은 성경을 필사합니다. "내가 평생 하나님을 섬기면서 필사한 책이다." 그 책을 자녀에게 주거나, 하나님과 있었던 많은 이야기와 큐티 노트를 자녀에게 보여주며 증거할 수 있었으면 좋겠습니다. 하나님이 이렇게 놀라운 일들을 했노라고 자녀들에게 말할 수 있다면, 그들은 그 법에서 떠나지 않게 될 줄 믿습니다. 자녀들에게 하나님의 마음과 믿음의 흔적을 유산으로 물려주세요. 물질의 유산만 줄 것이 아니라 믿음의 유산을 전해주기를 바랍니다.

6. 길갈에서 할례받음(수 5장)

유대인들은 도강 직후 길갈에서 언약의 징표인 할례를 받았습니다(수 17장). 할례는 위험부담이 따르기 때문에 도강하기 전 충분히 회복할 시간을 두고 치러야 합니다. 그러나 그들은 도강한 후 적들이 앞에 있고 강은 뒤에 있는 상황에서 할례를 받습니다. 이것은 참으로 위험한 행동입니다. 〈창세기〉에서 세겜 족속이 할례를 받고 고통 중에 있을 때 야곱의 열두 아들에 의해 전멸당했기 때문입니다.

이스라엘 민족은 집단적으로 강을 횡단하여 '죽음의 경험'을 통과하였지만, 이제 이들은 개인적으로 '자아에 대하여 죽는 것'을 경험하여야 했습니다. 성경 전체를 통하여 육체의 할례는 언제나 영적인 진리를 상징합니다. 불행하게도 유대인들은 영적인 진리를 배우는 것보다 육신적인 의식을 더욱 중요하게 여겼습니다(롬 2:25~29). 할례는 죄를 제거한다는 상징입니다. 신약에서의 할례는 "옛사람"을 벗어버림(거듭남)을 예증합니다(골 3:1~5; 롬 8:13). 할례의 의미는 거듭남입니다. 하나님의 구별된 성도라는 징표로 모든 백성이 할례를 받게 됩니다.

요단 강을 건너서 첫 번째 유월절을 지킨 곳은 길갈입니다. 거기서부터 만나 대신 그 땅의 소산을 먹게 됩니다. 길갈의 위치는 굉장히 중요하지요.

🍃 **열매 맺기**

독특한 전술

이스라엘의 가나안 정복 준비는 매우 독특했다. 돌로 기념비를 쌓고 할례를 받고 유월절 의식을 행했다. 이것은 하나님이 그들의 보호자시요, 지휘관이라는 것을 깨우쳐주기 위함이었다. 가나안 전투는 인간의 생각과 방법이 아닌 하나님을 의지하고 순종하는 전투였다.

할례를 행했으며 유월절을 지켰고 만나가 그치고 그 땅의 소산을 먹게 됩니다. 이제 하나님 앞에서 구별된 백성으로 가나안에 진격해 들어갑니다.

가나안 정복(수 6장~12:7)

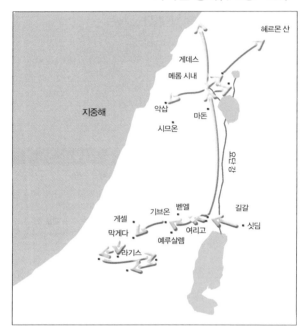

싯딤으로부터 시작해서 길갈, 여리고, 벧엘을 공격합니다. 쉽게 말하면 허리부터 치고 들어가서 중앙부터 공격합니다. 가나안 전투의 특징은 중앙을 끊어버린 것입니다. 그다음에 남쪽 민족을 정복하고 다시 북으로 올라갑니다. 그리고 북에 있는 민족을 멸망시킵니다. 총 7년이 걸립니다.

1. 여리고 성의 멸망(6장)

우리는 이제 이스라엘 백성 사이에 같이 있는 겁니다. 저기 멀리 여리고 성이 보입니다. 근데 너무나도 강해 보입니다. 철옹성과 같은 웅장한 성입니다. 감히 접근하기도 어려워 보입니다. 그러나 하나님의 능력을 믿고 우리는 여리고 쪽으로 진군합니다.

여리고 성은 내벽과 외벽으로 둘러싸여 있었습니다. 내벽의 두께가 3.6m예요. 얼마나 두껍습니까? 그리고 외벽의 두께는 1.8m로 그 벽 위에 집들이 있었습니다. 기생 라합의 집도 바로 거기 외벽 위에 있었습니다. 내벽 3.6m, 외벽 1.8m에 높이는 약 9m였습니다. 절대 침범치 못하고 무너뜨리지 못할 성이 여리고 성이었습니다. 하나님이 그들에게 작전을 지시하십니다.

너희 모든 군사는 그 성을 둘러 성 주위를 매일 한 번씩 돌되 엿새 동안을 그리하라 제사장 일곱은 일곱 양각 나팔을 잡고 언약궤 앞에서 나아갈 것이요 일곱째 날에는 그 성을 일곱 번 돌며 그 제사장들은 나팔을 불 것이며 제사장들이 양각 나팔을 길게 불어 그 나팔 소리가 너희에게 들릴 때에는 백성은 다 큰 소리로 외쳐 부를 것이라 그리하면 그 성벽이 무너져 내리리니 백성은 각기 앞으로 올라갈지니라 하시매(수 6:3~5).

5절을 보면, 양각 나팔을 길게 불라고 하십니다. 이것은 하나님의 임재를 상징합니다. 시내 산에서 여호와의 임재를 상징할 때 양각 나팔을 길게 불었듯이 제사장들이 마지막 날 길게 양각 나팔을 분다는 것도 하나님의 임재를 상징합니다. 하나님은 또 여호수아에게 이런 명령을 주십니다.

은금과 동철 기구들은 다 여호와께 구별될 것이니 그것을 여호와의 곳간에 들일지니라 하니라(수 6:19).

그 성 안에 있는 모든 것을 온전히 바치되 남녀노소와 소와 양과 나귀를 칼날로 멸하니라(수 6:21).

무리가 그 성과 그 가운데에 있는 모든 것을 불로 사르고 은금과 동철 기구는 여호와의 집 곳간에 두었더라(수 6:24).

생명 있는 것은 모두 죽이라고 하십니다. 어린아이든 가축이든 생명이 붙어 있는 것은 모두 죽이고 은, 금과 동철 기구들은 구별하여서 여호와의 곳간 안에 들이라고 명령하십니다. 여기서 '진멸'이라는 말이 신학적으로 굉장히 중요한 단어입니다. 이 말은 히브리어로 '헤렘'인데 이는 철두철미하게 완전히 없애라는 말입니다. 너무 잔인하지 않습니까? 왜 어린아이까지 모두 죽이라고 하십니까?

이스라엘 백성이 40년 동안 방황한 것은 그들을 향한 심판의 기간이기도 했지만 가나안 족속의 죄가 극에 달할 때까지 기다렸던 기간이기도 합니다. 회복 불가능한 죄악의 땅에서 쓴 뿌리를 모두 뽑아내기를 원하셨습니다. 뿌리가 남아 있다면 다시 꽃을 피우고 열매를 맺게 됩니다. 그 죄악의 근성조차 모두 뿌리 뽑기를 원하셨습니다. 왜 그렇습니까? 이스라엘 백성을 철저하게 보호하기 위함이었습니다. 또 하나님께서는 금과 은과 금속 기구들은 여호와의 구별된 것으로 바치라고 했습니다. 여리고 성은 가나안 정복의 첫 열매이기 때문에 모든 전리품을 하나님께서 취한 것입니다. 첫 열매는 하나님 앞에 드리는 것입니다.

여리고 성, 너무 우습게 무너지지 않았습니까? 백성들이 하루에 한 번씩 6일 동안 돌고 마지막 날은 7바퀴를 돈 후 나팔을 불고 소리를 질렀더니 그 성벽이 무너져 내렸습니다. 이스라엘 백성은 살아남은 자를 찾아 죽이고 그 성을 취하면 됐어요. 여리고 정복은 군사작전이라기보다는 거룩한 예배의 식과 같이 느껴집니다. 7명의 제사장들이 법궤를 메고 7나팔을 들고 정확하게 7일을 돌았습니다. 전투에 대한 기사 없이 승리했습니다. 믿음으로 반응하고 순종할 때에 하나님께서 일으키신 놀라운 기적의 사건입니다.

2. 아이 성에서의 패배와 정복(수 7, 8장)

여리고 성을 정복한 이스라엘 백성은 작은 아이 성쯤은 소수의 군대를 보내도 쉽게 정복할 수 있을 것이라 생각했습니다. 그러나 기대와는 달리 전투에서 대패합니다. 이 실패는 여리고 정복 직후의 패배이기에 더욱 충격을 받습니다. 여호수아는 전략상의 실수로 인한 패배가 아니라 하나님의 진노임을 알게 됐습니다. 하나님의 명령을 어긴 누군가가(아간) 있었어요. 생명이 있는 것은 모두 죽이고 금과 은과 좋은 것은 하나님께 드리라고 했는데 그 진멸의 명령을 어긴 도둑놈이 하나 있었습니다. 유일한 해결 방법은 하나님의 명령을 어긴 그 사람과 물건을 찾아 진멸하는 것이었습니다.

한 사람의 범죄 때문에 여러 사람이 죽음을 당했습니다. 결국은 제비뽑기를 통해 아간이라는 한 사람의 범죄가 이스라엘을 실패로 내몰았다는 것이 밝혀졌습니다. 하나님의 거룩한 전쟁에 임할 때 이스라엘 백성은 거룩함과 순결이 요구되었습니다. 아간의 범죄는 단순히 도적질이 아니라 언약의 파기였어요. 그래서 하나님은 초장부터 그 언약을 어긴 아간과 그 공동체를 용서하지 않으십니다. 아간의 죄를 처벌하신 후 여호와께서는 정화된 이스라엘 백성에게 아이 성을 공격하라고 지시하십니다. 백성은 하나님의 명령을 따라서 아이 성에 나아가 다시 승리하게 됩니다.

3. 기브온 거민과 맺은 조약(수 9장)

여리고와 아이 성을 무너뜨리고 그 기세를 몰아 진격하는 이스라엘에게 큰 위협을 느낀 사람들이 있었으니 바로 가나안의 일곱 족속이었습니다. 외신을 들어보니까 난리가 났거든요. 어디에서 들어온 인간들인지 강을 넘어서 무서운 줄도 모르고 설치더니 철옹성 여리고를 무너뜨리고 아이 성까지 무너뜨린 후 더 강해져서 쓰나미처럼 밀고 들어오는 겁니다.

그들은 큰 위협을 느끼며 서로 긴밀하게 연락을 취합니다. G7 정상회담을 엽니다. G7은 "뭉치면 살고 흩어지면 죽는다. 이렇게 앉아서 당할 수 없다"라고 외치며 군사동맹을 맺습니다. 그러나 그 가운데 배신자가 있었으니 이름하여 '기브온 족속'입니다.

기브온 족속은 히위 족속 중 하나였는데 가만히 눈치를 보니까 승산이 없어 보입니다. 아무리 힘을 합쳐도 저 민족이랑 싸워봤자 자신들마저 죽을 것 같으니까 혼자 쏙 빠집니다. 기브온 왕은 관료들을 모아서 회의합니다.

"어떻게 하면 되겠냐? 머리를 쓰자. 자녀들도 있고 앞날이 창창한데 그래 좋은 방법이 있겠느냐?", "우리가 죽지 않는 방법은 단 하나, 그들의 종이 되는 것입니다." 자신들은 히위 족속 중 하나로 살생부 명단에 들어가 있다는 것을 알고 있었어요. 그래서 그들은 머리를 쓰기 시작합니다. 자신들의 정체를 숨겨야 했습니다. "이미 살생부 명단에 있는데 우리는 히위 민족 중 하나인데 항복할 테니까 받아들여 달라"고 해서 살 수 있는 것이 아니었습니다. 그래서 자신들의 신분을 속입니다. 여호수아 9장을 통해 그들이 머리를 어떻게 쓰는지 볼까요?

> 기브온 주민들이 여호수아가 여리고와 아이에 행한 일을 듣고 꾀를 내어 사신의 모양을 꾸미되 해어진 전대와 해어지고 찢어져서 기운 가죽 포도주 부대를 나귀에 싣고(수 9:3~4).

> 그들이 길갈 진영으로 가서 여호수아에게 이르러 그와 이스라엘 사람들에게 이르되 우리는 먼 나라에서 왔나이다 이제 우리와 조약을 맺읍시다 하니 이스라엘 사람들이 히위 사람에게 이르되 너희가 우리 가운데에 거주하는 듯하니 우리가 어떻게 너희와 조약을 맺을 수 있으랴 하나 그들이 여호수아에게 이르되 우리는 당신의 종들이니이다 하매 여호수아가 그들에게 묻되 너희는 누구며 어디서 왔느냐 하니 그들이 여호수아에게 대답하되 종들은 당신의 하나님 여호와의 이름으로 말미암아 심히 먼 나라에서 왔사오니(수 9:6~9).

기브온은 아이 성 옆에 있는 민족이었습니다. 다음은 자기 차례거든요. 그러니까 낡은 누더기 옷을 입고 멀리서 온 것처럼 지친 모습으로 여호수아를 찾아갑니다. "우리가 저기 멀리서 왔습니다. 당신이 믿는 하나님을 우리도 믿겠습니다. 우리가 당신의 종이 될 테니 조약을 맺어주십시오. 힘들 때 서로 도와줄 수 있게 군사동맹을 맺읍시다"(신 20:10 참고). 여호수아는 하나님께 묻지도 않고 그들과 동맹을 맺어버립니다.

여호수아는 성경에서 거의 완벽한 사람으로 등장하는데 흠을 하나 찾는다면 하나님께 묻지 않고 하나님이 진멸하라고 했던 히위 민족 중 하나인 기브온 민족과 연맹한 것입니다. 결국 그들은 진멸당하지는 않고 이스라엘 민족의 종이 됩니다.

4. 가나안 남부 지역을 정복(수 10장)

예루살렘의 아도니세덱 왕은 기브온 민족이 이스라엘과 화친했다는 소식을 듣고, 배신한 기브온을 치기를 원했습니다. 배신한 자에게 먼저 본보기를 보여줘야지 그렇지 않으면 또 다른 자들도 배신할 것 같다고 생각했기 때문입니다. 그래서 아모리 왕들이 본보기로 기브온을 공격하러 갑니다.

아모리 5족속(예루살렘, 헤브론, 야르뭇, 라기스, 에글론) 연합군이 배신한 자기 민족을 치러 온다는 소식을 들은 기브온 민족은 여호수아에게 도움을 요청합니다. "아모리 연합군이 우리가 배신했다고 죽이러 옵니다. 도와주소서." 조약을 맺고 동맹을 맺었기에 이스라엘 백성은 기브온 민족을 돕기 위해서 밤새 행군하여 남북연합군을 아얄론 골짜기에서 진멸합니다.

그들이 이스라엘 앞에서 도망하여 벧호론의 비탈에서 내려갈 때에 여호와께서 하늘에서 큰 우박 덩이를 아세가에 이르기까지 내리시매 그들이 죽었으니 이스라엘 자손의 칼에 죽은 자보다 우박에 죽은 자가 더 많았더라 여호와께서 아모리 사람을 이스라엘 자손에게 넘겨 주시던 날에 여호수아가 여호와께 아뢰어 이스라엘의 목전에서 이르되 태양아 너는 기브온 위에 머무르라 달아 너도 아얄론 골짜기에서 그리할지어다 하매 태양이 머물고 달이 멈추기를 백성이 그 대적에게 원수를 갚기까지 하였느니라 야살의 책에 태양이 중천에 머물러서 거의 종일토록 속히 내려가지 아니하였다고 기록되지 아니하였느냐(수 10:11~13).

기브온 민족을 치러왔던 남북연합군과 싸울 때 여호수아는 "달아 태양아 멈추어라" 하고 외쳤습니다. 이것은 하나님이 만물의 통치자이심을 드러낸 것입니다. 결국 이스라엘이 막게다 굴에 숨어 있는 다섯 왕까지 찾아내어 다 죽이고 그 지역을 다니면서 일곱 성을 모두 취합니다. 일일이 찾아다니면서 피곤하게 싸우지 않았어요. 그들이 알아서 죽으러 왔어요. 한꺼번에 일곱 성, 다섯 왕을 죽이고 그냥 가서 지역 성들을 취하기만 하면 됐습니다. 이로써 남부 지역이 거의 평정되었습니다.

5. 가나안 북부 지역을 정복(수 11장)

북쪽의 하솔 왕 야빈이 소식을 듣고 두려워 떨다가 주변 민족들과 연합하여 군대를 거느리고 메롬 물가에서 이스라엘 백성과 전쟁을 벌입니다.

동쪽과 서쪽의 가나안 족속과 아모리 족속과 헷 족속과 브리스 족속과 산지의 여부스 족속과 미스바 땅 헤르몬 산 아래 히위 족속에게 사람을 보내매 그들이 그 모든 군대를 거느리고 나왔으니 백성이 많아 해변의 수많은 모래 같고 말과 병거도 심히 많았으며 이 왕들이 모두 모여 나아와서 이스라엘과 싸우려고 메롬 물가에 함께 진 쳤더라(수 11:3~5).

이스라엘 백성과는 전략적으로 비교가 안 될 정도로 많은 사람이 모였습니다. 이스라엘 백성은 그들을 치러 메롬 물가까지 올라가서 싸웁니다. 그리고 거기에서도 승리합니다. 이렇게 이스라엘 백성이 7년 동안 싸웠지만 가나안 족속들을 다 내쫓지 못했어요. 군데군데 많은 민족이 남아 있었습니다. 기브온 민족도 살아남았습니다. 남은 민족 중 대표적인 민족이 블레셋입니다(수 13장).

6. 이스라엘의 숙적 블레셋

블레셋은 해양 민족으로 지중해 가운데 구브로 섬(사이프러스)이나 크레타 섬에 살다가 지중해를 건너서 가나안 허리에 정착한 민족입니다. 그들은 미케네문명을 이어받아 전투력이 막강했습니다. 당시 가나안 지역은 아직 청동기문명이었으나 이들은 이미 한발 앞선 철병거와 철기 무기를 가지고 있었습니다. 여호수아가 정복 전쟁을 시도해보지 못했을 정도로 강성했습니다. 그런 그들이 이스라엘이 요단을 건너 가나안을 점령해 들어갈 때 가나안 거민과 함께 이스라엘을 상대로 싸우지 않았을까요?

당시 블레셋은 이스라엘이 자신들의 코밑까지 들어와 난리를 쳐도 잠잠히 있었습니다(삿 1:18~19). 사실 그들은 바다를 통해 먹고사는 해양 세력이었기에 가나안 내륙에서 어떤 일이 일어나도 별로 중요하지 않았고 관심도 없었습니다. 더군다나 출애굽 당시 애굽에 내린 재앙에 대한 소문과 가나안 전투에서의 기적을 통한 승리의 소문도 듣고 있었기에 굳이 긁어 부스럼을 만들기도 싫었을 것입니다.

그랬던 그들이 이스라엘이 먼저 건드리지도 않았는데 사사시대 후반기에 와서는 이스라엘을 괴롭히는 악역으로 나서게 됩니다. 사사시대를 지나면서 지중해의 상황이 달라졌기 때문입니다. 도리아인(그리스인=헬라인)에 의해 바다를 빼앗깁니다. 바다를 잃어버린 블레셋인들은 살기 위해 내륙으로 눈을 돌릴 수밖에 없었고, 이미 가나안을 점령해버린 이스라엘과 생존을 건 싸움을 할 수밖에 없었습니다. 요엘 3장에 나타나듯 이스라엘 사람을 잡아서 바다를 장악한 그리스인들에게 파는 것이 그들이 할 수 있는 몇 안

🌿 **열매 맺기**

블레셋

B.C. 1190년에 일명 '바다의 백성'이라고 불리는 블레셋은 이스라엘의 남서쪽 지중해의 섬 갑돌(Caphtor), 지금의 크레타 섬으로 추정되는 곳에서 온 사람들이다. 그들은 매우 호전적이고 거칠었으며 철기문명을 배경으로 강력한 군대를 갖추고 있었다. 그들의 가장 중요한 신은 다곤신이었다. 그들은 가나안 땅에 유입되어 그곳에 다곤의 신전을 여러 곳에 세워놓고 후에 이스라엘과 애굽을 괴롭혔던 강인한 민족이었다. 가나안의 후손들이 살았던 지역이라는 의미로 '가나안'으로 불리던 곳이 후에 블레셋이 살게 됨으로 다른 이름 팔레스타인이라는 이름이 생겨난 것이다. 두 지명은 사실 같은 지역을 칭하는 것이다. 지금은 블레셋인들의 나라는 아직까지 존재하지 않고 현재 팔레스타인이나 난민들이 그들이다.

되는 무역 중 하나였습니다.

앗수르의 아닷니라리 3세(B.C. 810~783)가 공납받은 것을 뽐내고 있는데, 이것은 블레셋 사람들을 가리키고 있습니다. 남유다의 아하스 왕 시대에 다시 한 번 블레셋은 남유다를 습격하여 여러 성읍을 빼앗았지만(대하 28:18) 오래 계속되지는 못했고, 앗수르의 디글랏빌레셀 3세에게 쫓겨 아스글론, 가사, 아스돗 등까지도 앗수르의 세력하에 들어가버렸습니다. B.C. 701년 앗수르의 산헤립이 블레셋의 남쪽에 침입했고, 또 애굽 왕 느고(B.C. 609~608)는 가사를 침공했습니다(렘 47:1). 이어 신흥 바벨론의 압박이 거세지자 블레셋은 애굽과 짝이 되어 신흥 바벨론의 느부갓네살 왕을 대항하려는 모습이 아람어의 편지에 있습니다. 블레셋은 신흥 바벨론의 느부갓네살 2세의 침공으로 거의 무너졌고, 이후 알렉산더대왕 때 최후의 보루였던 '가자'마저 함락되면서 그들은 역사에서 사라져버렸습니다.

왜 하나님은 정복 전쟁 시 블레셋과 같은 민족을 가나안 땅에 남겨뒀을까요? 분명히 이유가 있었습니다(〈사사기〉 참고). 하나님께서 쓸어버리시려면 깨끗하게 하시지 왜 남겨놓으셨을까요?

가나안 땅 분배(수 13~19장)
1. 땅 분배의 특징

> 너는 내가 명령한 대로 그 땅을 이스라엘에게 분배하여 기업이 되게 하되
> 너는 이 땅을 아홉 지파와 므낫세 반 지파에게 나누어 기업이 되게 하라
> 하셨더라(수 13:6~7).

하나님은 가나안 땅을 취한 후에 여호수아에게 뭐라고 말씀하십니까? 르우벤, 시므온, 갓, 유다, 잇사갈, 스불론, 에브라임, 므낫세, 베냐민, 단, 아셀,

납달리 지파에게 땅을 분배합니다. 땅 분배의 첫 번째 특징은 제비뽑기입니다. 하나님의 뜻을 알기 위해서는 가장 좋은 방법이 제비 뽑는 거예요. 두 번째 특징은 열두 지파 중 레위 지파는 빠진 것입니다. 그들은 성막을 관리하는 제사장 직분을 맡고 있었기 때문에 인구계수나 땅 분배에는 빠졌습니다. 이스라엘 백성이 시내 산에서 내려와 가나안을 향해 진격하면서 병력을 배치할 때도 레위 지파는 빠졌습니다.

> 오직 레위 지파에게는 여호수아가 기업으로 준 것이 없었으니 이는 그에게 말씀하신 것과 같이 이스라엘의 하나님 여호와께 드리는 화제물이 그들의 기업이 되었음이더라(수 13:14).

> 너희가 레위인에게 줄 성읍은 살인자들이 피하게 할 도피성으로 여섯 성읍이요 그 외에 사십이 성읍이라(민 35:6).

레위 지파는 6개의 도피성과 42개의 성읍을 관리하는 역할을 했습니다. 합쳐서 48개의 성읍을 레위 지파가 다스리고 섬겼습니다. 실제적인 의미로 레위인들이 차지한 성읍은 레위인들의 유업이 아닙니다. 왜냐하면 여호와가 그들의 유업이 되기 때문입니다. 이스라엘 각 지파에 레위인들이 흩어져 살았는데 이것은 모든 지파가 하나님을 섬길 수 있도록 하기 위해서입니다.

48개의 성읍을 레위 도성이라고 부릅니다. 지금의 교회와 같은 곳이에요. 48개의 레위 도성에서 그들에게 말씀을 가르치면서 영적으로 그들을 돕는 역할을 했습니다. 이 레위 도성은 토라센터라고도 불러요. 토라가 뭡니까? '토라(תורה, 율법)'는 기록된 율법과 구전의 율법을 총칭하는 말입니다. 기록된 토라는 모세오경입니다. 하나님의 말씀인 토라를 연구하고 해석하고 실행하고 가르치는 장소가 바로 토라센터 곧 레위 도성입니다.

레위 지파의 사명은 이스라엘 백성이 영적으로 성결을 유지할 수 있도록 돕는 역할입니다. 그들이 백성 가운데 들어가서 하나님의 말씀을 가르치고 그들을 영적으로 돕도록 소위 목회자로 세웠다는 겁니다. 그런데 레위 지파가 그 사명을 잘 감당했습니까? 〈사사기〉 후반에 나오는 미가의 신상 사건 및 여러 사건들을 보면 레위 지파가 오히려 타락하는 데 더 앞장섰습니다.

2. 가나안 땅 분배

요단 강을 중심으로 오른쪽에 세 지파가 자리를 잡았습니다. 동쪽에 르우벤, 갓, 므낫세(므낫세 반 지파)에게 땅을 나눴고 서쪽에 보면 아셀, 납달리, 스블론, 잇사갈, 므낫세(므낫세 반 지파), 단, 에브라임 ,베냐민 ,유다, 시므온이 있습니다. 블레셋 옆에는 시므온, 유다, 단 지파가 있어요. 블레셋 민족에게 제일 괴롭힘을 당했던 지파가 단입니다.

여호수아의 유언(23~24장)

1. '그리하면' & '그렇지 않으면'(축복과 경고)

여호수아는 백성들에게 축복의 전제조건으로 세 가지를 요구합니다. 첫째, "너희는 크게 힘써 모세의 율법 책에 기록된 것을 다 지켜 행하라 그것을 떠나 우로나 좌로나 치우치지 말라"(수 23:6), 둘째, "오직 하나님 여호와께 가까이하기를 오늘까지 행한 것같이 하라"(수 23:8), 셋째, "그러므로 스스로 조심하여 너희의 하나님 여호와를 사랑하라(수 23:11)"라고 합니다. 여호와의 율법을 지키고 하나님을 가까이하고 여호와를 사랑하는 것이 복 받는 비결이라는 것입니다.

• '그리하면'의 축복　'그리하면 어떻게 되느냐'의 결과가 있습니다. 5절 말씀을 보면 "너희 하나님 여호와 그가 너희 앞에서 그들을 쫓아내사 너희 목전에서 그들을 떠나게 하시리니 너희의 하나님 여호와께서 너희에게 말씀하신 대로 너희가 그 땅을 차지할 것이라." 10절 말씀도 보면 "너희 중 한 사람이 천 명을 쫓으리니 이는 너희의 하나님 여호와 그가 너희에게 말씀하신 것같이 너희를 위하여 싸우심이라"라고 말합니다. 6절, 8절, 10절의 말씀대로 살면 5절, 10절과 같은 은혜를 입게 된다는 것입니다.

우리도 이 땅을 살면서 하나님의 말씀을 지키고 하나님을 가까이하면서 여호와 하나님만을 사랑하고 산다면, 하나님께서는 우리에게 복을 주시며 일 대 천의 싸움일지라도 이기게 하실 것입니다.

• '그렇지 않으면'의 경고　이제 반대로 심판과 위협의 가능성도 말씀하십니다. 7절에서 경고의 말씀을 합니다. "너희 중에 남아 있는 이민족들 중에 들어가지 말라 그들의 신들의 이름을 부르지 말라 그것들을 가리켜 맹세하지 말라 또 그것을 섬겨서 그것들에게 절하지 말라." 가나안 땅에 들어가서 이민족 중에 들어가지 말며 그들 문화에 동화되지 말라는 것입니다. 하나님 없는 사람처럼 살고 있는 그 문화 속에서 희희낙락하지 말라는 것

입니다. 그리고 그들의 신들의 이름을 부르지 말라는 것입니다. 그들이 좋아하는 것, 그들이 탐욕스럽게 얻기를 원하는 것에 똑같이 탐욕을 갖지 말라는 것입니다. 이방 신들을 가리켜 맹세하지 말라는 것입니다. 그리고 이방 신을 섬겨서 그것에 절하지 말라는 것입니다.

2. 오늘날 너희가 선택하라(수 24:14~16)

지파별로 땅 분배를 마친 여호수아는 이스라엘 온 지파를 세겜으로 모으고 장로와 두령과 재판장들과 유사들에게 마지막 당부의 메시지를 전합니다. 곧 이스라엘이 각기 좋아하는 대로 다른 신들을 섬겨 여호와 하나님을 배반하면, 그때는 더 이상 하나님이 이스라엘의 편이 될 수 없다는 경고입니다.

"하나님은 이스라엘이 억지로 자신에게 순종하기를 원하시는 분이 아니시다(수 23:14~16). 축복과 저주는 항상 너희 앞에 놓여 있다. 축복은 전적으로 하나님만 신뢰하여 나아갈 때만 지속된다. 반대로 하나님의 백성이 다른 이방 신을 섬기고, 또한 이방 나라와 같이 되려고 한다면 저주는 속히 임할 것이다."

이것이 바로 구약성경 전반에 흐르는 사상입니다. 이스라엘 백성 앞에는 항상 복과 저주가 있었어요. 우리 앞에도 복과 심판이 있습니다. 여호수아는 이렇게 권면합니다.

> 만일 여호와를 섬기는 것이 너희에게 좋지 않게 보이거든 너희 조상들이 강 저쪽에서 섬기던 신들이든지 또는 너희가 거주하는 땅에 있는 아모리 족속의 신들이든지 너희가 섬길 자를 오늘 택하라 오직 나와 내 집은 여호와를 섬기겠노라 하니 백성이 대답하여 이르되 우리가 결단코 여호와를 버리고 다른 신들을 섬기기를 하지 아니하오리니(수 24:15~16).

🌿 열매 맺기

12지파의 땅 분배에서 요셉 지파와 레위 지파는 어디로?

요셉 지파는 사람이 많아 두 지파 즉, 에브라임과 므낫세 지파로 나뉘게 된다. 그리고 레위 지파는 48개의 성읍이 주어졌기에 레위는 제외된 것이다. 따라서 요셉과 레위를 제외하고 그 외 므낫세와 에브라임을 포함하여 12지파가 땅을 분배받는다.

> 그날에 여호수아가 세겜에서 백성과 더불어 언약을 맺고 그들을 위하여
> 율례와 법도를 제정하였더라(수 24:25).

여호수아는 마지막 설교에서 백성들에게 결단과 헌신을 요구합니다. 그는 하나님이 인도하신 이스라엘의 역사를 회고하고 백성들에게 하나님이 주실 축복과 심판을 전하며 그들의 결단을 묻습니다. 신앙은 결단해야 하는 것입니다. 결단이 하나님과 하는 약속인 것입니다. 하나님은 늘 백성들에게 언약할 것이냐고 묻습니다. 선택은 우리의 몫입니다. 때때로 우리는 하나님 앞에 다시 결단을 해야 합니다. 여호수아는 이스라엘을 다시 결단하게 합니다. 신앙은 풍선에 바람이 빠지듯이 연약해지고 희미해질 때가 있습니다. 그래서 하나님은 결단을 요구하십니다.

3. 여호수아의 죽음

> 이스라엘이 여호수아가 사는 날 동안과 여호수아 뒤에 생존한 장로들 곧
> 여호와께서 이스라엘을 위하여 행하신 모든 일을 아는 자들이 사는 날 동
> 안 여호와를 섬겼더라(수 24:31).

여호수아와 장로들이 생존해 있는 동안, 다시 말하면 여호와의 능력과 기적을 경험한 출애굽 2세대가 살아 있는 동안은 그 땅에서 복과 안식을 누렸다는 것입니다. 그 말에는 어떤 뉘앙스가 담겨 있습니까? 그 후세들은 하나님을 잊었다는 의미가 내포되어 있습니다. 여호수아의 고별 설교의 핵심은 세 가지입니다. 첫째, 과거의 하나님 은혜를 기억하라는 것입니다. 둘째, 하나님께 충성하라는 것입니다. 셋째, 심판과 위협이 있을 수 있다는 겁니다.

이것은 당 세대에게만 국한된 것이 아니기에 자녀 세대를 가르쳐야 될 책

임이 부모에게 있었습니다. 그러나 부모들은 자기만 알고 자녀들에게 전수하지 못했습니다. 그렇기 때문에 하나님의 은혜가 자녀 세대에까지 이르질 못했습니다. 그래서 출애굽 3세대는 비참한 인생을 살게 됩니다. 그 세대가 바로 사사기 세대거든요. 출애굽 1세대는 하나님 말씀에 불순종하여 광야에서 죽었고, 출애굽 2세대는 7년을 고생하며 전쟁을 치렀지만 그래도 땅을 차지했으니 그나마 괜찮습니다. 그러나 출애굽 3세대는 하나님을 알지 못해서 비참한 결과를 겪게 됩니다.

여호수아는 110세를 끝으로 생을 마감하고 언약의 땅 에브라임 산지 딤낫 세라에 장사됩니다. 이스라엘 백성을 이끌고 요단 강을 넘어 많은 전쟁을 치르고 정복한 땅을 부족별로 나누어주었던 여호수아는 모세의 당부에 따라 매일 말씀을 읽고 묵상하고 말씀대로 살았습니다. 이제 그는 죽고 이스라엘은 지도자 없이 남게 됩니다.

담아가기

1. 가나안 정복 의지가 있는 사람이 가나안에 들어가야 합니다. 하나님이 우리를 구원받은 백성으로 삼으시고 세상 즉, 가나안에 보내신 이유가 무엇일까요? 가나안을 정복하고 하나님의 왕 되심을 선포하며, 하나님의 왕 되심의 깃발을 꽂는 것이라 믿습니다. 이러한 사명을 가진 자가 가나안 정복 의지가 있는 사람입니다. 당신은 구원받은 자로서 세상을 향하여 하나님의 왕 되심을 전하려는 의지가 있습니까? 아니면 구원받았음에 만족하여 안주하고 있습니까?

2. 여호수아는 땅을 정복한 후에 분배를 합니다. 그리고 백성에게 마지막으로 유언합니다. "오늘 너희가 여호와를 섬기든지 아니면 너희가 거주하고 있는 땅에 있는 아모리 족속의 신을 섬기든지 너희가 섬길 자를 오늘 택하라"(수 24:15). 하나님은 이스라엘 백성이 억지로 자신에게 순종하기를 원하시는 분이 아니었습니다. 축복과 저주는 항상 그들 앞에 있다고 하셨습니다. 우리에게도 오늘 '그리하면'의 축복과 '그렇지 않으면'의 경고가 있습니다.

인류의 시작 시대 2100년

이스라엘 역사의 시작 시대 400년

노예시대 400년

광야시대 40년

가나안 정복시대 7년

사사시대 350년

통일왕국시대 120년

분열왕국시대 350년

포로시대 70년

귀국시대 93년

가장 암울했던 시대

06

●   이 시대를 반영하는 대표적인 구절이 있다. "그 세대도 다 그 조상에게
돌아가고 그 후에 일어난 다른 세대는 여호와를 알지 못하며 여호와께서 이스라엘을 위하여 행하신 일도
알지 못하였더라(삿 2:10)." 바로 이것이 하나님 나라의 비극의 시작이었다. 하나님은 자신의 백성을 영적
으로 돌보고 지키는 일을 레위 지파에게 맡겼지만 오히려 그들은 타락의 온상이 되었고 따라서 백성은 하
나님 말씀보다는 자기의 소견대로 살았던 패역한 시대가 일명 사사시대 350년이었다. 결국 사사란 실패
한 역사이며 '타락-심판-구원-타락'이라는 순환의 역사이자 자신들이 생각한 세상을 닮은 임금을 요구
한 극히 인본적인 시대였다. 이 시대에 한줄기 빛이었던 여인이 룻이었다.

잊혀진 경고와 비극

🌿 뿌리내리기 _성경의 전체를 알아봅니다

〈사사기〉는 〈여호수아서〉와 완전히 대조적인 입장에 있습니다. 〈여호수아서〉가 하나님 말씀에 순종하여 승리한 것을 기록했다면 〈사사기〉는 여호와의 말씀에 불순종하여 비참한 비극을 경험한 이야기들을 기록하고 있습니다.

여호수아는 B.C. 1390년에 죽습니다. 사울 왕이 즉위할 때가 B.C. 1050년입니다. 계산하면 사사시대는 약 350년의 기간입니다. 그 시대를 살았던 출애굽 3세대는 하나님을 몰랐기 때문에 거룩하게 살지 못했고, 따라서 그 땅에서 안식을 누리지 못하고 계속 심판과 전쟁과 고난을 경험했습니다. 그래서 10시대 중에서 가장 암울했던 시기가 바로 사사시대입니다.

사사시대를 배경으로 쓰인 책에는 〈사사기〉, 〈룻기〉, 〈사무엘상〉이 있습니다. 이스라엘 백성이 여호와의 목전에서 악을 행하면, 하나님께서 이스라엘을 대적의 손에 잠깐 붙이십니다. 그러면 그들은 고통 중에서 하나님께 부르짖습니다. 그때 급조된 사사를 일으켜서 그들을 구원하십니다. 그렇게 평안을 찾으면 또다시 죄를 짓습니다. 그러면 하나님이 다시 대적의 손에 그들을 붙이십니다. 그렇게 배반, 징계, 회개, 회복이라는 사이클이 7번이나 되풀이됩니다. 그들은 축복의 땅에 들어왔음에도 불구하고 안식을 누리지 못했습니다.

〈사사기〉의 히브리 성경 제목은 〈재판관들〉입니다. '정의를 지키고 분쟁을 해결한다', '해방하다, 구원하다'의 의미도 가질 수 있습니다. 사사[1]란 여호수아가 죽고 왕정이 세워지기 이전까지 군사적, 정치적 권한을 가졌던 당시 최고의 지도자를 말합니다.

1 오랜 기간은 아니더라도 이들은 자기 지역의 지도자로 활동했다. 현대적인 용어로 그들을 표현한다면 '자유의 투사'나 '유격대원' 정도로 불릴 수 있다. 이들은 대부분 하나님이 부르시기 전까지 인간적으로 소외되었던(고전 1:26~31) 여자, 겁쟁이, 농부, 깡패 등의 사람이었다.

🍃 숲 길잡이 _성경의 전체를 표로 알아봅니다

초점	타락과 쇠퇴	이스라엘 구원												악행의 결과		
관련 구절	1:1 ——— 3:7											17:1 —19:1 —20:1~21:25				
구분	여호수아 이후	13명 사사의 생애와 행적												우상 숭배 의 죄	부도덕 의 죄	내전 의 죄
내용	군사적 쇠퇴	영적 쇠퇴	옷니엘	에훗	삼갈	바락	기드온	아비멜렉	돌라&야일	입다	입산	엘론&압돈	삼손	미가의 신당	레위의 첩	베냐민과의 전쟁
장소	가나안															
기간	약 350년															

〈사사기〉는 '악행-쇠퇴-구원'이라는 세 개의 큰 숲을 이루고 있습니다. 여호수아 이후 이스라엘 공동체는 군사적으로나 영적으로 급격하게 쇠퇴

합니다. 하나님이 그들 민족을 지켜주시는데 그들이 타락하니 하나님이 그들을 떠나신 것입니다. 군사적으로 쇠퇴하기 때문에 주변 민족에게 당하기 시작합니다. 그들이 회개할 때마다 하나님께서 13명의 사사를 세워 구원하십니다. 옷니엘부터 시작해서 마지막 사사 사무엘까지 이어집니다. 17장부터 사사시대의 시대상을 보여준 대표적인 악행의 결과가 크게 두 개 나오는데 미가의 신상 사건과 레위의 첩 사건입니다.

당시 영적 성결은 누가 지켰어야 하나요? 레위 지파가 지켜야 했습니다. 그럼에도 불구하고 두 사건 모두 레위 지파가 오히려 잘못을 부추겨서 발생했습니다.

🍃 구약 숲으로 _성경의 중심내용을 알아봅니다

가나안 정복 후 백성을 향한 하나님의 기대

가나안에 입성한 이스라엘 백성은 국가의 틀을 완전히 이루었습니다. 국민이 있었습니다. 법이 있고 영토도 있었습니다. 그러나 일반 나라와 다른 것은, 하나님이 국민을 직접 선택하셨고, 법을 주셨고, 주신 영토에서 살아가는 영적 공동체라는 것입니다. 그렇기에 〈사사기〉의 주요 관점은 하나님이 어떻게 이 공동체를 유지하기를 원하셨나 하는 것입니다.

하나님은 이스라엘 백성이 그분의 법을 따라 거룩한 백성이 되어 열방을 향하여 빛을 비추는 영광스러운 공동체가 되기를 바라셨습니다. 하나님의 영광의 빛을 받아서 인간의 왕이 필요 없고, 인간의 소견을 따라 살아도 틀리지 않고, 하나님의 뜻이 자연스러운 소견이 되는 그런 영적 공동체, 하나님의 말씀과 율례와 법도가 다스리는 영적 공동체 말입니다. 그리고 그러한 일을 레위 지파가 맡아주길 바라셨습니다. 하지만 이스라엘 백성이 그렇게 영광스럽게 살았습니까? 레위 지파는 자신들의 역할을 잘 감당했습니까? 아닙니다.

하나님 나라에서 사사라는 이름은 별로 유쾌하지 않은 이름입니다. 사사라는 이름이 왜 나타났을까요? 하나님은 원래 사사 같은 사람 두기를 원치 않으셨습니다. 사사라는 직책은 사명을 감당하지 못해서 실패한 공동체를 구원하시려고 하나님이 급조해서 세운 직분입니다.

〈사사기〉는 순환 역사

〈사사기〉의 연대는 주로 주제에 따라 구성되어 있습니다. 〈사사기〉의 주제는 일관된 순환의 역사로 되어 있습니다. 7번 악순환의 고리가 서로 연결되어 있습니다. 하나님의 백성이 죄를 짓게 됩니다. 하나님은 정복하지 않은 여러 대적의 손에 이스라엘 공동체를 맡깁니다. 그래서 그들은 한동안 고난과 노예의 삶을 살게 됩니다.

고통 가운데 하나님께 회개하면서 간구합니다. 그러면 하나님께서는 그들을 용서하시고 누구를 일으키십니까? 사사를 일으켜서 실패한 공동체를 다시 살리십니다. 그들은 평안한 삶을 잠시 살지만 금방 또 범죄합니다. 그래서 사사가 세워져 그들을 구원하면 30년 동안 또 평안합니다. 그러면 그들이 또 까불어요. 가나안의 문화 속에 동화되어 타락합니다. 하나님은 또 사랑의 막대기로 그들을 징계하십니다. 그들은 괴로움 가운데 또 간구합니다. 그렇게 사사시대 350년 동안 13명의 사사가 등장합니다.

지금을 사는 우리와 별반 다를 게 없습니다. 스스로 돌아봅시다. 지금 나는 어느 단계에 있는지, 내가 평안해서 하나님과 가족 모르게 은밀한 죄 가운데 있거나 습관적인 죄에 묶여서 살고 있지 않은지, 아니면 예전에 저질렀던 죄 때문에 고난 속에 있지 않은지 혹은 그 죄의 형벌과 고통 가운데서 하나님 앞에 매달려 구하고 있지 않은지.

하나님께서 우리를 사랑하신다면 우리의 죄를 모른 척하시지 않습니다. 그래서 죄를 끊어야 합니다. 하나님이 끊으시면 아픕니다. 하나님 앞에 온전치 못한 것 있다면 스스로 빨리 끊으세요. 하나님이 스스로 회개할 시간을 주고 계십니다. 내가 못 끊으면 하나님이 끊게 해주시는데 그것은 엄청 아파요. 하나님이 손댈 때까지 기다리는 건 가장 바보입니다. 사사시대의 이스라엘 백성 같은 순서를 겪지 마시고 돌아오세요. "평안할 때, 은혜 중에 있을 때 더 잘하자" 하는 마음으로 살기를 바랍니다.

〈사사기〉의 핵심 구절은 "그때에 이스라엘에 왕이 없으므로 사람이 각기 자기의 소견에 옳은 대로 행하였더라"(삿 21:25)입니다. "왕이 없으므로" 이스라엘의 왕은 누구입니까? 하나님이신데 그들은 하나님을 왕으로 모시지 않고 살았다는 것입니다. 하나님의 율법과 규례와 법도가 분명히 있었지만 그들은 하나님 말씀을 무시했습니다. 그리고 각기 자기 소견대로, 인간적이고 극히 죄악적인 본성에 이끌린 죄의 소견대로 살았던 것입니다.

잊혀진 경고

여호수아가 백성에게 들려주었던 마지막 경고는 복과 저주가 너희 앞에 있으니 하나님의 은혜를 기억하고, 하나님께만 충성하라는 것이었습니다. "죄와 쾌락과 음란으로 찌든 가나안 거민들의 습관을 따라 살거나 그들의 신을 섬기면 속히 심판과 저주가 임할 것이다"라고 여러 번 강조했습니다. 그러나 부모 세대는 자녀 세대에게 신앙 교육을 하지 못했습니다.

> 백성이 여호수아가 사는 날 동안과 여호수아 뒤에 생존한 장로들 곧 여호
> 와께서 이스라엘을 위하여 행하신 모든 큰 일을 본 자들이 사는 날 동안에
> 여호와를 섬겼더라 여호와의 종 눈의 아들 여호수아가 백십 세에 죽으매
> 무리가 그의 기업의 경내 에브라임 산지 가아스 산 북쪽 딤낫 헤레스에 장

사하였고 그 세대의 사람도 다 그 조상들에게로 돌아갔고 그 후에 일어난 다른 세대는 여호와를 알지 못하며 여호와께서 이스라엘을 위하여 행하신 일도 알지 못하였더라(삿 2:7~10).

여호와를 알지 못하는 것이 비극의 시작이었습니다. 그들은 먹고사는 것에 마음을 다 뺏겨서 하나님을 버렸습니다. 교만한 자리에 앉았습니다. 하나님을 모르는 부와 평안함이 복입니까? 잘 먹고 잘살기 위해서 자녀들에게 하나님을 가르치지 못했다면 자녀들이 좋은 대학, 좋은 사람, 좋은 직장을 만나게 하기 위해서 하나님을 가르치는 것을 깜박 잊었다면, 그래서 하나님 없는 부와 평안이 그들에게 있다면 과연 그것이 복이 될까요? 아니라고 말할 줄 아는 것이 축복이요, 믿음입니다.

하나님 없는 물질, 하나님 없는 자리가 무슨 의미가 있습니까? 영원한 권좌는 없습니다. 영원한 명예, 영원한 물질은 없어요. 사울 왕은 모든 것을 가졌고 당시 최고의 위치에 있었지만 하나님의 신이 떠나자 악령이 그를 괴롭힙니다. 세상적으로 최고의 성공을 이루어도 영적으로 실패하면 악령이 그를 찾아옵니다. 그것이 복입니까? 하나님이 없기 때문에 인생 가운데 비극이 있습니다.

하나님께서는 우리 마음을 온 우주보다 더 크게 만들어놓으셨습니다. 그 마음은 하나님만이 채울 수 있는 공간입니다. 세상의 어떤 것을 채워도 늘 부족함이 있는 게 우리의 마음이에요. 인생의 주인을 하나님으로 모시길 바랍니다. 하나님만이 우리 영혼의 공간을 채우실 수 있기 때문입니다.

신앙 계승의 실패

그러면 가나안 1세대가 자녀들에게 신앙을 계승하지 못한 이유가 뭘까요? 첫째, 자녀들에게 하나님의 말씀을 가르치지 못했습니다. 둘째, 여호와 하나님을 섬기는 거룩한 백성으로서의 삶의 모범을 보여주지 못했습니다. 셋째, 가나안 정착 세대는 영적인 도전보다는 편안함을 추구하는 세대였습니다. 하나님 없는 편안함은 오히려 큰 장애입니다. 하나님 없는 편안함, 하나님 없는 물질, 하나님 없는 자리는 오히려 자녀를 버리는 일입니다. 결국 이스라엘은 가나안 땅에 들어갔지만 전체의 유업을 소유하는 데는 실패했습니다. 그리스도인이 죄에 빠져 주어진 승리와 축복을 잃게 된다는 것이 얼마나 아쉬운 일입니까?

부모로서 가장 큰 죄가 뭘까요? 부모 세대가 하나님의 말씀을 소개하지 않아 자녀 세대가 하나님을 알 수 없어 그 말씀에 순종하지 못한다면, 그래서 하나님께서 주실 축복을 자녀 세대가 받아 누리지 못한다면 이 책임은 부모 세대의 죄인 것입니다. 동의하십니까? 부모의 가장 중요한 역할은 자녀들과 하나님이 만날 수 있도록 다리를 놔주는 것입니다. 내가 키우려 하지 마세요. 내가 키우면 내 수준밖에 못 키웁니다. 하나님이 키워주셔야 하나님의 수준만큼 끌어올릴 수 있습니다.

자녀들에게 신앙의 유산을 물려주는 일도 십자가의 길, 순교자의 삶을 사는 일 중의 하나입니다. 자신은 순교자처럼 살고 헌신자로 살다가 자녀들에게는 물질만 남겨주지 마세요. 자녀들끼리 소송하고, 형제자매 간에 원수 되는 일이 벌어집니다. 이스라엘 백성은 가나안에 들어가기 전에 이미 영적으로 무장 교육을 받았습니다. 그러나 정체성을 망각하며 비참해집니다. 사사기 2장 말씀에서 원인과 결과를 보여주고 있습니다. 먼저 원인을 살펴봅시다.

그 사사가 죽은 후에는 그들이 돌이켜 그들의 조상들보다 더욱 타락하여 다른 신들을 따라 섬기며 그들에게 절하고 그들의 행위와 패역한 길을 그치지 아니하였으므로 여호와께서 이스라엘에게 진노하여 이르시되 이 백성이 내가 그들의 조상들에게 명령한 언약을 어기고 나의 목소리를 순종하지 아니하였은즉(삿 2:19~20).

그렇게 되면 어떤 결과가 있을까요?

나도 여호수아가 죽을 때에 남겨둔 이방 민족들을 다시는 그들 앞에서 하나도 쫓아내지 아니하리니 이는 이스라엘이 그들의 조상들이 지킨 것같이 나 여호와의 도를 지켜 행하나 아니하나 그들을 시험하려 함이라 하시니라 여호와께서 그 이방 민족들을 머물러 두사 그들을 속히 쫓아내지 아니하셨으며 여호수아의 손에 넘겨주지 아니하셨더라(삿 2:21~23).

하나님은 혹시나 발생할지 모르는 이러한 사태를 위하여 이방 민족을 남겨두셨습니다. 첫째, 이스라엘을 벌하시기 위해서입니다(삿 2:3, 2:20~21). 하나님의 백성임에도 불구하고 거룩함을 잃어버린 그들, 그 존재 의미를 잃어버린 그들을 심판하기 위해서 여전히 문제를 남겨놓으신 것입니다. 둘째, 이스라엘을 시험하여 확인하시기 위해서입니다(삿 2:22, 3:4). 말씀에 순종하는지 안 하는지 확인하기 위해서 민족들을 남겨놓으신 것입니다. 셋째, 이스라엘에게 전쟁 경험을 갖게 하시기 위해서입니다(삿 3:2). 전쟁을 모르는 세대들에게 전쟁을 가르쳐주기 위해서 이방 민족을 남겨놓으셨다는 것입니다.

결국 이방 민족을 남겨놓은 것은 이스라엘 민족을 사랑하셨기 때문입니다. 그들에게 충격을 주고 아픔을 줘서라도 거룩함을 잃어버리지 않게 하기 위한 하나님의 사랑인 것입니다.

왜 우리 삶의 문제들이 모두 끝나지 않는 줄 아나요? 오랫동안 기도해도 왜 여전히 기도할 제목이 남아 있는지 아나요? 그 기도 제목과 그 십자가의 고통 때문에 내가 은혜 아래에 머물 수 있기 때문입니다. 은혜 아래 머물 수 있는 것이 복일 줄로 믿습니다. 문제가 있어도 은혜 안에 있다면 아무런 문제가 되지 않습니다. 아무 문제없이 은혜 밖에 있는 것이 더 큰 문제입니다. 고난이 실패가 아닙니다. 고난을 통해서 하나님은 우리를 부르십니다. 이를 통해 우리에게 능력을 부어주시길 원하십니다.

가나안 2세대, 3세대가 실패한 이유는 하나님을 알지 못했기 때문이었습니다. 우리 자녀 세대가 거룩함과 순결함으로 세워지길 원합니다.

풍전등화 같은 이스라엘

1. 타락

• 여호수아 이후 : 군사적 쇠퇴(삿 1:1~2:5) 여호수아는 전쟁에서 승리하였으나 거주민들은 여전히 그곳에서 자기 기반을 중심으로 이스라엘 백성을 공격하며 괴롭혔습니다. 또한 유다는 가사, 에그론 등의 해안 도시들과의 첫 전쟁에서 승리를 얻었지만(1:18) 이스라엘에는 철병거가 없었기 때문에 그들을 그 지역에서 완전히 내몰 수 없었습니다(1:19).

> 므낫세가 벧스안과 그에 딸린 마을들의 주민과 다아낙과 그에 딸린 마을들의 주민과 돌과 그에 딸린 마을들의 주민과 이블르암과 그에 딸린 마을들의 주민과 므깃도와 그에 딸린 마을들의 주민들을 쫓아내지 못하매 가나안 족속이 결심하고 그 땅에 거주하였더니(삿 1:27).

가나안 전쟁은 승리한 것처럼 보이지만 사실은 승리하지 못했습니다. 여전히 싸워야 할 적들이 많았습니다. 여호수아 사후에도 남겨진 적들이 이스라엘을 계속해서 괴롭혔습니다. 그러므로 여호수아가 죽은 후에 군사적인 쇠퇴가 왔습니다.

• 여호수아 이후 : 영적 쇠퇴(삿 2:6~3:5)　이스라엘은 영적으로도 쇠퇴합니다. 여호와의 사자가 이스라엘의 불신앙에 대해서 책망합니다. 가나안 땅에서 이스라엘 백성이 절대자를 기억하고 금해야 할 것들이 있었는데 대표적으로 2장 2절 말씀을 들 수 있습니다. "너희는 이 땅에 주민과 언약을 맺지 말며 그들의 제단들을 헐라 하였거늘 너희가 내 목소리를 듣지 아니하였으니 어찌하여 그리하였느냐."

그들과 절대 언약을 맺지 말고 우상을 회피하라고 하셨습니다. 그러나 사사시대의 사람들은 그렇게 살지 못했습니다. 말씀에 순종하지 못해서 거룩함을 잃어버리자 우상 문화가 그들의 삶을 오염시켜버렸습니다. 이로 인해 이스라엘은 군사적, 영적으로 쇠퇴하게 됩니다.

만약 우리가 하나님의 말씀을 번연히 알면서도 "한 번만" 하면서 끌려가고 말씀에 순종하지 못하면, 성도로서 거룩함이 무너져버리고 곧 더러운 우상과 탐심 문화에 오염되어 영적인 쇠퇴를 경험할 것입니다. 하나님의 백성은 거룩함이 생명이요, 힘입니다. 하나님의 백성이 거룩함을 잃어버리면 하나님의 백성으로서 존재의 의미도 잃어버리는 것입니다. 여호수아 사후에 영적으로 쇠퇴하는 시대상을 성경 기자는 이렇게 또 기록하고 있습니다.

> 그 세대의 사람도 다 그 조상들에게로 돌아갔고 그 후에 일어난 다른 세대는 여호와를 알지 못하며 여호와께서 이스라엘을 위하여 행하신 일도 알지 못하였더라 이스라엘 자손이 여호와의 목전에 악을 행하여 바알들을 섬기며(삿 2:10~11).

이스라엘 비극의 시작은 여호와를 알지 못했기 때문입니다. 여호와를 알지 못했기 때문에 그 자손들이 여호와의 목전에서 악을 행하면서 바알을 섬겼습니다. 그 당시 최고의 이방 신은 바알이었습니다. 왜 이스라엘 백성은 그토록 바알을 떠나지 못하고 집착했을까요? 첫째, 이스라엘 백성은 하나님을 전쟁의 신으로만 착각했습니다. 그들이 출애굽 여정을 통해서 경험한 하나님은 전쟁에 뛰어난 하나님이셨습니다. 그 강한 애굽의 문을 여시고 이스라엘 백성을 이끌어내셨습니다. 또 추격하는 애굽 군대를 다 몰살시키셨습니다. 광야 여정 중 아말렉과의 싸움(출 17장)에서 모세가 두 손을 들고 기도하니 이스라엘이 이겼습니다. 그리고 모압까지 이르는 과정 속에서도 시온 왕과 바산 왕 옥 등 아모리 족속들을 다 물리치시죠. 요단 강을 건너 가나안 일곱 족속과의 전쟁도 놀랍게 승리합니다. 그런 과정을 보면서 이스라엘 백성은 하나님을 전쟁 신으로 생각했습니다.

그러나 가나안에 들어와서 정착문화가 시작되었습니다. 농사를 지어야 했습니다. 하나님은 농사짓는 것, 열매 맺는 것에는 관심이 없고, 관여하지 않는다고 생각했습니다. 그러므로 농사짓기에 절대적으로 필요한 태양과 비를 주는 신, 땅에 풍요를 가져다주는 신, 농사에 복을 주는 신, 풍성한 수확을 주는 신이 비와 폭풍의 신인 바알이라고 생각했습니다. 따라서 농사를 짓는 농경문화 속에 있는 그들은 바알을 떠나질 못했습니다. 그들은 그저 평안히 먹고 마시고 즐기기를 바랐습니다.

둘째, 바알을 섬기는 제사법은 아주 짜릿하고 자극적이었습니다. 당시 최고의 신은 엘(EL)이었습니다. 그에게는 몇 명의 아들이 있었는데 그들 중 한 명이 바알입니다. 비가 오지 않으면 비의 신 바알이 바다의 신에게 잡혀서 죽어가고 있다고 생각했습니다. 그렇기 때문에 바알 신을 벌떡 일어나서 일하도록 도와주어야 했습니다. 그래서 가뭄이 심하면 심할수록 바알을 자극하기 위해 그의 성욕을 돋우는 음란한 성행위를 보였습니다. 한두 명이 성행위하는 모습이 아니라 집단적으로 성행위하는 것을 보여주면 바알이 자극을 받아서 벌떡 일어나 정액을 뿌려댄다고 생각했습니다. 그 정액이 바로 비라고 여겼습니다. 그러기에 바알을 섬김에 있어서 성행위는 신성한 의식이었습니다.

이것에 비해 하나님께 드리는 예배는 얼마나 고통스러웠습니까? 본인이 직접 소와 양의 목을 따고 가죽을 벗겨야 합니다. 가죽 벗기다 보면 피가 튀고 피비린내가 납니다. 돈 들지, 어렵지, 징그럽고 잔인하지, 신앙이 없는 사람들이라면 뭘 선택하겠습니까? 이런 바알 우상이 유럽으로 전파되어 그리스 문화, 즉 그리스 신화를 만들어냈습니다. 그리고 인도와 동양에 신비 종교를 만들어서 인도서원과 동양의 신비 종교 속에는 더럽고 음탕한 성 문화가 얼마나 많이 있는지 모릅니다. 그 모든 것의 근원적 뿌리는 바알 신앙입니다.

하나님의 백성에게조차 바알은 깊숙이 침투해 있었습니다. 누가 비를 내리느냐, 이것이 구약의 화두였습니다. 이 문제는 결국 누가 인간을 먹여 살리느냐 하는 것입니다. 바알입니까? 하나님입니까? 지금도 사탄은 끊임없이 하나님 없이 네가 열심히 일해야지 먹고살 수 있다는 생각을 주입시키고 있습니다. 하나님의 은혜로 산다는 생각을 거절하게 합니다. 열심히 살고 열심히 즐기라는 것입니다. 그러나 과거 바알 신을 좇던 자들은 전부 망했고 앞으로도 망할 것이라는 것이 성경이 우리에게 증거하는 바입니다.

2. 사사들의 생애

사사들은 이스라엘 항존적인 지도자들이 아니었습니다. 평생 지도자가 아니라는 것입니다 그들은 이스라엘 백성이 어려운 일이 있을 때 여호와의 신이 임함으로 여호와의 전쟁에 앞장섰던 사람들입니다. 그들이 전쟁에서 승리한 것은 결코 그들 자신의 능력이 아니라, 오직 여호와의 신의 도움이었습니다. 사사들을 살펴보면 하나같이 인간적으로 부족한 사람들이었습니다. 여자도 있고 농부, 깡패도 있었습니다. 여자 사사는 드보라, 농부 사사는 기드온, 깡패 사사는 입다입니다. 그들은 전쟁이 끝나면 모두 자기 자리로 돌아가야 했습니다. 하나님께서 비상시에 그들을 부르시고 위기를 해결하게 하신 다음 다시 원래 자리로 돌려보내셨습니다. 〈사사기〉에는 사사들의 업적뿐 아니라 그들 말년의 실패담도 여지없이 기록하고 있습니다(바락 -4:8, 기드온-8:27, 삼손-16장).

성경에 기록된 사사는 모두 12명이지만 13명이라고 말하는 사람도 있습니다. 드보라와 함께했던 바락을 사사로 구분하면 13명이 됩니다. 아래 도표를 보면 첫 번째 옷니엘부터 삼손까지 11명이 나옵니다. 사무엘을 제외하였기 때문입니다. 사무엘까지 합치면 12명의 사사가 됩니다. 이중 3명의 사사(드보라, 기드온, 삼손)는 자세하게 기록하였고 9명의 사사는 간략하게 기록하였습니다.

사사명	성경	압력자	속박기간	태평기간	주요사건
옷니엘	3:1~11	메소포타미아 왕 구산리사다임	8년	40년	•갈렙의 조카, 기럇 세벨을 친 후 그의 사위가 됨 •메소포타미아 왕 구산리사다임을 물리침(3:10)
에훗	3:12~4:1	모압 왕 에글론	18년	80년	•왼손잡이 에훗은 모압 왕 에글론을 살해함 •만 명의 모압인을 살해하도록 지휘함(3:29)
삼갈	3:31, 5:6	블레셋			•소 모는 막대기로 블레셋 600명을 죽임(3:31)
드보라 바락	4:1 ~ 5:31	가나안 왕 야빈 그의 군대 장관 시스라(4:2)	20년	40년	•여 선지자며 사사인 드보라는 랍비돗의 아내임 •드보라와 바락은 기손 강 싸움에서 시스라 900승 철병거를 부쉈음 •시스라는 헤벨의 아내 야엘에게 장막 말뚝으로 살해당함 •드보라의 노래(5장)는 시스라에게 이긴 드보라와 바락의 승리를 자세히 말함 •바락은 히브리서 11장 32절에 나오는 믿음의 영웅에 들어감
기드온	6:1 ~ 8:32	미디안 사람	7년	40년	•밀을 포도주 틀에 타작하고 있을 때, 하나님의 사자가 그에게 나타남 •하나님의 부름 후에 기드온은 밤에 바알과 아세라의 제단을 파괴함 •기드온이 '양털 표적' 요구함 •군대를 3만 2천 명에서 만 명으로, 다시 3백 명으로 줄였음 •나팔과 항아리와 횃불로 미디안과 싸웠음 •금 에봇을 만들어 백성이 우상숭배에 빠지게 함 •기드온의 아들은 70명이었음

아비멜렉	8:33 ~ 9:57	내전	20년	30년	• 아비멜렉은 기드온 첩의 아들 중 한 명으로 막내 요담을 제외하고 이복형제를 모두 죽임 • 스스로 세겜의 왕이 됨 • 요담이 가시나무 비유로 세겜 사람들을 꾸짖음 • 아비멜렉은 자기를 대적해서 모의한 가알을 진압하던 중 한 여인이 던진 맷돌 위짝에 맞아 거의 죽을 뻔한 것을 병사의 칼로 죽음
돌라	10:1~2			23년	• 잇사갈 지파의 유력한 집안 중 하나였을 것임
야일	10:3~5			22년	• 아들 30명, 성읍 30개를 둠
입다	10:6 ~ 12:7	블레셋, 암몬 에브라임과 내전	18년	6년	• 기생에게서 낳은 아들 • 미스바에서 족장이 됨 • 암몬 진압하고 20개의 성읍 얻음 • 암몬과의 전쟁에서 큰 승리를 얻었으나 서원을 잘못하여 딸을 제물로 바침 • 에브라임과 전쟁 후 승리
입산	12:8~10			7년	• 30명의 아들과 30명의 딸이 있음 • 유대인의 전통은 입산을 유다 베들레헴의 보아스와 같은 인물로 봄
엘론	12:11~12			10년	• 스불론 땅 아얄론에 장사함
압돈	12:13~15			8년	• 압돈의 부와 탁월성은 40명의 아들과 30명의 손자가 어린 나귀를 탔다는 사실에서 드러남
삼손	13:1 ~ 16:31	블레셋	40년	20년	• 나실인으로 출생 • 맨손으로 사자를 죽이고, 여우 30마리를 잡아 두 마리씩 묶어 꼬리 사이에 횃불을 붙여 블레셋의 곡식 밭으로 들여보냄 • 들릴라의 유혹에 넘어가 포박되어 투옥 후 다곤의 신전을 무너뜨려 약 3천 명의 블레셋인을 죽이고 자신도 죽음

12명의 사사의 특징을 살펴봅시다.

• 첫 번째 사사는 옷니엘입니다   그가 활동했던 시기는 메소포타미아 지역 곧 이스라엘 위에 있는 아람나라가 쳐들어와서 8년 동안 속박당한 기간이었습니다. 압력자는 메소포타미아 왕 구산리사다임입니다. 그러다 갈렙의 조카였던 옷니엘이 기럇 세벨을 친 후 그 땅을 차지하고 갈렙의 사위가 됩니다. 그리고 40년 동안 태평했는데 백성들이 또 죄를 짓습니다. 그래

서 또 누구의 종노릇을 합니까? 모압에게 종노릇을 하게 됩니다. 그때 하나님은 119대원 누구를 보내십니까?

• 두 번째 사사 에훗입니다   왼손잡이 에훗은 곡물을 가지고 궁으로 들어가 왕을 암살하기로 계획합니다. 그래서 칼을 오른쪽 허벅지에 넣고 들어가서 왕에게 "드릴 말씀이 있습니다" 하며 가까이 다가갑니다. 조그마한 다락방에 들어가 문을 잠그고 허리를 숙이는 척하면서 왼손으로 날쌔게 오른쪽에 있는 칼을 뽑아 모압 에글론 왕을 찌릅니다. 근데 그 칼이 등 뒤까지 나왔다고 했습니다. 기름이 엉겼다고 했는데 《요세푸스》라는 책에 보면 모압 왕이 비둔한 자라 대변을 쌌다고 합니다. 그리고 문을 잠그고 뒤로 나갔습니다. 그 상황을 생각하며 다음 성경구절을 읽으면 재미있습니다.

> 에훗이 왼손을 뻗쳐 그의 오른쪽 허벅지 위에서 칼을 빼어 왕의 몸을 찌르매 칼자루도 날을 따라 들어가서 그 끝이 등 뒤까지 나갔고 그가 칼을 그의 몸에서 빼내지 아니하였으므로 기름이 칼날에 엉겼더라 에훗이 현관에 나와서 다락문들을 뒤에서 닫아 잠그니라 에훗이 나간 후에 왕의 신하들이 들어와서 다락문들이 잠겼음을 보고 이르되 왕이 분명히 서늘한 방에서 그의 발을 가리우신다 하고 그들이 오래 기다려도 왕이 다락문들을 열지 아니하는지라 열쇠를 가지고 열어 본즉 그들의 군주가 이미 땅에 엎드러져 죽었더라(삿 3:21~25).

여기서 '그의 발을 가리신다'라는 말은 용변을 본다는 말입니다. 다락문은 화장실이 아니고 왕이 쉬는 방인데 잠겨 있었습니다. '주무시는구나' 생각하고 기다리는데 오랫동안 나오질 않고 용변 냄새가 나니까 '아, 여기서 변을 봤구나' 하고 생각한 것입니다. 그래도 시간이 오래되고 냄새는 진동하는데 사람은 나오지 않으니까 문을 열고 들어가 보니 이미 대변을 싸고 죽어 있는 상태라는 것입니다. 이로써 모압을 가볍게 제압했습니다. 그래서 이스라엘 민족은 80년 동안 태평성대를 이루었습니다. 또 에훗은 만 명의 모압인들을 살해하도록 지휘했습니다. 아마 암살조 살수집단을 운영했던 것 같습니다.

• 세 번째 사사는 삼갈입니다   그의 대상은 블레셋이었습니다. 소 모는 막대기로 600명을 죽였습니다. 소 모는 막대기가 보통 막대기가 아닌가 봐요. 기관총보다 더 대단한 위력 있는 막대기가 아니었나 상상해봅니다.

• 네 번째 사사는 드보라와 바락입니다   드보라와 바락은 동일 인물이 아니라 두 명의 인물입니다. 그들은 한 전쟁에 같이 임했기 때문에 한 선지자로 보기도 하고 구별하기도 합니다. 하솔 왕 야빈이 이스라엘을 침략하여 20년간 통치합니다. 그들은 감히 범접할 수 없는 강력한 무기 철병거 9백대를 가지고 있었으며 이스라엘을 심히 학대하고 재물과 곡식을 강탈해갔습니다. 그러자 드보라라는 여자 사사가 일어납니다. 그리고 그의 장관 바락이라는 자에게 그들을 물리치라고 명령을 내립니다.

그러자 바락은 "싫어"라고 말합니다. "혼자는 무서워서 못 가! 당신이 나와 함께하지 않으면 난 안 갈래"라는 것입니다. 드보라와 바락이 기손 강에서 그들과 싸웁니다.

기손 강은 평상시에는 메말라 있던 땅으로 물이 없었습니다. 그런데 그 전쟁하는 날 하나님께서 비를 엄청 내리셔서 기손 강 바닥이 완전히 진흙이 되었습니다. 바퀴가 구르지 못해서 철병거가 무용지물이 되고 하나님이 그들을 모두 죽게 합니다. 그러자 하솔 왕 야빈의 군대 장관 시스라가 도망갑니다. 도망가다 너무 지치고 피곤해 자신과 잘 아는 헤벨의 집으로 찾아가 숨겨달라며 쓰러져 잡니다.

그가 깊이 잠드니 헤벨의 아내 야엘이 장막 말뚝을 가지고 손에 방망이를

들고 그에게로 가만히 가서 말뚝을 그의 관자놀이에 박으매 말뚝이 꿰뚫
고 땅에 박히니 그가 기절하여 죽으니라(삿 4:21).

드보라와 바락을 향한 찬양의 노래가 사사기 5장에 소개되어 있습니다.
바락은 〈히브리서〉에서 믿음의 영웅으로 소개되고 있습니다.

• 다섯 번째 사사는 기드온입니다　미디안이 이스라엘 민족을 또 7년
동안 압제합니다. 그는 농부였습니다. 기드온은 의심이 많고 우유부단하며
굉장히 소심한 사람이었습니다.

하나님이 그를 부를 때 기드온은 몇 가지 징표를 구합니다. 하나님이 나
와 함께하시는 증거를 보여주면 사사가 되겠고 징표를 보여주지 않으면 하
지 않겠다는 것입니다. 신점(divination)은 이방 문화의 관행이었습니다. 그
때마다 하나님은 보여주셨어요. 그러나 기드온이 요구했던 징표는 믿음의
표현이라기보다는 불신앙의 표현이었습니다. 믿지 못하니까 '보여주시면
믿겠습니다' 하는 것은 잘못된 신앙입니다. 총 3번의 징표를 받은 후 그는
순종합니다. 하나님의 명을 따라 바알과 아세라 상을 훼파하였습니다.

하나님께서는 미디안과 싸울 때 많은 사람은 필요 없다시며 300명만 데
리고 전쟁에 나가게 해 나팔과 항아리와 횃불로 승리하게 하셨습니다(삿
7:2). 전쟁이 이스라엘의 완승으로 끝나자 온 이스라엘 사람이 기드온에게
가서 왕이 되어달라고 요청합니다. "당신이 우리를 미디안의 손에서 구원
하셨으니 당신과 아들과 손자가 대대로 우리를 다스려주십시오." 그러나
기드온은 사양합니다. "나나 내 후손이 여러분을 다스리는 왕이 되지 않을
것이요. 다만 여호와께서 여러분을 다스릴 것입니다." 그러면서 이스라엘
백성에게 말합니다. "내가 여러분에게 한 가지 청이 있으니 들어주시오. 여
러분이 노획한 물건 중에 금 귀걸이를 내게 주시오." 백성들은 흔쾌히 금 귀
걸이와 그 외에 많은 패물과 왕의 자색 옷도 내놓았고 기드온은 그것으로

열매 맺기

사사시대의 가장 큰 위협

사사시대에 이스라엘 백성을 계속해서 위협했던 민족은 블레셋 민족이었다. 이집트 삼각주를 공격하다가 실패한 블레셋인들은 자신들이 거주했던 가나안 남쪽에 물러났다가 12세기 초반 가나안의 소유권을 주장하면서 그들은 다섯 도시를 세우면서 내륙으로 손을 펼치기 시작했다. 그들은 자신들과 가장 가까운 땅을 분배받았던 단 지파와 유다 지파를 위협했으며 결국 단 지파를 북쪽으로 이주하게 만든 원인도 제공하고 있다.

에봇을 만들어 집에 두었습니다.

기드온이 에봇을 만든 이유는, 유일한 통치자이신 하나님만을 섬기는 마음을 표현하려는 것이었고, 또 우림과 둠밈으로 하나님의 뜻을 여쭙겠다는 의도였던 것 같습니다. 그러나 대제사장이 입는 에봇은 모세와 솔로몬처럼 하나님의 명을 받은 사람에 의해서만 만들어졌으며, 늘 대제사장과 함께 있어야 했습니다. 그래서 기드온은 에봇을 만들어서도 안 되고, 그것을 집에 보관해서도 안 되는 사람인데 에봇을 만들어서 보관하였기 때문에 화를 자초하게 됩니다. 백성들이 마치 무당에게 길흉을 묻듯 에봇을 우상처럼 섬겼기 때문에 그것을 만든 기드온과 에봇을 보관한 그의 집에 올무가 되었습니다.

• 여섯 번째 사사는 아비멜렉입니다　기드온은 자녀가 70명이었는데 자녀들은 아버지가 죽으면 누군가가 사사가 되고 왕이 될 것이라고 생각했습니다. 그래서 서로 눈치를 보고 있을 무렵 첩의 아들이었던 사악한 아비멜렉이 먼저 칼을 듭니다. 세겜에서 잔치를 베풀고 형제들을 초대한 후 막내아들 요담을 빼놓고 68명을 모두 죽입니다. 그리고 세겜에서 스스로 왕이 되었다고 선포합니다. 그러자 도망간 막내아들 요담이 세겜 사람들을 가시나무 비유를 들며 꾸짖습니다. 멀리서 가알이라는 자가 쿠데타를 일으킵니다. 아비멜렉이 쿠데타를 진압하러 가서 성 밑에 있는데 위에서 맷돌 윗짝이 떨어져서 머리가 깨져 죽게 됩니다. 그 후로 이스라엘은 30년 동안 평탄하게 됐습니다.

• 일곱 번째는 돌라, 여덟 번째는 야일, 아홉 번째 사사는 입다입니다　요단 동편 야베스 길르앗은 얍복 강 위에 있는 곡창지대입니다. 암몬 족속이 그곳에 찾아와 자꾸 곡식을 빼앗아 갑니다. 그러자 길르앗 야베스 장로들이 하나님께 부르짖습니다. "하나님, 제발 우리 민족을 불쌍히 여기소서. 우리를 지켜주소서." 그러자 하나님은 그 장로들의 기도를 거부하십니다.

이스라엘 자손이 여호와께 부르짖어 이르되 우리가 우리 하나님을 버리고 바알들을 섬김으로 주께 범죄하였나이다 하니 여호와께서 이스라엘 자손에게 이르시되 내가 애굽 사람과 아모리 사람과 암몬 자손과 블레셋 사람에게서 너희를 구원하지 아니하였느냐 또 시돈 사람과 아말렉 사람과 마온 사람이 너희를 압제할 때에 너희가 내게 부르짖으므로 내가 너희를 그들의 손에서 구원하였거늘 너희가 나를 버리고 다른 신들을 섬기니 그러므로 내가 다시는 너희를 구원하지 아니하리라 가서 너희가 택한 신들에게 부르짖어 너희의 환난 때에 그들이 너희를 구원하게 하라 하신지라(삿 10:10~14).

하나님이 화나셨습니다. "내가 그때마다 모두 도와줬는데 평안하니까 이방 신 찾아가더니 지금 또 나한테 도와달라고? 너희가 섬기는 이방 신한테 가서 그들에게 도와달라고 해라!" 그러나 하나님은 이 백성을 사랑하시기에 다시 입다를 사사로 세우십니다.

입다는 길르앗 지역의 기생이 낳은 아들로 사회에서 소외받던 사람입니다. 쉽게 말해서 깡패였는데 그를 따르는 자들이 많았습니다. 마치 그는 한 시대를 풍미한 김두환과 같은 인물입니다. 카리스마와 리더십이 있어서 그 지역 깡패들이 형님으로 모신 의리 있는 자였습니다. 사람들이 찾아가 미스바에서 족장으로 세우고 여호와의 영이 그를 사사로 세웁니다. 입다는 암몬과의 전쟁에 나가면서 하나님께 '저를 이 전쟁에서 이기게 해주시면 전쟁에서 돌아와서 처음 맞이하는 자를 번제로 하나님께 드리겠다'고 서원을 합니다. 두려운 마음에 쓸데없는 서원을 한 것입니다. 그의 서원은 어리석고 잘못된 것이며 불필요한 것이었습니다. 그가 출전하기 전에 이미 하나님의 영이 임하여 승리가 예정된 것이었기 때문입니다. 결국 그는 암몬과의 전쟁으로 20개의 성읍을 얻게 됩니다. 그리고 돌아올 때 제일 먼저 그를 맞이한 것은 그의 딸이었습니다. 그러자 입다는 통곡하며 웁니다.

> 입다가 미스바에 있는 자기 집에 이를 때에 보라 그의 딸이 소고를 잡고
> 춤추며 나와서 영접하니 이는 그의 무남독녀라 입다가 이를 보고 자기 옷
> 을 찢으며 이르되 어찌할꼬 내 딸이여 너는 나를 참담하게 하는 자요 너는
> 나를 괴롭게 하는 자 중의 하나로다 내가 여호와를 향하여 입을 열었으니
> 능히 돌이키지 못하리로다 하니(삿 11:34~35).

입다는 서원을 했고, 실제로 이행했습니다(삿 11:34~40). 이러한 입다의
서원과 이행에 관한 기록은 그 해석에 있어서 많은 논란을 불러일으키고
있습니다. 그가 과연 딸을 인신제물로 드렸을까? 첫째는 서원대로 그가 딸
을 죽여 번제로 드렸다는 주장이 있습니다. 두 번째는 딸을 죽여서 제물로
바친 것이 아니라, 성막에서 평생 시중들도록 하나님께 드려졌다는 해석이
있습니다. 결론부터 말한다면 하나님의 제사를 돕는 여 사제로서 평생 성막
에서 하나님의 예배를 돕는 수녀 같은 존재가 되었다고 봅니다. 그 증거를
찾으면 다음과 같습니다.

> 이에 여호와의 영이 입다에게 임하시니 … 그가 여호와께 서원하여 이르
> 되…(삿 11:29~30).

입다의 서원(삿 11:31)은 사사기 11장 29절에서 여호와의 신이 그에게 임
한 직후에 행해진 것으로 여겨지는바, 여호와의 신이 임한 입다가 곧바로
경솔한 서원을 했다고 보기 어렵습니다. 만약 하나님이 가증이 여기시는 인
신 제사를 행하였다면 레위기 20장 2~5절의 말씀대로 저주를 받았어야 하
나, 입다는 오히려 서원 이행 후에 6년간이나 사사의 직분을 수행했기 때문

에 몰렉에게 바치던 인신 제사 방식은 아니라고 봅니다. 사사기 11장 39절은 입다가 딸을 번제로 드렸다고 말하지 않고 단지 "그 서원한 대로 딸에게 행하였다"라고만 기록하고 있는데, 만일 입다가 딸을 번제로 드렸다면 그 사실을 분명하게 기록하지 않을 리 없습니다. 만일 그가 실제로 인신 제사를 드렸다면 그것은 엄청난 죄악이며, 결코 히브리서 11장에서 믿음의 인물로 소개될 수 없었을 것입니다. 사사기 11장 40절에 "애곡하더라"란 말의 원어적 의미는 '찬송하더라', '기념하더라'는 것으로 인신제물로 바친 것이 규례가 되어 기념할 일은 될 수 없습니다.

딸을 실제로 죽여서 바쳤다고 쉽게 말하는 이유는 한글개역 성경 37절, 38절 "처녀로 죽음을 인하여" 즉 '죽음'이라는 단어가 나오기 때문입니다. 그러나 히브리 원문에는 이 '죽음'이란 단어가 없습니다. 영어성경(NIV)에도 "처녀로 죽음을 인하여" 이 말을 'because I will never marry.' 즉 '내가 결혼을 하지 못한 것 때문에'라고 번역합니다.

가톨릭의 수녀들과 같이 처녀로서 성막에서 하나님께 철저히 봉사하며 사는 것은 제단에 제물로 바쳐지는 것과 같은 의미가 있는 거죠. 세상과 철저히 결별하는 것을 하나님께 완전히 봉헌하여 드리는 번제로 바라보는 것입니다.

딸의 문제로 슬픔에 잠긴 입다에게 에브라임 지파에서 연락이 와 시비를 겁니다. "암몬을 칠 때 너랑 나랑 조약하지 않았느냐", "왜 너희만 가냐? 왜 부르지 않았느냐?" 하며 계속 시비를 걸어옵니다. 슬픔에 빠져 있던 입다가 에브라임과 전쟁을 벌여서 크게 이깁니다. 그리고 퇴각로인 요단 강 나루턱에서 딱 기다리고 있습니다. 그리고 '쉽볼렛'이라는 발음을 못해서 '십볼렛'이라고 하면 에브라임 사람으로 여겨 죽였습니다. 마치 일부 경상도 사람이 '쌀' 발음을 '살'이라고 하는 것과 같습니다. 그런식으로 에브라임 사람을 4만 2천 명이나 죽였습니다. 입다 때문에 12지파 중에서 한 지파의 씨가 거의 말라버렸어요. 게다가 우연히 일어나는 전쟁에서도 입다의 깡패 근성이 드러나 쫓아가서 완전히 죽여버려야 직성이 풀렸습니다.

> 길르앗 사람이 에브라임 사람보다 앞서 요단 강 나루턱을 장악하고 에브라임 사람의 도망하는 자가 말하기를 청하건대 나를 건너가게 하라 하면 길르앗 사람이 그에게 묻기를 네가 에브라임 사람이냐 하여 그가 만일 아니라 하면 그에게 이르기를 쉽볼렛이라 발음하라 하여 에브라임 사람이 그렇게 바로 말하지 못하고 십볼렛이라 발음하면 길르앗 사람이 곧 그를 잡아서 요단 강 나루턱에서 죽였더라 그 때에 에브라임 사람의 죽은 자가 사만 이천 명이었더라 입다가 이스라엘의 사사가 된 지 육 년이라 길르앗 사람 입다가 죽으매 길르앗에 있는 그의 성읍에 장사되었더라(삿 12:5~7).

• 열 번째는 입산, 열한 번째는 엘론, 열두 번째 사사는 압돈입니다   성경에는 다른 사사처럼 많은 기록이 남아 있지는 않지만 이들도 사사로 쓰임받았습니다.

• 열세 번째 사사는 삼손입니다   블레셋은 바다에 나는 것을 먹고 살던 해양 민족입니다. 그러나 사사시대 도리아인(그리스인)에게 바다를 빼앗기고 살기 위해 어쩔 수 없이 가나안 내륙으로 진출하기 시작하며 이스라엘을 압박합니다. 블레셋의 대표적인 신이 반은 물고기 반은 사람의 형체인 다곤신입니다. 삼손이 마지막 비참하게 죽은 신전이 바로 다곤 신전입니다. 삼손은 나실인으로 출생했습니다. 삼손은 단순하고 무식한 사람으로 마지막에 들릴라의 유혹에 빠져서 포도주도 마시고, 머리도 깎여 힘을 잃고 조롱거리가 됩니다. 그러나 마지막 순간에 기도하면서 다곤 신전을 무너뜨려 3천 명의 블레셋 사람과 함께 죽습니다. 우리는 삼손의 이야기를 보며

🍃 열매 맺기
나실인이란?

'바친다, 헌신한다(나자르, nazar)'의 뜻을 가진 말로 술과 사람에게서 분리되어 삭도를 몸에 대지 않으며 하나님께 헌신된 자를 의미한다. 헌신 기간 동안 발효된 음료와 포도주를 마시지 않으며 시체를 만져서도 안 된다(민 6:6~8). 헌신 기간이 완료되면 제사를 지낸 후 포도주를 마실 수 있었다(민 6:20). 평생 나실인으로 서원했던 사람은 삼손, 사무엘, 레갑 자손, 세례 요한이 있다.

거룩함을 버린 성도들의 최후가 바로 이런 것이구나 하는 것을 깨달아야 합니다.

얼마 전에 세상을 떠난 미국의 영성가이자 신학자인 프란시스 쉐퍼가 이런 말을 했습니다. "오늘날 미국 교회는 성도들이 행복은 추구하지만 거룩함을 버렸기 때문에 교회 가운데 위기가 있다." 성도들이 세상 가운데 당당히 설 수 있는 이유는 거룩함 때문입니다. 우리가 거룩하면 세상이 우리를 맘대로 폄하하지 못합니다. 그러나 거룩함을 잃어버리면 나실인으로서 거룩함을 잃어버리고 자신을 지키지 못하여 머리 깎이고, 눈 빠진 삼손처럼 됩니다.

사사시대의 대표적인 부패 행위

〈사사기〉의 결론 또는 부록에 해당하는 '미가의 신상 사건(종교적인 혼란상)'과 '레위의 첩 사건(사회적인 혼란상)'이 사사시대의 대표적인 부패 행위로 기록되고 있습니다. 이것은 사사시대가 얼마나 종교적, 사회적으로 타락했는지를 보여주는 사건입니다.

이 두 사건의 공통점은 모두 레위인이 나옵니다. 레위인의 역할이 무엇이었죠? 영적 성결을 지켜야 했습니다. 48개의 성읍에 있어서 11개 지파의 영적 성결을 지키는 의무가 있었는데 오히려 그들이 모든 사건에 중심인물로 나옵니다. 마치 이 시대 빛과 소금의 역할을 감당해야 할 그리스도인들이 각종 비리나 큰 사건에 연루되어 있는 것처럼 말입니다.

이 두 사건은 사사시대 초기에 일어난 사건입니다. 그러면 왜 앞에 배치하지 않고 뒷부분에 배치했을까요? 1장이 할당된 지역의 정복에서 유다의 승리와 베냐민의 실패(삿 1:21)가 나옵니다. 또 요셉 족속의 승리와 단 지파의 실패(삿 1:34)가 기록되어 있습니다. 그래서 마지막 부분에 단 지파의 이동(삿 18장)과 베냐민 지파의 멸종을 배치한 것입니다.

1. 미가의 신상 사건(삿 17:1~18:31) - 종교적 혼돈

사사기 17장 18절을 보면 에브라임 산지에 미가라는 사람이 있었습니다. 그의 어머니가 돈이 많았던 것 같습니다. 그래서 미가는 어머니 모르게 돈을 훔칩니다. 그러자 돈이 없어진 것을 알고 어머니가 도둑놈을 저주합니다. 그런데 그 저주가 무서워서 미가는 어머니께 돈을 주운 것처럼 드리며 자신의 죄를 고백합니다. 그러자 어머니가 자기 아들 훔친 줄도 모르고 자신이 저주했던 것을 다시 복으로 바꾸기 위해 돈의 일부를 가지고 신상을 만듭니다. "내 손에서 이 은을 여호와께 거룩히 드리노라"(삿 17:3). 다시 말하면 하나님의 신상을 갖게 된 겁니다. 하나님은 십계명을 통해 분명히 하나님의 모습을 신상으로 만들 수 없음을 선포하셨습니다. 그러나 하나님의 형상을 깎아 만들었습니다. 나아가 에봇을 만들고 드라빔(점치는 도구)도 만들었습니다.

이제 번듯하게 제사장만 있으면 됩니다. 마침 레위 소년이 지나가는 것을 보고는 월급을 줄 테니까 우리 가정에 들어와서 제사장이 되어달라고 합니다. 레위 소년은 갈 데도 없는데 월급까지 준다고 하니까 좋다고 합니다. 그래서 에봇을 입혀 가정의 제사장으로 삼습니다.

> 레위인이 내 제사장이 되었으니 이제 여호와께서 내게 복 주실 줄을 아노라 하니라(삿 17:13).

그러던 중 남쪽에 살고 있던 단 지파가 블레셋에게 시달리다 북쪽으로 이사를 가려고 합니다. 단 지파는 비록 큰 지파가 아닐지라도 애굽에서 나와 2년 2개월이 되었을 때 싸움에 나갈 수 있는 사람이 6만 2천7백 명이었습니다(민 1:39). 이 숫자는 다른 지파에 비해 결코 적은 수가 아니었습니다. 단 지파는 여호수아가 살아 있을 때 여호와 앞에서 제비뽑아 분배받은 땅이 있었습니다. 삼손이 활동하던 땅인 소라와 에스다올에서 시작하여 아얄론 골짜기를 지나 에글론과 깁브돈과 바알랏을 거쳐, 여홋과 가드 림몬과 메얄곤과 욥바 맞은편까지의 지경을 각 가족대로 제비뽑아 기업으로 분배받았습니다(수 19:40~46). 하지만 그들은 하나님의 말씀을 순종하지 못하여 이 기업을 차지하지 못했습니다(삿 1:21). 이것이 단 지파의 불행의 씨앗이었습니다.

다섯 명의 정탐꾼을 북쪽으로 보냅니다. 그 정탐꾼들이 에브라임 산지의 미가 집에 들어가 잠깐 기숙하면서 눈여겨봅니다. 미가의 집에 가보니 하나님의 신상이 있고 그 신상을 지키는 레위 제사장이 있었습니다. "아, 저거 괜찮다. 우리 지파에게도 저런 게 하나쯤 있었으면 좋겠다" 하며 염두에 두고 정탐을 끝내고 자신의 소속인 단 지파에 보고를 합니다. 단 지파가 대대적으로 이동을 합니다. 에브라임 산지에 있는 미가의 집으로 가서 그가 가지고 있는 신상과 에봇과 레위인을 힘으로 뺏습니다. 그리고 레위인과 신상을 자기 지파의 신으로 섬기기 시작합니다.

한 가정의 작은 도난 사건이 우상숭배, 그 가정의 우상숭배가 한 지파의 우상숭배로 확대되었습니다. 그리고 그 지파의 우상숭배가 이스라엘 백성 전체에 우상숭배로 번져갔습니다. 결국 미가의 가정은 우상숭배로 무너졌고, 미가의 우상과 제사장을 훔쳐간 단 지파도 우상숭배를 하다가 포로로 사로잡혀 끌려가는 심판을 받았습니다.

> 단 자손이 자기들을 위하여 그 새긴 신상을 세웠고 모세의 손자요 게르솜의 아들인 요나단과 그의 자손은 단 지파의 제사장이 되어 그 땅 백성이 사로잡히는 날까지 이르렀더라(삿 18:30).

2. 레위의 첩 사건(삿 19:1~21:25) – 사회적, 윤리적 혼돈

이스라엘 민족의 영적 범죄가 성적인 범죄로 이어졌습니다. 언제나 영적 타락은 육체적인 범죄로 이어집니다. 레위인의 첩이 도망을 가서 찾으러 간 이야기부터 시작되는데, 레위인이 첩을 두었다는 것부터가 이해되지 않습니다. 이 사건은 당시 성적 부패의 극치를 보여줍니다. 도망간 첩을 수소문해서 알아보니까 친정 베들레헴 아버지 집에 있었습니다. 그래서 데리러 갑니다. 만나서 그 첩을 위로하고 "내가 잘해줄 테니까 도망가지 마라. 다 용서할 테니까 다시 집에 가자"라고 말하며 첩을 데리고 집을 향해 가던 중 베냐민 지파에 속한 성읍 기브아에서 하룻밤 머물게 됩니다.

그때 그 지역의 불량자들이 밤에 찾아옵니다. "주인장, 여기 찾아온 남자가 있는데 그 남자를 내놓으시오." 찾아온 잡류들은 남색하는 자들이었습니다. 그 남자를 내놓으라는 것입니다. 그래서 주인은 뭐라고 말합니까? "이분은 나에게 찾아온 손님이기 때문에 내놓을 수가 없고 나에게 결혼 안한 딸과 첩이 있는데 그들을 맘껏 하시오." 그들이 듣지 않으니 "그 사람이 자기 첩을 붙잡아 그들에게 밖으로 끌어내매…"(삿 19:25). 그 남색하는 자들이 레위인의 첩을 밤새도록 능욕하고 새벽에 그 첩을 버려두고 갑니다. 아침 일찍 문을 열어보니 첩은 이미 농간을 당해서 죽어 있었습니다.

레위인이 어찌 우리 민족 가운데 이러한 타락이 있을 수가 있느냐고 시체를 열두 토막을 내어 12지파에게 보냅니다. 토막 살인이 여기서부터 시작된 것 같습니다. 토막 시체를 본 사람들은 흥분하지 않을 수 없었습니다. 각 지파에서 인구 10분의 1에 해당하는 사람들이 칼을 들고 모여들어 순식간에 40만 명이 되었습니다. 그러면서 베냐민 지파에게 연락합니다. "너희 민족에게 이런 일이 있었는데 그 남색하는 불량자들을 내놔라! 그들만 처벌하고 없던 일로 하겠다." 그러자 베냐민이 뭐라고 말합니까? "안 된다. 못 내놓겠다" 하며 "공격하면 우리도 너희와 싸우겠다"라고 말합니다. 결국 3

만 3천의 베냐민 지파와 40만의 11지파가 싸우게 됩니다. 베냐민 지파는 초반 전쟁의 우세를 잡았으나 11지파를 이길 수가 없었습니다. 거의 베냐민 지파가 멸절할 단계까지 갑니다.

한 레위인의 문란한 생활로 시작된 이 사건은 그의 악행으로 걷잡을 수 없이 확대되었습니다. 레위인으로서 첩을 취했다는 것 자체가 악행이며, 자기의 안전을 위해 불량자들에게 자신의 첩을 스스로 넘긴 것도(삿 19:25) 이기적이고 비겁한 행동이었습니다. 이어 자신의 잘못을 돌아보지 않고 남의 탓을 하며 죽은 첩을 토막 내어 각 지파에 보내며 남의 죄를 지적합니다. 또 비류들이 자신을 죽이려 하였다고(삿 20:5) 과장하여 거짓말을 했습니다. 그 결과 동족상잔이 벌어집니다. 〈사사기〉에는 크게 두 민족 지파가 거의 멸절하는 사건이 나옵니다. 입다 때문에 에브라임 지파가 거의 없어지는 상태까지 갔고, 이 레위인 때문에 베냐민 지파가 거의 멸절당하는 단계까지 갔습니다. 범죄와 타락 때문에 하나님의 말씀은 없어지고, 인간의 소견 따라 형제간에 죽이고 죽는 엄청난 비극을 맞이한 것입니다.

롯기

너무나 아름다운 여인

🌿 뿌리내리기 _성경의 전체를 알아봅니다

〈룻기〉는 아름다운 서정시와 같은 책입니다. 부도덕과 우상숭배, 전쟁으로 얼룩졌던 암흑기 사사시대에 한줄기 빛과 같았던 이야기가 〈룻기〉입니다. 히브리 성경에서 〈룻기〉의 위치는 〈잠언〉 뒤에 있습니다. 잠언 31장에 보면 현숙한 여인에 대한 이야기가 있습니다. 그래서 룻은 대표적인 현숙한 여인으로 소개되고 있습니다.

〈룻기〉는 평화가 없는 사사시대를 배경으로 한 '사랑과 헌신의 간막극'입니다. 이러한 혼탁한 시대에 물들지 않았던 특이한 이야기를 들려줍니다. 하나님을 알게 된 모압 여인 룻은 이스라엘 사람들조차 갖지 못했던 신앙과 충성을 보여줍니다. 이스라엘 민족이 신실하지 못한 때에 그녀가 보여준 신실함으로 하나님은 그녀에게 새 남편과 아들은 물론 다윗과 예수 그리스도의 족보에 오르는 특권을 부여하시며 보상해주십니다. 저자는 〈룻기〉를 통해서 다윗 왕의 경건한 가계를 보여줍니다(룻 1:1, 4:18~22). 룻의 효성과 헌신, 경건성이 사사시대의 이스라엘 타락과 대비됩니다.

🍃 숲 길잡이 _성경의 전체를 표로 알아봅니다

시대	사사시대			
초점	베들레헴으로의 귀향	룻이 호의를 얻다	사랑을 보상받는 룻	
구절	1:1————1:19	3:1	4:1	4:22
구분	나오미와 함께하기로 한 룻의 결단	헌신하는 룻	보아스의 도움	보아스의 구애로 결혼하는 룻
내용	룻과 나오미		룻과 보아스	
	가족의 죽음	룻이 나오미를 돌봄	보아스가 룻을 돌봄	가족의 출생
장소	모압		베들레헴	
기간	약 12년			

🍃 구약 숲으로 _성경의 중심내용을 알아 봅니다

〈룻기〉는 4장으로 이루어진 짧은 책입니다. 그래서 아주 쉽게 읽을 수 있습니다. 기근을 피해 고향 베들레헴을 떠난 나오미의 가족 이야기로 시작됩니다. 베들레헴은 떡집이라는 뜻인데 그만큼 기근이 없는 지방이라는 것입니다. 그런데 오랜만에 기근이 찾아왔습니다.

어떤 고전의 기록을 보면 당시 기근이 오면 부자들이 곳간을 열어야 하는 전통이 있었다고 합니다. 나오미 가정은 기근이 오는데 그 곳간을 풀기 싫어서 도망을 간 거라고 표현되어 있습니다. 양식을 나누어주기 싫으니까, 모압으로 이민을 간 겁니다. 거기서 모압 여인을 며느리로 삼고 살아가는데 갑자기 남편이 죽고 아들들이 다 죽게 됩니다. 그러자 나오미가 자

룻과 나오미의 이주

신의 운명을 탓하면서 며느리들을 불러서 이렇게 이야기합니다. "나는 남편도 잃고 아들도 잃은 비련한 여인이다. 그러니까 너희들은 고향으로 돌아가라. 나는 내 민족 내 조국 베들레헴으로 돌아가겠다." 그러자 큰며느리는 "네, 어머니 그동안 감사했습니다" 하면서 돌아갑니다. 그런데 작은며느리 룻은 "어머니, 저는 절대 그럴 수 없습니다" 하면서 신앙고백을 합니다. 그녀는 어머니를 따라 베들레헴에 와서 나오미의 친척 보아스를 만나 재가합니다. 결국 그의 계보에서 다윗이 나오고 그녀는 예수 그리스도의 조상이 됩니다.

> 룻이 이르되 내게 어머니를 떠나며 어머니를 따르지 말고 돌아가라 강권하지 마옵소서 어머니께서 가시는 곳에 나도 가고 어머니께서 머무시는 곳에서 나도 머물겠나이다 어머니의 백성이 나의 백성이 되고 어머니의 하나님이 나의 하나님이 되시리니 어머니께서 죽으시는 곳에서 나도 죽어 거기 묻힐 것이라 만일 내가 죽는 일 외에 어머니를 떠나면 여호와께서 내게 벌을 내리시고 더 내리시기를 원하나이다 하는지라(룻 1:16~17).

이것이 룻의 서원입니다. 이 구절을 바꿔서 읽어보겠습니다. '어머니'라는 단어에 '주님'을 넣어서 읽을 때에 우리의 신앙고백이 될 것입니다.

> 내게 주님을 떠나며 주님을 따르지 말고 돌아가라 강권하지 마옵소서. 주님께서 가시는 곳에 나도 가고 주님께서 머무시는 곳에서 나도 머물겠나이다. 주님의 백성이 나의 백성이 되고 주님의 하나님이 나의 하나님이 되시리니 주님께서 죽으시는 곳에서 나도 죽어 거기 묻힐 것이라 만일 내가 죽는 일 외에 주님을 떠나면 여호와께서 내게 벌을 내리시고 더 내리시기를 원하나이다.

🌿 **열매 맺기**

신앙적 연대감

나오미와 룻은 어울리지 않을 것 같은 사람이다. 룻은 젊고 나오미는 늙었다. 그들은 인종적, 종교적 출신 배경 또한 상이했다. 그들의 연대감은 오직 신앙뿐이었다. 멸시받던 모압 족속의 한 여인 룻을 통해 권념(眷念)하신 하나님의 은혜를 발견해야 한다.

너무도 멋진 신앙고백입니다. 한 여인이 어머니에게 했던 헌신이 아니라, 한 성도의 주님을 향한 신앙고백으로 여기며 읽을 때 귀한 은혜가 됩니다. 함께 베들레헴으로 온 나오미와 룻은 먹고 살아야 하니까 어떻게 합니까? 추수할 때 떨어져 있는 벼 이삭을 줍기 시작합니다. 거기서 운명처럼 보아스를 만납니다. 보아스는 룻에게 특별대우를 해줍니다. 그러자 룻이 말합니다. "아니, 왜 이렇게 나한테 잘해줍니까? 내가 오해하면 어떻게 하려 하십니까?" 그러자 보아스가 이렇게 이야기합니다.

> 보아스가 그에게 대답하여 이르되 네 남편이 죽은 후로 네가 시어머니에게 행한 모든 것과 네 부모와 고국을 떠나 전에 알지 못하던 백성에게로 온 일이 내게 분명히 알려졌느니라 여호와께서 네가 행한 일에 보답하시기를 원하며 이스라엘의 하나님 여호와께서 그의 날개 아래에 보호를 받으러 온 네게 온전한 상 주시기를 원하노라 하는지라(룻 2:11~12).

섬김의 대가였습니다. 밥 먹을 때 자기 옆에서 먹게 합니다. 그리고 특별히 곡식이 많이 떨어진 곳에 룻을 부릅니다. 그리고 한 번 더 털어줍니다. 이스라엘에서는 자식이 없이 죽은 가족에 대해서 가장 가까운 친척이 종족을 유지시켜줘야 하는 '계대결혼법'이 있었습니다. 그래서 나오미는 며느리를 시켜 친척인 보아스에게 적극적으로 권리행사를 하도록 한 것입니다. 사실상 룻과 보아스를 만나게 한 것은 시어머니였습니다.

> 그런즉 너는 목욕하고 기름을 바르고 의복을 입고 타작마당에 내려가서 그 사람이 먹고 마시기를 다 하기까지는 그에게 보이지 말고 그가 누울 때에 너는 그가 눕는 곳을 알았다가 들어가서 그의 발치 이불을 들고 거기 누우라 그가 네 할 일을 네게 알게 하리라 하니 룻이 시어머니에게 이르되

어머니의 말씀대로 내가 다 행하리이다 하니라(룻 3:3~5).

룻이 시어머니의 말대로 보아스가 잠들었을 때 몰래 한편에서 이불을 덮고 잡니다. 밤에 보아스가 발에 누가 걸려 "너 누구야?" 그럴 때 침착하게 뭐라고 말합니까?

나는 당신의 여종 룻이오니 당신의 옷자락을 펴 당신의 여종을 덮으소서 이는 당신이 기업을 무를 자가 됨이니이다 하니(룻 3:9).

그러자 보아스가 주저 없이 받아들입니다.

그리고 이제 내 딸아 두려워하지 말라 내가 네 말대로 네게 다 행하리라 네가 현숙한 여자인 줄을 나의 성읍 백성이 다 아느니라 참으로 나는 기업을 무를 자이나 기업 무를 자로서 나보다 더 가까운 사람이 있으니 이 밤에 여기서 머무르라 아침에 그가 기업 무를 자의 책임을 네게 이행하려 하면 좋으니 그가 그 기업 무를 자의 책임을 행할 것이니라 만일 그가 기업 무를 자의 책임을 네게 이행하기를 기뻐하지 아니하면 여호와께서 살아 계심을 두고 맹세하노니 내가 기업 무를 자의 책임을 네게 이행하리라 아침까지 누워 있을지니라 하는지라(룻 3:11~13).

룻기 3장에 보면 기업 무를 자라는 말이 여러 번 나옵니다. 기업 무를 자, 히브리어로 '고엘'입니다. 이스라엘은 가족 연대의식이 강하며, 가문이나 문중의 모든 구성원은 가난하거나 불의의 희생자가 된 다른 구성원들을 보호하고 도와줘야 할 의무가 있었습니다. 그래서 이러한 책임을 '무르다'라는 동사를 사용하여 표현했습니다.

보아스와 룻이 오벳을 낳습니다. 오벳이 이새를 낳고 이새가 다윗을 낳습니다. 결국 룻은 다윗의 증조할머니가 되고 그 계보를 통해서 예수 그리스도가 탄생하게 됩니다. 룻의 부모에 대한 효성, 사랑과 정성, 그의 일편단심에 하나님께서 축복하셔서 그리스도의 계보 가운데 이방 여인 룻을 넣으신 것입니다.

담아가기

1. 가장 암울했던 사사시대의 책임은 전적으로 부모 세대에게 있었습니다. 자녀 세대에게 하나님을 전하지 못했기 때문입니다. 그래서 말씀으로 사는 법을 알지 못한 그들은 자기의 소견대로 살았습니다. 다음 세대를 향한 부모 세대의 역할이 분명히 있습니다. 하나님과 자녀들이 인격적으로 만날 수 있도록 돕는 것입니다. 이것이 진정 자녀를 사랑하는 길입니다.

2. 이방 여인 룻의 시어머니를 향한 한결같은 마음은 신앙의 자세와 같습니다. 룻기 1장 16~17절까지를 읽을 때 '어머니'라는 단어 대신에 '주님'이라는 단어로 바꿔서 읽어보세요. 당신의 멋진 신앙고백이 됩니다.

귀국시대 93년

포로시대 70년

분열왕국시대 350년

통일왕국시대 120년

사사시대 350년

가나안 정복시대 7년

광야시대 40년

노예시대 400년

이스라엘 역사의 시작 시대 400년

인류의 시작 시대 2100년

하나님 나라의 대리 통치자
사울—다윗—솔로몬

● 　　　　　사사시대 말기에 백성은 사무엘의 경고에도 불구하고 왕을 세워달라고
요구하여 결국 사무엘은 사울에게 기름부어 이스라엘 초대 왕으로 세운다. 사사시대 말기는 하나님이 직
접 백성을 다스리시는 신권정치에서 왕이 지배하는 군주정치로 넘어가는 중요한 과도기이다. 사울 40년,
다윗 40년, 솔로몬 40년 즉, 통일왕국 기간은 120년이었으며 이스라엘 최고의 번성기였다. 그 시대를 일컬
어 '초기왕정시대' 또는 '통일왕국시대'라고 지칭하며 〈사무엘상하〉, 〈역대상〉, 〈시편〉, 〈잠언〉, 〈전도서〉,
〈아가서〉 등이 이 시대에 쓰였거나 이 시대의 상황을 배경으로 쓴 책(역대서)들이다.

사울은 선발투수, 다윗은 구원투수

🌿 뿌리내리기 _성경의 전체를 알아봅니다

〈사무엘상〉에는 마지막 사사인 사무엘과 사울, 다윗의 이야기가 기록되어 있습니다. 〈사무엘상〉은 사사시대에서 통일왕국시대로 넘어가는 역할을 합니다. 그리고 〈사무엘하〉는 다윗의 이야기입니다. 〈열왕기상〉 2장 초반에 다윗은 죽고 그 후로 10장까지 솔로몬의 이야기입니다. 〈열왕기상〉 11장부터 〈열왕기하〉까지는 분열왕국의 이야기가 기록되어 있습니다. 그래서 〈사무엘상하〉와 〈열왕기상하〉 두 책은 통일왕국부터 분열왕국까지의 역사가 시간적 흐름을 따라 객관적으로 기록되어 있습니다.

또한 〈사무엘상하〉, 〈열왕기상하〉가 기록된 그 시대에도 선지자들이 많이 있었습니다. 마치 고구마 뿌리를 뽑으면 고구마들이 줄줄이 딸려 나오듯이 통일왕국시대와 분열왕국시대를 뽑아보면 선지자들이 아롱아롱 달려 있습니다.

〈사무엘상〉 시작 부분에는 왕 이야기가 나오지 않아요. 마지막 사사 사무엘의 이야기 그리고 사무엘과 왕을 요구했던 백성과의 긴장관계를 통해 왕이 어떻게 나왔는지를 소개하고 있습니다. 이를 통해 하나님의 말씀으로 다스리는 신권정치에서 왕이 지배하는 군주정치로 넘어가는 중대한 과도기를 기록하고 있습니다.

〈사무엘상〉은 크게 네 가지 주제로 나눌 수 있습니다. 최초의 선지자이자 마지막 사사인 사무엘로 시작합니다. 그리고 백성의 요구에 따라 첫 번째 왕인 사울이 등장하죠. 그러나 사울은 하나님 앞에 인정받지 못하고 버림받습니다. 그리고 다윗이 등장합니다. 시기심에 사로잡혀 제정신이 아니었던 사울은 다윗을 죽이고 싶어 합니다. 그러나 다윗을 못 죽이죠. 그러면서 사이사이에 블레셋과의 전쟁 이야기가 나옵니다. 〈사무엘상〉은 사무엘, 사울, 다윗, 블레셋과의 전쟁이 전체의 줄거리입니다.

인물별로는 엘리와 사무엘과 사울과 다윗이 나옵니다. 제사장인 엘리는 하나님보다 자신의 자녀를 더 사랑해서 하나님께 비참하게 버림받고 가문도 몰락한 인물입니다. 그리고 1장부터 7장까지는 사무엘의 이야기가 중심이 됩니다. 사무엘이 누구입니까? 이스라엘의 마지막 사사이며 모세 이후의 가장 위대한 지도자입니다. 이스라엘의 첫 두 왕, 사울과 다윗에게 기름 부었던 사람이고 사사시대에서 왕정시대의 문을 연 사람입니다.

8장부터 31장까지 줄기차게 나오는 사람이 있는데 누굽니까? 사울입니다. 왕이 된 사울과 다윗을 쫓는 사울이 나옵니다. 그리고 16장부터 31장까지는 기름부음받은 다윗과 사울에게 쫓겨 다니는 다윗의 이야기가 중첩되어 있습니다. 사울이 기름부으심을 받은 후 사무엘상 15장에서 사울은 하나님 앞에 버림받습니다. 왜 버림받았나요? 아말렉과의 전투를 앞두고 하나님께 드리는 제사를 제사장도 아닌 자신이 망령되이 집도하였습니다. 이후로 하나님은 사울을 향한 마음을 접으십니다. 15장부터 사울의 인생이 곤두박질치기 시작합니다. 그는 거의 미치광이가 되어서 자기 대신 떠오른 다윗을 죽이려고 쫓아다니는 이야기가 31장까지 기록되어 있습니다.

시대	사사시대		통일왕국시대	
초점	사무엘		사울	다윗
	전반부		후반부	
구절	1:1 ——— 4:1		8:1 ——— 15:10	——— 31:13
구분	엘리 – 사무엘	사무엘의 사사직 수행	사무엘에서 사울로 기름부음 초대 왕 사울 재위기	사울에서 다윗으로 기름부음
중심	사사들의 쇠퇴		왕들의 부상	
인물	엘리	사무엘	사울	다윗
장소	가나안			
기간	약 94년			

〈사무엘상〉이라는 숲을 내려다보면 10시대 중 두 시대의 숲 즉, 사사시대 (삼상 1~7장)와 통일왕국시대(삼상 8~31장)가 겹쳐서 보입니다. 사사시대가 사사기 마지막 장으로 끝나는 것이 아니라 사무엘상 7장 마지막까지 이어지는 것입니다. 그때 중심인물이 엘리와 사무엘이에요. 그리고 8장부터 31장까지는 왕정시대 또는 통일왕국시대겠죠. 엄격하게 또 한 번 나누어보겠습니다. 〈사무엘상〉의 중심인물을 구분해본다면 4명의 인물로 나눌 수 있습니다. 1장에서 3장까지는 엘리와 사무엘, 4장부터 7장까지는 사무엘, 8장부터 15장 9절까지는 사울, 15장부터 그의 범죄로 인해 꺾여서 15장 11절부터 31장까지는 누가 스포트라이트를 받았습니까? 다윗입니다.

〈사무엘상〉과 〈사무엘하〉는 히브리 성경에서는 한 권의 책입니다. 임의로 상과 하로 나누었는데 사울이 죽은 것으로 〈사무엘상〉이 끝납니다.

🌿 구약 숲으로 _성경의 중심내용을 알아봅니다

최초의 선지자이자 마지막 사사 사무엘(삼상 1:1~8:22)

사사시대를 비추는 빛의 역할을 한 사람은 사무엘과 룻 두 명이었습니다. 그 중에서 사무엘은 어둠의 시대에 청량음료와 같은 아름다운 사람이었습니다. 엘리가 제사장으로 있을 때 에브라임 지파에 엘가나라는 사람이 있었습니다. 두 명의 아내가 있었는데 한 명의 아내는 브닌나, 그녀에게는 자식이 있었고 두 번째 아내 한나에게는 자식이 없었습니다. 엘가나는 자식 있는 브닌나를 더 사랑하지 않고 자식이 없어서 외로워하고 힘들어하는 한나에게 더 마음이 갔던 것 같아요. 남편을 빼앗긴 브닌나는 분하여 한나를 괴롭힙니다. 한나는 마음이 괴로워 하나님께 통곡으로 기도합니다.

> 한나가 마음이 괴로워서 여호와께 기도하고 통곡하며 서원하여 이르되 만군의 여호와여 만일 주의 여종의 고통을 돌보시고 나를 기억하사 주의 여종을 잊지 아니하시고 주의 여종에게 아들을 주시면 내가 그의 평생에 그를 여호와께 드리고 삭도를 그의 머리에 대지 아니하겠나이다(삼상 1:10~11).

한나는 하나님께 나실인의 서원을 드립니다. 한나가 기도한 곳은 어디일까요? 실로였습니다. 실로는 법궤를 모셔둔 곳으로, 하나님이 계시다는 사상이 있었습니다. 그래서 기도할 때마다 실로에서 많이 했습니다. 마침내 한나는 하나님께 기도응답을 받습니다. 한나는 아이를 출산하게 됐고 하나님께 감사의 기도를 드립니다(삼상 2:1~11).

1. 엘리에서 사무엘로 지도권 이양(삼상 2:11~3:21)

왜 엘리에서 사무엘로 지도권이 옮겨집니까? 엘리의 죄 때문입니다. 그가 멸망한 것은 자녀 때문이 아닙니다. 사실은 엘리 자신 때문입니다. 그의 가정에 대해서 이렇게 이야기합니다. 엘리 제사장에게는 두 명의 아들(홉니, 비느하스)이 있는데 너무 패역했습니다. 그리고 더 큰 문제는 엘리 제사장이 하나님보다 아들들을 더 사랑했다고 합니다. 그렇기 때문에 아들을 통제하지 못했습니다. 아들이 원하는 것, 갖고 싶은 것은 모두 줄 뿐 아니라, 아들이 예배 시간에 난장판을 벌여도 통제하지 않았습니다. 이렇게 하나님보다 자녀를 더 사랑한 것이 엘리 제사장의 죄였습니다. 그래서 결국 그의 가문이 멸망합니다.

어느 정도 행실이 나빴는지는 2장 15~16절에 나옵니다. 엘리 제사장의 두 아들 홉니와 비느하스에게는 비서가 있었던 것 같아요. 그 비서가 예배를 드리기 위해서 제물을 잡아놓을 때 아들들이 먼저 그 제물을 떼어 갑니다. "우리 제사장님은 구운 고기가 아니라 날것(생고기)을 좋아하신다. 산 것을 내놓아라." "안 됩니다. 제사를 드리고 가져가십시오"라고 제사장이 거절하자 "너 안 주면 내가 억지로 빼앗아간다"라며 못된 행동을 합니다.

사무엘상 2장 13~14절을 보면 헌금 위원들이 지나갈 때 헌금 바구니에 손을 집어넣고 걸리는 것은 모두 내 것이라고 말할 정도로 패역했던 것이 엘리 제사장의 아들들이었습니다. 그런 중에 하나님이 성전에서 자고 있는 사무엘을 부르십니다. 그러자 사무엘은 엘리 제사장이 부른 줄 알고 달려가죠. 그러자 엘리 제사장이 "하나님이 부르신 것이니 한 번 더 들리면 그 자리에서 무릎 꿇고 음성을 들으라"라고 말합니다. 그래서 마지막에 사무엘이 무릎을 꿇고 "주여, 말씀하옵소서. 종이 듣겠나이다"라고 말합니다. 그 때 사무엘이 엘리 제사장 가정의 멸문을 듣게 됩니다. 심판을 예고하면서 사무엘은 후에 이스라엘의 새로운 지도자로 인정받게 됩니다.

사무엘이 자라매 여호와께서 그와 함께 계셔서 그의 말이 하나도 땅에 떨어지지 않게 하시니 단에서부터 브엘세바까지의 온 이스라엘이 사무엘은 여호와의 선지자로 세우심을 입은 줄을 알았더라(삼상 3:19~20).

2. 블레셋과의 전투 – 법궤를 빼앗김

그러던 중 엘리 제사장 말년에 블레셋과의 전투가 벌어집니다. 블레셋과 이스라엘이 국경 문제로 다투기 시작한 것입니다. 블레셋은 아벡이라는 곳에, 이스라엘은 에벤에셀이라는 곳에 서로 진을 치고 싸움을 하게 됩니다. 이것을 아벡전투라고 합니다. 블레셋과의 1차전에서 이스라엘은 백성 4천 명이 죽고 일단 퇴각하게 됩니다. 그리고 스스로 왜 우리가 졌는지를 연구하여 이런 결론을 내립니다.

"법궤가 없기 때문이다. 법궤를 가지고 전쟁의 신이신 여호와 하나님을 모시고 가면 전쟁에서 이길 것이다." 그래서 하나님의 법궤가 있는 실로에 가서 법궤를 가지고 옵니다. 엘리의 아들들인 홉니와 비느하스도 법궤를 따라 나섭니다. 법궤가 왔다는 말에 이스라엘 백성이 환호하자 블레셋 사람들은 기가 죽습니다. 그러나 법궤가 있음에도 불구하고 블레셋이 승리합니다. 결국 법궤도 뺏기고 엘리의 두 아들도 죽게 됩니다. 엘리 제사장은 법궤를 뺏겼다는 말에 놀라 넘어지면서 목이 부러져 죽게 됩니다. 그렇게 해서 엘리 제사장 가문이 멸문됩니다.

백성이 진영으로 돌아오매 이스라엘 장로들이 이르되 여호와께서 어찌하여 우리에게 오늘 블레셋 사람들 앞에 패하게 하셨는고 여호와의 언약궤를 실로에서 우리에게로 가져다가 우리 중에 있게 하여 그것으로 우리를 우리 원수들의 손에서 구원하게 하자 하니(삼상 4:3).

이스라엘은 마음 없는 형식으로, 쉽게 말하면 부적처럼 법궤를 쓰려 했던 것입니다. 하나님은 인간이 필요할 때 이용하는 싸구려 우상이 아닙니다. 하나님 앞에 순전함도 없으면서, 순종하는 삶도 살지 못하면서, 그냥 부적처럼 법궤만 가져가면 이길 줄 아는 그런 미신적인 신앙을 하나님은 무너뜨리셨습니다. 법궤는 부적이 아니며 하나님 또한 우리가 쓰고 싶을 때 쓰는 그런 존재가 아니십니다.

이스라엘 백성이 법궤를 이방 민족에게 뺏겼다는 것은 굉장한 수치입니다. 이스라엘 민족의 전부는 하나님이십니다. 이스라엘 민족의 왕은 하나님이십니다. 하나님의 임재의 상징이었던 법궤를 빼앗겼다는 것은 완전한 패배이고 그 영광이 사라진 것입니다. 전투력으로 볼 때 블레셋과 이스라엘은 게임이 안 됩니다. 법궤를 가지고 가면 이길 것 같아서 또 한 번 까불었다가 진 것입니다.

3. 법궤의 이동(삼상 4:3)

• 실로　법궤가 처음에는 이스라엘 땅 실로에서 에벤에셀로 갑니다.

• 에벤에셀　에벤에셀은 이스라엘 백성의 1차 베이스캠프입니다. 그러나 이스라엘 백성이 그 전쟁에서 3만 명이 죽습니다. 법궤를 지키던 홉니와 비느하스도 죽습니다. 엘리 제사장은 법궤가 뺏겼다는 말을 듣고 의자에 뒤로 넘어져 목이 부러져 죽습니다.

• 블레셋 땅 아스돗　법궤가 블레셋 땅으로 넘어가 첫 번째 도시 아스돗으로 갑니다. 법궤를 블레셋의 다곤 신당 앞에 갖다놓습니다. 블레셋 민족은 전쟁을 하면 그 나라의 신을 빼앗아 옵니다. 그리고 다곤신 앞에 갖다놓습니다. 더 우월한 다곤신에게 드리는 거예요. 마찬가지

로 이스라엘의 법궤를 빼앗아서 자신들의 신 다곤 앞에 바친 것입니다.

다음 날 어떻게 됐습니까? 다곤 신상이 거꾸러진 채 발견되고 그 주변 지역에는 역병이 돌기 시작했습니다. 이것이 아마 쥐들이 옮기는 페스트가 아니었나 짐작합니다. 그래서 아스돗 시장이 빨리 옮겨가라고 합니다.

• 가드　법궤는 가드로 갑니다. 가드에 도착했는데도 주변 지역에 독한 종기가 돕니다.

• 에그론　또 다른 지역 에그론에 보냅니다. 에그론에 법궤가 도착하자 에그론 백성이 소문을 듣고 무서움에 떱니다. 마찬가지로 역병이 돕니다. 그래서 블레셋에서 법궤를 7개월 만에 "야! 이건 우리가 갖기에는 너무나 큰 것이구나. 다시 이스라엘로 보내자! 보낼 때 어떻게 하면 우리에게 내린 재앙이 끝날 수 있을까?" 하며 제사장들과 복술가들에게 물어보니 이렇게 말합니다. "거룩하게 제사를 지내고 금독종 다섯 개와 금쥐 다섯을 상자에 담아서 함께 보내면 블레셋 땅에 재앙이 그칠 것입니다." 그래서 말대로 제사를 정성껏 지내고 금독종 다섯과 금쥐 다섯을 상자에 넣어서 보냅니다.

• 벧세메스　끄는 사람이 없이 젖이 나는 젖소 2마리에게 궤를 끌게 하고 벧세메스로 보냅니다. 벧세메스는 이스라엘 땅이죠. 벧세메스에 여호와의 법궤가 도착했는데 그 법궤를 들여다보다가 많은 사람이 죽습니다. 그 수가 5만 명이라는 말도 있고 70명이라는 말도 있습니다. 그래서 벧세메스 사람도 두려워하며 법궤를 기럇여아림으로 보냅니다.

• 기럇여아림　기럇여아림에 도착한 법궤는 하나님의 사람 아비나답의 집에서 20년을 보냅니다. 그 기간 동안 하나님은 아비나답 집안을 축복하셨습니다. 후에 다윗이 법궤를 예루살렘 성으로 옮겨가기까지 그의 집에 머물렀습니다.

법궤를 빼앗겼던 당시 이스라엘의 분위기는 어땠을까요? 이스라엘 민족의 자존심이요, 하나님 임재의 상징인 법궤를 빼앗겼어요. 자신들의 선지자인 엘리도 죽었어요. 그리고 전쟁은 대패함으로 집안의 가장과 아들들이 대부분 죽었어요. 가정마다 청상과부밖에 안 남았어요. 어땠을 것 같아요? '이스라엘 민족이 그렇게 고생해서 출애굽하고 요단 강을 건너서 결국 이런 비참한 역사를 맞는구나'라고 생각했을 것 같습니다. 그때 하나님은 실패한 공동체를 다시 한 번 구원하기 위해서 누구를 세웠습니까? 사무엘을 부르신 것입니다. 사무엘이 혜성과 같이 나타나 비참하게 떨어진 이스라엘을 다시 끌어올리는 역할을 합니다.

4. 미스바 회개운동과 영적 부흥(삼상 7:3~17)

사무엘이 백성 가운데 회개를 촉구하며 백성들을 미스바에 모읍니다. 그리고 이렇게 말씀을 전합니다. 7장 3~6절입니다.

> 사무엘이 이스라엘 온 족속에게 말하여 이르되 만일 너희가 전심으로 여호와께 돌아오려거든 이방 신들과 아스다롯을 너희 중에서 제거하고 너희 마음을 여호와께로 향하여 그만을 섬기라 그리하면 너희를 블레셋 사람의 손에서 건져내시리라 이에 이스라엘 자손이 바알들과 아스다롯을 제거하고 여호와만 섬기니라 사무엘이 이르되 온 이스라엘은 미스바로 모이라 내가 너희를 위하여 여호와께 기도하리라 하매 그들이 미스바에 모여 물을 길어 여호와 앞에 붓고 그날 종일 금식하고 거기에서 이르되 우리가 여호와께 범죄하였나이다 하니라 사무엘이 미스바에서 이스라엘 자손을 다스리니라(삼상 7:3~6).

법궤를 잃고 전쟁에 대패한 아무 소망 없는 백성이 미스바에 모여 회개함으로 부흥운동이 일어나기 시작합니다. 언제나 부흥운동은 회개운동으로부터 시작됐습니다. 1907년 대한민국에 부흥운동이 일어났을 때도 우리 조상들의 회개가 먼저 있었습니다.

이스라엘 백성이 미스바에 모였다는 말을 듣고 블레셋은 아주 좋아합니다. 왜냐하면 일일이 찾아가지 않고 한꺼번에 죽일 수 있기 때문입니다. 그때 사무엘은 어떻게 합니까? 그리고 블레셋은 어떻게 되었습니까? 하나님은 그들을 어떻게 지키셨을까요? 하나님 앞에 회개하고 진정한 부흥을 경험하기 원하는 이스라엘 백성을 하나님은 어떻게 지키셨을까요?

> 사무엘이 젖 먹는 어린양 하나를 가져다가 온전한 번제를 여호와께 드리고 이스라엘을 위하여 여호와께 부르짖으매 여호와께서 응답하셨더라 사무엘이 번제를 드릴 때에 블레셋 사람이 이스라엘과 싸우려고 가까이 오매 그날에 여호와께서 블레셋 사람에게 큰 우레를 발하여 그들을 어지럽게 하시니 그들이 이스라엘 앞에 패한지라(삼상 7:9~10).

왕 되신 하나님께서는 백성의 참된 회개를 받으시고 그들에게 복주시고 그 전쟁 가운데 개입하셔서 그분의 백성을 지키셨습니다.

> 이스라엘 사람들이 미스바에서 나가서 블레셋 사람들을 추격하여 벧갈 아래에 이르기까지 쳤더라 사무엘이 돌을 취하여 미스바와 센 사이에 세워 이르되 여호와께서 여기까지 우리를 도우셨다 하고 그 이름을 에벤에셀이라 하니라(삼상 7:11~12).

미스바와 센 사이에 돌을 세워 에벤에셀이라고 했습니다. 에벤에셀의 기념비를 왜 세웠을까요? 공동체의 힘이 아닌 하나님의 힘으로 이긴 것을 기념하기 위함입니다. 또한 여호와께서 도와주신 것에 대한 감사의 의미와 끊임없이 그분 앞에서 신실한 자세를 유지하라는 의미도 있습니다. 하나님은 항상 다음 세대에 관심이 있으셨습니다. 길갈에서도 기념비를 세우셨고 미스바와 센 사이에서도 에벤에셀의 기념비를 세우셨습니다. 하나님께서 신실하게 우리를 도우신 것을 기념하기도 하지만 앞으로 오는 세대를 가르치기 위해서 에벤에셀의 기념비를 세운 것입니다.

우리의 삶 가운데 에벤에셀의 기념비가 있습니까? '하나님께서 나를 여기까지 도우셨습니다. 지나온 걸음마다 모두 하나님 은혜였습니다'라고 기념하는 기념비가 혹시 인생 가운데, 가정 가운데 있습니까? 누군가가 그 기념비가 무엇이냐고 묻는다면 자신 있게 하나님의 손길이었노라고 고백할 수 있는 기념비가 있습니까? 이제부터라도 하나님의 손길 가운데 삶의 기적과 승리하게 하심이 있었다면 기념비를 세우시길 바랍니다.

블레셋을 이김이 내 힘이 아니라 하나님께서 하신 것입니다. 그 고백을 원하시고 그럴 때 더 큰 복을 주세요. 사무엘은 적국의 칼 앞에서도 위축되지 않는 방법을 찾았습니다. 영적 리더답게 백성과 함께 거룩한 충성을 맹세하는 번제를 하나님께 드렸습니다. 우리는 그럴 수 있을까요? 블레셋이 지금 말을 타고 칼을 휘두르며 무섭게 달려오는데 백성과 함께 하나님께 신실하게 제사를 드릴 수가 있을까요?

하나님에 대한 신실함이 없으면 그런 여유와 평안함이 없습니다. 하나님께서 하실 거라는 믿음을 갖고 마지막까지 흔들림 없이 제사를 드렸을 때 하나님께서는 전쟁을 대신 싸우십니다. 우리의 모든 싸움은 하나님께 속한 싸움입니다. 하나님 앞에 겸손하고 신실한 예배를 드린다면 하나님께서 우리의 모든 싸움을 이기게 해주실 줄 믿습니다. 그것이 성경에서 우리에게 교훈하는 바입니다. 결국 블레셋을 물리치고 에그론부터 가드까지의 땅을 회복합니다. 그리고 사무엘이 이스라엘을 다스립니다.

5. 백성이 왕을 요구함(삼상 8:1~22)

이제 사무엘이 늙자 전통에 따라서 그의 아들 요엘과 아비야가 사사가 되었는데 그들이 자기 아버지의 행위를 따르지 않고 또 불량자가 됩니다. 이익을 따라 뇌물을 받고 판결하는 패역한 삶을 삽니다. 장로들이 아들들의 삶을 보니 꼴불견이고 나라의 미래가 걱정됩니다. 그래서 사무엘에게 찾아가 자신들에게 왕을 달라고 요구합니다. 당시 왕을 요구했던 백성의 속내는 두 가지입니다. 첫째는 사무엘의 아들들이 부패했기 때문이었고, 둘째는 세상의 형태를 따르고 싶은 마음에 군사적인 왕이 필요했습니다.

이스라엘 백성은 참 많은 고난을 당했습니다. 사사시대 때부터 이웃 나라들이 왕을 중심으로 일사불란하게 쳐들어오는 것을 보니, 내심 '우리에게도 저런 강력한 힘을 가진 왕이 있었으면 좋겠다'고 생각하면서 왕을 요구하게 됩니다. 그들은 하나님을 그들의 왕으로 인정하는 믿음이 없었습니다. 궁극적으로 여호와를 믿지 못하는 불신앙에서 왕을 요구한 것입니다. 이제껏 하나님은 그들을 지키셨고 그들을 위해 싸우셨습니다. 그런데도 그 하나님을 믿지 못하겠다는 것입니다. 눈에 보이는 왕을 달라는 것입니다. 그들이 왕을 요구하자 사무엘은 상심합니다.

> 여호와께서 사무엘에게 이르시되 백성이 네게 한 말을 다 들으라 이는 그
> 들이 너를 버림이 아니요 나를 버려 자기들의 왕이 되지 못하게 함이니라
> (삼상 8:7).

선택받은 비련의 왕 사울

사울은 베냐민 지파이고 준수한 자입니다. 키가 모든 백성보다 어깨 하나만큼 더 컸고 외모는 흠모할 만하게 생겼습니다. 사울이 왕으로 세워지기까지 세 가지 과정이 필요했습니다. 첫째는 머리에 기름부음을 받아야 합

백성이 왕을 요구한 것은 이미 예고된 사실이다

사무엘은 늙었고 그의 아들들은 정직하지 못하여 지도자로서 자격을 상실했다. 왕을 요구하는 백성의 요구는 합리적인 것처럼 보인다. 백성이 왕을 요구하는 것은 이미 신명기 17장 14~20절에서 이스라엘 백성이 약속의 땅에 들어간 후 어느 시점에 왕에 대한 요청을 하게 될 것이라고 예고된 사실이다.

"네가 네 하나님 여호와께서 네게 주시는 땅에 이르러 그 땅을 차지하고 거주할 때에 만일 우리도 우리 주위의 모든 민족같이 우리 위에 왕을 세워야겠다는 생각이 나거든"(신 17:14).

니다. 그리고 백성의 대표인 장로들로부터 뽑혀야 합니다. 마지막으로 왕이 될 자는 전쟁에서 큰 성과를 내야 합니다. 그래야만 백성을 다스리는 왕이 될 수 있었습니다. 사울을 볼까요? 잃은 나귀를 찾다가 만난 사무엘이 사울에게 기름을 붓습니다(삼상 9:25~10:1). 또한 이스라엘 장로들 가운데 우연히 제비뽑기 했는데 그 중에 뽑혔습니다(삼상 10:17~24). 그리고 사울이 암몬 사람을 치고 승리한 후 길갈에서 백성에게 크게 인정받습니다(삼상 11:1~11).

드디어 첫 번째 왕 사울이 세워지고 조직적으로 이스라엘 백성을 이끌고 암몬으로 쳐들어가 멋지게 전쟁에 승리합니다. 백성의 반응은 어땠을까요? "역시 우리의 선택은 탁월했어"라며 사울을 향해 엄청난 칭송을 합니다. 화약고에 기름을 부은 것처럼 사울의 인기는 더욱더 올라가게 됩니다. 그러나 사울은 자신의 위치가 올라가자 초심을 잃고 하나님을 경외하지 않으므로 버림을 받습니다. 끝내는 악신에 사로잡혀 번뇌하고 다윗을 시기 질투하며 죽이려 쫓아다니다 블레셋과의 전쟁에 나가 길보아 산에서 죽습니다. 사울의 스토리는 아주 짧습니다. 사울을 전체적으로 평가해보면 선택받은 비련의 왕입니다. 그의 인생은 처음은 좋았지만 마지막은 비참했습니다.

1. 버림받은 사울(삼상 13:1~15:35)

사울이 하나님께 버림받은 이유는 크게 두 가지로 나눌 수 있습니다. 사무엘상 13장에 보면 블레셋과의 전쟁 전에 사무엘이 "내가 가서 제사를 드릴 테니까 기다리라"고 했습니다. 그런데 사무엘이 7일 동안 기별도 없이 나타나지 않습니다. 백성은 블레셋의 전력이 너무나 강대하여 겁을 먹고 도망가기 시작합니다.

우리가 왕이었다면 어떻게 했을까요? 더 이상 백성이 겁먹고 흩어지기 전에 전열을 가다듬어야 했습니다. 사무엘이 오기로 한 날이 7일이나 지났는데도 오지 않으니까 사울이 제사를 드립니다. 바로 그때 기다렸다는 듯이 사무엘이 나타나서 사울을 책망합니다. 자신의 신분과 직책을 망각한 망령된 행동이라고 책망하면서 이렇게 이야기합니다.

> 사무엘이 사울에게 이르되 왕이 망령되이 행하였도다 왕이 왕의 하나님 여호와께서 왕에게 내리신 명령을 지키지 아니하였도다 그리하였더라면 여호와께서 이스라엘 위에 왕의 나라를 영원히 세우셨을 것이거늘 지금은 왕의 나라가 길지 못할 것이라 여호와께서 왕에게 명령하신 바를 왕이 지키지 아니하였으므로 여호와께서 그의 마음에 맞는 사람을 구하여 여호와께서 그를 그의 백성의 지도자로 삼으셨느니라 하고(삼상 13:13~14).

명령한 바를 지키지 않았기 때문에 왕의 나라가 길지 않을 것이라고 예언합니다. 또 한 번은 15장을 보면 아말렉과의 전쟁에서 하나님은 남녀노소 모두 죽이고 악의 뿌리를 진멸하라고 하셨습니다. 그 소유를 남기지 말라고 하셨지만 사울은 두 가지 실수를 합니다. 갈멜에서 자기를 위하여 기념비를 세웁니다(삼상 15:12). 내가 이 전쟁에서 이겼노라고 후대에게 자기 이름을 내고 싶었나 봅니다. 하나님께서는 진멸을 명령하셨는데 하나님의 말씀을 경홀히 여깁니다. 약간의 가축과 그 적장 아각을 살려둡니다. 사무엘이 가축의 울음소리를 듣고 "저건 무슨 소리입니까?" 물으니, "하나님께서 전쟁에 이기게 하셔서 가장 예쁜 양 하나 잡아다가 하나님께 번제 드리려고 남겨놓았습니다"라고 대답합니다. 그러자 사무엘은 "하나님은 제사보다 순종을 요구합니다"라고 유명한 말을 하죠.

사무엘이 이르되 여호와께서 번제와 다른 제사를 그의 목소리를 청종하

는 것을 좋아하심같이 좋아하시겠나이까 순종이 제사보다 낫고 듣는 것
이 숫양의 기름보다 나으니, 이는 거역하는 것은 점치는 죄와 같고 완고
한 것은 사신 우상에게 절하는 죄와 같음이라 왕이 여호와의 말씀을 버렸
으므로 여호와께서도 왕을 버려 왕이 되지 못하게 하셨나이다 하니(삼상
15:22~23).

사무엘은 아각을 데려오라고 해서 그를 죽입니다. 15장 35절부터 사울
의 인생은 꺾이고 하나님께 버림받게 됩니다. 결론적으로 사울은 세상나라
의 왕입니다. 화려하게 등극했지만 '교만'과 '욕심'과 '불순종'으로 하나님
께 버림받았습니다. 사울이 15장에서 버림받고, 16장부터 다윗의 이야기로
채워집니다. 그래서 16장부터 31장까지의 사울은 왕으로서의 지도력이 상
실됩니다. 점차 마귀적으로 바뀌는 과정을 그려가고 반대로 다윗의 재능과
능력은 부각됩니다.

부각되는 다윗

다윗은 굉장히 인간적인 사람입니다. 그의 인생을 보면 성공, 실패, 배신,
우정, 사랑, 음모, 살인, 로맨스, 미스터리 같은 다양한 주제를 볼 수가 있습
니다. 다윗은 메시아 계열을 대표하는 메시아의 조상입니다. 하나님은 다윗
을 선택하시면서 이런 말씀을 하십니다.

여호와께서 사무엘에게 이르시되 그의 용모와 키를 보지 말라 내가 이미
그를 버렸노라 내가 보는 것은 사람과 같지 아니하니 사람은 외모를 보거
니와 나 여호와는 중심을 보느니라 하시더라(삼상 16:7).

하나님의 관점과 인간의 관점은 다릅니다. 인간은 사람의 겉모습을 봅니

다. 그의 소유, 재능, 학력, 배경, 외모를 봅니다. 이것은 사람의 기준입니다. 그러나 하나님은 사람의 중심을 보십니다. 그 사람이 가지고 있는 신뢰성, 겸손함, 하나님을 인정하는 마음을 보십니다. 하나님마저 우리의 겉모습을 보신다면 우리는 설 곳이 없습니다. 그러나 다행히도 하나님은 껍데기를 안 보시고 속사람을 보십니다.

> 그러므로 하나님의 능하신 손 아래에서 겸손하라 때가 되면 너희를 높이
> 시리라(벧전 5:6).

이것을 아는 자가 은혜 있는 자입니다. 하나님이 높이십니다. 다윗을 여호와께서 택한 왕으로 이스라엘 가운데 소개하는데, 그 과정이 사울이 왕 되는 과정과 비슷합니다. 먼저 하나님이 그를 선택하십니다. 그리고 사무엘에게 기름부음을 받습니다. 이어 골리앗을 무너뜨리는 혁혁한 공을 세웁니다. 그리고 백성들에게 인정을 받습니다.

1. 다윗과 골리앗(삼상 17:1~54)

블레셋은 바다를 건너온 팔레스타인 남부 연안에 자리 잡은 민족입니다. B.C. 1400년 전 이스라엘 백성이 출애굽할 당시 블레셋은 먼저 가나안에 뿌리를 내렸습니다. 블레셋의 장수 가드 사람 골리앗은 키가 2m 93cm였습니다. 그가 나와서 이스라엘을 대적합니다. 그 골리앗이 이스라엘 백성 앞에서 하나님을 모욕하면서 큰소리칩니다. 그때 영적 야성의 사람 다윗이 등장합니다. 다윗은 하나님을 모욕하는 자가 누구냐고 하면서 거룩한 분노를 품습니다. 하나님의 명예를 지키기 위해서 담대하게 골리앗 앞으로 나아갑니다. 하나님의 영광을 자신의 목숨보다 더 소중히 여기는 다윗의 모습에서 영적 야성을 발견할 수 있습니다.

🍇 열매 맺기

신들의 전쟁

"고대인들에게 있어서 대표자를 앞세워 승패를 결정짓는 전쟁은 일종의 마술적인 힘을 가진 것으로 여겨졌다. 그들은 전쟁의 성패가 신들에 의해 결정된다고 믿었다. 그러므로 대표 장수가 진 쪽이 다시 전면전을 수행하는 것은 어리석은 짓이라고 생각했다."

―톰 울프

어린 소년 다윗과 덩치 큰 골리앗의 싸움은 게임이 안 돼요. 그러나 영적 야성을 가진 다윗은 골리앗 앞에 나가서 이렇게 선포합니다. "너는 칼과 창과 단창으로 내게 오지만 나는 만군의 여호와의 이름으로 네게 간다." 이 고백은 누구의 고백과 같습니까? 가데스바네아에서 갈렙과 여호수아의 고백 같지 않습니까? "그들은 우리의 밥이다." 그들보다 하나님을 더 크게 봤습니다. 다윗도 그랬고 갈렙도 그랬습니다. 수많은 가나안의 일곱 족속이나, 우뚝 서 있는 골리앗보다 하나님을 더 크게 보았기 때문에 이런 신앙고백이 나왔던 것입니다.

"나는 만군의 여호와 이름으로 나아가노라!" 믿음의 사람은 이런 고백을 할 줄 알아야 합니다. 이러한 고백은 한순간에 만들어지지 않습니다. 그가 평생 배우고 경험해왔던 신앙에 대한 선포였습니다.

다윗은 자신의 삶을 통해서 하나님만이 창조주이시며 이스라엘의 구원자 되심을 선포합니다. 더 이상 참기 어려울 때, 자신이 느끼기에 가장 어려운 시기라고 여겨질 때, 바로 그때가 신앙의 빛을 발해야 할 때입니다. 골리앗과 같은 문제 앞에 서 있습니까? 신앙의 저력을 보이십시오. 우리가 경험했던 하나님, 우리가 만났던 하나님, 우리의 기도 속에서 은밀히 역사하셨던 그 하나님께 고백하십시오. 문제가 해결될 것입니다.

> 또 여호와의 구원하심이 칼과 창에 있지 아니함을 이 무리에게 알게 하리라 전쟁은 여호와께 속한 것인즉 그가 너희를 우리 손에 넘기시리라(삼상 17:47).

믿음의 대장부만이 할 수 있는 멋진 고백입니다. 다윗이 승리하죠. 그러면서 사울이 다윗을 쫓기 시작합니다. 다윗 때문에 자신이 망해가고 있다고 생각합니다.

2. 도망자 다윗

다윗은 베들레헴 조그마한 마을에서 평범한 목동으로 살았지만 골리앗을 물리친 후 수십 개 신문의 일면을 장식합니다. 인터넷에도 이름이 뜨기 시작합니다. "다윗, 다윗, 다윗!" 그는 이스라엘의 새로운 리더로 부각됩니다. 그러나 이로 인해 오랜 세월 사울의 칼날을 피해서 도망자의 삶을 살아야 했습니다. 사울은 다윗을 죽여야만 자신이 살 수 있다는 강박관념이 있었습니다. 그래서 다윗을 죽이는 것이 그의 사명이 되어버렸습니다. 사울은 쫓고 다윗은 도망치고 그것이 20장부터 30장까지의 내용을 이루고 있어요. 사울이 포위망을 좁혀오니까 다윗은 블레셋 땅까지 도망갑니다. 가드라는 도시에서는 자기를 알아보는 사람에 의해 블레셋 왕에게 끌려갑니다. "미친 체하고 대문짝에 그적거리며 침을 수염에 흘리매"(삼상 21:13). 이때 다윗의 마음이 어떠했겠습니까? 자신의 장인이요, 절친한 친구 요나단의 아버지인 사울에게 미친 척하면서 목숨을 연명해가는 자신의 모습이 얼마나 비참했겠습니까?

다윗에게는 엔게디 광야와 십 광야에서 사울을 죽일 수 있는 두 번의 기회가 있었습니다. 사울만 없으면 다윗은 더 이상 도망 다니지 않아도 되거든요. 엔게디 굴속에서 수면을 취하고 있는 사울을 죽일 수 있었지만, 그 역시 기름부음을 받은 하나님의 종이었기에 죽이지 아니하고 겉옷자락만 살짝 베고 나옵니다. 그렇지만 사울은 정신 못 차리고 계속해서 다윗을 쫓아옵니다. 또 십 광야에서도 사울을 죽일 수 있었지만 그렇게 하지 않고 창과 물병만 가지고 나옵니다.

다윗은 미움이나 상처를 담아두지 않았습니다. 그는 상처를 받을지라도 하나님의 은혜로 치유받았던 사람입니다. 우리 중에도 상처를 안고 사는 사람이 많습니다. 연약한 부분을 그대로 두어서는 안 됩니다. 자꾸 굳은살이 생겨야 합니다. 자꾸 자꾸 상처 받으세요. 그래서 그 부분에 굳은살이 생겨

누가 뭐라고 해도 상처받지 않는 신앙이 되어야 합니다. 상처는 가시가 되어 다른 누군가에게 자신의 상처를 전이시킵니다. 아마 다윗이 사울에게 상처가 있었다면 사울을 죽였겠지요. 그렇지만 다윗의 마음속에는 상처나 쓴 뿌리가 없었습니다. 다윗은 순전한 사람이었습니다. 바로 그런 다윗을 하나님은 사랑하셨습니다.

사울과 요나단의 죽음
〈사무엘상〉은 어떻게 끝납니까? 다윗을 쫓아다니던 사울은 블레셋이 쳐들어왔다는 말을 듣고 준비되지 않은 채 전쟁에 임했다가 길보아 산에서 자신의 아들들(말기수아, 아비나답, 요나단)과 함께 비참하게 죽습니다. 전투에서 패배한 사울은 스스로 목숨을 끊습니다. 결국 〈사무엘상〉은 사울의 죽음으로 끝이 납니다.

자랑하고 싶은 광개토대왕, 다윗

🍃 뿌리내리기 _성경의 전체를 알아봅니다

　〈사무엘하〉와 〈역대상〉을 같이 보겠습니다. 왜냐하면 〈사무엘하〉의 주석은 〈역대상〉이기 때문입니다. 그러기에 두 권의 책은 같은 내용을 다른 각도에서 기록하고 있어서 비교해가며 읽으면 재미있습니다. 〈사무엘하〉는 사울의 죽음을 들은 다윗이 슬퍼하는 것에서부터 시작됩니다. 사울이 죽자 다윗은 유다 땅 헤브론에서 유다 지파에 의해 왕이 되어 7년 6개월 동안 살게 됩니다. 그리고 사울 왕가가 완전히 몰락한 후 이스라엘 전체의 왕이 됩니다.

　다윗은 왕위에 등극하므로 정치적, 군사적, 영적으로 상당한 절정기를 누립니다. 하나님은 자신 앞에서 겸손하고 순전하였던 다윗을 너무나 사랑하셨습니다. 그래서 정치, 군사, 영적인 모든 면에서 복을 부어주셨습니다. 모든 것이 안정되고 평안했습니다. 그러나 사무엘하 11장을 보면 다윗이 큰 실수를 저지르는 모습이 나옵니다. 자신의 장군의 아내를 범하여 아이를 갖게 합니다. 그 죄를 은폐하기 위해 남편을 불러들였는데도 그가 아내와 동침하지 않자 죄가 발각될까 봐 그 충성스러운 장군을 전쟁터에서 비참하게 죽여버립니다. 그런 큰 죄를 은밀하게 진행하고 있었는데 누가 알고 있었어요? 하나님은 다 알고 계셨습니다. 그때부터 다윗의 인생은 곤두박질치기 시작합니다. 정치적, 군사적, 영적으로 곤두박질치고 가정이 곤경에 처하고 나라가 재난당하는 이야기가 〈사무엘하〉의 내용입니다. 기록하고 있는 핵심적인 진리는 '하나님께 순종하면 복을 받고, 불순종하면 재난과 심판이 따른다'는 〈신명기〉의 주제와 같습니다. 이것은 〈신명기〉의 주제이기도 하지만, 구약의 주제이기도 하고, 역사의 원칙이기도 합니다.

〈역대상하〉는 〈사무엘하〉에서 〈열왕기하〉까지 묘사된 이스라엘 역사와 사건을 다른 관점에서 다룹니다. 기록 시기는 다르지만 배경이 되고 있는 역사적 시기가 같습니다.

역대서는 포로생활에서 약속의 땅으로 돌아온 사람들이 포로기 이후의 관점에서 유다인의 역사(유다왕국의 정통성)를 재해석하고 있습니다. 역대서는 70년의 바벨론 포로기를 보내고 예루살렘을 재건하기 위해 돌아온 남은 자들에게 쓰인 것입니다. 그렇기 때문에 같은 시기를 기록했음에도 불구하고 〈사무엘하〉는 정치적인 문제에 초점을 두었고 비교적 객관적으로 썼습니다. 다윗의 안 좋은 점, 다윗이 실수한 점, 다윗의 죄들도 비교적 정확하게 기록했습니다. 그러나 역대서는 정치적인 입장이 아니라 다윗 개인의 신앙에 초점을 맞춰서 다윗의 좋은 이야기만 썼습니다. 그래서 〈역대상하〉를 읽어보면 다윗의 나쁜 점은 하나도 기록되어 있지 않습니다. 밧세바 사건도 기록되어 있지 않습니다. 좀 부끄러운 사건은 숨겼습니다. 그저 다윗은 참 좋은 사람이라고 기록했습니다.

🍃 숲 길잡이 _성경의 전체를 표로 알아봅니다

시대	통일왕국시대		
초점	다윗의 전성기	다윗의 범죄기	범죄의 결과
구절	1:1 ——————— 11:1	——————— 11:27	——— 13:37 ——— 24:25
구분	다윗의 정치적, 군사적, 영적 승리를 기록	간음죄와 살인죄	다윗 집안의 재난 / 다윗 왕국의 재난
주제	하나님이 다윗을 높이심	죄 가운데 빠진 다윗	다윗의 죄의 결과로 집안과 왕국의 심판
다윗의 생애	전성기	죄로 인한 위기	다윗의 수난기
하나님 앞에서	순종으로 인한 복	불순종	심판
장소	헤브론	예루살렘	
기간	7년 6개월	33년	

다윗의 왕위 40년의 인생을 크게 세 부분으로 나눌 수 있습니다. 첫째는 다윗의 전성기입니다(삼하 1~10장). 다윗의 통치가 처음에는 유다에서 시작하여 나중에는 이스라엘 전역에 미치는 순종에 대한 보상을 설명합니다. 순종하였더니 하나님께서 그를 높이십니다. 그의 정치적, 군사적, 영적 영역을 넓혀주셨어요. 그때 더 잘했으면 참 좋았을 텐데, 그는 편안할 때 하나님 앞에 큰 범죄를 저지릅니다.

둘째로 다윗은 범죄기가 있었습니다(삼하 11:1~27). 자신의 장수 우리아의 아내 밧세바를 범하고 은폐하려고 살인방조한 사건입니다. 다윗의 인생은 그때부터 죄의 결과로 찢김을 당하게 됩니다. 그래서 다윗의 세 번째 단계는 죄로 인한 다윗의 수난기입니다. 범죄 이후 다윗의 삶은 어린 아들의 죽음, 자식들 간에 벌어진 근친상간과 살인, 자신의 왕권에 도전하는 반역 등 고난과 불행의 연속이었습니다. 뿐만 아니라 이스라엘 전체의 수난기(삼하 12:1~24:25)로 이어집니다.

🍃 열매 맺기

역대기의 이해

역대기는 사무엘서와 열왕기서를 단조롭게 반복하는 느낌을 주는 것 같지만 사가(史家)는 자신의 글의 목적(유다 왕가에 초점을 맞추는 선택적인 역사관)에 따라 사건을 해석하고 의미를 담고 사실에 대해 생략하고 확대하여 독자에게 말하고 싶은 바를 전달하려고 했다. 그는 〈창세기〉, 〈출애굽기〉, 〈민수기〉, 〈여호수아서〉, 〈룻기〉 그리고 〈시편〉을 넓게 인용하였다.

🍃 구약 숲으로 _성경의 중심내용을 알아봅니다

천년 모범 다윗의 승리

1. 정치적 승리(삼하 1:1~5:25)

• 다윗이 유다(헤브론) 왕이 되다(삼하 2:1~7) 〈사무엘하〉는 어떻게 시작하죠? 사울이 죽었다는 이야기를 다윗이 듣습니다. 그 이야기를 아말렉에서 온 소년에게 듣습니다. 사실은 소년이 사울의 목숨을 취한 것입니다. 그러자 다윗이 그 소년을 죽입니다. 왜요? 기름부음받은 종의 생명을 취했기 때문입니다. 그리고 사울과 요나단을 위해서 슬픔의 노래를 부릅니다(삼하 1:17~27).

사울이 죽자 국내 정세는 들끓기 시작합니다. 헤브론에서 다윗이 유다 지파의 추대를 받아 왕으로 등극합니다(7년 6개월 다스림). 그러나 한편에선 사울의 군대 장군이었던 아브넬이 사울의 가장 못난 아들 이스보셋을 왕으로 세웁니다. 이스보셋을 꼭두각시로 세우고 자신이 정치를 하려는 것이었습니다. 이스보셋은 40세에 혼란한 정국 속에서 아버지 사울의 뒤를 이어 왕이 되었습니다.

• 다윗과 이스보셋의 작은 전쟁 이스보셋이 2년 동안 아버지 사울의 뒤를 이어 이스라엘을 통치합니다. 그사이 다윗과 이스보셋 사이에는 끊임없이 전쟁이 일어났습니다. 사울의 군대 장관이었던 아브넬이 이스보셋을 앞세워서 유다 민족까지 지배하고 싶어 했던 것입니다.

어느 날 다윗의 군대 장관 요압과 이스라엘의 군대 장관 아브넬이 기브온 못가에서 서로 진을 칩니다. 그리고 영화에서 흔히 보는 것처럼 거들먹거리면서 아브넬이 싸움을 겁니다.

"야, 우리 이렇게 싸우지 말고 맞장 뜨자! 12대12로 맞장 뜨자. 맞장 떠서 이기는 팀이 이기는 걸로 하자!" 그래서 요압이 제일 싸움 잘하는 12명을 골라냅니다. 아브넬도 싸움 잘하는 사람 12명을 골라 싸움을 붙입니다. 엄청난 싸움이 벌어집니다. 누가 이겼을까요? 요압 쪽이 이기고 아브넬의 군대가 도망가다 죽습니다. 마지막까지 도망가는 자는 아브넬이었습니다. 아브넬은 좋은 말을 타고 있었기에 빠르게 도망갑니다. 그때 요압의 동생 아사헬이 끝까지 아브넬을 쫓아갑니다. 공을 세우고 싶었기 때문입니다. 적장의 목을 취하려는 욕심에 마지막까지 따라갑니다. 그러자 아브넬이 쳐다보면서 이렇게 말합니다. "아사헬아, 아사헬아, 네가 자꾸 나를 따라오면 난 너를 죽일 수밖에 없다. 내가 널 죽이면 요압의 얼굴을 어떻게 보냐! 제발 나를 따라오지 말고 돌아가라!" 그런데도 아사헬은 "까불지 마라! 너의 목은 내가 딴다" 하면서 계속 쫓아옵니다. 그래서 "미안하다 아사헬아" 하면서 긴 창을 뽑아가지고 뒤로 내밉니다. 쫓아오던 아사헬은 배가 창에 뚫려서 죽습니다. 이러한 동족 간의 전쟁과 당시 국내 정세를 성경은 이렇게 기록하고 있습니다.

> 사울의 집과 다윗의 집 사이에 전쟁이 오래매 다윗은 점점 강하여 가고 사
> 울의 집은 점점 약하여 가니라(삼하 3:1).

사울의 가문 속에서 군대 장관 아브넬과 이스보셋 사이에 갈등이 일어납니다. 사울의 집안에서 아브넬의 권한이 점점 커지기 시작합니다. 왕을 왕으로 보지 않습니다. 서로 갈등이 있던 어느 날 아브넬은 일찍이 말을 타고 다윗에게 갑니다. 그리고 "왕이시여, 이제 알았습니다. 우리 민족은 당신에게 항복하겠습니다"라고 말합니다. 그리고 이스보셋에게 물어보지도 않고 자신의 민족을 통째로 다윗에게 바칩니다.

다윗은 얼마나 좋을까요. 싸우지도 않고 그냥 먹는 거잖아요. 그래서 "그래, 너 참 충성스러운 종이다. 고맙다 잘 가라" 하며 돌려보냅니다.

그러나 요압이 돌아와서 아브넬이 왔다가 조용히 갔다는 말을 듣습니다. 요압의 마음속에는 자기 동생을 죽인 아브넬에 대한 복수심이 있었습니다. 그래서 전령을 보내 아브넬을 다시 불러 죽여버립니다. 아브넬이 죽자 정치꾼들이 다윗에게 줄을 서기 시작합니다. 군대 장관 아브넬까지 죽었으니 나라가 다윗에게 넘어가는 것은 시간문제인데, 어떻게 공을 세워 한 자리 차지할까 고민하던 간신배 레갑과 바아나가 공모해서 이스보셋이 자고 있을 때 목을 따서 다윗에게 바칩니다. 다윗에게 칭찬받을 줄 알았습니다. 그러나 다윗은 기름부음받은 사울의 가정을 존중하는 마음이 있었지요. 그래서 레갑과 바아나를 그 자리에서 죽여버립니다.

• 다윗이 온 이스라엘의 왕이 되다(삼하 5:1~15)　　이제 이스라엘의 장로들이 다윗을 찾아와서 자신들의 민족을 다스려달라고 합니다. 마침내 다윗은 이스라엘과 유다 전체의 왕이 됩니다. 그때 다윗의 나이가 30세였습니다. 헤브론에서 올라가 예루살렘에서 살고 있던 여부스 족속을 내쫓으며 요새인 시온 성을 빼앗아 이를 다윗 성이라고 칭했습니다.

> 다윗이 여호와께서 자기를 세우사 이스라엘 왕으로 삼으신 것과 그의 백
> 성 이스라엘을 위하여 그 나라를 높이신 것을 알았더라(삼하 5:12).

다윗은 자신이 잘해서 왕이 된 것이 아니라, 하나님께서 자신을 높이신 것을 알았다는 것입니다. 사울은 어땠습니까? 사울은 조금 높아지자 자신의 이름을 내기 위해서 기념비를 세웠습니다. 그리고 자신의 왕권 강화를 위해 결사적으로 다윗을 죽이려 쫓아다녔습니다. 인간적인 잔머리와 방법으로 왕권을 유지하려 했습니다. 반면 다윗은 철저히 겸손했던 사람입니다. 이 모든 것은 하나님의 은혜였음을 진심으로 고백할 줄 알았습니다. 이것이 하나님이 다윗을 사랑하신 이유입니다.

오늘 우리가 이만큼 살 수 있는 것, 내 아이와 남편이 건강하고 직장생활 잘하고 평안하게 살아가는 것이 하나님의 은혜임을 고백하십니까? 사실은 그렇지 않았습니다. "내가 돈을 많이 벌었기 때문에 내 새끼들이 복받는 겨", "너 부모 잘 만난 줄 알아라 이놈아, 내가 널 어떻게 키웠는지 꼭 기억해!" 다윗은 겸손했습니다. 하나님은 이런 다윗과 이스라엘을 축복하시죠. 성경은 그 당시 상황을 이렇게 이야기합니다.

> 만군의 하나님 여호와께서 함께 계시니 다윗이 점점 강성하여 가니라(삼하 5:10).

이제 더 이상 다윗을 견제하는 세력이 없습니다. 이스라엘의 12지파가 전부 다윗을 지지합니다. 정치적으로 군사적으로 영적으로 최고의 절정기에 이르렀습니다. 천하가 통일되었습니다. 다윗의 성공은 철저히 하나님의 일방적인 선물이었습니다. 다윗도 이것을 바로 알고 고백하였습니다. 다윗은 예루살렘에서 33년 동안 이스라엘과 유다를 다스렸습니다.

당시 다윗 왕국의 정치적 판세는 세 가지 요소로 이루어졌습니다. 첫째는 유다와 이스라엘 지파, 다윗이 다스리는 나라입니다. 둘째, 정복당한 후 조공을 바치는 왕국들, 즉 에돔, 모압, 암몬, 아람, 다메섹입니다. 세 번째는 화친하여 영향력을 행사한 인근의 왕국들이 있었습니다.

그래서 지금도 이스라엘 민족은 다윗시대를 그리워하고 있습니다. 다윗은 구약 역사 전체의 클라이맥스를 이루고 있습니다. 다윗은 우리나라 광개토대왕 이상 큰 영토를 확보했던 왕이었고, 또 신학적으로 예루살렘 성전을 지을 수 있도록 완벽한 준비를 한 인물이기에 지금도 이스라엘 사람들은 그를 크게 추앙하고 있습니다.

2. 다윗의 영적 승리(삼하 6:1~7:29)

• 언약궤를 예루살렘으로 옮김(삼하 6:1~23)　　　예루살렘을 차지하고 정치적으로도 안정을 찾은 다윗은 기럇여아림에 있는 법궤를 옮겨옵니다. 법궤를 가져온다는 것은 예루살렘이야말로 명실상부한 정치적, 종교적 중심지임을 선언하는 것입니다. 다윗은 기럇여아림에 있는 언약궤를 옮기기 위해서 3만 명을 보냈는데 웃사가 흔들리는 언약궤에 손을 댔다가 죽고 맙니다. 이에 두려워진 다윗은 오벧에돔의 집에서 3개월간 법궤를 머물게 합니다. 그리고 법궤로 인해 오벧에돔의 집이 복을 받자 안심하고 법궤를 예루살렘으로 옮겨옵니다.

다윗 성에 법궤가 도착하자 그는 하나님 앞에서 춤을 춥니다. 이 모습을 성경은 뛰놀며 춤을 추었다고 표현합니다. 그 모습을 본 아내 미갈은 업신여기죠. 그래서 하나님은 미갈이 죽을 때까지 자식이 없게 하십니다. 미갈의 조롱 앞에서 다윗은 뭐라고 고백합니까?

> 다윗이 미갈에게 이르되 이는 여호와 앞에서 한 것이니라 그가 네 아버지와 그의 온 집을 버리고 나를 택하사 나를 여호와의 백성 이스라엘의 주권자로 삼으셨으니 내가 여호와 앞에서 뛰놀리라 내가 이보다 더 낮아져서 스스로 천하게 보일지라도 네가 말한 바 계집종에게는 내가 높임을 받으리라 한지라(삼하 6:21~22).

내가 이보다 더 미천하게 보일지라도 나는 그 이상을 하겠다는 것입니다. 왕의 신분이었음에도 불구하고 하나님의 임재 앞에서 뛰놀며 순전한 모습을 보일 때 하나님의 마음은 어땠을까요? 감격하지 않으셨겠습니까?

우리에게도 하나님의 임재 앞에서 예배 드릴 때마다 뛰며 춤추는 감동과 열정이 있습니까? 하나님은 다윗의 그런 모습을 사랑하셨습니다. 극히 인간적이고 허물도 많았던 다윗이지만, 열정적인 예배자였던 다윗을 하나님은 사랑하고 아끼셨습니다. 다윗은 참된 예배자였습니다. 예배는 사람들 앞이 아닌 하나님 앞에서 드리는 것입니다. 그렇기 때문에 다윗은 인간 앞에서 춤춘 것이 아니라 하나님 앞에서 춤춘 것입니다.

우리의 삶 가운데 예배가 기다려져야 합니다. 예배 드리는 순간이 세상 그 어떤 가치보다 소중하게 여겨져야 합니다. 수많은 예배 속에서 예배의 감격과 기쁨을 잃어버리고 주님과의 인격적 교제를 잃어버린다면, 우리는 이사야 선지자가 말했던 것처럼 성전 뜰만 밟고 가는 사람이 됩니다. 만약 하나님이 오늘 나를 부르신다면 오늘 드려지는 이 예배를 붙들고 하나님 앞에 서야 합니다. 매번의 예배가 마지막 드리는 예배인 것처럼 간절함이 있기를 바랍니다. 순전함이 있기를 바랍니다.

• 성전을 지으려는 다윗의 계획(삼하 7:1~29) 하나님을 향한 다윗의 열심은 언약궤를 위한 성전 건축의 소원으로 나타납니다. 자신은 왕궁에 거하는데 법궤는 허름한 곳에 있는 것이 죄송했습니다. 그래서 성전 짓기를 결심합니다. 다윗은 자신이 하나님 나라의 대리통치자일 뿐임을 분명히 알고 있었습니다. 내가 왕으로 있지만 이 나라의 진정한 왕은 하나님이라는 것을 다윗은 알았어요. 자신이 왕이었다면 왕궁을 지으면 되지 하나님의 성전이 필요 없겠죠. 그러나 "나는 왕이 아닙니다. 진정한 왕은 하나님이십니다"라는 신앙이 성전 건축으로 이어지는 것입니다. 하나님은 그 소원을 기쁘게 받으시지만 성전 건축을 허락하지는 않습니다.

다윗이 성전을 얼마나 짓고 싶어 했는지는 〈시편〉을 보면 알 수 있습니다. 시편 120~134편 표제가 성전에 올라가는 노래라고 씌어 있습니다. 다윗은 성전이 지어지기도 전에 성전에 올라가는 노래를 먼저 만든 사람입니다. 성전에 올라가서 이런 노래를 불러야지, 마치 집을 짓기 전에 빈 땅을 보며 집을 어떻게 짓고 어떻게 살아야지 꿈꾸듯이, 성전을 건축하기도 전에 성전을 사모하는 마음으로 부를 찬양까지 만들어놓았습니다. 성전을 사모함이 그 마음에 얼마나 가득했는지 모릅니다. 하나님께서 다윗이 그렇게 성전을 건축하고 싶어 하는데 모른 척하시고 "그래, 네 마음이 참 귀하다. 성전 한 번 지어봐라" 하고 받아주셨으면 얼마나 좋았을까요? 하나님께서 거절하시지만 다윗에게 세 가지 언약(Davidic covenant)을 주십니다.

> 네 수한이 차서 네 조상들과 함께 누울 때에 내가 네 몸에서 날 네 씨를 네 뒤에 세워 그의 나라를 견고하게 하리라 그는 내 이름을 위하여 집을 건축할 것이요 나는 그의 나라 왕위를 영원히 견고하게 하리라 나는 그에게 아버지가 되고 그는 내게 아들이 되리니 그가 만일 죄를 범하면 내가 사람의 매와 인생의 채찍으로 징계하려니와 내가 네 앞에서 물러나게 한 사울에게서 내 은총을 빼앗은 것처럼 그에게서 빼앗지는 아니하리라 네 집과 네 나라가 내 앞에서 영원히 보전되고 네 왕위가 영원히 견고하리라 하셨다 하라(삼하 7:12~16).

사실 거절이 아니라 성전 건축보다 더 큰 축복을 주신 것입니다. 하나님은 그의 마음을 받으시고 성전 건축보다 더 큰 보상을 다윗에게 허락하신 것입니다. 첫째 너의 계보를 통해서 메시아가 날 것이다, 둘째 네 왕위가 견고할 것이다, 셋째 네 씨로 말미암은 네 자식으로 성전이 건축될 것이라 축복하십니다.

하나님과 다윗이 맺은 언약은 결과적으로 예수 그리스도를 통해서 성취됩니다.[1] 왜일까요? 하나님은 다윗이 성전 건축하는 것을 원하지 않으시고 솔로몬에게 넘기셨을까요? 직접적인 원인을 이렇게 소개하고 있습니다. 역대상 22장 8절을 보면 손에 피가 많이 묻어서 입니다.

1 언약의 연속성 : 아브라함 한 사람을 통해 땅의 모든 민족이 복을 받을 것이라고 약속하셨다(Abrahamic Covenant). 그 복은 가나안 땅을 유업으로 받은 아브라함의 자손 즉, 시내 산에서 민족으로 형성된 이스라엘을 통해 이루어질 것이다(Mosaic Covenant). 그리고 이스라엘 가운데 다윗의 계열을 통해 하나님의 언약이 이루질 것이다(Davidic Covenant). 하나님께서 다윗과 맺으신 언약은 궁극적으로 예수 그리스도를 통해 성취된다.

가서 내 종 다윗에게 말하기를 여호와께서 이와 같이 말씀하시되 네가 나를 위하여 내가 살 집을 건축하겠느냐 내가 이스라엘 자손을 애굽에서 인도하여 내던 날부터 오늘까지 집에 살지 아니하고 장막과 성막 안에서 다녔나니 이스라엘 자손과 더불어 다니는 모든 곳에서 내가 내 백성 이스라엘을 먹이라고 명령한 이스라엘 어느 지파들 가운데 하나에게 내가 말하기를 너희가 어찌하여 나를 위하여 백향목 집을 건축하지 아니하였느냐고 말하였느냐 그러므로 이제 내 종 다윗에게 이와 같이 말하라 만군의 여호와께서 이와 같이 말씀하시기를 내가 너를 목장 곧 양을 따르는 데에서 데려다가 내 백성 이스라엘의 주권자로 삼고 네가 가는 모든 곳에서 내가 너와 함께 있어 네 모든 원수를 네 앞에서 멸하였은즉 땅에서 위대한 자들의 이름같이 네 이름을 위대하게 만들어 주리라 내가 또 내 백성 이스라엘을 위하여 한 곳을 정하여 그를 심고 그를 거주하게 하고 다시 옮기지 못하게 하며 악한 종류로 전과 같이 그들을 해하지 못하게 하여 전에 내가 사사에게 명령하여 내 백성 이스라엘을 다스리던 때와 같지 아니하게 하고 너를 모든 원수에게서 벗어나 편히 쉬게 하리라 여호와가 또 네게 이르노니 여호와가 너를 위하여 집을 짓고(삼하 7:5~11).

내가 오히려 너에게 집을 지어주겠다고 하십니다. 영원히 종속되고 보존될 다윗 가문의 왕위가 하나님이 주신 집입니다. 네 계보가 복이 있으리라, 네 자손의 왕위가 영원하리라, 네 후손들이 너를 정말 존경하고 따르리라.

성전 건축은 누가 했습니까? 솔로몬이 했지만 사실상 다윗이 다 했습니다. 다윗이 다 해놓고 솔로몬의 손만 빌렸을 뿐입니다. 다윗은 자신이 평생 모아왔던 전쟁의 전리품과 모든 재산에서 가장 좋은 것을 하나님의 성전 건축을 위해 드렸습니다.

내가 이미 내 하나님의 성전을 위하여 힘을 다하여 준비하였나니 곧 기구
를 만들 금과 은과 놋과 철과 나무와 또 마노와 가공할 검은 보석과 채색
과 다른 모든 보석과 옥돌이 매우 많으며 성전을 위하여 준비한 이 모든
것 외에도 내 마음이 내 하나님의 성전을 사모하므로 내가 사유한 금, 은
으로 내 하나님의 성전을 위하여 드렸노니 곧 오빌의 금 삼천 달란트와 순
은 칠천 달란트라 모든 성전 벽에 입히며 금, 은 그릇을 만들며 장인의 손
으로 하는 모든 일에 쓰게 하였노니 오늘 누가 즐거이 손에 채워 여호와께
드리겠느냐 하는지라(대상 29:2~5).

다윗이 이미 다 준비해놓았습니다. 솔로몬은 그것을 가지고 지었을 뿐입
니다. 결과적으로 하나님께서는 다윗의 성전을 받으신 것입니다. 거기에 더
하여 그의 집(가문)도 지어주신 것입니다. 하나님께서 우리의 계보에도 복
을 주실 줄 믿습니다. 우리의 혈통에도 은혜를 주실 줄 믿습니다. 우리의 신
앙 때문에 자녀들이 복을 받고 그 은혜의 복이 대대손손 이어지길 원합니
다. 다윗은 성전을 세우기 위해 하나님께 철저히 다 드렸습니다. 우리는 어
떻습니까? 하나님이 우리에게 헌신을 요구하실 때 다윗처럼 온전히 드릴
수 있습니까?

3. 다윗의 군사적 승리(삼하 8:1~10:19)

다윗은 어디를 가나 백전백승이었습니다. 왕이 되어 강적 블레셋과의 전
쟁에서도 멋지게 승리합니다. 블레셋뿐 아니라 하위, 두로 등 주변 여러 민
족을 모두 이겨 자신의 통치권 아래에 둡니다. 이스라엘 왕국은 다윗 치하
에서 군사력과 정치력이 절정에 이릅니다.

소바 왕과 아람 연합군을 물리친 뒤로 이스라엘은 수리아와 팔레스타인
의 중심 세력이 됩니다. 이후 다윗과 솔로몬의 통치는 유프라테스 강의 큰

줄기에 위치한 딥사에서부터 가나안 땅 남쪽 경계의 블레셋 가사에 이르기까지 확대되었습니다.

다윗의 범죄(삼하 11:1~27)

암몬과 전쟁이 있는데 예전 같으면 다윗 자신이 직접 전쟁에 나가서 싸웠겠지만 이젠 군사력이 강하니까 장수 요압을 보냅니다. 군사들은 적군과 싸우고 있는데 다윗은 배 두들기면서 아침 늦게까지 잡니다.

다윗이 범죄하게 된 이유는 긴장감이 풀렸기 때문입니다. 긴장감이 풀리면서 사탄은 인간의 가장 큰 약점 중의 하나인 음란으로 그에게 접근합니다. 가장 편안할 때 이제 됐다 싶을 때 조심해야 합니다. 힘들고 어렵고 삶에 긴장이 있을 때에는 깨어 있게 됩니다. 그러나 가장 편안할 때 조심하십시오. 이제 살 만하다 싶을 때 조심하십시오. 그때 악한 영이 찾아옵니다. 순간의 탐욕이 간음을 가져왔고 그 간음이 살인을 저질렀습니다. 이것이 죄의 위력입니다. 하나를 가지면 둘을 갖고 싶어 하고 둘을 가지면 더 큰 것을 갖고 싶어 합니다. 죄는 모양이라도 버리라고 했습니다.

다윗의 죄는 생계형 죄가 아니었습니다. 다윗은 여인이 없어서 범죄한 것이 아닙니다. 많기 때문에 더 욕심을 냈습니다(삼하 5:13). 부족함이 없는데도 남의 것을 뺏고 싶었어요. 탐심은 가난한 자에게만 있는 것이 아니에요. 부자에게도 있습니다. 어찌 보면 가진 자가 더 갖고 싶은 것이 탐심입니다. 다윗이 가장 편안할 때 탐심이 들었어요. 마음을 지키지 못한 것입니다.

늦게 일어나 밥 먹고 어슬렁어슬렁 궁 위를 거닐다가 어디서 여인네의 목욕하는 소리가 들려 까치발로 보니까 뒤태가 너무나 아름다운 여인이 목욕을 하고 있었습니다. 그래서 그 여인을 부릅니다. 왕이 부르는데 어떻게 거부합니까. 누구의 아내인지 아마 알았을 것입니다. 그러나 순간적으로 일어난 충동을 참지 못해서 그녀를 겁탈합니다.

그리고 시간이 흘렀는데 연락이 왔어요. 임신이랍니다. 남편이 전쟁터에 나간 지 이미 3개월이 되었는데 이게 누구의 씨냐고 난리를 치면 자기가 걸려들 것 같거든요. 다윗은 아주 교활하게 머리를 씁니다. 전장에 있는 우리아 장군을 불러들입니다. "장군은 너무나도 충성스럽기 때문에 내가 휴가를 주노라." 이 편지를 받은 우리아는 얼마나 감격했을까요? "네가 참 고생이 많았다"라고 하면서 집에서 일주일 동안 쉬라고 합니다.

그런데 우리아는 너무 충성스럽기 때문에 "내 부하와 동료는 전쟁터에서 피 흘리며 싸우는데 내가 어떻게 편안하게 다리를 뻗고 잘 수가 있겠습니까? 그럴 수 없습니다"라고 말하면서 수문에서 병사들과 함께 쪼그려 잡니다. 이건 다윗의 작전이 아니었습니다. 그래서 다시 불러들입니다. "네 마음은 알겠는데 너무 유난 떨지 말고 네 아내를 기쁘게 해줘라!" 그러나 충성스러운 우리아는 역시 집에 안 갑니다. 그래서 결국은 어떻게 합니까? 또 작전을 씁니다. 방법은 하나밖에 없다 죽이자, 그래서 그에게 비밀편지를 주어 총사령관 요압에게 전달합니다. "이유는 묻지도 따지지도 말고 이 편지 가져간 우리아를 적진 맨 깊은 곳에 집어넣고 나머지는 모두 퇴각하라!" 왕의 명령이니까 어쩔 수 있나요. "돌격 앞으로! 오늘은 우리아가 선봉으로 앞장선다." 이후 우리아만 빼고 다 퇴각을 명령합니다. 우리아는 마지막까지 다윗의 사랑을 생각하면서 얼마나 힘써 싸웠을까요? 불쌍한 우리아는 마침내 적군의 칼에 맞아 피를 흘리면서 죽어갑니다.

다윗이 그 보고를 듣고 이제 모든 것은 끝났다고, 완전범죄라고 생각하면서 기뻐할 즈음에 시골 교회의 초라한 목사님 나단 선지자가 찾아옵니다. 그는 다윗의 죄를 신랄하게 비판하며 하나님의 말씀을 대언합니다.

이제 네가 나를 업신여기고 헷 사람 우리아의 아내를 빼앗아 네 아내로 삼
았은즉 칼이 네 집에서 영원토록 떠나지 아니하리라 하셨고 여호와께서

또 이와 같이 이르시기를 보라 내가 너와 네 집에 재앙을 일으키고 내가 네 눈앞에서 네 아내를 빼앗아 네 이웃들에게 주리니 그 사람들이 네 아내들과 더불어 백주에 동침하리라(삼하 12:10~11).

이때 다윗의 위대한 점은 무릎 꿇고 인정하며 하나님께 눈물로 회개기도를 드린 것입니다. 시편 51편이 다윗의 회개 시입니다. "나를 주님 앞에서 멀리하지 마시고…." 하나님께서는 그의 회개는 받으셨지만 죄의 대가는 치르게 하십니다.

다윗 집안과 왕국의 재난(삼하 12:1~24:25)

1. 다윗의 대가족이 재난의 근원

다윗의 혈통이 지속된다는 것은 언약의 일부였지만, 그의 대가족은 〈사무엘하〉 후반부에서 계속된 재난의 근원이 되었습니다. 다윗의 집안은 그의 간음죄에 대한 심판으로 밧세바가 낳은 어린 아들이 죽게 되고 암논이 누이 다말을 근친상간하였으며, 곧이어 압살롬이 암논을 살해하는(삼하 13:1~36) 일이 벌어졌습니다.

아마 가장 충격적인 것은 아들 압살롬이 그 자신을 반역하고 백주에 그의 후궁들을 많은 사람이 보는 앞에서 범하며(삼하 16:20~22) 다시 아버지와 화해하지 않을 것을 선포한 것일 것입니다. 다윗 집안에 어려움과 재앙이 떠나지 않는 이유는 다윗의 죄의 결과이기도 하지만 다윗의 아내가 많았기 때문이기도 합니다(삼하 5:13).

〈신명기〉에서 왕에 대해 경고하기를 아내를 많이 두지 말라고 했습니다. 아내가 많으면 가정사가 복잡해집니다. 아이도 많아지고요. 다윗 집안을 보십시오. 아내가 8명, 자녀가 10명입니다. 그러니까 아내끼리 아이들끼리 싸움이 생깁니다.

2. 압살롬의 반역(삼하 13:37~17:29)

성경이 언급하고 있는 사람들 가운데 압살롬처럼 신체적으로 아름다운 사람은 없었으며, 또한 그처럼 정서적으로나 영적으로 괴악했던 인물도 없었습니다. 압살롬이 반역을 한 이유가 있습니다. 다윗의 첫 번째 아들이 암논입니다. 이 암논이 배다른 누이 다말을 좋아합니다. 너무나 짝사랑합니다. 그런데 사랑하는 것이 아니라 정확히 말하면 다말과 하룻밤 자고 싶은 것입니다. 성욕에 끓어 상사병에 걸립니다.

그러자 암논의 비서가 지혜를 주죠. 왕에게 가서 아프다고 하고 그 다말로 인하여 자기를 간호하게 해달라고 하라고, 그리고 침상에 들어오면 그때 일을 치르라고 말합니다. 마침내 왕의 명령으로 누이 다말이 간호하러 들어왔을 때 "나랑 사랑하자" 하면서 와락 그녀를 범합니다(삼하 13:15, 17, 22).

더 나쁜 것은 범하고 나서 그 마음이 싹 바뀌어 그녀를 버립니다. 그때 다말의 친오빠 압살롬은 당장은 암논에 비해 힘이 없어서 우선 치밀한 계획을 세우며 복수할 때를 기다립니다. 2년 후 양의 털을 깎는 시기에 자신의 집에 왕자들을 다 초청합니다. 그리고 암논을 그 자리에서 죽이고 도망가버립니다. 그러나 다윗은 압살롬에 대한 정을 버리지 못하고 그를 불러들입니다. 그리고 예루살렘에서 살게 하지만 다윗은 4년 동안 그의 얼굴을 보지 않습니다. 그 4년 동안 압살롬은 병거와 말을 준비하면서 사병을 조직합니다. 왜요? 아버지에 대한 분노로 쿠데타를 일으키려는 것입니다. 자신은 여동생에 대한 복수를 한 것뿐인데, 불렀으면 얼굴이라도 봐야 되는데, 변론할 기회도 주지 않고 자신을 버려둔 것에 대한 분노로 칼을 갈며 반역을 준비합니다. 그리고 헤브론의 왕이 되어서 사병을 이끌고 예루살렘까지 진격합니다.

압살롬이 반역했다는 말을 듣고 다윗은 맨발로 도망을 갑니다(압살롬을 피할 때 기록된 시편 3편). 집안에서 칼이 떠나지 않는 이러한 상황이 얼마나 큰 비극입니까? 죄의 결과들입니다. 다윗의 군대 장관 요압에게 패한 압살롬은 쫓겨 다니다가 결국 죽임을 당합니다.

압살롬이 죽었다는 말을 듣고 다시 궁에 돌아와 죽은 압살롬을 안고 "내 아들 압살롬아" 하면서 슬퍼합니다. 그의 장수들은 그런 리더십을 가진 다윗을 향해서 섭섭해합니다. 자신의 병사들은 피 흘리며 목숨을 다해 전쟁을 치러도 간절함이 없는데, 자신의 패역한 아들이 죽었을 때 이렇게 마음 아파하는 것을 보면서 섭섭해하는 것입니다. 요압이 다윗에게 이렇게 말을 합니다. "당신이 언제 우리한테 눈물 한 번 보인 적이 있습니까?" 압살롬을 지나치게 사랑함으로 다윗 왕의 리더십에 치명타를 입게 됩니다.

3. 다윗의 인구조사(삼하 24장)

다윗이 또 하나님 앞에 심각한 범죄를 저지르게 됩니다. 다윗은 하나님이 시키지도 않았는데 내 백성이 몇 명이며 군사적인 병력이 얼마나 되는지를 숫자로 셉니다. 하나님 보시기에 이것은 범죄였습니다. 언제 다윗이 군사의 숫자로 전쟁에서 승리했습니까? 하나님이 그에게 복을 주시고 하나님이 싸워주셨어요. 하나님만 의지하면 되었습니다. 하나님께 순종하면 하나님께서 그를 높이셨어요.

그런데 그는 언제부터인가 내 소유가 얼마이고 내가 가진 병력이 얼마인지 숫자를 세기 시작합니다. 하나님은 그것이 범죄라며 갓 선지자를 통해 이스라엘 백성에게 재앙을 내리겠다고 선포하시면서 세 가지 중에서 고르라고 말씀하십니다(삼하 24:12~13).

첫 번째가 7년 기근, 두 번째가 다윗이 원수에게 쫓겨서 석 달 동안 도망 다니는 것. 다윗은 너무나도 많이 도망 다녀서 도망하는 것에는 질렸습니다. 그래서 두 번째는 선택 안 합니다. 세 번째 전염병이 사흘 동안 있게 되는 것입니다. 다윗은 이것을 선택합니다. 그래서 나라가 재앙을 당하게 됩니다. 사흘 동안 전염병이 돌아서 7만 명이 죽게 됩니다.

　이 사건을 한 번 돌아보세요. 하나님께서 사울과 다윗을 다룰 때 공통점이 하나 있습니다. 하나님이 싫어하실 때와 좋아하실 때가 있어요. 하나님이 가장 싫어하실 때가 교만할 때입니다. 모든 것이 하나님께로부터 왔다는 것을 알고 고백하며 순전함을 지킬 때 그를 지키시고 높이셨습니다. 그런데 반대로 하나님이 하신 것을 내가 했노라고 교만할 때는 그를 싫어하셨습니다. 하나님은 교만함을 가장 싫어하십니다. 이것은 우리에게도 동일합니다. 하나님 앞에 엎드리고 겸손할 줄 아는 것이 승리의 비결입니다.

시편

호흡이 있는 자들의 노래

🌿 뿌리내리기 _성경의 전체를 알아봅니다

〈시편[1]〉은 현악기의 반주에 맞추어 당시 불렸던 노래들입니다. 고대 이스라엘의 예배 때 찬양으로 실제 사용되었습니다. 왕정시대에는 성전 찬송가로 사용되었습니다. 수백 년 동안 이스라엘 백성이 하나님께 영광을 올려드린 기도와 찬양을 모아놓았습니다.

원래는 개인적인 시였다가 시간의 흐름에 따라 모여 작은 책이 되었고, 지금의 〈시편〉은 이러한 작은 책 다섯 권으로 이루어져 있습니다. 아마 가장 처음 쓴 개인적인 〈시편〉은 모세가 쓴 시편 90편일 것입니다. 포로귀환 시기의 126편에 이르기까지 약 천 년이 넘는 기간에 걸쳐 기록되고 편집되었습니다. 역사의 긴 시간을 거치며 기록된 〈시편〉의 광범위한 주제는 축제, 전쟁, 평화, 심판, 메시아의 예언, 찬양, 슬픔 등 각종 다양한 주제를 포함하고 있습니다.

많은 시편이 다윗의 시대나 다윗 직후에 기록되고 수집되었지만, 최종 편집은 에스라와 느헤미야 시대인 포로 귀국 후 B.C. 5세기 후반부까지 추가

1 '뜯는 현악기 반주와 함께 불리는 노래'라는 헬라어 단어로부터 유래

편집되었습니다. 성경에 〈시편〉만큼 많은 저자가 있는 책은 없습니다. 150편 중에서 다윗의 시편이 73편, 아삽의 시편이 12편 있습니다. 그리고 고라의 자손의 시가 11편, 솔로몬의 시가 12편, 그리고 모세, 에스라의 사람 헤만과 예단이 각각 1편씩, 작자미상의 시도 50편이나 있습니다. 유대의 전승은 이것 중 몇 편을 에스라가 지었다고 전합니다. 다윗이 제일 많이 지었죠. 신약에서는 시편 2편과 95편을 다윗의 저작으로 언급하고 있습니다. 그래서 다윗이 지은 시는 총 75편으로 볼 수 있습니다.

🍃 숲 길잡이 _성경의 전체를 표로 알아봅니다

시대	통일왕국시대				
초점	1권(1~41편)	2권(42~72편)	3권(73~89편)	4권(90~106편)	5권(107~150편)
저자	다윗	다윗과 고라	아삽	작자미상	다윗과 무명
내용	예배의 노래	국가적인 관심사에 대한 찬송시		찬양의 송가	
편집자	다윗	히스기야 혹은 요시야		에스라 혹은 느헤미야	
내용	애가	국가 공동체의 찬양		찬양의 시	
수집 연대	B.C. 1020~970년	B.C. 970~610년		B.C. 430년까지	
기간	약 1000년간(B.C. 1410~430년)				

모세오경이 5권이듯 〈시편〉도 5권으로 나눌 수 있습니다. 1권은 1~41편까지로 다윗의 시편입니다. 그리고 2권은 42~72편까지로 다윗과 고라 자손의 시편이고, 3권은 73~89편까지로 아삽의 시편, 4권은 90~106편까지로 작자미상, 마지막으로 5권은 107~150편까지로 다윗의 시편입니다.

C.S. 루이스는 "시편은 시이며 시란 부르기 위해 지은 것이다. 학구적인 논설이나 설교가 아니기에 시편을 이해하려면 시편답게 읽어야 한다"라고

하였습니다. 시편답게 읽는 것이란 저자의 마음이 되어 찬양하고, 때론 애통해하지만 다시 믿음 안에서 찬양하며 감사하는 마음입니다.

🍃 구약 숲으로 _성경의 중심내용을 알아봅니다

〈시편〉의 유형

〈시편〉은 내용과 형식에 따라 여러 유형으로 나눌 수 있어 학자마다 차이가 있지만 문학 양식적 분류, 시대적 분류, 주제에 따른 분류 등이 있습니다. 주제에 따른 분류로 본다면 중요한 유형은 하나님께 찬양하는 찬양시, 하나님께 감사하는 감사시, 용서나 대적들의 파멸을 호소하는 탄원시(애가) 이렇게 세 가지로 나눌 수 있습니다. 감사시 안에 애통의 요소도 있고, 애가(哀歌) 안에 감사의 요소가 있지만 이 요소들의 기능이 다릅니다. 감사시 안에 있는 애가는 고통을 벗어난 후 과거를 돌아보며 말한 것이고, 애가 안에 있는 고통은 그 고통에서 벗어나길 바라면서 믿음 안에서 감사하는 것입니다. 이를 좀 더 세밀하게 구분하면 탄식시, 감사시, 취임시, 순례시, 왕의 시, 지혜시, 저주시 등 아래와 같은 범주들로 묶을 수 있습니다.

유형	설명	시편
탄식의 시	하나님의 구원을 간구하는 기도 (이 시편들은 자포자기와 절망의 순간에 있는 신자들에게 하나님의 도움이 필요하다고 말한다)	3~7, 12, 13, 22, 25~28, 35, 38~40, 42~44, 51, 54~57, 59~61, 63, 64, 69~71, 74, 79, 80, 83, 86, 88, 90, 102, 109, 120, 123, 130, 140~143
감사의 시	하나님의 은혜로우심을 찬양함 (이 시편들은 우리가 하나님의 복을 깨닫고 감사의 확신과 감정을 표현하게 한다)	8, 18, 19, 29, 30, 32~34, 36, 40, 41, 66, 103~106, 111, 113, 116, 117, 124 129, 135, 136, 138, 139, 146~148, 150
취임 시편	하나님의 주권 된 통치를 묘사함 (이런 시편들로 인해, 하나님을 전능한 창조자, 그분의 모든 피조물 위에 최고의 권위를 가진 주님으로 깨닫는다)	47, 93, 96~99

순례 시편	유대인의 절기를 기념하려고 예루살렘을 향해 여행할 때 찬양함 (이 시편들은 우리가 하나님을 경외하는 예배의 분위기를 조성하는 데 도움이 된다)	43, 46, 48, 76, 84, 87, 120~134
왕의 시편	하늘에 계신 이스라엘의 왕을 묘사할 뿐 아니라, 이 땅에 있는 왕의 통치를 표현함 (이 시편들은 매일 그리스도를 우리 삶의 주권자로 모셔야 한다고 알려준다)	2, 18, 20, 21, 45, 72, 89, 101, 110, 132, 144
지혜 시편	지혜와 의로움에 이르는 길을 가르쳐줌 (이 시편들은 우리가 삶의 방향과 하나님의 뜻을 찾고 있는 결단의 시기에 특히 적절하다)	1, 37, 119
저주 시편	대적들에게 하나님의 진노와 심판이 임하기를 호소함 (이 시편들은 악행을 저지른 사람들을 향한 우리의 감정을 솔직히 드러내도록 하며, 우리가 이런 감정들을 극복하고 용서하는 방향으로 가도록 한다)	7, 35, 40, 55, 58, 59, 69, 79, 109, 137, 139, 144

〈시편〉의 주제

시편	주제	시편	주제
1권(1~41편)			
1~2	시편의 서론	3~7	다섯 편의 탄식시(도움에 대한 호소)
8	창조주에 대한 찬양	9~13	"가난한 의인"의 구원에 대한 탄식
14	인간의 어리석음(53편 참고)	15~24	성전에 올라감
25~33	창조의 왕에 대한 기도, 찬양, 신뢰	34~37	경건한 지혜에 대한 교훈, 악인들로 인한 호소
38~41	4편의 탄식시 : 기도와 죄의 고백		
2권(42~72편)			
42~45	기도 세 편과 왕의 시편	46~48	시온에 대한 노래
49~53	하나님 앞에서의 올바른 태도	54~59	여섯 편의 탄식시 : 도움을 바라는 기도

60~64	공통 주제로 된 기도 다섯 편	65~68	하나님의 놀라운 은혜와 현존에 대한 찬양
69~72	기도 세 편과 왕의 시편 한 편		
3권(73~89편)			
73~78	시온에 대한 소망	79~83	하나님의 버리심과 시온에 대한 소망
84~89	시온에 대한 찬양과 그 멸망에 대한 탄식		
4권(90~106편)			
90~92	우리의 거처가 되신 여호와	93~99	여호와가 통치하시니 백성들이여 기뻐하라
100~106	여호와에 대한 찬양과 회복에 대한 소망		
5권(107~150편)			
107~109	하나님이 자기 백성을 구원하심에 대한 찬양과 다윗의 탄식시 두 편	110~111	장차 오실 왕 축제 시편들
119	여호와의 미쁘신 말씀인 율법에 대한 찬양	120~134	성전에 올라가는 노래
135~137	성전에 올라간 이들에 대한 응답	138~145	마지막 다윗 시편 모음
146~150	할렐루야 다윗 시편		

잠언

지혜의 말씀

🌿 뿌리내리기 _성경의 전체를 알아봅니다

〈잠언〉은 어찌 보면 구약성경에서 가장 실제적인 책입니다. 주제별 금언들은 우리가 매일 생활에서 부딪히는 삶의 여러 측면들을 위한 지혜[1]를 가르치고 있기 때문입니다. 하나님의 백성이 매일 삶 속에서 겪는 실제적인 문제들(하나님, 부모, 자녀, 이웃, 정부 등)에 대해 어떻게 관계를 맺고, 어떤 자세로 살아야 하는가에 대한 실제적인 답을 주고 있습니다.

〈잠언〉은 하나님의 교훈의 원칙들을 삶 전체에 적용합니다. 여기서 제시하는 것은 인생 성공의 공식이 아니라, 인생의 옳고 그름의 기준이 되는 지혜를 강조합니다. 왜냐하면 〈잠언〉의 지혜는 하나님을 경외함과 율법에 기초하고 있기 때문입니다.

이스라엘 현인들의 대표격인 솔로몬이 주된 저자이기 때문에 이 책의 제목을 'Mishle[2] Salomoh(미쉴레 쉘모르, 솔로몬의 비유)'라고도 부릅니다. 솔로몬 글의 특징은 삶의 문제를 다루면서 인상적이고 기억하기 쉽게 시, 비유, 간결한 질문, 짧은 이야기 그리고 지혜로운 격언 등을 잘 배합하여 사용합

---

1 문자적으로는 '능숙하고 기술적인 삶'을 의미함

2 Mishle – '비교, 비슷함, 평행되는 것'이라는 의미

니다. 그러나 글 중에서 솔로몬이 쓴 부분을 정확하게 가려내기란 쉽지 않습니다. 그 외에 여러 현자(賢者), 아굴, 르무엘의 어머니의 잠언들을 모은 것입니다. 솔로몬의 이름은 자신이 기록한 세 부분의 서두에 등장합니다. 솔로몬은 3,000개 잠언[3]을 지었는데, 그 중 약 800개가 〈잠언〉에 기록되어 있습니다. 〈잠언〉의 기록 시기는 이스라엘 왕정 초기였다는 것이 일반적인 견해입니다. 그리고 솔로몬보다 250년 뒤였던 히스기야가 〈잠언〉을 편집하였고, B.C. 180년경 요수아가 최종적으로 완성하였습니다.

3 열왕기상 4장 32절 참고

🍃 숲 길잡이 _성경의 전체를 표로 알아봅니다

시대	통일왕국시대						
초점	잠언의 목적	젊은이를 위한 잠언	솔로몬의 잠언	솔로몬의 잠언 (히스기야)	아굴의 잠언	르무엘 왕의 잠언	
구성	1:1———1:8———10:1———25:1———30:1———31:1———31:9—31:31						
주제	주제와 목적	아버지의 훈계	제1잠언집	제2잠언집	숫자를 사용한 금언	지도자를 위한 지혜	현숙한 아내
강조	서언/지혜의 찬사	지혜의 원리와 권고			맺는 말 / 지혜의 비교		
연대	B.C. 950~700년경						

🍃 구약 숲으로 _성경의 중심내용을 알아봅니다

〈잠언〉에서 가르치는 지혜

〈잠언〉이 말하고 있는 '지혜'는 영리함이나 지성을 넘어섭니다. 지혜는 실천적인 의로움과 도덕적인 통찰력과 관련이 있습니다. 〈잠언〉의 지혜는 옳고 바른 것(규범)을 본질적인 속성 중의 하나로 가집니다. "지혜란 하나님의 율법을 초월한 어떤 것이 아니라, 그 율법을 바르게 행하는 것입니다." 그리고 여호와를 경외하는 것이 지혜의 근본(잠 9:10)이라고 하였는데, 이것은 지혜가 하나님을 경외하는 것에서 출발하며, 그것을 목적으로 하고, 또 그 안에서 이루어지는 것임을 나타냅니다. 종합하면 〈잠언〉이 가르치는 지혜란 '하나님의 규범을 전제로 하며, 하나님에 대한 경외를 그 토대와 목표로 하는 하나님 백성의 사고 활동'이라고 할 수 있습니다.

〈잠언〉의 개관

서두에 있는 서문은(잠 1:1~7) 책의 저자와 주제와 목적을 잘 말해주고 있습니다. 머리말에 뒤이어 "내 아들아"라는 말로 시작하는 10가지의 권면은 특별히 젊은이들을 위한 잠언입니다(잠 1:8~9:18). 그리고 자기 아들로 하여금 인생에서 경건한 성공을 위하여 지혜의 길을 가도록 설득하는 아버지의 권면을 소개합니다. 지혜는 범죄와 어리석은 유혹의 기회를 거부하고 지혜를 추구하는 자에게 주어집니다. 지혜는 육욕(肉慾)이 아니며 그 결과, 어리석은 습관, 게으름, 그리고 간통, 음욕으로부터 보호해줍니다. 어리석은 자란 정신이 모자란 자가 아니며 자기 삶을 마치 하나님 없는 것처럼 운영하며 사는 자들입니다.

1. 솔로몬의 잠언(잠 10:1~24:34)

솔로몬의 금언 모음집은 그가 쓴 375개의 금언들로 구성되어 있습니다. 주제별로 글을 썼으며 10~15장까지는 의인과 악인을 대조했고 16장 1절부터 22장 16절까지는 서로 짝을 이루는 대구법의 형식을 취하고 있습니다. 22장부터 24장까지는 두 그룹으로 편성하였는데 첫 번째 그룹은 30개의 격언들이 있고(잠 22:17~24:22), 두 번째 그룹에 6개의 추가적인 잠언이 포함되어 있습니다. 특히 이 부분의 잠언은 이스라엘의 현자들에게 받은 교훈과 격언들로서, 피해야 할 것들로 시작되어 아버지가 아들에게 주는 훈계와 권고의 형식을 띠고 있습니다.

2. 히스기야 신하들에 의해 편집된 솔로몬의 잠언(잠 25:1~29:27)

두 번째 솔로몬의 모음집은 "히스기야 신하들"(잠 25:1)에 의해 복사(필사)되어 편집 배열된 것입니다. 25~29장의 잠언들은 첫 번째 솔로몬 잠언 모음집에 나오는 주제들을 더 깊이 살펴보고 있습니다. 히스기야 시대 때 그는 오랫동안 무시되었던 예배를 회복시키면서 지혜에 대한 관심이 커져 신하들을 동원해 잠언을 모으고 재편집했는데 비교법이 많이 사용되었습니다. "경우에 합당한 말은 아로새긴 은쟁반에 금사과니라"(잠 25:11).

3. 아굴의 잠언(잠 30:1~33)

아굴과 르무엘은 이스라엘 사람이 아닌 동방 사람들이었습니다. 아굴은 인생과 자연을 면밀히 관찰하므로써 겸손을 배운 사람입니다. 〈잠언〉의 마지막 두 장은 일종의 부록이라 할 수 있는데 아굴의 잠언들은 대부분 숫자를 사용한 금언들의 모음 형식입니다.

4. 르무엘 왕의 잠언(잠 31:1~31)

르무엘은 맛사의 왕이었습니다. 마지막 장은 현숙한 여인(아내)을 묘사하고 있으며 22구절은 알렙부터 타우까지 각 절이 히브리어 알파벳으로 시작됩니다. 현숙한 아내를 남성의 관점에서 묘사합니다. 선한 아내는 "책임감이 있고, 유능하며 근면하며 철저히 믿을 수가 있다." 누가 이런 아내를 찾을 수 있을까요? 또 그런 현숙한 여인은 어떻게 만들어질까요? 그것은 바로 모든 참된 지혜의 근원이신 "여호와를 경외함"에 있다고 말합니다.

전도서

인생의 허무함을 넘어서

🍃 뿌리내리기_성경의 전체를 알아봅니다

〈전도서〉는 지상에서 삶의 불공평과 모순, 외견상의 불합리와 어리석음에도 불구하고 삶의 의미와 만족을 추구하는 설교자의 치열한 인생 탐구를 기록한 심오한 책입니다. 〈전도서〉의 핵심 단어는 '헛됨', 즉 하나님을 떠난 삶 가운데서 인생의 의미를 찾고자 하는 것이 얼마나 허무한 시도인가 하는 것입니다. "해 아래"(전 8:17)서 보았을 때 삶의 추구들은 오로지 절망으로 인도할 뿐, 하나님 자신 외에 권세, 특권, 쾌락 그 어떤 것도 사람의 내면에 하나님께서 만들어두신 빈 공간을 채울 수 없음을 잘 표현하고 있습니다. 인생은 하나님 관점으로 보았을 때만 의미가 채워집니다. 하루하루를 하나님으로부터 온 선물로 생각할 때, 회의와 절망은 없어질 것입니다.

인생 만사는 사람이 생각하는 지혜 안에 국한되어 있지 않습니다. 그러기에 우리는 하나님의 존전에서 겸손할 수밖에 없습니다. 그분의 긍휼을 기대하며, 하나님을 경외하고 그분의 말씀을 따라 사는 것이 참된 의이고 참된 지혜임을 결론으로 제시하고 있습니다.

🍃 숲 길잡이 _성경의 전체를 표로 알아봅니다

시대	통일왕국시대				
초점	명제 "모든 것이 헛되다"	논증 "삶이 헛되다"	조언 "하나님을 경외하라"		
구절	1:1————3:1	————7:1	————9:18	————11:1—	12:14
구분	인간 업적의 헛됨	인간 소유의 헛됨	악한 세상에서의 처신	삶의 불확실성에 대한 조언	하나님을 경외 하고 순종하라
주제	헛되다고 선언함	헛된 것을 보여줌	헛된 것으로부터의 극복		
	주제	설교	요약		
장소	우주: "해 아래서"				
기간	B.C. 약 935년				

〈전도서〉의 전체 구조는 해 아래 사는 모든 것이 모두 헛되다는 명제로 시작해서 인생이 헛됨을 저자의 경험과 관찰을 통해 논증적으로 증명하고 있습니다. 그리고 중반 7장을 넘어가면서 이러한 헛된 세상 속에서 살아가는 인생에 따끔한 조언을 던지는데, 그것은 하나님을 경외하고 그의 명령을 지키는 것이 사람의 본분이라고 결론을 내줍니다(전 12:13).

🍃 구약 숲으로 _성경의 중심내용을 알아봅니다

이 책을 시작하는 첫 구절 "다윗의 아들 예루살렘 왕 전도자의 말씀이라"(전 1:1)는 글을 보아 〈전도서〉는 전통적으로 솔로몬이 노년에 썼을 것이라고 봅니다. 또 내용 가운데 저자는 다른 사람들과 비할 수 없는 지혜(잠 1:16), 재물, 향락을 누릴 수 있었음을 암시하고 있는데 이 모든 것이 솔로몬의 저작설을 입증하는 것입니다. 저자는 현세의 영광이나 축복을 인생의 목적으로 추구할 때 절망과 공허만이 남게 된다는 것을 자신의 경험에 비추어 설명하고 있습니다. 이 세상은 수수께끼로 가득 차 있으며, 가장 어려운 수수께끼는 사람 자체이고 그 사람의 지혜에 한계가 있음도 깨닫습니다(전 1:13, 16~18, 7:24, 8:16~17). 사람이 힘써 궁리하더라도 하나님의 뛰어난 섭리와 자신의 존재에 대한 궁극적인 의미를 발견할 수 없기 때문입니다. 그러므로 〈전도서〉의 저자는 독자에게 하나님이 모든 것을 그분의 섭리에 따라 정하셨음과(전 3:1~15, 5:19, 6:1~2, 9:1) 인간의 유한성을 받아들이도록 권고합니다. 이와 같은 깨달음을 얻은 저자는 최종적으로 "일의 결국을 다 들었으니 하나님을 경외하고 그의 명령들을 지킬지어다 이것이 모든 사람의 본분이니라"(전 12:13)는 말로 이 책을 끝맺습니다.

정리하면 아무 목적 없이 되풀이되며 모순 같은 인생을 볼 때, 그 사건들 가운데서 어떤 의미를 찾을 수 없기 때문에, 모든 것이 헛되다고 결론 지을 수 있습니다. 그럼에도 불구하고 인생은 하나님이 주신 선물이라는 것을 깨닫고 즐거운 생활을 누리는 것이 좋다고 말합니다. 지혜 있는 자는 하나님께서 결국 인간을 심판하실 것이라는 것을 알고 그분을 경외하고 복종하면서 살아가야 합니다.

〈전도서〉와 예수 그리스도

인생 향락과 대조를 이루는 사상이 '헛되다'는 말로 표현됩니다. 전도자는 하나님과의 관계가 결여된 헛됨과 당혹스러움(혼란)을 묘사합니다. 각 사람은 그의 마음에 영혼을 가지고 있는데(전 3:11) 단지 예수 그리스도만이 궁극적인 만족과 기쁨과 지혜를 주십니다. 사람의 최고 선은 풍성한 생명을 제공하시는(요 10:9~10) "한 목자"(전 12:11)에게서만 발견됩니다.

아가

사랑의 노래

🌿 뿌리내리기 _성경의 전체를 알아봅니다

〈아가서〉는 솔로몬이 지은 연가(戀歌)로, 은유와 동방의 이미지가 풍부한 사랑 노래입니다. 역사적으로 말하면, 한 여자 목자에 대한 솔로몬의 구혼과 결혼, 그리고 결혼생활의 기쁨과 아픔을 묘사하고 있습니다. 또한 〈아가서〉는 세 명의 주인공 신부, 왕, 합창단(예루살렘의 딸들)이 등장하는 드라마처럼 구성되어 있습니다.

🌿 숲 길잡이 _성경의 전체를 표로 알아 봅니다

시대	통일왕국시대			
초점	사랑이 시작됨		사랑이 확대됨	
구절	1:1————3:6	————5:2	————7:11	————8:14
구분	사랑에 빠짐	사랑 안에서 연합됨	사랑 안에서 갈등	사랑 안에서 성장함
주제	구애 기간	결혼	갈등	성숙
	사랑을 품음	사랑의 성취	사랑 중의 좌절	사랑의 신실함
장소	이스라엘(약 1년)			

〈아가서〉의 문학적 특징

〈아가서〉의 주제는 한마디로 '하나님의 섭리에 따른 남녀의 사랑이 주는 기쁨'입니다. 육체의 아름다움과 결혼생활은 창조주께서 그의 피조물에게 주신 선물이므로 그 자체로서 선하고 순결한 것입니다. 〈아가서〉는 그리스도와 그분이 사랑하시는 교회 사이의 관계로 해석될 수 있으며, 여러 가지 아름다운 교훈을 찾아볼 수 있습니다. 예를 들어 그리스도의 강렬한 사랑 (아 8:7), 교회의 기도를 들으시는 그리스도의 기쁨(아 8:13), 그분의 임재에 대한 갈망(아 8:14), 함께 친교를 나누자는 그리스도의 초대(아 2:13), 그분의 노크 소리에 응답하지 않는 위험(아 5:2~8) 등이 실제적으로 묘사되어 있습니다.

〈아가서〉에 나타나는 성적인 사랑의 묘사는 에덴동산에서와 같은 여자와 남자가 전혀 수치심 없이 서로의 육체에서 완전한 즐거움과 쾌락을 얻는 장면을 상기시켜줍니다. 그러므로 이것은 하나님이 결혼의 정절과 상호 연합, 그리고 친밀성을 다시 강조해주시는 방법이라고 할 수 있습니다.

〈아가서〉에 나타난 그리스도

구약성경에서는 이스라엘을 "여호와의 신부"로 묘사하고 있습니다(사 54:5~6; 렘 2:2; 겔 16:8; 호 2:16~20). 신약성경에서는 교회를 "그리스도의 신부"로 묘사합니다(고후 11:2; 엡 5:23~25). 〈아가서〉는 이스라엘이 "하나님의 신부"라는 것을 예증하면서 동시에 그리스도의 신부인 교회를 예시하고 있습니다.

담아가기

1. 사람들은 사울과 다윗을 비교하기 즐겨합니다. 굳이 비교하자면 사울은 선택 받은 4번 타자, 다윗은 대타 선수로 역사에 등극하였다고 볼 수 있습니다. 그러나 사울은 선택받은 비련의 왕이었고 다윗은 하나님께 합한 왕이라고 평가를 합니다. 두 명의 죄와 실수를 저울에 달아보면 다윗의 죄가 더 무거울 것임에 틀림없습니다. 그런데 왜 하나님은 다윗을 그토록 사랑하셨을까요? 그것은 아마도 죄 앞에서의 자세 때문이 아닐까 생각합니다. 사울은 교만하여 변명했고, 다윗은 겸손하게 애통해했습니다. 당신은 죄 앞에서 어떤 자세를 갖습니까?

2. 하나님은 다윗에게 성전 건축을 허락하지 않으시고 솔로몬에게 맡기셨습니다. 다윗은 비록 성전 건축을 거절당했지만 이것은 다윗을 거절한 것이 아니라 오히려 하나님은 다윗에게 더 큰 계획을 갖고 계십니다. 그것은 그의 왕위가 영원할 것이며 견고할 것이라고 약속입니다. 하나님은 다윗의 자손 예수 그리스도를 통해 궁극적으로 이 언약을 성취하셨습니다. 당신도 나의 욕심이 아닌 선한 의도로 기도했는데 거절당한다면 다윗처럼 순종하며 다음을 준비할 수 있겠습니까? 그 거절을 받아들이는 것도 믿음이 필요하다고 보지 않습니까?

귀국시대 93년

포로시대 70년

분열왕국시대 350년

통일왕국시대 120년

사사시대 350년

가나안 정복시대 7년

광야시대 40년

노예시대 400년

이스라엘 역사의 시작 시대 400년

인류의 시작 시대 2100년

나라의 분열과 위기

● 　　　　　　　남유다와 북이스라엘의 분열(B.C. 931)로 시작해서 북이스라엘의 멸망
(B.C. 722) 후에 남유다의 멸망(B.C. 586)까지의 약 350년 내용을 기록하고 있다. 솔로몬의 죽음 이후 그의
아들 르호보암 때 이미 쉼 없이 이어진 성전 건축과 왕국 건축으로 지친 백성은 무거운 세금 부과로 북쪽
지방 노역 담당자인 여로보암을 중심으로 쿠데타를 일으켰다. 10지파가 모여 사마리아를 중심으로 '북이
스라엘'을 건설하고 르호보암은 남은 두 지파(유다, 베냐민)와 함께 예루살렘을 중심으로 '남유다'를 건설
하였다. 분열왕국시대는 10시대 중 어느 시대보다 가장 많은 선지자가 회개를 촉구했다. 당시 활동했던 선
지자로는 엘리야, 엘리사, 요엘, 오바댜, 이사야, 미가, 나훔, 예레미야, 스바냐, 하박국 등이 있다.

솔로몬 이후 분열된 나라와 그 왕들

뿌리내리기 _성경의 전체를 알아 봅니다

<열왕기상>과 <역대하>를 같이 보겠습니다. 왜냐하면 <열왕기상>의 주석은 <역대하>이기 때문입니다. <열왕기상>은 노년의 다윗 이야기로 시작됩니다. 그가 죽을 때가 다가오자 궁중에서 가장 뜨거웠던 이슈는 '다음 왕이 누가 되느냐?'였습니다. 왕위 계승을 두고 알게 모르게 줄타기가 생기고 세력이 만들어집니다. 다윗의 큰아들이었던 아도니야는 장자였기에 당연히 가장 유력했습니다. 아도니야의 추종 세력은 제사장 아비아달과 당시 최고의 권세자였던 군대 장관 요압이었기에 아도니야가 왕이 되는 것은 시간문제였습니다. 누가 봐도 그 라인이 차기 대권 계열이었습니다. 그들은 자주 만나서 전략회의를 했습니다. 다윗이 혹시라도 다른 결정을 하게 된다면 한순간에 쿠데타를 일으켜 왕권을 잡을 기세였습니다. 왜냐하면 다윗이 곁에는 솔로몬의 어머니인 다윗의 애첩 밧세바가 있었기 때문이었습니다.

애첩 밧세바가 노인 다윗 곁에서 무엇을 요구했겠어요? 다윗의 수염을 빗겨주고 다리를 주물러가면서 자신의 아들 솔로몬을 다음 왕으로 세워달

열매 맺기

역대기 기록 목적

유대인들은 70년이란 포로생활 이후 하나님께 선택받은 백성이라는 정체성이 흐려지기 시작했다. 그래서 역대기 저자는 하나님 나라 백성의 계보 즉, 이스라엘의 계보를 통하여 구원의 역사와 다윗 왕권의 계보는 유대의 뿌리였음을 증명해줌으로써 그들이 여전히 하나님께 선택받은 백성이며 언약 백성임을 상기시키기 위해 기록했다.

라고 조릅니다. 다윗은 밧세바의 치마폭에 넘어가 허락합니다. 다윗의 마음이 솔로몬에게 있음을 알아챈 아도니야는 급작스럽게 쿠데타를 계획합니다. 그 순간에 첩자가 밧세바에게 보고합니다. "지금 아도니야가 심상치 않습니다. 오늘 저녁에 반역이 있을 것 같습니다." 그 말을 듣자 밧세바가 쪼르르 다윗에게 가서 호들갑을 떱니다. "여보, 여보 큰일 났어요. 아도니야가 반역을 일으킬 것 같아요. 빨리 솔로몬을 왕으로 세워주세요." 그러자 다윗은 솔로몬을 노새 위에 태워서 왕권을 선포해버립니다.

솔로몬이 왕이 되었다는 말에 백성들은 환호합니다. 그 박수 소리를 아도니야 캠프에서 듣게 됩니다. 한순간에 분위기가 역전됩니다. 아도니야의 세력은 어떻게 됩니까? 흩어져야 됩니다. 모여 있다가는 죽습니다. 게다가 다윗은 유언을 남겼는데 자신이 도망다니던 시절 자신을 섭섭하게 했던 사람들을 다 죽이라고 합니다.

자신과 동고동락한 군대 장관이었던 요압까지 죽이라고 하는데 여기에는 나름대로 여러 이유가 있었어요(왕상 1:7 아도나야와의 공모, 왕상 2:31 아브넬과 아마사의 일). 그러나 숨겨진 다른 이유는 아들을 위한 배려입니다. 솔로몬이 왕이 될 때가 20살이었어요. 요압은 노련한 장수입니다. 수많은 전쟁 속에서 피를 보았기에 거칠었을 뿐 아니라 정치력으로도 뛰어나 모든 사람을 제압할 수 있는 능력이 있었습니다. 만일 자신은 죽고 요압이 살아있다면 20살에 왕위에 등극한 솔로몬은 그 기세에 제대로 왕권을 유지할 수 없었을 것이 뻔합니다. 그래서 솔로몬을 배려하여 요압과 그 모든 세력을 죽이라고 명령합니다. 여기서 다윗의 인간됨을 살펴볼 수 있습니다.

솔로몬은 그 유언을 따라 한 명씩 다 죽여갑니다. 배다른 형 아도니야, 요압, 제사장 아비아달도 죽입니다. 정계를 개편하고 자신만의 든든한 왕국을 세웁니다. 솔로몬의 지도 아래 이스라엘은 영토의 넓이와 명성에 있어서 최고에 이릅니다. 솔로몬이 예루살렘에 세웠던 성전은 유례없이 화려했고, 성전을 포함한 그의 위대한 업적들은 그에게 세계적인 명성과 존경을 안겨주었습니다. 다윗이 뿌려놓은 영광의 씨를 솔로몬이 거둔 것입니다. 《요세푸스》에 따르면 솔로몬은 잠시만 대화를 나눠도 그 사람을 자기편으로 만드는 뛰어난 외교술과 언변이 있었다고 합니다. 그리고 무역로를 장악하여서 부를 축적하는 데 귀재였다고 말합니다.

그러나 하나님을 향한 솔로몬의 신앙적 열심은 생애 후반에 들어서면서 점차 사라집니다. 왜 그랬을까요? 그 이유는 천 명의 이방인 아내들 때문이었습니다. 바로 그 시점이 솔로몬의 생애가 꺾인 시점입니다. 부전자전(父傳子傳)이죠. 다윗이 잘 나가다가 여자 때문에 인생이 꺾인 것처럼 솔로몬도 잘 나가다가 정략 결혼한 천 명의 여인들을 사랑하여서 그 여인들의 요구를 들어주다 인생의 위기를 만나게 됩니다.

결과적으로 마음이 나뉜 솔로몬은 그의 사후 분열된 왕국, 즉 남유다와 북이스라엘이라는 쓴 열매를 남기게 됩니다. 나라가 나뉘게 된 것은 죄의 결과물이죠. 다윗의 범죄로 가정과 국가가 재앙을 당했듯이 솔로몬의 범죄로 나라가 나뉘게 된 것입니다.

〈열왕기상하〉는 솔로몬에서 르호보암으로 이어지며 분열되는 나라를 소개하면서 북이스라엘의 열왕들이 불순종하는 열전(烈傳)을 중심으로 다루고 있습니다. 〈열왕기상하〉를 읽어보면 날마다 범죄하고 죄 짓고 우상숭배한 실패한 왕들의 이야기가 계속해서 소개됩니다.

〈사무엘상하〉와 마찬가지로 〈열왕기상하〉도 원래는 한 권의 책이었습니다. 이것을 구약의 헬라어 번역본인 70인역에서 처음으로 둘로 나누었으며 그 후에는 이것을 따라 라틴어 번역본인 벌게이트와 영어 번역본들에서 둘로 나뉘었습니다.

시대	통일왕국시대			분열왕국시대				
구절	1:1——3:1——9:1——12:1——15:1——16:28——22:40——22:50——22:53							
구분	다윗의 죽음과 솔로몬 왕으로의 등극	솔로몬의 업적	솔로몬의 죄와 쇠퇴	왕국 분열	여러 왕들의 통치	아합과 엘리야	여호사밧 왕	아하시야 왕
주제	솔로몬의 번영			두 왕국의 혼란스러운 왕들				
	안정 속의 왕국			분열과 쇠퇴				
장소	예루살렘(통일왕국 수도)			사마리아(북이스라엘의 수도) 예루살렘(남유다의 수도)				
기간	40년			약 90년				

1장부터 11장까지는 10시대 중에서 어떤 시대입니까? 통일왕국시대입니다. 1장부터 2장까지는 다윗이 죽고 솔로몬 왕국이 확립된 내용들을 기록하고 있습니다. 3~8장은 솔로몬의 번영입니다. 하나님이 솔로몬을 얼마나 높이시고 축복하셨는지에 대한 내용이 모두 기록되어 있습니다. 솔로몬은 기브온에서 일천 번제를 드립니다. 그리고 하나님께 지혜의 복만 받는 것이 아니라 장수와 명예의 복도 받습니다.

하나님께서 솔로몬에게 정치적, 영적, 군사적으로 복을 더하십니다. 하나님께서는 그를 세상 가운데 높이십니다(왕상 4:21, 25, 32, 34). 백성들도 포도나무랑 무화과나무 아래에서 평안히 살았습니다. 지도자의 복이었습니다.

출애굽하여 480년 지난 후 솔로몬에 의해 7년간 성전이 건축되어 하나님께 봉헌됩니다. 8장은 솔로몬이 성전을 봉헌한 이야기가 나옵니다. 그리고 그 밖에 솔로몬의 업적과 부를 소개합니다(왕상 10:23, 27).

하나님께서 솔로몬에게 많은 은혜를 부어주셨지만 11장부터는 그가 천 명의 아내를 얻어서 범죄하는 내용이 나옵니다. 11장 한 장에 솔로몬의 쇠퇴 이야기가 나옵니다. 그 인생이 열왕기상 11장에서 꺾이게 됩니다. 12장부터 르호보암이 등극하는 내용이 나옵니다. 솔로몬의 아들 르호보암 때 나라가 나뉩니다. 르호보암과 여로보암, 남유다와 북이스라엘이 나뉘면서 왕국의 분열이 되어 여러 왕들이 통치하는 기록이 소개됩니다. 남유다와 북이스라엘의 왕들의 이야기 중 북이스라엘 왕들의 이야기가 더 많이 나옵니다. 북이스라엘의 일곱 번째 아합 왕의 악랄함이 소개되며 〈열왕기상〉이 끝나고 〈열왕기하〉가 시작됩니다.

솔로몬은 사실 왕으로 지명될 사람이 아니었습니다. 모친 밧세바의 치맛바람으로 왕이 된 것입니다. 그러나 하나님의 은혜로 지혜와 부와 명예를 받습니다. 나아가 다윗의 염원이었던 성전까지 건축하여 봉헌합니다. 그렇지만 그의 범죄 때문에 나라가 나뉘게 되죠. 그렇기에 〈열왕기상〉을 보면 통일왕국시대와 분열왕국시대 두 시대가 공존합니다.

〈열왕기상〉은 뚜렷하게 두 개의 주요 부분으로 나뉩니다. 솔로몬 치하의 통일왕국과(1~11장) 분열된 왕국의 이야기(12~22장)입니다. 특히 후반부를 차지하고 있는 열왕들의 열전은 북이스라엘 왕들의 이야기로 가득 차 있습니다. 왜 실패한 북이스라엘 왕들의 이야기가 많이 소개됐을까요? 그들의 실패는 하나님에 대한 배반의 결과였다는 것을 가르치며, 왕들의 흥망성쇠는 그들이 하나님의 말씀에 얼마나 신실했느냐에 달렸다는 것을 가르쳐주기 위함입니다.

우리는 열왕기서를 짝을 이루고 있는 역대하와 연관시켜서 읽으면 더 깊게 이해할 수 있습니다. 〈역대하〉가 쓰여진 것은 역대서를 기록한 사가(史家)가 후대에 열왕기서를 다시 주석하면서 백성에게 임한 참상, 성전 파괴, 왕가의 굴욕, 열조가 자기 땅에서 쫓겨나 타국의 포로로 끌려가는 데까지 이른 비운의 원인들이 그들의 죄악과 하나님에 대한 배반의 결과였다는 것을 가르치기 위함입니다. 다시 말해서 포로로 귀환한 백성에게 지금이라도

🍂 열매 맺기

역대기 저자 및 기록 연대

확실치 않지만 아마도 제사장 에스라일 것으로 본다. 포로 이후 백성의 정체성을 확고하게 하며 격려하기 위한 책이기 때문이다. 또한 역대상 29장 7절에 사용한 화폐 단위 '다릭'(daric)은 적어도 B.C. 514년 이전에 만들어졌기 때문에 이 단위가 통용되고 사용되기까지는 꽤 시간이 흐른 것으로 본다. 따라서 이 화폐 단위가 사용되어지는 것을 보면 적어도 5세기 중엽 B.C. 400년 정도로 본다.

모든 죄악과 우상을 버리고 하나님께로 돌아와 옛 신앙을 회복하라는 의도로 〈역대하〉는 기록되었습니다.

구약 숲으로 _성경의 중심내용을 알아봅니다

솔로몬의 통치(왕상 1~11장)

1. 솔로몬의 등극과 왕정

솔로몬이 다윗 가(家)의 적통인 아도니야를 제거하고 이스라엘의 왕이 되면서 강력한 왕권을 가지게 됩니다(B.C. 960). 솔로몬은 한마디로 다윗 덕분에 손 짚고 헤엄치기의 삶을 살았습니다. 그는 다윗이 이룩한 군사, 정치적인 성공을 바탕으로 40년의 평화를 누리며 다윗이 정복으로 뚫어놓은 해변 길을 무역로[1]로 사용해서 무역과 외교가 발달합니다. 솔로몬의 아내가 700명이고 첩이 300명인 것을 보면 그가 얼마나 국제 교류가 활발하고 광범위했는지를 알 수 있습니다.

특별히 부와 힘의 상징인 대규모 건축물이 유행하였고 건축양식은 페니키아 형식을 따랐으며 건축을 위해 재료를 수입하기도 했고 더 나은 건축을 위해 전문적인 국립 건축가를 고용하기도 했습니다. 솔로몬은 자신의 왕권을 더 견고하게 하기 위해서 자신의 왕궁을 건설하기도 합니다.

솔로몬의 위대한 업적에도 결국 분열의 조짐이 보이기 시작했습니다. 솔로몬의 사치스러운 건축과 생활이 백성들의 세금을 올렸고 건축에 동원된 백성들의 원성이 자자했습니다. 결정적으로 하나님께 온전하였던 그의 마음이 사치와 정치의 맛을 들여가면서 하나님의 눈치를 보기보다는 사람의 눈치를 보는 사람이 되었습니다.

1 솔로몬 왕국의 부와 그의 광범위한 동맹조약체결의 이점으로 이스라엘은 대무역국의 하나로 손꼽히게 되었다.

2. 일천 번제와 솔로몬의 지혜

솔로몬이 왕권을 강화한 후 제일 먼저 했던 것은 기브온 산당에서 일천 번제를 드린 것입니다. 일천 번제가 하루에 한 번씩 천 날을 제사 드린 것인가요? 아니면 천 마리의 소를 한 번에 드린 것인가요? 여러 가지 신학적 입장이 있습니다. 그러나 천 날 동안 하루도 빠지지 않고 제사를 드린 것도 훌륭한 것이고, 한순간에 천 마리의 피를 뿌린다는 것도 대단한 것입니다. 그래서 하나님은 솔로몬에게 "내가 네게 무엇을 줄꼬 너는 구하라"(왕상 3:5)라고 제안하십니다. 그러자 솔로몬이 뭘 구합니까?

> 누가 주의 이 많은 백성을 재판할 수 있사오리이까 듣는 마음을 종에게 주사 주의 백성을 재판하여 선악을 분별하게 하옵소서(왕상 3:9).

듣는 마음이 지혜입니다. 말하는 마음이 지혜가 아니라 남의 말을 잘 들어주고 잘 헤아릴 수 있는 것이 지혜입니다. 솔로몬은 자신의 영광이 아닌 하나님 백성의 복지를 위해 '선악을 분별하는 지혜로운 마음'을 구했고 이 요청이 여호와의 마음에 맞자, 여호와께서는 '지혜롭고 총명한 마음'뿐 아니라 '부와 영광'까지 주시겠다고 약속하셨습니다. 솔로몬은 그의 인생 초반에는 상당히 겸손했습니다. 하나님의 왕 되심을 인정했어요. "이들은 모두 주의 백성, 하나님의 백성입니다"라고 고백할 줄 아는 겸손이 있었어요. 그러자 하나님은 지혜뿐만 아니라 부와 명예와 영광을 더하십니다.

3. 솔로몬의 업적

• 솔로몬의 지혜로운 통치　　그는 이스라엘을 12개의 행정지역으로 나누고 행정 장관을 파송하여 조직적인 세금과 성전의 십일조를 걷었고, 1년에 한 달 동안은 왕실이 백성에게 먹을 음식을 제공했으며 또한 군대를 동

원하여 건설 사업을 도왔습니다(왕상 4:1~9). 이스라엘의 초기 통치는 이와 같이 지방 자치권을 유지하면서 중앙정부가 통제하는 현대적인 경영원칙과 책임제를 사용하였습니다. 요세푸스는 성경 인물 중에 가장 탁월한 행정가는 솔로몬이었다고 평가합니다.

• 솔로몬의 성전 건축(왕상 6~7장, 대하 3~4장)   솔로몬이 남긴 가장 위대한 유산은 성전 건축이지만 사실 이 건축은 다윗이 한 것이나 마찬가지입니다. 다윗이 정한 땅에다 다윗이 만든 설계도를 가지고, 다윗이 모아놓은 건축 재료로 솔로몬이 세웠을 뿐입니다. 그래서 성전 건축은 다윗이 했다고 봐야 합니다. 다윗은 성전 건축을 하고 싶었지만 그의 손에 피가 많이 묻어서 성전 건축을 금하셨습니다. 그리고 평화의 사람 솔로몬에게 그의 일을 맡기셨어요.

🍃 **열매 맺기**

영원한 성전

20만 명의 인원이 동원되어 7년 만에 완공한 성전은 너무나 아름다웠다. 벽과 바닥은 순금으로 장식되었는데 성전을 멀리서 보면 꼭대기가 눈으로 덮인 산처럼 보였다. 이 성전은 비록 몇 차례 파괴와 재건의 시기를 거쳤지만 예수님 당시에도 존속했으며 초대교회 성도들이 성전의 마당에서 모이기도 했다. 그러나 로마인에 의해 완전히 파괴되었고 이후 무슬림들의 회교사원으로 재건축하였다.

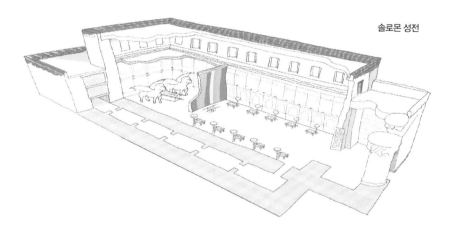

솔로몬 성전

솔로몬은 재위한 후 제4년 봄에 건축을 시작했습니다. 몇 년 동안 공사를 했죠? 7년 동안입니다. 출애굽한 지 몇 년 만이었죠? 480년 만입니다. 이제 성막시대에서 성전시대로 바뀝니다. 성전은 성막의 두 배 규모였지만 기능과 역할은 동일했습니다. 길이는 27m, 폭이 9m이었으며 그 안에는 성소와 지성소가 자리 잡고 있습니다. 성막에 있던 법궤를 성전으로 가져옵니다.

아무것도 떠받치지 않은 '야긴'(여호와는 당신의 왕위를 영원히 세우실 것이다)과 '보아스'(주 안에 힘이 있고 그 안에서 즐거워할 것)라고 불리는 두 개의 기둥을 세운 아름다운 현관이 있습니다. 그 기둥은 백합화 모양이었습니다. 이 두 기둥을 볼 때마다 하나님께서 이 땅의 주인이시며, 이 땅은 하나님의 나라임을 기억하라는 것입니다. 또 나라의 흥망성쇠와 정권은 하나님께만 있음을 알리는 것입니다.

성전 건축이 끝나자 솔로몬은 13년 동안 자신의 궁을 건축했습니다. 성전 7년, 왕궁은 13년, 즉 20년 동안 백성은 정말 힘들게 건축했습니다. 그동안 백성은 각종 세금과 노동력을 착취당했습니다. 20년 동안의 건축으로 이스라엘 백성은 피곤하고 지쳤습니다.

• 성전의 봉헌식(왕상 8장, 대하 6~7장) 성전 건축을 마친 솔로몬은 봉헌식을 거행합니다. 우선 하나님의 법궤를 성전 안 지성소로 옮겼습니다. 이때 여호와의 구름이 성전에 가득 찼습니다. 기도가 끝나자 하늘에서 불이 내려와 제물을 사릅니다. 역대하 7장 6절을 보면 하나님의 임재 쉐키나의 영광이 성전의 공간마다 가득 찼다고 이야기합니다. 감히 제사장도 들어가지 못했습니다. 성전 봉헌식은 14일 동안 계속되는데 처음 7일 동안은 봉헌축제로 지내고 마지막 7일은 절기를 따라 초막절을 지킵니다. 그때 드린 짐승의 수는 소가 2만 2천 마리, 양이 12만 마리나 되었습니다. 나라의 재산을 거의 다 소비했습니다. 그 고기를 백성들과 함께 나누어 먹으며 찬양하며 즐거워하였습니다. 큰 절기였죠.

솔로몬은 인간이 당할 수 있는 모든 상황을 내다보며 앞서 기도합니다. 이것은 우리에게 큰 교훈이 됩니다. 현재뿐만 아니라 미래에 나타날 일을 위해서 기도하면 그것은 방패기도가 됩니다. 앞서서 걱정하면 근심이지만 앞서서 기도하면 방패기도가 됩니다. 솔로몬은 성전을 건축하고 하나님 앞

🍃 열매 맺기
솔로몬의 기도
(왕상8:22~53, 대하6:12~42)
• 하나님을 향한 찬양의 기도
• 백성들이 성전을 향하여 기도할 때 간구를 들어달라는 기도
• 성전에 와서 맹세할 때 악한 자에게 저주, 의로운 자에게는 복을 바라는 기도
• 백성들이 재난을 당했을 때의 기도
• 성전에 와서 기도하는 이방인들을 위한 기도
• 전쟁에 나가 싸우는 사람들을 위한 기도
• 포로로 잡혀갈 백성들을 위한 기도

에 백성을 대변하여 제사장적인 기도를 올립니다. "하나님, 앞으로 재난이나 전쟁으로 나라를 빼앗길지라도 성전을 향해서 기도할 때 응답하여주옵소서." 가장 편안할 때 가장 왕성할 때 가장 좋을 때 더 이상 바랄 것이 없을 때 그는 미리 앞서서 방패기도를 드립니다.

• 솔로몬과 맺은 하나님의 언약(왕상 9:1~10, 대하 7:12~18)　성전 봉헌을 받으신 하나님께서는 솔로몬에게 3가지 약속을 주십니다. 첫째, 새로 봉헌된 성전에 대한 약속입니다.

> 여호와께서 그에게 이르시되 네 기도와 네가 내 앞에서 간구한 바를 내가 들었은즉 나는 네가 건축한 이 성전을 거룩하게 구별하여 내 이름을 영원히 그곳에 두며 내 눈길과 내 마음이 항상 거기에 있으리니(왕상 9:3).

둘째, 다윗 왕조에 대한 조건부 약속입니다(왕상 9:4~5). 네가 순종하면 왕위가 견고해질 것이라는 것입니다. 그러나 만일 이 조건을 지키지 못할 때는 형벌이 있음을 경고하십니다. 그리고 셋째로 이 조건을 지키지 못할 때 임할 형벌의 경고로 이루어져 있습니다(왕상 9:6~9). 성전도 던져버리겠다고 하십니다. 하나님이 원하는 것은 금으로 두른 성전이 아니라 하나님을 기쁨으로 섬기며, 경배하는 백성의 마음을 원하신다는 것입니다. 그 백성의 마음이 없으면 이 성전은 아무것도 아니라는 것입니다. 하나님이 우리에게 원하시는 것도 우리의 마음이지 천 번, 만 번의 제사가 아닙니다. 10년, 20년 드리는 성도의 습관적 종교생활이 아닙니다. 우리의 마음을 받기를 원하십니다. 그 마음이 없으면 이 성전도 던져버리겠다고 하십니다.

• 솔로몬의 부와 명성(왕상 10장)　솔로몬의 지혜가 이방 나라들에까지 널리 알려집니다. 그 지혜가 견줄 수 없이 뛰어나다는 사실을 강조하면서 외국 통치자들로부터 오는 선물과 조공으로 솔로몬의 부와 명성을 설명합

니다. 솔로몬의 치세(治世) 기간은 국내외적으로 최고 절정을 이루며 가장 평화로웠던 시기였습니다. 저자는 솔로몬 통치 기간 동안 황금이 얼마나 흔했는가를 예증하기 위해서 금장식 방패 500개, 왕궁에 황금 그릇, 잔, 성전의 황금 기물들에 대해서 말합니다.

10장에 스바 여왕의 방문이 나옵니다. 스바는 아라비아의 남쪽 국가입니다. 그리고 스바 여왕이 솔로몬의 지혜에 경탄하고 예물을 주면서 그의 지혜를 얻어갑니다. 각 나라에서 그의 지혜를 배우려고 돈 들고 찾아와 컨설팅을 받습니다. 얼마 전 단시간에 세계적으로 일류국가가 된 나라가 있습니다. 어떤 나라입니까? 중동의 두바이죠. 두바이를 세계적인 일류국가로 끌어올린 사람은 모하메드 부통령입니다. 그는 브레인 그룹(Think Tank)을 만듭니다. 그리고 원유가 없어도 살 수 있는 나라를 준비하고 계획했습니다. 그리고 초일류 금융의 국가를 세웁니다. 이처럼 하나님은 솔로몬을 더 높이셨어요. 그리고 세계적으로 그의 명성이 높아졌습니다. 주위의 많은 나라가 돈을 싸가지고 와서 솔로몬에게 컨설팅을 받습니다.

• 솔로몬의 범죄(왕상 11장)　　그러나 11장에 솔로몬의 인생이 꺾입니다. 비극으로의 전환점이 되죠. 솔로몬이 처음부터 여성 편력이 있었는지는 알수 없지만 어쨌든 그는 정략결혼을 많이 했습니다. 다윗이 정복한 많은 나라와 평화적인 관계를 갖기 위해서는 나름대로 정치 경제적인 협약이 필요했습니다. 그래서 그 족장의 딸들과 정략결혼을 합니다. 성경은 그의 아내가 얼마나 많은지를 이렇게 이야기합니다. "아내가 700명, 첩이 300명이었다"(왕상 11:3). 천 명의 아내를 거느리려면 업무도 바쁠 텐데 그게 얼마나 힘들었겠습니까. 참 피곤한 인생을 살았어요.

성경에는 "그가 그 여자들을 귀찮아하였더라"라는 말은 없었습니다. 오히려 "솔로몬이 이방의 많은 여인을 사랑하였으니, 왕비들이 왕의 마음을 돌이켰더라"(왕상 11:1~4). 여인들에 대한 사랑이 솔로몬에게 올무가 되어 쇠퇴를 초래합니다. 그는 또한 그모스와 아스다롯과 밀곰과 몰렉을 위해 많은 산당을 지었습니다(왕상 11:5~7, 33). 그래서 하나님께서는 심판을 예언하십니다.

> 여호와께서 솔로몬에게 말씀하시되 네게 이러한 일이 있었고 또 네가 내 언약과 내가 네게 명령한 법도를 지키지 아니하였으니 내가 반드시 이 나라를 네게서 빼앗아 네 신하에게 주리라(왕상 11:11).

"네 신하"가 누구예요? 여로보암이었습니다. 나라가 분열되는 것은 이미 솔로몬 시대 때 예언되었고 그 아들 르호보암 때 현실이 됩니다. 솔로몬의 또 한 가지 범죄는 병거와 기마부대를 창설해서 자신의 왕위를 지키려 한 것입니다.

솔로몬이 얼마나 럭셔리했느냐 하면 명품 말을 좋아했어요. 그래서 애굽에서 말들을 들여왔어요. 신명기 17장에서 왕은 아내와 병거를 많이 두지 말라고 했잖아요. 신명기 17장에서 분명히 경고했는데 솔로몬은 아내도 많이 두었고 병거도 많이 두었습니다. 솔로몬은 다윗이 보여준 온전한 헌신을 따르지 못했습니다.

청년 솔로몬은 초기 때는 하나님을 전심으로 사랑했지만 장년이 되어서 인생의 부요함과 명예를 알고, 여자를 알면서 하나님을 버리게 되었습니다. 하나님 앞에서 한결같은 신앙을 갖기란 너무나도 쉽지 않은 것 같아요. 오늘 우리가 뜨거울 수 있어요. 마음이 막 용솟음칠 때는 뭐든지 다 할 것 같죠. 그러나 문제는 그것이 오래가지 않고 번개탄처럼 확 꺼져버린다는 것입니다. 하나님 앞에서 한결같은 마음을 갖는 것은 너무나도 어려운 것 같습니다.

솔로몬은 이방 여인들에 둘러싸여 명예와 권력에 도취되며 서서히 무너지고 하나님을 저버립니다. 이 시대를 살아가는 우리 또한 하나님 앞에서 마음을 추스르고, 마음을 하나님 앞에 드린다는 것이 쉽지 않다는 경각심을 가져야 합니다. 자신이 연약하다는 것을 깨닫고 날마다 하나님 앞에서 자신의 연약함을 내어놓고 기도할 줄 알아야 합니다. 내가 섰다고 할 때 넘어질까 조심하라고 했습니다. 늘 하나님 앞에서 철저히 낮아지십시오.

우리는 통일왕국을 마치면서 세 명의 왕이 주는 교훈을 발견해야 됩니다. 세 왕은 모두 처음에 하나님께 복을 받았습니다. 그런데 언제 범죄합니까? 가장 정상에 올랐을 때 한순간에 꺾입니다. 신기하게도 모두 자기 자신 때문에, 자신의 쾌락으로 인해 자신을 지키지 못해서 꺾입니다. 사울은 전쟁에 나가 제사장을 기다리지 못하고 방자하게 자신이 제사를 집행합니다. 다윗은 자신의 왕위가 영원할 것이라는 축복을 받은 이후에 성욕을 채우려 간음죄를 저지릅니다. 그리고 그 죄를 은폐하기 위해서 살인죄까지 저지릅니다. 솔로몬 역시 노년에 〈신명기〉가 금했던 여인과 병거와 말을 많이 두며 하나님을 향한 신앙의 신실함을 잃어버리고 우상을 섬기는 추한 모습을 보입니다.

결국 사울과 다윗과 솔로몬 모두 가장 번성했을 때 자신을 위해서 뭔가를 한 것이 하나님 앞에서는 교만이었습니다. 성도들이 정상에 섰을 때 가장 잘해야 하는 것은 뭘까요? 하나님 앞에 낮아지는 것입니다. 스스로 보기에도 성공 가도를 달리고 뭔가가 불안할 정도로 잘되는 사람이 있다면 하나님 앞에서 더 낮아지십시오.

• 르호보암의 등극과 더불어 왕국의 분열(왕상 12장)　　B.C. 931년 르호보암이 솔로몬의 뒤를 이어 왕위에 오르자 건축감독자였던 여로보암이 찾아옵니다. 20년 동안 건축하느라고 백성의 노동력도 착취되었고 세금도 지나치게 많이 뺏겼습니다. 이제 좀 세금과 노역을 약하게 해달라고 부탁합니다. 그러자 르호보암이 생각할 시간을 달라고 했다가 젊은 친구들의 의견을 따라 결정을 내립니다. "우리 아버지가 채찍으로 너희를 다스렸다면 나

는 전갈로 너희를 다스리겠다." 그러자 여로보암은 "이놈이 더 무서운 놈이구나"라고 생각하고 도망가서 자신을 따르던 10지파를 규합해서 나라를 세웁니다. 쿠데타의 나라죠. 그 나라를 이름하여 북이스라엘이라고 합니다. 르호보암을 따르는 백성이 더 많겠어요? 아니면 20년 동안 같이 막걸리를 마시면서 땀 흘려 일했던 여로보암을 따르는 사람이 많았겠어요. 군중은 여로보암 편이었습니다. 나라가 분열된 두 가지 이유가 뭡니까? 첫째, 솔로몬의 범죄 때문이고, 둘째, 르호보암의 교만 때문이었습니다. 아마 여로보암을 받아들였으면 나라가 나뉘지 않았을 것입니다. 그러나 솔로몬의 교만이 아들에게도 전수되어 알게 모르게 대물림된 것입니다.

열왕기서의 전체 흐름 도표

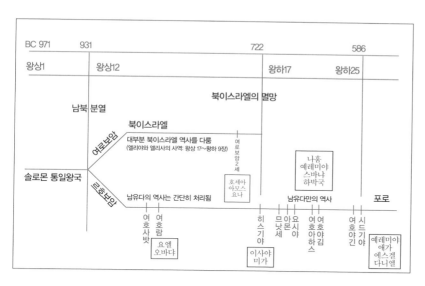

열왕기서의 전체 흐름은 세 부분으로 나눌 수 있습니다. 첫째, 솔로몬의 40년 왕정시대, 둘째, 분열왕국의 시작으로 북이스라엘 열왕에 대한 기록이 보고되며, 북이스라엘의 마지막 왕인 호세아 때 앗수르에게 망하면서

(B.C. 722) 북이스라엘의 역사 기록은 열왕기하 16장으로 종지부를 찍고, 셋째, 열왕기하 16장 후반부터 남유다의 역사를 히스기야 왕으로부터 소개하며 결국 B.C. 586년에 남유다 역시 망하고 열왕기하의 기록도 끝이 납니다.

왼쪽 상단, 열왕기상 1~11장까지는 통일왕국시대입니다. 솔로몬의 이야기가 있습니다. 11장에 솔로몬의 범죄로 12장부터는 나라가 나뉘게 됩니다. 르호보암 때 나라가 분열되는데 나라가 분열되는 것은 솔로몬 시대 때 이미 예언된 일이었습니다(왕상 11:11~12).

열왕기상 12~16장까지 북이스라엘과 남유다의 왕에 대해서 기록되고 있는데 거의 대부분 북이스라엘 역사에 초점이 맞춰져 있습니다. 간혹 나오는 남유다의 역사는 간단히 처리가 됩니다. 남유다의 르호보암, 여호사밧, 여호람의 이야기가 있지만 대부분 북이스라엘 왕들의 이야기가 기록됩니다.

남북 열왕 도표

연 대	이스라엘 통일왕국					
1050~1010	사울					
1010~970	다윗					
971~931	솔로몬					
분열왕국						
연대(B.C.)		북이스라엘(10지파)	선지자	남유다(다윗의 계보)	선지자	연대(B.C.)
931~909	1	*여로보암(1세)		1 르호보암		931~913
909~908	2	나답		2 아비야		913~910
908~886	3	*바사		3 아사		910~869
886~885	4	엘라				
885~885	5	*시므리(7일, 자살)		4 여호사밧		869~848
885~874	6	*오므리	오므리왕조 / 엘리야			
874~853	7	아합(이세벨)				
853~852	8	아하시야	엘리사	5 여호람(아달랴)	오바댜 요엘	848~841
852~841	9	요람(여호람)		6 아하시야		841

연도	번호	북이스라엘	왕조	선지자	번호	남유다	제국	선지자	연도
841~814	10	*예후			7	*아달랴 여왕 (다윗 계보 아님)			841~835
814~798	11	여호아하스	예후 왕조	호세아 아모스 요나	8	요아스			835~796
798~782	12	요아스			9	아마샤			796~767
782~753	13	여로보암2세			10	아사랴(웃시야)			767~740
753~753	14	스가랴(6개월)			11	요담	앗수르	이사야 미가	740~732
752~752	15	*살룸(1개월)							
752~742	16	*므나헴							
742~740	17	브가히야							
740~732	18	*베가			12	아하스			732~715
732~722	19	*호세아							
722	북이스라엘 멸망 210년간 19명의 왕 앗수르 살만에셀 왕에게 멸망				13	히스기야			715~686
					14	므낫세			686~642
					15	아몬			642~640
					16	요시야			640~609
					17	여호아하스	바벨론	예레미야 나훔 스바냐 하박국	609
					18	여호야김			609~598
					19	여호야긴			598~597
					20	시드기야			597~586
						남유다 멸망			586

- 북이스라엘의 * 는 반역자를 표시함
- 남유다의 명암 처리는 선한 왕을 표시함
- 남유다는 315년 동안 20명의 왕이 있었고 북이스라엘보다 약 130년 더 존속됨. 신흥 바벨론 느부갓네살 왕에게 3차에 걸쳐 멸망당함(B.C. 586)

도표의 인물은 그 시대를 살았던 선지자입니다. 북이스라엘의 여로보암 2세 때 살았던 선지자가 누구입니까? 호세아, 아모스, 요나, 남유다 때 살았던 선지자는 요엘과 오바댜입니다. 이러한 혼란의 시대, 분열된 나라에서 악한 행위를 하는 왕 아래 살던 선지자는 어떤 메시지를 전했겠어요? 선지자라면 회개를 선포하지 않았겠어요? 그렇기 때문에 이런 상황을 알고 선지서를 읽으면 선지서가 읽혀집니다.

열왕기상 16장을 보면 북이스라엘이 앗수르 살만에셀 왕에게 망합니다. 당시 앗수르가 가장 강했습니다. 그래서 720년경 북이스라엘도 앗수르에 조공을 바치고 있었어요. 그런데 분위기를 보니까 밑에 있는 애굽이 점점 커가기 시작하거든요. 그래서 북이스라엘이 줄타기를 시작합니다. 어느 줄을 붙잡아야 우리가 오래 살아남을 수가 있을까? 그러다가 내각에서 각료들이 결정을 합니다. "이제 앗수르를 내려놓고 애굽과 손을 잡읍시다. 그리고 지금까지 우리를 괴롭혔던 앗수르를 공격합시다." 그렇게 앗수르의 손을 놓고 애굽을 껴안으려고 하는 순간 첩보를 입수한 앗수르가 쳐들어왔어요. 그래서 북이스라엘이 앗수르에게 멸망하는 것입니다. 결국은 줄타기를 잘못해서 멸망한 것입니다. 그때가 B.C. 722년입니다. 애굽이 크려고 할 때 북이스라엘은 망하고 애굽도 얻어맞아서 앗수르의 천하가 됩니다.

앗수르가 북이스라엘 먹고 이어 남유다까지 먹으려고 혀를 날름거리며 130년의 시간이 흘러갔어요. 북이스라엘이 남유다보다 130년 먼저 멸망했거든요. 그때 세계 정세는 또 변합니다. 멀리서 바벨론이 강성해져서 앗수르를 먹어치웁니다. 그리고 또 시간이 흘러서 바벨론은 페르시아에 망합니다.

열왕기하 17~25장까지는 남아 있던 남왕국 히스기야로부터 마지막 왕 시드기야까지의 이야기가 나옵니다. 그리고 그 밑에 있던 이사야, 미가, 나훔, 예레미야, 스바냐, 하박국, 다니엘, 에스겔 선지자들이 바로 멸망 직전에 살았던 선지자들입니다. 솔로몬의 범죄로 나라가 나뉘었는데 백성들은 정신 못 차리고 계속해서 범죄를 저지릅니다. 하나님께서 그들을 다시 한 번 치십니다. 앗수르와 바벨론에 포로로 끌려가는 것입니다. 바로 직전까지 백성이 정신을 차리지 않으니까 선지자들이 계속해서 멸망을 예언하고 회개를 촉구하는 내용이 바로 〈이사야서〉, 〈미가서〉, 〈예레미야서〉, 〈스바냐서〉, 〈하박국서〉입니다. 그렇기 때문에 그 선지서의 내용을 보면 마음이 슬퍼지고 안타까워집니다.

선지자에는 왕궁 선지자와 기록 선지자 두 종류가 있습니다. 왕궁 선지자는 엘리야, 엘리사, 나단 같은 선지자입니다 이들은 기록을 남기지 않았고 왕궁을 상대로 말씀을 전했습니다. 반면 기록 선지자는 기록을 남기는 선지자입니다. 〈열왕기상하〉가 읽기 어려운 이유는 남왕국과 북왕국 왕이 지그재그로 나와서 누가 누구인지 헷갈리기 때문입니다. 그렇지만 위의 도표를 짚어가면서 성경을 읽으면 성경이 읽힙니다. "그 당시에 북이스라엘 ○○○ 왕이였을 때 남유다에서는 ○○○ 왕이였구나." 이렇게 시대를 비교하면서 성경을 읽으면 훨씬 읽기 쉽습니다.

북이스라엘 역사의 개관

210년 동안 북이스라엘이 존속되며 19명의 왕이 있었는데 선한 왕은 단한 명도 없었습니다. 아홉 번의 쿠데타가 일어나 왕조가 바뀌었고 계속되는 혼란과 피 흘림의 역사였습니다. 크게 두 왕조가 있습니다. 오므리 왕조와 예후 왕조입니다. 오므리 왕조 때 있었던 선지자가 엘리야와 엘리사, 예후 왕조 때 있었던 선지자는 호세아, 아모스, 요나입니다.

오므리 왕조는 오므리부터 시작되는데 그는 정치적 욕심이 있었습니다. 그래서 두로와 시돈의 왕이었던 히람의 딸 이세벨과 자기 아들 아합을 결혼시킵니다. 이세벨은 바알 종교의 여 사제 정도 되었습니다. 열정적인 바알의 추종자였습니다. 이세벨이 북이스라엘에 왔다는 것은 그때부터 북이스라엘의 국교가 바알이 되었다는 것입니다. 바알은 굉장히 전파 속도가 빨라요. 만나는 사람마다 전도하고 궁 안에 바알 신당과 아스다롯 신을 만들어놓습니다. 그때부터 북이스라엘의 영적 계보는 하나님을 버리고 계속 바알을 추종하는 계보가 만들어져갑니다. 그러다가 누구에게 망합니까?

하나님께서는 오므리 왕조를 지켜보시다가 결국 예후를 준비시킵니다. 예후의 사명은 오므리 왕조를 무너뜨리는 것입니다. 악인이 악인끼리 서로 죽여요. 예후가 이세벨부터 시작해서 그 가문을 몰살시켜버립니다. 그리고 예후 패밀리의 시대가 열립니다. 여로보암 2세가 북이스라엘을 다스릴 때가 가장 전성기였습니다.

북이스라엘의 마지막 왕 호세아가 힘없는 애굽과 손잡고 앗수르에게 조공을 바치는 것을 거부합니다. 결국 앗수르의 살만에셀 왕이 쳐들어와 북이스라엘의 수도 사마리아가 포위됩니다. 2년 동안 사마리아는 강력히 저항하였지만 결국 B.C. 722년에 무너졌습니다. 수도가 무너지자 앗수르의 총독이 파견되어 식민정책의 일환으로 주변 국가들과 인종 혼합정책을 펴 다신종교사회와 혼혈인들이 생겨났고 그 후손들이 신약에 이르러 "사마리아인"이라는 이름으로 불리게 되었습니다.

남유다 역사의 개관

남유다는 다윗의 계보입니다. 두 지파를 데리고 나라가 나뉘게 되는데 베냐민 지파와 유다 지파입니다. 사울과 다윗시대 때 지파 간 갈등이 있었습니다. 잠재되어 있던 갈등이 이 기회에 다시 고조된 것입니다. 다윗시대 때 어렵게 통합한 12지파가 르호보암 때 다시 갈라진 것입니다. 335년 동안 20명의 왕이 있었지만 대체로 괜찮았던 왕은 네 명뿐이었습니다.

여호람을 보세요. 괄호 안에 누가 있습니까? 아달랴, 아달랴는 누구입니까? 아합과 이세벨이 낳은 딸입니다. 여호람은 또 아합의 딸 아달랴와 정략결혼을 한 것입니다. 아달랴는 엄마를 닮아서 지독한 바알의 우상숭배자였습니다. 그의 사명은 또 남유다에 바알종교를 전파하는 것입니다. 남유다가 이때부터 바알의 피를 받아들입니다. 아달랴는 자신의 사명이 남유다에도 바알 신당을 세우는 것이라 생각했어요. 그리고 그 아들 아하시야가 죽자마자 아달랴가 자신이 왕이 되기 위해서 다윗 계보를 다 죽여버립니다. 그런데 마지막 다윗의 계보에 요아스가 숨겨져 있었습니다. 결국 요아스가 장성해서 아달랴를 죽이고 남유다의 왕이 됩니다. 그래서 요아스, 아마샤, 웃시아, 요담, 아하스, 히스기야, 므낫세, 아몬, 요시야, 여호아하스, 여호야김, 여호야긴, 시드기야로 이어지다 시드기야 때 B.C. 586년에 남유다는 멸망하게 됩니다. 아사, 요아스, 히스기야, 요시야는 좋은 왕입니다. 북이스라엘을 멸망시킨 앗수르는 계속해서 남하하여 남유다를 괴롭혔는데 신흥제국 바벨론이 등장하여 앗수르를 정복한 후 연이어 남유다까지 함락(B.C. 586)시켰습니다. 남유다가 함락될 때 예루살렘 성전이 훼파되었습니다.

분열왕국(왕상 12~22장)

1. 북이스라엘의 첫 번째 왕, 여로보암(왕상 12~13장)

이름이 비슷하여 여로보암이 르호보암의 형제쯤으로 알고 있는데 사실은 아닙니다. 여로보암은 다윗 계보의 반역자입니다. 사마리아가 북이스라엘의 수도예요. 그리고 예루살렘은 남유다의 수도죠. 사마리아에서 북이스라엘을 세운 여로보암은 절기 때가 되면 사람들이 모두 예루살렘에 내려가 절기를 지내니까 '혹시 충성심이 변하지는 않을까?' 하는 생각에 걱정을 합니다. 바로 얼마 전까지 피땀 흘려 예루살렘 성전을 지었고 그곳에서 예배드리고 싶어 하는 것을 알고 있었기 때문이죠. 여로보암은 그 대안으로 금송아지 제단을 고안해냈습니다 "이는 너희를 애굽에서 인도하여 올린 너희의 신"이라고 하면서 북쪽 국경지대에 위치한 '단'과 남쪽 유다 국경 쪽으로 '벧엘'에 신당을 지어 레위 자손이 아닌 보통 사람으로 제사장을 삼아 예배를 드리게 하였습니다. 바로 이것이 〈열왕기상〉에서 북이스라엘의 죄악을 통칭할 때 등장하게 되는 유명한 "느밧의 아들 여로보암의 죄"입니다.

이 말은 결국 북이스라엘 왕국의 특징을 말하는 매우 유명한 관용어구가 됩니다. 여로보암은 자신의 죄로 인하여 아들이 죽고 여로보암의 왕가는 파멸하게 됩니다(왕상 13:34).

2. 북이스라엘의 악의 축 아합 왕과 이세벨 그리고 바알신(16~22장)

아합의 아버지 오므리가 페니키아(두로와 시돈)와 무역을 하면서 아들 아합을 정략결혼 시킵니다. 아합의 아내 이세벨이 오면서 북이스라엘이 바알의 나라가 되었습니다. 여로보암이 하나님을 떠났더니 바로 세상 종교가 북이스라엘에 들어와서 활개를 치게 된 것입니다. 아합은 이스라엘의 역대 왕 중 가장 악한 왕으로 역사에 기록되어 있습니다(왕상 16장, 21장). 그의 이방인 아내 이세벨은 무대의 배후에서 그를 조종했으며 그 땅에 공식적으로 바알을 숭배하도록 주선하였습니다. 아합은 "스스로 팔려 악을 행하였다"(왕상 21:20, 21:25)라고 합니다. 이세벨의 영향은 거기서 그치지 않고 유대에도 영향을 주게 되죠.

아합과 이세벨에게서 태어난 아달랴가 평화적인 관계에 따라 남유다의 여호람에게 시집을 오게 됩니다. 남유다가 이세벨의 딸을 받아들였다는 것은 이세벨의 피를 받아들인 것이고 결국 바알의 피를 받아들인 것입니다. 바알에게 접속되어져 왕궁이 더럽혀집니다. 죄의 전염성과 파급 효과죠. 그래서 남유다 가운데도 바알의 씨가 자라게 되고 급기야 아달랴로 인하여 남유다 왕궁에서는 살벌한 유혈극이 벌어졌습니다. 그의 아들 아하시야가 전쟁에서 살해되자 그 틈을 타 아달랴는 다윗 혈통의 씨를 없애려고 다윗의 혈통을 모두 죽이는, 피비린내 나는 쿠데타를 일으킨 것입니다.

3. 엘리야와 바알과 아세라

이세벨의 소명은 북이스라엘에서 하나님의 씨를 뽑아내고 바알의 씨를 심는 것이었습니다. 그래서 하나님을 믿는 선지자들을 다 죽이기를 원합니다. 그러나 그때 하나님은 선지자 엘리야를 준비시킵니다. 엘리야는 백성들의 우상숭배와 아합에 대한 심판으로 수년 동안 비도 이슬도 내리지 않을 것이라고 선포합니다(왕상 17:1). 그 소문을 들은 아합은 엘리야를 죽이려고 찾아다닙니다.

오바댜의 주선으로 아합과 엘리야가 만납니다. 아합이 제일 먼저 엘리야에게 한 말이 뭔지 아세요? "이스라엘을 괴롭히는 자가 네 놈이냐?" 그러자 엘리야는 "내가 이스라엘을 괴롭히는 것이 아니라 당신과 당신의 아비 집이 하나님을 괴롭게 했기 때문에, 바알을 쫓았기 때문에 이 땅에 기근이 있는 것입니다. 그리고 정 마음에 안 들면 나랑 한 판 붙읍시다"라고 말합니다.

그들이 섬기는 바알 선지자 450명과 아세라 선지자 400명을 그들의 홈그라운드, 매일 예배드리는 갈멜 산에서 맞장 뜨자고 합니다. 결국 850대 1의 대결이 벌어지죠. 그 싸움의 판정은 이렇습니다. "불로서 먼저 제물을 태우는 신이 진짜 신이다. 만약 불이 안 내려와서 제물을 태우지 못하면 그것은 가짜 신이다."

갈멜 산은 산이라기보다 작은 산맥 지역입니다. 바알 예배자들의 전통 예배 장소가 갈멜 산이었어요. 쉽게 말하면 바알 선지자들에게는 홈그라운드였습니다. 거기서 한 번 붙는 것입니다. 이것은 아합과 엘리야의 싸움이 아니라, 하나님 나라를 보존하기 위한 영적 전투였습니다. 어떻게 되었습니까? 바알과 아세라 선지자 850명이 아침부터 저녁까지 옷을 찢고 자해를 하면서 제사를 지냈지만 아무 응답이 없었습니다.

결국 엘리야가 나섭니다. "너희들 다 비켜!" 그리고 물 네 양동이를 붓게 합니다. 그들이 핑계거리를 잡을까 봐 물을 세 양동이나 갖다 부은 것입니다. 주변 도랑까지 물이 가득 찼습니다. 그리고 하나님께 기도를 하죠. 어떻게 됩니까? 위에서부터 불이 내려서 도랑의 물까지 다 핥았다고 했습니다.

🌿 **열매 맺기**

갈멜 산

갈멜 산은 이스라엘의 3대 도시 가운데 하나인 하이파 (Haifa) 시가 위치하고 있는 지중해 하이파 만으로부터 시작되어 이즈르엘 골짜기를 따라 남동쪽으로 길게 뻗은 약 25km의 산맥이다. 종교적 의미를 많이 가지고 있었던 산으로 아합 왕 때의 바알과 아세라 선지자들의 종교적 중심지였다.

이것을 보고 백성들이 여호와 하나님이 진정한 하나님이라고 고백합니다.

그리고 도망가는 이방 선지자 850명을 잡아서 기손 시냇가에서 다 죽여버립니다. 그들의 항복을 받고 개종을 시키지 않았어요. 뿌리를 뽑아버렸어요. 그리고 다시 엘리야는 갈멜 산으로 올라갑니다. 머리를 두 무릎 사이에 처박고 비가 오기를 간절히 기도합니다. 기도하다가 사환에게 하늘에 구름떠올랐나 보라고 합니다. 구름이 보이질 않으면 다시 머리를 집어넣고 한참기도하다가 사환에게 몇 번이나 하늘에 구름이 떴는지를 확인합니다. 엘리야가 몇 번까지 그렇게 기도합니까? "야! 미안하지만 다시 한 번 하늘을 봐라!"하면서 일곱 번까지 사환에게 구름이 보이느냐고 물어봅니다. 저기 바다 위로 손바닥만 한 구름이 올라옵니다. 그 손바닥만 한 구름이 올라와서 결국 그 땅에 다시 큰 비를 내립니다.

4. 엘리야의 영적 침체와 회복(왕상 19:1~18)

아합의 아내 이세벨이 그 소식을 듣고 저놈을 죽이지 않으면 내가 밥을 먹지 않고 우리 신이 나를 가만히 놔두지 않을 것이라고 하면서 엘리야를 죽이려고 눈에 불을 켭니다. 엘리야는 이세벨을 피해 브엘세바로 도망갑니다. 엘리야는 브엘세바 로뎀나무 아래에서 죽기를 간구합니다. "하나님, 이제 살만큼 살았으니 나를 제발 죽여주소서." 그러나 주님은 그의 지친 육신을 회복시켜주십니다. 엘리야가 얼마나 외로웠을까요. 하나님은 엘리야의 피곤함과 고독감을 채워주십니다. 영적으로 승리했지만 아무도 옆에 없었습니다.

그는 도망자가 되었습니다. 하나님의 뜻을 따라서 850대1의 전쟁을 싸웠고 하나님의 응답하심을 따라 비도 내리게 했습니다. 그래도 여전히 도망자였습니다. 어찌나 힘들고 외롭고 고독하고 피곤했던지 "하나님, 나 좀 죽여주세요"라고 합니다. 엘리야의 고독과 탈진을 이해하십니까? '얼마나 기도안 했으면 저렇게 피곤해?' 하며 엘리야를 부정적으로 볼 수 없습니다. 하나님도 "네가 뭘 했다고 그러냐? 내가 다했지"라고 책망하지 않으셨어요.

우리도 마찬가지입니다. 영적으로 충만하여도 육적으로 지치면 힘들 수 있습니다. 하나님은 그를 다독이십니다. "그래그래, 네가 고생이 많다." 그러면서 깊은 잠을 자게 합니다. 눈을 떠보니 천사를 통해 숯불에 구운 떡과 물이 있습니다. 푹 자고 일어나 하나님 사랑을 느꼈을 때 얼마나 고마웠을까요? 그 떡과 고기를 먹고 하나님의 지시를 따라 40일 밤낮을 걸어서 하나님의 산, 호렙 산에 갑니다. 하지만 무서워서 그는 호렙 산 동굴에 숨습니다. 이세벨은 혈안이 되어서 그를 찾고 있습니다. 호렙 산에 그가 왔다고 하면 사람을 풀어서 잡을 것입니다. 엘리야는 여전히 두려워 동굴에 숨습니다.

그때 여호와의 말씀이 엘리야에게 임하죠. "엘리야야, 네가 어찌하여 여기 있느냐?" "오직 나만 남았거늘 그들이 내 생명을 찾아 빼앗으려 하나이다." 열왕기상 19장 18절을 보면 "나밖에 없습니다. 외롭습니다. 지쳤습니다. 나를 죽이려고 합니다"라고 나옵니다. 그러자 하나님은 뭐라고 말씀하십니까? 하나님은 지쳐있는 엘리야에게 위로하십니다. "너만 있는 것이 아니란다. 바알에게 무릎 꿇지 않은 의인 7천 명이 여전히 있단다." 하나님은 아무리 악한 시기, 위기의 시기일지라도 그분의 사람을 남겨놓으셨습니다. 그 암흑과 같은 사사시대에도 룻과 사무엘이 있었듯이, 아합과 이세벨이 득세하던 그 시대에도 바알에게 무릎 꿇지 않은 7천 명을 남겨놓으셨습니다. 그리고 하나님은 곧바로 엘리야에게 세 가지 사명을 주십니다. 첫째, "가서 하사엘을 만나라. 하사엘에게 기름을 부어서 아람 왕이 되게 하라." 둘째, "예후에게 기름을 부어서 이스라엘의 왕이 되게 하라." 하나님이 왜 예후를 부르셨다고 했죠? 오므리 왕조를 패망시키기 위해서, 아합의 죄가 극에 달했기 때문에 그 아합의 죄를 심판하기 위해서 예후를 세웠습니다. 그리고 셋째로, 엘리사에게 기름을 부어 자신의 후계자로 삼습니다.

5. 엘리사를 후계자로 택함(왕상 19:19~21)

엘리야의 활동이 끝났을 때, 그는 죽지도 않았고 장사되지도 않았습니다. 그의 후계자인 선지자 엘리사와 이야기를 나누고 불수레와 회오리바람이 그를 하늘로 데리고 올라갔습니다(왕하 2:1~12).

6. 아합의 패전과 죽음(왕상 22장)

아합과 남유다 여호사밧 왕이 동맹하여 아람(수리아)과 전쟁하기 위해 동맹을 맺었습니다. 이어 전투하기 전 아합이 예언자 400명에게 전쟁의 승패를 묻자 시드기야를 비롯한 400명의 예언자들은 북이스라엘이 반드시 승리할 것이라고 예언하였습니다. 물론 이들은 거짓 선지자들입니다. 의로운 하나님의 선지자 미가야가 전쟁에서 질 것이라고 예언하지만 아합은 미가야를 옥에 가두고 전쟁에 나갑니다. 아합은 왕의 신분을 감추고 싸우지만 적군의 화살에 맞아 죽어 그의 시체는 사마리아에 묻혔고, 그의 전차는 사마리아의 연못에서 씻었는데 엘리야의 예언처럼(왕상 21:23~24) 아합의 피를 개들이 핥은 일이 생겼습니다(왕상 22:37~38).

〈열왕기상〉의 마지막은 육신의 탐욕을 위해서 살아왔던 아합의 비참한 죽음과 하나님의 전사로서의 삶을 산 엘리야가 하늘로 승천하는 모습이 대비되어 있습니다. 그 당시 많은 사람은 엘리야는 패자, 아합은 승자로 생각했지만 하나님 보시기에는 그렇지 않았어요. 하나님은 엘리야를 죽음을 거치지 않고 승천시키셨습니다.

열왕기하

멸망으로 치닫고 있는 열왕들

🌿 뿌리내리기 _성경의 전체를 알아봅니다

〈열왕기상〉에서 분열된 왕국은 〈열왕기하〉에서 산산조각이 나는 모습을 보여줍니다. 나라의 멸망과 포로 유배라는 파국을 향해 치닫는 두 왕국의 역사 말기, 선지자들의 최선의 노력과 마지막 호소는 왕과 백성 모두에게 철저히 무시되었습니다. 대부분의 왕은 하나님을 떠나 자신들의 잔꾀와 외교적 수단으로 왕권을 안정시키려 추구했습니다. 그러나 나라의 흥망성쇠와 생사화복의 절대주권은 오직 하나님께만 있습니다.

열왕기상 12장부터 열왕기하 17장 초반까지는 분열왕국의 역사가 교차되며 소개되고 있습니다. 그러다가 열왕기하 17장 6절에서 북이스라엘이 멸망합니다. 당연히 열왕기하 18장부터는 남유다 왕들의 이야기만 나옵니다. 이스라엘은 210년 동안 19명의 악한 왕이 계속되면서 결국 앗수르에 포로로 끌려가는 결과를 초래했습니다. 유다의 상황은 이보다 조금 나은데 신실한 왕들이 종종 등장하여 선대(先代) 왕들의 악행을 개선하였습니다. 그러나 죄가 의를 훨씬 압도했으며, 남유다마저 바벨론에게 정복당합니다.

〈열왕기하〉는 국가나 개인의 흥망성쇠가 하나님의 말씀에 얼마나 순종하느냐에 달려 있음을 보여줍니다. 그리고 인간의 유한함을 깨닫고 영원한 메시아 왕국을 대망하도록 기록되었습니다. 이것은 하나님이 백성에게 계속해서 강조했던 메시지였습니다. 열왕기서는 단순히 왕들의 통치를 기록한 것이 아니라 당시 여호와의 신실한 제사장들과 선지자들이 하나님 나라의 보존을 위해서 어떻게 우상숭배와 맞서 싸웠는지를 보여주는 이야기입니다. 열왕기서 기자의 관심은 지상의 왕들에게 있지 않고 진정한 왕 되시는 여호와께서 역사 가운데 이스라엘을 어떻게 다루시는지에 있었습니다.

열왕기서를 통해 단순히 왕들의 행적이 아닌 그 배후에 숨겨진 하나님의 의도를 봐야 합니다. 변화무쌍한 역사 가운데 하나님이 어떻게 그 뜻을 이루어가고 계신지, 하나님이 그분의 나라를 어떤 식으로 운전해 나가시는지를 발견해야 합니다. 이것을 3천 년 전의 이스라엘 역사로만 볼 것이 아니라, 이 시대 나에게 주시는 하나님의 교훈이 무엇인지를 붙잡아야 합니다.

🍃 숲 길잡이 _성경의 전체를 표로 알아봅니다

시대	분열왕국시대				
초점	분열왕국			잔존왕국	
구절	1:1———8:15		———17:1	———17:41	———25:1——25:30
구분	아하시야와 엘리사의 사역	8명의 유다의 왕과 10명의 이스라엘 왕 소개	이스라엘의 멸망 (B.C. 722년)	유다가 바벨론에게 멸망하기까지 왕들의 행적 기록 (히스기야, 므낫세, 아몬, 요시아, 여호아하스, 여호야김, 여호야긴, 시드기야 왕)	유다 멸망
주제	이스라엘의 붕괴와 유다의 왕들			유다의 붕괴와 멸망	
	아하시야에서 이스라엘의 마지막 왕 호세아까지			히스기야에서 유다의 마지막 왕 시드기야까지	
장소	이스라엘에서 앗수르까지 끌려감			유다에서 바벨론에 포로로 끌려감	
기간	약 131년(B.C. 853~722)			약 155년(B.C. 715~586)	

〈열왕기하〉라는 숲을 내려다보면 역사의 비극이 보입니다. 전반기는 분열왕국으로 생존해 있던 이스라엘의 멸망과 마지막까지 열강의 틈바구니 속에서 살아남기 위해 발버둥치고 있는 유대의 눈물겨운 역사가 보입니다.

1장부터 8장까지는 엘리사의 사역이 소개되고 있습니다. 1장 1절을 열어보면 북이스라엘의 8번째의 왕이었던 아하시야 왕의 이야기로부터 시작됩니다. 그리고 그 시대를 살아갔던 엘리사에게 집중이 됩니다. 8장까지 엘리사가 행했던 10가지의 기적이 소개되고 있습니다. 9장부터 16장까지는 10명의 이스라엘 왕과 8명의 유대 왕이 교차적으로 소개되고 있습니다. 그들이 성공한 이야기와 실패한 이야기를 통해 그들이 왜 실패했는지, 어떻게 성공했는지를 객관적으로 소개하고 있습니다. 왕들의 열전입니다.

그리고 17장 중반쯤에 드디어 북이스라엘이 멸망합니다. B.C. 722년에 이스라엘 19대 왕 호세아를 끝으로 멸망한 이야기가 중반에 기록되어 있습니다. 그러면서 17장 후반부터 25장까지는 잔존왕국 남유다의 역사로만 채워지게 됩니다. 결국 유다의 멸망까지 보게 됩니다. 우리는 〈열왕기상하〉를 보면서 분열왕국시대의 객관적 사실을 알 수 있고 그 시대를 살았던 선지자들의 메시지도 듣게 됩니다.

구약 숲으로 _성경의 중심내용을 알아봅니다

엘리야의 승천과 엘리사의 사역

이스라엘의 가장 악한 왕이었던 아합의 죽음으로 〈열왕기상〉은 끝이 납니다. 그리고 이어서 〈열왕기하〉에서는 이스라엘의 다음 왕인 아하시야로부터 시작됩니다. 아하시야가 '난간에 떨어져 병들자 자신이 죽겠느냐?' 안 죽겠느냐?라는 질문을 엘리야에게 합니다. 엘리야는 주저 없이 죽을 것이라고 단언합니다. 엘리야는 곧 승천을 하며(왕하 2장) 이어서 엘리사의 사역을 소개합니다. 엘리사는 엘리야의 영적 제자입니다. 엘리야가 하나님의 부르심을 받고 가는데 엘리사가 졸졸 따라다녀요. 엘리야가 따라오지 말라고 하는데도 계속 따라옵니다. 그래서 엘리야가 "너 도대체 나에게 원하는 게 뭐냐? 왜 자꾸 따라오냐?"라고 묻습니다.

> 엘리야가 엘리사에게 이르되 나를 네게서 데려감을 당하기 전에 내가 네게 어떻게 할지를 구하라 엘리사가 이르되 당신의 성령이 하시는 역사가 갑절이나 내게 있게 하소서 하는지라(왕하 2:9).

바로 엘리야가 가졌던 그 권세와 권능을 갑절로 갖고 싶습니다. 엘리사는 원래 농부였어요. 그러나 하나님을 향하여 열심이 있는 자였기에 선지자로 부름받았습니다. 엘리사는 영적 욕심이 있는 사람입니다. 영적 욕심이 있는 사람은 신앙생활도 잘합니다. 성격 자체가 흐리멍덩한 사람은 신앙생활도 흐리멍덩해요. 욕심 있는 사람은 신앙생활도 욕심 있게 합니다. 더 잘 믿고자 하는 욕심, 하나님께 응답받을 때까지 매달리는 욕심이 있어야 합니다. 이것이 하나님 앞에서의 열정이라고 생각합니다.

엘리사는 예수님을 제외하고 성경 인물 중에서 가장 많은 이적을 행한 사람입니다. 엘리사는 신약시대 예수의 구원 행적을 보여줍니다. 엘리사의 이름은 '하나님은 구원이시다'입니다.

1. 엘리사의 배경과 사역(왕하 2~13장)

• 요단 강에서 물을 가름(왕하 2:14)　엘리야가 시야에서 사라지자 엘리사는 자기 스승의 겉옷을 가지고 요단 강물을 치며 크게 소리쳤습니다. "엘리야의 하나님 여호와는 어디 계시나이까?" 그러자 즉각 요단 강물이 갈라

졌습니다. 이 요단 강 물을 가른 것이 첫 번째 기적입니다.

• 벧엘의 악한 아이들을 심판함(왕하 2:23, 24) 벧엘에 가는 도중 아이들에게 대머리라고 조롱을 받습니다. 그러자 암곰이 나와서 42명을 찢어죽였는데 이것은 많은 오해가 있습니다. 아이라는 것이 젊은 사람을 이야기하는 것이고 그 당시 선지생도들은 머리를 깎았습니다. 대머리가 아니라 머리를 깎았던 습관이 있어서 하나님의 종들을 지칭해서 대머리라고 놀린 것입니다. 그들이 "대머리여 올라가라"고 조롱한 것은 엘리야가 하늘로 붙들려 올라갔음을 명백히 비웃는 것입니다(레 26:21, 22 참조). 이것은 선지생도를 무시하는 것이 아니라 하나님을 조롱하는 것이었기 때문에 하나님이 그들을 치신 것입니다. 하나님은 바알시대 때 하나님의 종들을 지키셨습니다.

• 수넴 여인의 죽은 아이를 일으킴(왕하 4:18~21,32~37) 엘리사는 수넴의 신실한 부부의 아이가 갑자기 병들어 죽게 되자 부름을 받고 급히 갑니다. 죽은 아이의 얼굴에 지팡이를 올려놓고 그 아이의 눈과 입과 손을 대고 그 위에 엎드립니다. 그러자 살이 따뜻해지고 다시 한 번 엎드리니 재채기를 7번 하고 아이가 깨어나는 기적도 소개되고 있습니다.

• 나아만의 문둥병을 고침(왕하 5:1~19) 나아만은 아람(수리아)의 영향력 있는 군대 장관이었지만 문둥병이 있었습니다. 그 집 계집종 하나가 북이스라엘에 내려가면 하나님의 선지자가 있는데 그에게 고쳐달라고 하면 나을 것이라는 제보를 받습니다. 북이스라엘로 가려고 할 때에 아람 왕이 이스라엘 왕에게 보내는 친서를 써줍니다. 이 서신을 받은 이스라엘 왕은 옷을 찢고 괴로워합니다. "내가 하나님인가? 내가 어떻게 문둥병을 고치는가? 이것은 선전포고다. 쳐들어오겠다는 구실을 만드는 거다" 하면서 괴로워합니다. 그 당시 아람은 계속해서 북이스라엘을 괴롭혔던 민족이거든요.

그 소식을 들은 엘리사는 나아만을 자신에게 보내라고 합니다. 엘리사는 시골교회의 목사 같은 사람입니다. 나아만은 미국의 국방부 장관 같은 사람입니다. 그런 시골에 찾아가면 맨발로 뛰어나오는 것이 예의 아닙니까? 그런데 엘리사는 나가보지도 않고 종을 보내 "요단 강에서 일곱 번 몸을 씻으라"라고 전하며 모멸감을 줍니다. 당연히 나아만과 그의 신하들은 열이 받았지요. "이런 건방진 놈! 우리나라에 여기보다 더 깨끗한 물도 많은데 나와 보지도 않고…." 상당히 불쾌해합니다. 그때 신하 중 하나가 말합니다. "이왕 여기까지 왔는데 속는 셈치고 한 번 들어가 보세요." 그래서 한 번, 두 번, 세 번, 네 번, 다섯 번, 여섯 번까지 했는데도 몸이 아무렇지도 않아요. 우리가 나아만 같으면 어떻게 하겠어요? 마지막 한 번 더하고 엘리사를 죽이고 싶겠죠. 한 번 더 내려갔다 올라왔는데 정말 깨끗해졌어요. 엘리사의 말에 순종한 결과 곧 문둥병이 낫게 되었습니다(왕하 5:9~14).

• 아람의 은밀한 전쟁 계획을 폭로함(왕하 6:8~12)　　6장 초반 절에 보면 물에 빠진 쇠도끼를 끌어올리는 기사도 소개되어 있습니다. 아람이 북이스라엘에 은밀히 쳐들어올 계획을 갖고 있었습니다. 그런데 엘리사가 기도하면서 그 뜻을 알아차립니다. 그래서 그 당시 북이스라엘의 왕이었던 요람에게 이야기합니다. "아람이 쳐들어올 계획이 있으니까 빨리 준비하십시오." 이 소문이 아람에게 들립니다. 아람 왕은 엘리사로 인하여 전쟁에 차질이 있겠다 생각해서 엘리사를 잡아오도록 합니다. 엄청난 말들과 병사들이 엘리사의 집을 포위합니다. 문을 살짝 열고 본 엘리사의 종이 두려워 떱니다. "선생님, 큰일 났습니다. 지금 선생님을 잡으러 온 적들이 쫙 깔렸습니다." 이때 엘리사는 뭐라고 말합니까?

대답하되 두려워하지 말라 우리와 함께한 자가 그들과 함께 한 자보다 많으니라. 하고 기도하여 이르되 여호와여 원하건대 그의 눈을 열어서 보게 하옵소서 하니 여호와께서 그 청년의 눈을 여시매 그가 보니 불말과 불병거가 산에 가득하여 엘리사를 둘렀더라(왕하 6:16~17).

열매 맺기

아람(Aram)

아람은 인명이자 지명이자 국가 이름이다. 노아의 아들 셈의 아들인 아람의 후손들이 거주하던 지역으로 성경은 이곳의 이름을 '수리아'라고도 부른다. 작은 도시국가를 이루면서 구약시대 동안 이스라엘 북동쪽에 거주하면서 사사시대부터 이스라엘을 괴롭혔던 내력이 있다. 아람의 수도는 다메섹이며, 그들이 사용한 언어는 아람어로 셈어를 사용하며 히브리어나 베니게어와 비슷하다. 성경에 언급된 아람 사람으로는 리브가, 라반, 나아만, 하사엘 등이 있다.

그들이 엘리사를 잡으러 왔을 때 엘리사는 하나님께 기도하여 그들의 눈을 어둡게 합니다. 그리고 그들을 인도하여 사마리아 성으로 갑니다. 장님이 된 그들은 아무런 힘이 없습니다. 고기와 떡과 물을 주고 잘해줘서 그들을 돌려보냅니다. 그때 아람 왕이 감동을 해서 그 이후에 이스라엘을 공격하지 않았다고 합니다. 하나님의 사람은 하나님이 반드시 지키십니다. 엘리사는 세상을 보면서 두려워하지 않았습니다. 자신을 지키는 분이 그들보다 훨씬 크시다는 믿음이 있었습니다. 그래서 기도 없는 한 민족보다 기도하는 한 사람이 더 크다는 것입니다.

• 벤하닷의 죽음과 하사엘의 수리아 통치를 예언함(왕하 8:7~15)　엘리사는 와병(臥病) 중인 아람 왕 벤하닷을 방문하러 다메섹에 가던 도중 그를 맞으러 나온 벤하닷의 수장 하사엘을 만납니다. 그를 본 엘리사는 곧바로 그가 왕이 될 것을 예언합니다. 그 하사엘이 북이스라엘을 향하여 행하게 될 악행들도 소개합니다. 예언대로 하사엘이 북이스라엘에 쳐들어와서 큰 악행을 저지릅니다(왕하 13:22). 또 엘리사는 예후에게 기름을 부어 북이스라엘의 왕이 되게 합니다. 예전에 호렙 산에서 하나님은 엘리야에게 "너는 가서 예후에게 기름을 부어 북이스라엘의 왕으로 삼아라" 하셨습니다. 엘리야가 그 사명을 감당하지 못하고 엘리사가 감당하는데 그의 제자가 예후에게 기름을 붓습니다.

• 죽은 지 수년이 지난 후에도 죽은 자를 살아나게 함(왕하 13:20, 21)　북이스라엘 왕 요아스 때 엘리사는 죽어 장사됩니다. 수년 후에 한 시체가 엘리사의 묘실에 던져져 그의 뼈에 닿자 곧 회생하여 일어서는 기적도 있습니다.

위 사건들이 엘리사가 갑절의 영감을 얻고 베풀었던 이적들입니다. 신약 시대 예수 그리스도께서 보여주실 이적과 기적을 먼저 보여준 것으로 해석하면 됩니다.

북이스라엘 왕들의 열전(烈傳)

1. 제10대 왕, 예후(왕하 9~10장)

19명의 왕들 중에 대표적인 왕들만 살펴보겠습니다. 실패한 왕들의 역사를 왜 기록했겠습니까? 다시는 이런 역사를 되풀이 하지 말라고, 다시는 이런 안타까움을 되풀이하지 말라고 권면하는 것입니다.

10대 왕 예후는 엘리사에게 기름부음받아 B.C. 841년부터 시작하여 28년 동안 북이스라엘을 통치하였습니다. 그는 유혈 행위로 악명이 높습니다. 이세벨과 아합의 아들 70명을 죽이고(왕하 10:1, 11) 남왕국 여호사밧의 손자 유다의 왕 아하시야를 죽입니다(왕하 9:27). 그 이유는 그의 어머니인 아달랴가 바알 숭배자였기 때문입니다. 바알 숭배자를 죽이는 것이 예후의 사명이기 때문에 그 씨를 말리고 싶어 했습니다. 그리고 재위 중이었던 왕 요람도 죽입니다(왕하 9:24).

예후는 유다의 왕자 42명을 죽이고(왕하 10:14) 바알 제사장들에게 큰 제사를 지내자고 제안하여 각 지역의 바알 제사장들을 모두 초청합니다. 제사를 지내도록 제사장들을 큰 방 안에 집어넣고 문을 잠근 후 칼로 모두 죽여버립니다. 그리고 후에 그 자리를 공중화장실로 만들어버립니다. 예후는 하나님 손에 붙들린 복수의 도구였습니다. 지나치게 잔인했어요. 스스로 이것이 여호와를 향한 열심이라고 생각했습니다. 그러나 예후의 결말은 어떻게 됩니까? 그 역시 느밧의 아들 여로보암의 죄를 떠나지 못했습니다. 여로보암이 산당에 세웠던 금송아지를 여전히 숭배하였습니다(왕하 10:29~31). 이에 많은 개혁을 이루었지만 결국 그는 악한 왕으로 평가됩니다.

2. 제13대 왕, 여로보암 2세(왕하 14장)

예후의 가문입니다. 북이스라엘의 왕의 도표를 보면 크게 오므리 왕조와 예후 왕조가 있습니다. 오므리 왕조는 오므리로 시작해서 아합 때 가장 명성을 떨쳤습니다. 이러한 오므리 왕조를 종식시킨 사람이 누구예요? 예후입니다. 요람을 죽이고 왕으로 등극하면서 하나님을 향한 열심으로 이세벨과 아합 가문을 몰락시켰지요. 그래서 하나님께서 그에게 당대 이후 4대가 안전하게 왕위를 이어가리라는 축복을 주십니다. 그래서 북이스라엘은 크게 오므리 왕조와 예후 왕조로 나뉘게 됩니다. 여로보암 2세는 예후 왕조이면서 가장 오래 통치한 왕입니다. 기원전 782년에서 시작하여 41년 동안 북이스라엘을 통치했는데 이때가 북이스라엘의 전성기입니다. 북이스라엘의 왕 중에서 가장 막강한 왕이었습니다. 그는 수리아인들에게 빼앗긴 이스라엘 영토를 많이 되찾았습니다(왕하 3:5, 14:25~27).

3. 제19대 왕, 호세아(왕하 17장)

호세아는 북이스라엘의 마지막 왕입니다. B.C. 732년부터 시작하여 9년간 통치했습니다. 그는 애굽과 동맹을 맺고 앗수르에 대항하다가 망하여 결국 포로로 끌려갔습니다. B.C. 722년에 북이스라엘은 앗수르에게 멸망당하고 열왕기하 17장에 이르러 북이스라엘 역사는 종지부를 찍게 됩니다.

남유다 왕들의 열전(烈傳)

북이스라엘 왕들을 표현하는 수식어가 있습니다. "느밧의 아들 여로보암의 죄를 떠나지 아니하였더라." 반면 남유다 선한 왕을 표현하는 수식어가 있습니다. "그 조상 다윗과 같이 여호와 보시기에 정직하게 행하였더라."

1. 제3대 왕, 아사(왕상 15장)

아사는 B.C. 910년부터 시작하여 41년간 통치했습니다. 그는 여호와 보시기에 정직한 왕이었습니다. 그의 업적은 남색하는 자들과 우상숭배하는 자들을 모두 없앤 것입니다. 우상숭배하는 자신의 외할머니조차 폐위시켜버립니다. 그러나 한 가지, 산당을 없애지는 못했어요. "다만 산당은 없애지 아니하니라 그러나 아사의 마음이 일평생 여호와 앞에 온전하였으며"(왕상 15:14). 비록 산당은 없애지 못했지만 그의 평생은 여호와 앞에서 온전하였다고 기록하고 있습니다. 그는 처음으로 "그 조상 다윗과 같이 여호와 보시기에 정직하게 한 자"로 기록되었습니다.

2. 제4대 왕, 여호사밧(왕상 22장)

여호사밧은 B.C. 869년에서 시작하여 25년 동안 통치했습니다. 그는 초기에 백성들에게 모세의 율법을 가르치기 위해서 각 지방마다 성경교사를 파송해서 성경교육을 시켰습니다(대하 17:7~9). 그리고 모압과 동맹국들이 쳐들어왔을 때에도 국민적 단합과 금식을 요구하며 이렇게 하나님께 겸손하게 기도를 드립니다.

우리 하나님이여 저희를 징벌하지 아니 하시나이까 우리를 치러 오는 이 큰 무리를 우리가 대적할 능력이 없고 어떻게 할 줄도 알지 못하옵고 오직 주 만 바라보나이다(대하 20:6, 12~13).

그러자 하나님의 영이 레위 자손인 야하시엘에게 임하여서 이런 말씀을 주십니다.

야하시엘이 이르되 온 유다와 예루살렘 주민과 여호사밧 왕이여 들을지 어다 여호와께서 이같이 너희에게 말씀하시기를 너희는 이 큰 무리로 말미암아 두려워하거나 놀라지 말라. 이 전쟁은 너희에게 속한 것이 아니요. 하나님께 속한 것이니라 내일 너희는 그들에게로 내려가라. 그들이 시스 고개로 올라올 때에 너희가 골짜기 어귀 여루엘들 앞에서 그들을 만나려

니와 이 전쟁에는 너희가 싸울 것이 없나니 대열을 이루고 서서 너희와 함께 한 여호와가 구원하는 것을 보라. 유다와 예루살렘아 너희는 두려워하지 말며 놀라지 말고 내일 그들을 맞서 나가라. 여호와가 너희와 함께 하리라 하셨느니라 하매(대하 20:15~17).

겸손히 하나님께 기도를 드렸더니 하나님은 전쟁이 너희에게 속한 것이 아니라고 말씀하시며 너희는 하나님이 전쟁하심과 이기심을 바라보고 목도하라고 말씀하십니다. 그러나 초기에는 하나님만 의지했는데 후에 여호사밧이 하나님께 범죄를 합니다. 재위 말년에 북이스라엘 오므리 왕조와 동맹을 맺습니다. 《요세푸스》 사기에 보면 여호사밧은 굉장히 민족애가 컸던 사람이라고 표현되어 있습니다. 북이스라엘도 자신의 민족이라고 여기고 그들을 향해서 나름대로 햇볕 정책을 폈어요. 그래서 재위 말년에 북이스라엘 오므리 왕조의 세 명의 왕(아합과 그의 두 아들 아하시야 및 요람)과 동맹을 맺어 수리아에 대항합니다(대하 18:2~3). 그 동맹의 증거로 아합과 이세벨의 딸인 아달랴와 자신의 아들을 결혼시킵니다. 남유다는 다윗의 정통 계보요, 하나님을 섬기는 민족이었는데 이 정략결혼 때문에 아달랴가 들어왔고, 아달랴가 유입되므로 바알숭배사상까지 들어오게 됩니다. 그래서 여호사밧의 아들 여호람의 자녀들이 바알 숭배자들이 됩니다. 바알숭배로 남왕국이 오염되기 시작합니다.

그리고 백성에게는 산당을 지어 섬기도록 했습니다. 여호사밧은 하나님을 섬길 사람은 하나님을 섬기고, 우상을 섬길 사람은 우상을 섬기도록 신앙의 자유를 주었습니다. 이것이 바로 여호사밧의 범죄였습니다. 한 마디로 자신의 나라를 지키기 위해서 북이스라엘과 동맹하고 이세벨의 피를 들여온 사람이었습니다. 결국 그는 선한 왕으로는 기록되지 못했습니다.

살펴보면 모든 왕이 어디서 넘어졌습니까? 자신의 왕권을 지키고 강화하려고 인간적인 계략을 쓰다가 넘어졌습니다. 이것은 하나님 앞에서 교만입니다. 참된 신앙은 왕권이 내 것이라고 여겨지는 그 순간에 하나님 앞에 내려놓는 것입니다. 철저하게 내려놓고 내어놓는 것이 신앙입니다. 그러나 대부분의 왕은 그렇게 하지 못했습니다. 스스로 왕권을 지키기 위해서 뭔가를 해야 한다고 생각했습니다. 그러나 인간의 생사화복, 나라의 흥망성쇠의 주권은 오직 하나님께 있습니다. 그러기에 하나님 앞에 다 내려놓고 하나님을 향한 신뢰로 나를 채워가는 것이 신앙입니다. 여호사밧이 그렇게 하지 못했기에 그의 인생이 멍들고 후대까지 피를 부르게 됩니다.

3. 제7대 왕, 아달랴(대하 22~23장, 왕하 11장)

아달랴는 남유다의 7번째 왕으로 아합과 이세벨 사이에서 난 딸입니다. 6년간 통치를 합니다. 남유다의 계보 중에 유일하게 다윗 계보가 아닌 사람이 아달랴입니다. 아달랴의 아들 아하시야가 예후에 의해서 살해되고 그 틈을 타서 유다 왕이 된 뒤 다윗의 씨를 다 죽여버립니다. 그때 마지막 생존자가 요아스입니다. 요아스는 성전에서 6년 동안 숨어 삽니다. 그는 유혈 숙청에서 유일하게 살아남은 다윗의 혈통입니다(대하 22:11).

아달랴가 6년 동안 폭정을 하고 있을 때, 제사장이었던 여호야다가 요아스를 중심으로 개혁운동을 일으키며 아달랴를 죽이고 남유다 땅에서 바알의 잔재를 다 없애버립니다. 북이스라엘에는 바알숭배자 이세벨이 들어오자 짧은 순간에 바알종교가 국교로 되었습니다. 그러나 남유다에는 그 딸 아달랴가 들어왔지만 바알숭배는 잠시 득세하다 뿌리를 내리지는 못했습니다. 6년 만에 여호야다의 손에 아달랴는 죽고 바알의 잔재까지 다 쓸려갔습니다. 이 차이가 뭐라고 생각하십니까?

왜 같은 민족인데 북이스라엘은 바알숭배가 뿌리를 내려 국교가 되었고, 남유다는 뿌리를 내리지 못하였을까요? 물론 가장 큰 원인은 다윗에게 약속하신 그 자손에 대한 하나님의 보호하심과 은혜입니다. 그러나 다른 면으로 살펴본다면 정체성의 문제입니다. 북이스라엘은 하나님 앞에서 내가 누구인지 또 민족적 사명이 무엇인지 몰랐습니다. 여로보암이 단과 벧엘에 산당을 지어 레위 자손이 아닌 사람을 제사장으로 삼아 금송아지를 하나님으로 섬기게 하면서 그들은 정체성을 상실했습니다. 그러나 남유다는 다윗에 대한 분명한 이미지가 있었습니다. 또 솔로몬이 지은 성전이 있고 그 가운데 하나님의 임재의 상징인 법궤가 있었습니다. 다윗의 혈통에 대한 긍지와 성전 중심의 공동체로서의 영적 자존심과 정체성이 있었기에 우상숭배가 정착하지 못했습니다.

마찬가지로 우리는 누구입니까? 세상에서 부름받은 하나님의 백성입니다. 이러한 정체성이 확고하게 있어야 거짓과 허무한 것들이 우리 안에서 활개를 치지 못합니다. 구별된 자, 이것이 우리의 신분입니다. 우리는 성전을 중심으로 삶을 경영합니다. 그렇기 때문에 흐리멍덩하게 세상에 섞여서 살 수 없습니다. 이것을 아는 것이 영적 자존심입니다.

4. 제8대 왕, 요아스(대하 24장, 왕하 12장)

요아스는 성전에서 6년간 숨어 살다 7살에 제사장 여호야다의 도움으로 왕위에 올라 40년간 통치했습니다. 제일 어린 나이에 왕으로 등극한 사람으로 성전을 수리하고 바알 신당을 훼파하였습니다. 제사장 여호야다가 살아 있는 동안 그는 좋은 왕이었습니다.

5. 제10대 왕, 웃시야(대하 26장, 왕하 15장)

〈열왕기하〉에서는 아사랴라고 되어 있고 〈역대하〉에서는 웃시야라고 되어 있습니다. 그는 B.C. 767년부터 52년 통치하여 유다 왕 중에서 두 번째로 장기 집권한 왕입니다. "저가 여호와를 구할 동안에는 하나님이 형통하게 하셨더라(대하 26:5). 후에 그는 교만하여 제사장의 권한을 침해해 향단에 분향하는 죄를 범하므로 문둥병 환자가 되었습니다. 시작은 좋았으나 끝이 좋지 않은 왕입니다.

6. 제13대 왕, 히스기야(왕하 18장)

히스기야는 B.C. 715년부터 29년간 통치했습니다. 그는 산당을 훼파하고 백성들 사이에서 숭배의 대상이 되고 있던 모세의 놋뱀과 아세라 목상을 찍어 없앱니다(민 21:9). 또 제사장들로 이뤄진 성전 합주단과 레위 사람들로 이뤄진 합창단을 구성해 가장 훌륭한 예배의식을 만들었습니다. 그로 인해 솔로몬이 성전 헌당을 한 이후 가장 성대한 유월절 행사를 치릅니다.

그는 치명적인 종기 모양의 부스럼 병에 걸렸는데 악성 종양이 아니었나 생각합니다. 이사야를 통해 이 병이 낫지 못할 것이라는 선고를 듣자, 치유와 생명 연장을 위해서 간절히 기도하여 15년을 더 살았습니다. 그러나 그가 15년을 더 살면서 난 아들 므낫세는 남유다에서 가장 악랄하고 못된 왕이 됩니다(왕하 21:9).

7. 제14대 왕, 므낫세(대하 33장, 왕하 21장)

히스기야의 아들로 유다 역사상 가장 악한 왕이었습니다. 그러면서 남북을 통틀어 가장 오래 다스렸던 왕이기도 합니다. B.C. 686년에서 시작하여 55년을 통치하며 그는 온갖 우상을 다 섬겼습니다. 자기 아들까지도 몰렉에게 바쳤어요. 아버지 히스기야가 헐어버린 산당을 다시 짓고 바알을 위해 다시 제단을 쌓고 일월성신에게 제사를 지냈습니다.

8. 제16대 왕, 요시야(대하 34장, 왕하 22~23장)

요시야는 8살에 왕이 되어 31년간 통치했습니다. 이때 솔로몬 이후 가장 큰 부흥을 이루었습니다. 그는 모든 신당을 훼파했고 그것을 가루로 만들어서 거기 제사하는 자들의 무덤에 뿌려버렸습니다(대하 34:4). 그는 26세 때 성전을 보수하다가 발견한 율법책을 따라 회개운동을 이끌었습니다. 또한 하나님 사랑, 성전 사랑이 특심한 사람이었습니다. 하나님을 사랑하는 마음이 성전 사랑하는 마음으로 이어졌기 때문입니다.

> 요시야와 같이 마음을 다하며 뜻을 다하며 힘을 다하여 모세의 모든 율법을 따라 여호와께로 돌이킨 왕은 요시야 전에도 없었고 후에도 그와 같은 자가 없었더라(왕하 23:25).

성경은 요시야를 위와 같이 평가합니다. 우리 또한 이와 같은 평가를 들을 수 있기를 바랍니다.

9. 제18대 왕, 여호야김(대하 36:5~8, 왕하 24장)

여호야김은 사악하고 탐욕스러운 왕 중의 한 명입니다. 그는 11년간 통치하면서 예레미야 선지자를 많이 괴롭힙니다. 예레미야의 영감으로 쓰인 글과 예언이 담긴 두루마리를 불태워버리죠. 바벨론의 느부갓네살 왕이 여호야김을 끌고 갔다가 그를 꼭두각시 왕으로 다시 유다 왕위에 복위시킵니다(왕하 24:1; 렘 25:1; 대하 36:6, 7). 그러나 결국 예레미야의 예언대로 죽어 들짐승과 같이 버림받아 비참하게 죽었습니다(렘 22:18, 19, 36:30).

10. 제20대 왕, 시드기야(대하 36:11~12; 렘 52; 왕하 24~25장)

시드기야는 남유다의 마지막 왕으로 11년간 통치합니다. 하나님의 심판의 메시지를 전했다는 이유로 예레미야를 미워하며 고통을 주었습니다(렘 11:8~10). 그는 B.C. 586년 바벨론 느부갓네살 왕에게 멸망당합니다.

그들이 시드기야의 아들들을 그의 눈앞에서 죽이고 시드기야의 두 눈을
빼고 놋 사슬로 그를 결박하여 바벨론으로 끌고 갔더라(왕하 25:7).

여호와의 성전과 왕궁을 불사르고 예루살렘의 모든 집을 귀인의 집까지
불살랐으며(왕하 25:9).

하나님을 떠난 자의 최후입니다. 하나님을 버린 민족의 최후입니다. 이 나라는 하나님이 세운 민족입니다. 기도하는 민족입니다. 하나님 앞에 반듯하게 서야 될 줄로 믿습니다. 이와 같이 이스라엘 왕들의 비참한 최후가 오늘이 시대를 살아가는 우리에게 어떤 교훈을 줍니까? 하나님만을 경외하고, 하나님만을 즐거워하고, 하나님께만 순종하는 것이 우리의 사명이요 본분임을 〈열왕기상하〉와 〈역대상하〉의 저자는 선포하고 있습니다.

요나

비련의 선지자

🍃 뿌리내리기 _성경의 전체를 알아봅니다

　요나는 이스라엘이 하나님과 특별한 관계를 맺고 있다고 해서 그분을 독점할 수 없다는 사실을 가르쳐 줍니다. 그분의 구원 목적과 관심은 심지어 이스라엘을 멸망시킨 앗수르에게까지 미침을 보여줍니다.

　성경에서는 〈요나서〉의 기자나 기록 연대에 관해서 아무런 자료도 제공하지 않았습니다. 그래도 보편적으로 저자는 B.C. 8세기 중엽 북이스라엘의 선지자였던 요나일 것이라는 학자들의 전통적 견해가 있지만, 아직까지 〈요나서〉의 공인된 저자는 없습니다.

　요나는 이스라엘의 여로보암 2세 때 사람으로, 엘리사 이후에 등장하여 아모스와 호세아 바로 전까지 사역했던 선지자입니다. 요나의 이름은 '비둘기'라는 뜻으로, 아밋대의 아들로서 나사렛에서 북으로 3.2km 떨어진 스불론의 가드 출신이었습니다. 요나의 사명은 원수의 땅인 앗수르의 수도 니느웨에 가서 회개를 선포하고 구원받도록 도와주라는 것이었습니다. 얼마나 요나가 가기 싫었겠어요.

시대	분열왕국시대					
초점	요나에게 주어진 첫 번째 사명			요나에게 주어진 두 번째 사명		
구절	1:1——2:1——3:1——3:5——4:1——4:4——4:11					
구분	요나의 불순종과 심판	요나의 회개 기도	요나의 선포	니느웨 백성의 회개로 재앙 연기	하나님에 대한 요나의 불평	요나를 위한 하나님의 교훈과 하나님의 영혼 사랑
주제	요나에게 임한 하나님의 긍휼			니느웨에 임한 하나님의 긍휼		
	"나는 가지 않는다"	"내가 가겠다"		"내가 똑똑히 보겠다"		" 내가 오지 말았어야 했다"
장소	큰 바다(대해)			큰 성(니느웨)		
기간	약 B.C. 760년					

〈요나서〉는 한 마디로 자기 생각으로 하나님의 뜻을 제한한 이스라엘 백성의 상징입니다. 또 우리의 모습이기도 하죠. 그러나 하나님은 그릇된 요나의 생각을 박넝쿨과 벌레라는 실물 교육으로 바로잡아 주십니다. 그래서 1장부터 4장까지 내용을 보면 "나는 가지 않겠다"라는 요나의 의지가 나옵니다. 민족적 편견으로 하나님 앞에 버팁니다.

그러나 물고기 뱃속에서 "가겠다"라고 이야기합니다. 그리고 세 번째는 "내가 여기 있다. 내가 똑똑히 보겠다"라고 합니다. 그랬다가 후회를 합니다. "내가 오지 말았어야 했다." 그들이 구원받는 것을 보면서 심사가 뒤틀린 모습을 보입니다. 요나가 성공한 선지자인가라는 질문을 많이 합니다. 그가 후에 어떻게 되었다는 기사는 나오지 않고 마지막에는 후회하는 모습으로 끝나기 때문입니다. 〈요나서〉의 핵심 구절은 2장 7~9절로 요나의 회개기도입니다.

내 영혼이 내 속에서 피곤할 때에 내가 여호와를 생각하였더니 내 기도가 주께 이르렀사오며 주의 성전에 미쳤나이다 거짓되고 헛된 것을 숭상하는 모든 자는 자기에게 베푸신 은혜를 버렸사오나 나는 감사하는 목소리로 주께 제사를 드리며 나의 서원을 주께 갚겠나이다 구원은 여호와께 속하였나이다 하니라(욘 2:7~9).

🍃 구약 숲으로 _성경의 중심내용을 알아봅니다

요나가 활동한 시기는 여로보암 2세가 다스리던 때로 북이스라엘이 재부흥과 번영을 누리고 있었고, 민족주의적 열정이 매우 높았던 시대였습니다. 잔혹하기로 악명 높았던 앗수르는 이 시기에 다소 세력이 약화되었지만, 여전히 이스라엘에게는 위협적인 존재로 남아 있었습니다. 그래서 요나는 니느웨로 가지 않고 북아프리카를 지나 스페인의 항구였던 다시스(약 4천km)까지 도망갑니다. 요나는 사명받은 이스라엘을 상징하기도 합니다. 이스라엘은 열방을 향해서 빛의 증거자로 살아야 했는데 사명을 버리고 도망가는 요나와 모습이 같습니다. 하나님의 백성이 이 땅에 살아야 될 이유가 무엇입니까? 열방 가운데 빛으로 또 증거자로 살아야 합니다.

'헤세드'가 담긴 〈요나서〉

이방인을 사랑하는 하나님의 관심이 드러난 책입니다. 이스라엘의 하나님만이 아니라 앗수르의 하나님이 되기도 한다는 것입니다. 그러나 요나는 민족주의와 감성주의로 인해 이스라엘을 통해 세상을 구원하시려는 하나님의 의도를 보지 못했습니다. 요나의 이야기는 모든 민족을 향한 하나님의 사랑, '헤세드'를 가장 선명하게 드러낸 책 중의 하나입니다. 그 당시에 이것은 큰 충격이었습니다. 구원은 유대인에게만 있다는 의식과 편견을 깨버리는 것이었습니다. 실제로 하나님이 그들을 구원하실까 봐 그는 그것이 더 싫었어요. 민족적 편견과 자신의 감성 때문에 하나님의 구원 역사를 가로막고 방해한 것입니다.

그러나 하나님의 '카이로스(kairos)'는 요나의 일방적인 '크로노스(chronos)'를 바꿔버리고 결국은 고기 뱃속에서 품어 니느웨에 갖다놓으십니다. 인간의 의지가 하나님의 뜻을 막을 수가 없죠. 그래서 결국 니느웨에 가서 하나님의 말씀을 선포하고 회개에 이르도록 합니다. 하나님이 우리를 부르신 이유가 있어요. 하나님이 우리를 먼저 예수 믿게 한 이유는 혼자 잘 먹고 잘살다가 천국 가게 하기 위함이 아니에요. 나를 통해서 열방이 복을 받고 민족이 복을 받고 불신자들이 하나님을 만나는 그런 일들을 위해 부르신 것입니다. 열방을 향하여 빛과 증거자로 살도록 하나님은 우리를 부르셨어요. 안주하라고 부르신 것이 아닙니다. 이 사명이 우리의 마음에 있기를 바랍니다.

〈요나서〉의 또 다른 주제는 생명과 자연과 환경을 다스리시는 하나님의 주권을 나타내는 것입니다. 폭풍우도 하나님이 주관하셨죠. 큰 물고기 그리고 식물과 벌레들을 다스리는 모습을 통해 하나님은 모든 우주를 주관하시는 분임을 드러내고 있습니다. 폭풍우(욘 1:4), 큰 물고기(욘 1:17), 식물(욘 4:6), 벌레(욘 4:7)를 다스리십니다.

〈요나서〉는 이스라엘의 민족주의적 자부심에 도전하고 있으며, 이스라엘에게 주신 사명의 본질과 열방에 자비를 베푸시려는 하나님의 의도를 이해하지 못했다는 사실에 대해 도전합니다. 하나님의 구원 계획은 민족이나 사상이나 편견을 넘어선다는 것입니다. 물고기 뱃속에서 3일을 지낸 요나의 경험은 또 그리스도의 죽음과 장사, 부활에 대한 상징이기도 합니다(마 12:39~41).

<아이콘> 열매 맺기
사탄이 가장 싫어하는 구약 성경의 세 책은?

1. 〈창세기〉
: 그 머리를 상하게 하심
2. 〈다니엘〉
: 원수를 쳐부시려 재림하심
3. 〈요나〉
: 그리스도의 죽음과 부활 예언

호세아

사랑에 눈먼 선지자

🍃 뿌리내리기 _성경의 전체를 알아봅니다

만약 당신의 배우자가 외도를 한다면 그것도 한 번이 아닌 계속해서 외도한다면 어떻게 하겠습니까? 남편을 버리고 끊임없이 외도한 아내를 통해서 하나님과 그분의 백성과의 관계를 설명하고 있는 책이 〈호세아서〉입니다. 불행한 결혼 외에는 호세아의 생애에 대해 알려진 것은 거의 없습니다. 그러나 〈호세아서〉를 통해서 기다리시는 하나님의 사랑을 배우게 됩니다.

🍃 숲 길잡이 _성경의 전체를 표로 알아봅니다

시대	분열왕국시대						
초점	부정한 아내와 신실한 남편			부정한 이스라엘과 신실하신 하나님			
구절	1:1——2:2	——3:1	——4:1	——6:4	——9:1	——11:1	——14:9
구분	호세아와 결혼한 고멜	고멜을 이스라엘에 비유함	고멜의 회복	이스라엘의 영적 간음	회개를 거절하는 이스라엘	하나님이 이스라엘을 심판하심	이스라엘이 하나님께로 돌아옴

주제	부정한 아내를 용서하는 호세아	부정한 이스라엘을 용서하시는 신실하신 하나님
	개인적	민족적
장소	북이스라엘	
기간	약 B.C. 755~710년	

〈호세아서〉라는 숲을 위에서 내려다보면 크게 두 단락으로 나누어 볼 수 있습니다. 호세아의 경험(1~3장)과 이스라엘 백성에게 주시는 하나님의 메시지(심판과 회복, 4~14장)입니다.

하나님께 대한 이스라엘 백성들의 비신실함, 그러나 언약 백성을 줄곧 사랑하여 돌아오기를 간절히 바라시는 가슴시린 그분의 사랑을 선지자 호세아는 자신의 경험을 통해 선포하고 있습니다.

🍃 구약 숲으로 _성경의 중심내용을 알아봅니다

〈호세아서〉는 재난을 당하기 바로 직전의 북이스라엘을 위해 기록되었습니다. 북이스라엘은 여로보암 2세 때 가장 번성했습니다. 그때 죄를 가장 많이 짓습니다. 다윗도 사울도 솔로몬도 가장 잘나갈 때 죄를 범했습니다.

북이스라엘도 그랬습니다. 가장 번성기를 이루었을 때 속은 푹푹 썩어가고 하나님을 떠났어요. 표면적으로는 북이스라엘이 번영과 성장의 시기를 누리고 있었지만, 속으로는 도덕적 부패와 영적 간음이 백성의 삶 속에 두루 퍼져 있었습니다. 호세아는 하나님을 떠난 이스라엘 백성들을 향하여 음란한 아내 고멜을 비교하면서 설명합니다.

하나님의 꾸준한 사랑이 드러난 〈호세아서〉

〈호세아서〉는 이스라엘과 하나님 간의 관계를 표현한 짝사랑과 신실함에 대한 이야기입니다. 선지자 호세아는 정숙하지 않은 여자 고멜과 결혼하여 자신의 삶 속에서 신실하지 못한 하나님의 백성과 하나님의 신실하심에 대한 생생한 예를 표현합니다. 고멜이 호세아와 결혼한 것처럼, 이스라엘은 하나님과 언약을 맺었지만 관계가 점차 허물어집니다. 고멜이 다른 남자를 좇아가듯, 이스라엘이 다른 신들을 좇아갔기 때문입니다. 이스라엘의 영적인 우상숭배는 고멜의 육체적 간음으로 묘사됩니다.

〈호세아서〉는 이스라엘이 바알 숭배에 지독하게 매료되었음을 드러냅니다. 바알은 '남편' 혹은 '주인'을 뜻하며, 바알 숭배는 의식적인 매춘을 포함하여 다산을 위한 예식과 관련있었습니다. 바알은 신실하지 못한 이스라엘이 자주 돌아섰던 다른 연인이었습니다.

〈호세아서〉는 하나님의 마음으로 읽어야 합니다. 하나님의 품을 떠나서 세상 것에 연연해하고 집착하여 세상을 버리지 못하는 내 모습을 발견해야 합니다. 그 모습을 안타깝게 바라보시는 하나님의 마음으로 이 책을 읽어야 합니다. 버려도 될 것 같은데 포기하지 않으십니다. 이런 과분한 사랑을 하나님 앞에 받고 있는 우리는 그럴 만한 가치 있는 존재가 아닙니다. 그러나 하나님이 우리를 사랑하시므로 가치 있는 존재가 되었어요. 하나님은 우리를 사랑하십니다.

〈호세아서〉는 구약성경 중에서 하나님의 자비에 대한 가장 감명 깊은 표현을 제시합니다. 그것은 히브리 단어 헤세드(Hesed)로 '자비', '사랑스러운 친절', '꾸준한 사랑'으로 다양하게 번역됩니다. 주님을 믿는다고 하면서 세상과 바람난 우리를 향한 하나님 사랑, 헤세드가 드러납니다.

호세아는 이스르엘(하나님이 씨를 뿌리시다), 로루하마(긍휼을 얻지 못한다), 로암미(내 백성이 아니다)라는 세 명의 자녀를 낳습니다.

열매 맺기

호세아 자녀의 이름

호세아의 자녀들은 자신의 자식이라고 할 수 없는 의심스러운 자녀였습니다. 그래서 이름을 부정적으로 지었습니다.
신약에서 바울(롬 9:25), 베드로(벧전 2:10)는 이방인들이 하나님 자녀의 일부가 될 것임을 증명하기 위하여 호세아 선지자 자녀들의 이름을 부정적인 용도와 긍정적인 용도로 사용하셨다.

아모스

공의와 정의를 노래하자

🍃 뿌리내리기 _성경의 전체를 알아봅니다

아모스는 남유다 사람이지만 북이스라엘에서 활동한 사람입니다. 그는 정식 선지학교를 졸업한 전문적인 선지자가 아닙니다(암 7:14). 베들레헴에서 남쪽으로 9.6km 떨어진 드고아라는 시골에서 뽕나무를 재배했던 사람이에요. 그런데 하나님께서 북왕국으로 가서 하나님 말씀을 예언하라고 그를 부르셨습니다(암 7:15).

그가 평범한 농부가 아니라 야인이었다는 설도 있고, 상당한 학식을 가졌었다는 설도 있습니다.

선포 대상은 북이스라엘과 열방입니다. 그는 북이스라엘의 가장 전성기였던 여로보암 2세 때 활동했습니다.

시대	분열왕국시대			
초점	여덟 가지 예언	세 가지 설교	다섯 가지 환상	세 가지 약속
구절	1:1 ——— 3:1	7:1	9:11	9:15
구분	심판을 선언함	심판의 원인들	이스라엘에 대한 심판의 묘사	이스라엘의 회복의 약속
주제	이스라엘의 심판		심판 이후의 회복의 소망	
	설교 형식		표적들로 드러남	
장소	주변 국가	북이스라엘		
기간	약 B.C. 760~753			

 1장부터 2장까지는 이스라엘뿐만 아니라 주변의 8개국 즉 수리아의 수도 다메섹, 블레셋의 대표적인 도시인 가사와 아스돗과 아스글론, 두로, 에돔, 암몬, 모압 그리고 남왕국 유다를 향해 죄의 목록과 그에 따른 심판을 예언합니다. 그리고 3장부터 6장까지는 북이스라엘의 현재의 죄, 과거의 죄, 미래의 죄를 열거하는데, 공의가 사라지고 탐욕이 가득 찼으며 성적 타락과 음행으로 하나님을 모독했으며 우상숭배에 빠졌다고 심판의 원인들을 밝힙니다. 특히 5장에서는 회개를 강력하게 촉구합니다. 7장부터 9장 10절까지는 다섯 개의 환상을 보여줍니다. 아모스는 자신이 본 다섯 개의 환상으로 심판을 소개합니다. 메뚜기 재앙, 불의 재앙, 다림줄의 재앙, 여름 과일 광주리 재앙, 범죄한 나라의 멸망 재앙 등 다섯 가지입니다. 그리고 9장 11절부터 마지막까지는 하나님이 회복시키신다는 내용이 예언됩니다.

 〈아모스서〉에 선지서의 대표적인 구조가 바로 나오죠. 죄인을 소환하고 죄의 목록을 나열하고 다섯 개의 환상을 통해서 심판을 예고하고. 그렇지만 하나님께서 마지막에 너희를 회복시키시리라는 것이 선지서의 큰 구조입니다. 〈아모스서〉의 중요한 구절은 다음과 같습니다.

묘성과 삼성을 만드시며 사망의 그늘을 아침으로 바꾸시고 낮을 어두운 밤으로 바꾸시며 바닷물을 불러 지면에 쏟으시는 이를 찾으라 그의 이름은 여호와시니라(암 5:8).

오직 정의를 물같이, 공의를 마르지 않는 강같이 흐르게 할지어다(암 5:24).

🍃 구약 숲으로 _성경의 중심내용을 알아봅니다

1장 1절에 따르면, 아모스는 유다 왕 웃시야(B.C. 767~739)와 이스라엘 왕 여로보암(B.C. 782~753) 시대에 예언하였습니다. 당시 북이스라엘의 경제와 정치 환경은 거의 이상적이었지만, 번영은 물질주의와 도덕적 타락을 불러왔고 부익부 빈익빈의 차이가 커서 사회적으로 백성의 불만이 높아갔습니다. 사치와 자기 탐닉, 가난한 자의 압제, 이것이 당시 사회의 두드러진 특징이었습니다. 이런 시대를 향해서 하나님은 심판을 선포하고 더불어 하나님의 회복 메시지를 선포합니다. 이 시기에 앗수르, 바벨론, 수리아, 애굽은 상대적으로 약했기 때문에 이스라엘 백성은 아모스가 예언한 재앙이 다가온다는 것을 상상하기 힘들었습니다. 하지만 재앙은 불과 30년 후에 일어났습니다.

하나님의 심판 그리고 희망

모든 선지서가 그랬듯이 심판의 메시지를 담고 있습니다. 그러면서 열방들에 대해서도 심판을 선언합니다. 아모스의 특징 중의 하나는 북이스라엘뿐만 아니라 북이스라엘을 포함한 여덟 개 모두에게 심판한 것입니다. 그 죄의 목록을 다 나열하고 심판을 이야기하지만 이어 회복시키실 것이라는 메시지도 선포됩니다.

또한 각각의 이방 국가들은 이스라엘을 대항한 것이든 다른 나라를 대항한 것이든, 특정하게 공격을 했다는 이유로 심판을 선포받습니다. 전쟁을 일으키는 것, 다른 민족을 학대하는 것은 하나님의 심판의 대상이라는 것입니다.

열방에 대한 심판이 가르치는 바는, 하나님은 이스라엘만의 하나님이 아니라 온 우주의 주인이시며, 모든 국가는 다른 민족과 백성을 학대한 일에 대해 하나님께 반드시 대답해야 한다는 것입니다. 하나님께 허락을 맡아야 하며 해서는 안 된다는 것입니다.

아모스의 설교의 특징은 하나님의 의와 공의를 강조하는 것입니다. 그래서 〈아모스서〉의 특징은 하나님의 공의와 심판 그리고 희망입니다.

요엘

메뚜기 재앙의 환상

🌿 뿌리내리기 _성경의 전체를 알아봅니다

"그들의 숫자는 놀랄 만한 것이었다. 그들은 온 산을 새까맣게 덮고 마치 홍수처럼 몰려왔다. 우리는 참호를 파고 불을 지폈으며 떼로 몰려드는 그들을 죽이기 위해 몽둥이로 때려잡고 불살랐다. 그러나 그들의 노력은 전혀 소용이 없었다. 그들의 물결은 계속해서 산허리를 감싸고, 바위나 벽돌, 그리고 이미 죽은 것들로 인해 뒤덮이고 길이 만들어진 도랑과 울타리 위에 쏟아져내렸다. 정말 소름끼치는 일이었다. 4일 동안 그들은 계속해서 동쪽으로 이동했다." 이것은 W. M. 톰슨이 메뚜기 재앙을 묘사한 글입니다.

메뚜기 떼의 사실적인 묘사와 세련된 비유적 표현으로 메뚜기 재앙으로 인한 황폐화를 묘사하고 있습니다. 요엘은 하나님이 이 재앙의 배후에 계신다는 사실을 의심하지 않았습니다. 사실 그는 하나님이 군사와 같은 메뚜기들을 전쟁터로 이끄시는 것처럼 묘사했습니다(욜 2:11).

성경에 요엘("여호와는 하나님이다")이라는 이름을 가진 사람들이 몇 명 더 있지만, 선지자 요엘은 오직 이 책에서만 언급됩니다. 요엘은 자신을 브

두엘의 아들이라고 소개하고 있습니다(욜 1:1). 그 밖의 사실에 대해서는 알 수 없습니다. 내용 중 시온과 주님의 집을 빈번히 언급한 것으로 보아, 그는 예루살렘에서 멀리 떨어지지 않은 곳에 살고 있었던 것 같습니다. 〈요엘서〉는 문체가 뚜렷하고 간결합니다. 그는 타협하지 않고 회개할 것을 촉구한 설교자였습니다.

〈요엘서〉는 '여호와의 날'이라는 주제와 친숙합니다. 이날은 하나님이 세상과 백성을 심판하시는 날입니다. 세상의 모든 것을 먹어치우는 무서운 메뚜기 떼의 모습을 통해 주의 날의 고난을 경고하면서 백성에게 회개를 호소합니다.

숲 길잡이 _성경의 전체를 표로 알아봅니다

시대	분열왕국시대					
초점	주님의 날에 대한 회상	주님의 날을 예상함				
구절	1:1———1:13———2:1	———2:18———2:28———2:32———3:21				
구분	과거의 메뚜기 재앙	과거의 가뭄	도래할 하나님의 진노	회복의 약속	영을 부어주심	이방의 심판과 유다의 회복
주제	역사적 침략		예언적 침략			
	남유다에 임한 과거의 심판		미래에 임할 남유다의 심판과 회복			
장소	남유다					
기간	B.C. 약 835년					

🍃 구약 숲으로 _성경의 중심내용을 알아봅니다

이 책은 연대에 대한 언급이 전혀 나오지 않기 때문에 확실한 연대를 추정하기는 어렵습니다. 하지만 전통적으로 요아스가 일곱 살의 나이에 왕위에 오르고, 제사장 여호야다가 실제적인 지배자 역할을 했던 약 B.C. 835년경으로 추정합니다(왕하 11~12장). 더 엄격히 말하면 여호야다가 죽고 요아스가 실제적인 권력을 가진 그 즈음에 요엘이 말씀을 증거했을 것입니다.

다가오는 주님의 날

메뚜기 떼의 재앙이 남왕국 유다에 몰아칩니다. 들판이 황폐해지는 것은 시간문제였을 때 요엘은 이 기회를 타서 하나님의 메시지를 선포합니다. '메뚜기 재앙은 다가오는 주의 날에 대한 전조이다.' 이런 관점에서 〈요엘서〉는 하나님의 백성에게 다가오는 심판을 경고하고 회개를 촉구하며 심판 후에 있을 구원의 날에 대한 소망을 줍니다.

〈요엘서〉는 '다가오는 주님의 날'이라는 중요한 주제를 전제하고 있으며, 그날이 하나님을 대적하고 배반했던 백성과 민족 위에 임하는 무시무시한 심판의 때라고 말합니다. 구약성경에서 하나님의 날, 주의 날은 대부분 백성과 민족에게 임하는 하나님의 심판의 날로 표현되어 있습니다. 재앙의 목록으로는 메뚜기 재앙, 기근, 격렬한 화재, 적들의 침략, 하늘의 현상 등이 있습니다. 하지만 다가올 심판에 대한 선포들과 함께 소망의 약속들이 놓여 있습니다.

〈사도행전〉에서 베드로가 성령 강림에 대하여 인용한 구절이 바로 요엘 2장 28~32절입니다. 〈요엘서〉의 중요 구절은 다음과 같습니다.

여호와의 말씀에 너희는 이제라도 금식하고 울며 애통하고 마음을 다하여 내게로 돌아오라 하셨나니 너희는 옷을 찢지 말고 마음을 찢고 너희 하나님 여호와께로 돌아올지어다. 그는 은혜로우시며 자비로우시며 노하기를 더디 하시며 인애가 크시사 뜻을 돌이켜 재앙을 내리지 아니하시나니 주께서 혹시 마음과 뜻을 돌이키시고 그 뒤에 복을 내리사 너희 하나님 여호와께 소제와 전제를 드리게 하지 아니하실는지 누가 알겠느냐(요엘 2:12~14).

'여호와의 날'에 대한 선지자들의 이해

선지서를 읽다 보면 '여호와의 날'이라는 중요한 개념이 나옵니다. 선지서들마다 공통적이기도 하지만 약간의 의미 차이가 있습니다.

선지자	여호와의 날	성경 본문
이사야	열방과 하나님의 백성이 모두 심판을 당하는 날	사 2:4,6~22
아모스	이스라엘이 기대하고 있는 구원의 날이 아니라 오히려 진노가 임하는 날	암 5:18~20
스바냐	우주적인 심판이 행해지는 날, 겸손하고 의로운 자는 그 가운데서도 소망이 있음	습 1~2장
요엘	언약에 순종하지 않으면 더 큰 재앙이 나타날 종말적인 구원의 날	욜 2~3장

이사야

심판과 위로의 예언자

🍃 뿌리내리기 _성경의 전체를 알아봅니다

이사야는 웃시야가 죽은 후 요담, 아하스, 히스기야 시대까지 B.C. 740년부터 B.C. 680년까지 약 60년 동안 활동했습니다. 그의 예언의 내용은 B.C. 549부터 바벨론을 정복한 바사의 고레스 왕까지 내포하고 있으며 더 나아가 그리스도의 탄생과 수난, 그리고 메시아 왕국까지 확대됩니다. 〈히브리서〉에 보면 이사야는 므낫세 때 톱으로 켜서 죽임을 당했다고 전해집니다(히 11:37). 이사야는 북이스라엘의 말년에도 있었고 남유다의 중간 역사 때에도 있었기에 그의 메시지는 북이스라엘과 남유다를 향합니다. 그 당시 앗수르의 산헤립이 히스기야를 괴롭혔던 때입니다. 그러기에 히스기야는 이사야를 많이 의지했습니다. 그의 죽음의 사건도 〈이사야서〉에 기록되어 있습니다. 당시 앗수르가 가장 위협적인 존재였음에도 불구하고 이사야는 남유다가 앗수르가 아닌 바벨론에 의해서 심판받을 것을 예언하고 있습니다.

🍃 열매 맺기

문학적 〈이사야서〉

〈이사야서〉는 문체의 장엄함과 광휘가 탁월하다. 후반부는 "서정적이고, 유려하며 감정이 풍부하고, 판양시적"이라고 평가된다. 〈이사야서〉는 성경의 가장 훌륭한 6권, 〈창세기〉, 〈시편〉, 〈이사야〉, 〈요한복음〉, 〈로마서〉, 〈요한계시록〉 중의 한 권이다.

시대	분열왕국시대					
초점	전반부			후반부		
	심판을 예언		역사적 삽입	미래의 희망과 소망을 예언		
구절	1:1——24:1—28:1——36:1——40:1——58:1——66:24					
구분	유다와 열방에 대한 심판의 예언들	주의 날 예언	심판과 회복 예언	히스기야의 사건	이스라엘의 구원	이스라엘의 영광스러운 회복의 예언들
주제	심판을 예언			역사	메시야(고난받는 메시야)	
					미래의 소망	
장소	유다와 주변의 열방들			북이스라엘과 남유다와 모든 나라		
기간	약 B.C. 740~680년(60년간)					

〈이사야서〉라는 숲을 내려다보면 전반부와 후반부로 나눌 수 있습니다. 그 사이에는 예루살렘이 무너져 있었던 200년이라는 역사적 간격이 있습니다. 전반부는 1~39장까지로 심판을 예언하며, 후반부는 40~66장까지 미래의 희망과 소망을 예언합니다. 전반부는 강력한 심판의 어조이고 후반부는 부드러운 소망의 어조입니다.

이렇듯 서로 다른 신학적 어조가 팽팽한 긴장감을 유지하고 있습니다. 특별히 1장에서 12장까지 유다에 대한 심판의 메시지는 예루살렘의 불신앙으로 비롯된 군사, 경제적인 죄악들을 심판하실 것임을 나타내줍니다. 그들의 불신앙으로 인하여 자신들도 모르고 안주하고 있는 삶이 하나님의 심판 아래 있음을 경고하는 예언들입니다.

후반부의 중심 메시지는 '희망과 미래의 소망'입니다. 이 소망은 바벨론의 포로살이가 곧 끝날 것이며 이 민족 가운데 회복이 있을 것을 희망적으로 예언합니다. 40장부터 55장까지는 바벨론 포로들의 영광스러운 귀한을 예언하였고 56장부터 마지막 장까지는 귀환한 포로들이 예루살렘을 재건

🍃 열매 맺기

배경으로 나눈 구조

• 1~39장 : 왕정시대의 유대와 예루살렘
• 40~55장 : 바벨론 포로기
• 55~60장 : 포로기 이후 회복된 예루살렘

할 것에 대한 소망을 예언합니다. 〈이사야서〉도 다른 선지서와 마찬가지로 하나님께서 죄로 인해 심판하실 것이나 곧 치료하시고 회복시킬 것이라는 틀 안에 있습니다.

🍃 구약 숲으로 _성경의 중심내용을 알아봅니다

성경의 축소판이라 불리는 〈이사야서〉

성경이 66권이듯이 〈이사야서〉도 66장이구요. 구약 39권, 신약27권으로 나뉘듯 〈이사야서〉도 내용에 따라서 1장부터 39장까지, 40장부터 66장까지 나눕니다. 1장부터 39장까지는 심판에 대한 선포이기에 이사야의 구약이라고 이야기합니다. 그렇지만 40장부터 66장까지는 오실 메시아를 향한 소망과 구원으로 이루어져 이사야의 신약이라고 표현합니다.

1장부터 39장까지는 전반부입니다. 유다와 열방 12개 나라에 대한 예언이 소개되어 있고 주의 날, 심판의 날, 심판과 복에 관하여 소개되고 있습니다. 36~39장 네 장에 걸쳐서 히스기야의 구원, 질병과 죄에 대해서 소개되고 있습니다. 후반부는 40장부터 66장까지인데 메시아가 오셔서 죄로부터 백성을 구원할 것임을 선포합니다. 그러므로 〈이사야서〉는 죄로 인한 심판과 오실 메시아로 인한 구원의 책입니다.

심판과 구원을 강조

"구원이 주께 있음"을 특히 강조하며 구원이라는 단어가 26번이나 등장합니다. 어떤 선지서보다도 월등하게 메시아에 대한 예언이 많이 나오는데 특히 고난받는 메시아를 예언하고 있습니다.

🍃 **열매 맺기**

여 선지자들

원어에서 이사야가 자기 아내를 가리켜 '여 선지(한글성경 '아내'로만 언급)'로 묘사했다. 여 선지자들의 수효가 많지는 않았지만 훌다(왕하 22:8~20), 미디암(출 15: 20), 드보라(삿 4:4) 등의 메시지가 진지하게 받아들여진 것으로 보아 선지 직분에 대한 성적 편견은 없었던 것 같다. 또한 노아댜(느 6:14)와 같은 거짓 여 선지자도 있었다.

이사야의 예언(메시아는…)	신약에 나타난 성취(예수 그리스도는…)
처녀에게서 태어날 것이다(사 7:14).	동정녀 마리아에게서 나셨다(눅 1:26~31).
갈릴리에서 사역할 것이다(사 9:1,2).	이방인의 땅 갈릴리에서 사역하였다(마 4:13~16).
다윗의 보좌를 계승할 것이다(사 9:7).	그의 조상 다윗의 왕위를 받았다(눅 1:32, 33).
그의 길이 예비될 것이다(사 40:3~5).	세례 요한에 의해 선포되셨다(요 1:19~28).
뺨 맞고 구타당할 것이다(사 50:6).	손바닥으로 맞고 구타당하셨다(마 26:67).
높임을 받을 것이다(사 52:13).	하나님과 백성에 의해 높임을 받으셨다(빌 2 :9~10).
고난으로 외모가 상할 것이다(사 52:14; 53:2).	군인들에게 매질을 당하셨다(막 15:15~19).
피로 속죄할 것이다(사 53:5).	우리 죄를 속하기 위해 피를 흘리셨다(벧전 1:2).
모든 사람에게 거절당할 것이다(사 53:1, 3).	많은 사람에게 배척당하셨다(요 12:37, 38).
우리의 죄와 슬픔을 질 것이다(사 53:4, 5).	우리의 죄를 위해 죽으셨다(롬 4:25; 벧전 2:24, 25).
우리의 대속물이 될 것이다(사 53:6, 8).	우리를 대신해 죽으셨다(롬 5:6, 8).
부자의 무덤에 장사될 것이다(사 53:9).	아리마대 출신 부자 요셉의 무덤에 장사되었다(마 27:57~60).
그를 믿는 자는 구원을 받을 것이다(사 53:10, 11).	그를 믿는 모든 자는 구원을 받았다(요 3:16).
범죄자와 함께 죽을 것이다(사53:12).	범죄자로 취급받으셨다(막 15:27).
마음이 상한 자를 고칠 것이다(사 61:1, 2).	마음이 상한 자를 고치셨다(눅 4:18, 19).

〈이사야서〉에서 예언했던 메시아의 예언들은 신약에서 모두 이루어졌어요. 이사야가 600년 후에 태어날 메시아에 대해 예언했는데 그 예언이 모두 성취된 것입니다. 그래서 구약과 신약은 짝이 맞아요. 그러므로 구약의 주제는 오실 메시아, 신약의 주제는 오신 메시아입니다. 특히 선지서 중에서 오실 메시아에 대한 가장 많은 예언이 있는 것이 〈이사야서〉입니다.

🍃 열매 맺기

이사야의 신학적 주제

- •이스라엘의 거룩한 자로서의 하나님
- •구원자이자 구속자로서의 하나님
- •남은 자 사상
- •여호와의 종
- •여호와의 신
- •역사를 지배하시는 하나님

🍃 열매 맺기

〈이사야서〉에 기록된 예언 중 아직 이루어지지 않은 것

1. 대환난(땅, 하늘, 인생)
2. 아마겟돈 전쟁
3. 천년 왕국

미가

너희는 들으라

🌿 뿌리내리기 _성경의 전체를 알아봅니다

1 예루살렘 멸망을 예언한 첫 선지자로 미가는 예루살렘에서 서남쪽으로 40km 떨어진 조그마한 도시 모레셋 가드 출신으로 예루살렘에 오래 머물렀다. 예루살렘이 세계 종교의 중심지가 될 것을 예언하였다.

미가[1]의 원래 의미는 '누가 여호와와 같으신가?'라는 뜻입니다. 미가는 이사야, 요나, 아모스, 호세아 등과 더불어 같은 시기에 선지 활동을 하였습니다. 미가의 예언 시기는 최소한 사마리아가 앗수르에게 함락된 해인 B.C. 722년 이전으로 보이며 아마도 사마리아가 함락되기 최소한 10년 전에 사역을 했을 것으로 추측하는 신학자들이 있습니다.

미가는 사회적 정의와 권력을 남용하여 가난한 자들을 억압하고 고통받게 하는 지도자들에 대한 심판과 냉랭한 종교의식과 죄에 대해 무감각해져 가는 동족들의 죄악에 대한 심판, 그리고 이 모든 징벌이 끝난 후에 주어질 회복과 소망을 예언합니다. 하나님께서는 이스라엘 백성의 죄에 대한 심판과 구원에 대한 소망을 동시에 주고 있으며 구원은 메시아의 오심으로 온전히 이루어질 것이라고 예언하고 있습니다.

〈미가서〉에서 소개된 메시아의 예언은 구약에 나타난 모든 메시아적 예언 가운데 가장 분명하고 중요한 예언 중의 하나입니다.

베들레헴 에브라다야 너는 유다 족속 중에 작을지라도 이스라엘을 다스
릴 자가 네게서 내게로 나올 것이라(미 5:2).

〈미가서〉의 신학적 강조점으로는 "하나님을 경외하는 것이 사회적인 공
의로 이어져야 진정한 경건"이라고 선언하고 있습니다. 따라서 여호와께서
우리에게 구하는 것은 "오직 정의를 행하며 인자를 사랑하며 겸손하게 네
하나님과 함께 행하는 것"(미 6:8)이라고 명확하게 말하고 있습니다.

🍃 숲 길잡이 _성경의 전체를 표로 알아봅니다

시대	분열왕국시대		
초점	심판	회복	회개
	1~3장	4~5장	6~7장
구분	백성과 지도자들의 심판	메시아 왕이 올 것이다	회개의 촉구 및 최종 구원의 약속
주제	처벌	약속	용서
	너희는 들으라		
장소	유다와 이스라엘		
기간	B.C. 735~710년(약 25년)		

🍃 구약 숲으로 _성경의 중심내용을 알아봅니다

〈미가서〉는 백성들에게 전하는 세 편의 설교로 이루어졌습니다. 각 메시
지는 "들으라"는 말로 시작되며 매우 실용적이며 중대한 세 가지 주제(심
판, 회복, 회개)를 다룹니다.

북이스라엘의 사마리아뿐만 아니라 남유다에게 역시 그들의 죗값으로

멸망이 그리 멀지 않았음을 예언하며, 곧 심판을 받게 될 것이지만 메시아의 도래로 말미암아 남은 자들은 회복될 것이기에 소망 중에 인내하라고 강조를 합니다.

6장에서는 여호와께서 백성과 변론하시면서 백성에게 진정 원하시는 것이 무엇인지를 돌아보게 하며 다시 한 번 회개를 촉구합니다.

> 내가 무엇을 가지고 여호와 앞에 나아가며 높으신 하나님께 경배할까 내가 번제물로 일 년 된 송아지를 가지고 그 앞에 나아갈까 여호와께서 천천의 숫양이나 만만의 강물 같은 기름을 기뻐하실까 내 허물을 위하여 내 맏아들을, 내 영혼의 죄로 말미암아 내 몸의 열매를 드릴까 사람아 주께서 선한 것이 무엇임을 네게 보이셨나니 여호와께서 네게 구하시는 것은 오직 정의를 행하며 인자를 사랑하며 겸손하게 네 하나님과 함께 행하는 것이 아니냐(미 6:6~8).

6장 9~16절에서는 심판이 준비되었으므로 회개하고 순종하라고 촉구하고 있습니다. 7장 1~10절은 이 민족이 너무도 악해서 정직한 사람을 한 명도 찾아볼 수 없다고 탄식합니다. 그러나 7장 11~17절까지 장차 자기 백성을 회복시키겠다고 선언하십니다. 결론으로 7장 18~20절에서는 하나님만이 죄를 용서할 수 있는 유일한 분임을 강조합니다. 이것은 미가의 신앙고백이면서 전체의 기록 목적이기도 합니다.

> 주와 같은 신이 어디 있으리이까 주께서는 죄악과 그 기업에 남은 자의 허물을 사유하시며 인애를 기뻐하시므로 진노를 오래 품지 아니하시나이다(미 7:18).

나훔

견고한 앗수르일지라도

 뿌리내리기_성경의 전체를 알아봅니다

　나훔은 남유다의 엘고스 출신의 사람이었습니다. 이외에 그에 대하여 알려진 바가 없으나 그의 문체를 보아서는 회화적이며 시적인 문체를 사용할 수 있는 재능이 있는 인물로 여겨집니다.

　글 전체가 회화적이며 시적입니다. 나훔이라는 이름은 '평안' 혹은 '위로'라는 뜻이며, 니느웨가 멸망한다는 그의 메시지는 잔혹한 앗수르 아래에서 고통받던 유대인들에게 평안을 주었습니다.

숲 길잡이_성경의 전체를 표로 알아봅니다

시대	분열왕국시대			
초점	니느웨의 심판을 선포함	니느웨의 심판을 묘사함	니느웨 심판의 정당성	
구절	1:1——————2:1	——————3:1	——————3:12	——————3:19
구분	앗수르를 향한 하나님의 분노	니느웨의 멸망을 묘사함	니느웨가 멸망한 원인들	불가피한 니느웨 멸망

	하나님의 공의	멸망에 대한 환상	멸망의 정당성
주제	하나님께서 하신 일	하나님께서 심판하시는 방법	하나님께서 심판하시는 이유
장소	유다(앗수르의 수도 니느웨에 대적함)		
기간	약 B.C. 660년		

1장에서 니느웨가 아니라 하나님을 언급합니다. 그분의 권능과 진노가 불과 1세기 전에 이스라엘을 멸망시키고 예루살렘을 위협했던 앗수르의 날이 얼마 남지 않았다고 말씀하십니다. 2장에서는 니느웨가 함락 당하는 모습을 청각과 시각을 모두 사용하여 자세하게 묘사합니다(나 2:1~10). 3장에서는 니느웨의 죄악은 궤휼과 강포와 늑탈을 멸망의 원인들로 지적하고 있습니다.

한때 상부 애굽의 수도이자 철옹성의 요새로 유명한 노아몬과 흡사한 운명이 니느웨에게도 미칠 것이라고 예언을 합니다(나 3:8~10). 니느웨가 아무리 철저히 방어를 할지라도 하나님께서 심판을 선포하셨기에 모든 것이 허사가 될 것이고 하나님의 심판으로 흩어진 사람들을 다시 모을 사람이 없을 것이라 선포하며 결론을 맺습니다.

🍃 구약 숲으로 _성경의 중심내용을 알아봅니다

유다 말년 유다의 가장 사악한 왕 중의 한 명이었던 므낫세가 유다를 오랫동안 통치할 때 선지자 예레미야, 하박국, 스바냐와 함께 나훔은 남유다 역사를 위한 증인의 역할을 수행했습니다. B.C. 612년 북이스라엘이 함락된 지 1세기가 지났습니다. 당시 므낫세는 최강국이었던 앗수르를 섬겼고 타락한 유대 백성은 강력한 힘과 풍부한 재물을 가진 것처럼 보이는 앗수르인들처럼 되기를 바랐습니다. 그러나 하나님께서 이스라엘을 치시기 위하여 사용하셨던 앗수르 역시 하나님의 공의에 의한 심판을 받게 됩니다. 앗수르는 어느 나라에게 망하지요? 신흥 바벨론에게 망합니다.

피의 도성

나훔은 니느웨 백성을 회개로 이끌었던 자신의 선배 요나와는 대조적으로 앗수르의 수도 니느웨에 멸망을 선포합니다. 니느웨 사람들은 자신들의 부흥을 잊어버렸고, 폭력과 우상숭배와 교만의 습관으로 되돌아갔습니다. 〈나훔서〉를 읽어보면 니느웨 성을 일컬어 피의 도성이라고 합니다. 앗수르가 얼마나 잔인했는지를 표현하고 있습니다. 그 결과, 바벨론이 니느웨를 파괴하고, 니느웨는 흔적조차 남지 않을 것이라는 예언은 그대로 이루어졌습니다. 앗수르의 대외 정책을 보면 전쟁하기 전에 먼저 자발적 복종을 요구하고, 불응 시 무력으로 정복하여 점령지의 주민들을 말뚝 박아 죽입니다. 그리고 그들의 머리로 피라미드를 쌓습니다. 내부에서 반란을 하면 5대를 끊어버렸습니다.

앗수르의 수도 니느웨 성은 산 위에 세워졌기 때문에 누구도 침범치 못했어요. 그러나 B.C. 612년에 바벨론의 나보폴라살 왕이 티그리스 강에 둑을 쌓아 막았다가 터트려 니느웨 성을 그 강물에 쓸려버렸습니다. 앗수르는 하나님의 말씀에 순종하지 않은 죄의 대가로 멸망하고 말았습니다. 나훔의 중요 구절은 1장 7절입니다.

> 여호와는 선하시며 환난 날에 산성이시라 그는 자기에게 피하는 자들을 아시느니라(나 1:7).

열매 맺기

앗수르의 멸망

200년 동안 최대 강국으로 군림해온 앗수르가 멸망할 것이라는 예언은 무모해보였다. 그러나 나훔은 B.C. 700년에 활동하였는데 그로부터 88년이 지난 B.C. 612년 결국 니느웨 성까지 함락되었다.

오바댜
에돔의 심판

🍃 뿌리내리기 _성경의 전체를 알아봅니다

〈오바댜서〉는 특이한 몇 가지 특징이 있습니다. 첫째, 구약성경 39권 중에 유일하게 이방 나라 에돔을 향해 심판을 선포한 선지서입니다. 둘째, 구약성경 중에 제일 짧으며 유일하게 1장으로 된 책입니다.

에돔은 어떤 나라일까요? 남쪽 산악 지대에 살았던 에돔 사람들은 야곱의 쌍둥이 형이었던 에서의 후손이었습니다(창 25:21~26). 야곱의 후손이었던 이스라엘은 가나안 여정 중에 형제 나라였던 에돔을 통과하여 가나안에 들어가기를 요구했으나 에돔은 거절했습니다(민 20:14~21). 형제 나라지만 이스라엘과 갈등이 깊은 나라였습니다. 예레미야는 49장에서 이미 에돔의 운명을 언급한 바가 있습니다. 그래서 〈오바댜서〉 중간 중간에 예레미야 49장 내용이 인용되어 있습니다. 에돔 왕국(이두메아)은 교만하고 폭력적이었으며, 약탈을 일삼았던 민족이며 특히 형제 나라인 이스라엘을 멸시하고 훼방하므로 심판받게 된 나라이기도 합니다.

〈오바댜서〉의 기록 연대는 학자들마다 다양한 견해가 있는데, 아마도 유다가 멸망할 즈음에 기록된 것으로 여겨집니다(B.C. 586년). 또한 기록 이유는 하나님의 백성을 대적하고 멸시한 에돔의 멸망을 선포하기 위함이며 또한 하나님은 교만한 자들을 공의로 심판하시는 것을 알리기 위해서입니다.

🍃 숲 길잡이 _성경의 전체를 표로 알아봅니다

시대	분열왕국시대			
초점	에돔의 심판 예언		이스라엘의 회복	
	1~9	10~14	15~16	17~21
구분	에돔의 심판	에돔의 죄	심판의 날	이스라엘의 승리
주제	에돔의 오만과 죄		에돔의 멸망	
	이스라엘의 패배		이스라엘의 승리	
장소	에돔과 이스라엘			
기간	B.C. 586년			

🍃 구약 숲으로 _성경의 중심내용을 알아봅니다

〈오바댜서〉는 하나님이 이스라엘의 원한을 풀어주시며 대적 에돔의 멸망을 예언한 책입니다. 1~9절까지는 그들이 교만하여 형제의 나라 이스라엘과 짐을 서로 나누어지기는커녕 오히려 주위 나라들과 연합하여 이스라엘을 적대시했던 죄로 에돔이 심판이 있을 것을 예언하였습니다. 10~14절까지는 형제의 불행을(유다의 멸망) 기뻐하며 오히려 조롱하였던 예를 차례로 열거했습니다. 그러면서 15절에서는 심판을 예고합니다.

네가 행한 대로 너도 받을 것인즉 네가 행한 것이 네 머리로 돌아갈 것이라.

🍃 **열매맺기**

에돔의 멸망

B.C. 5세기에 아랍인들이 에돔을 점령했고 일부 에돔인들은 남부 유다에 정착했다. 예수님 탄생 당시 유대 통치자였던 헤롯이 에돔의 후손이다. A.D. 70년 이후 에돔인들은 역사에서 완전히 사라졌다.

스바냐

잠잠히 사랑하시는 하나님

뿌리내리기 _성경의 전체를 알아봅니다

1 스바냐 이름의 뜻은 '여호와께 숨은 자'이다.

스바냐[1]는 유다의 성군이었던 히스기야 왕의 증손으로 왕족 출신의 선지자였습니다. 그가 활동했던 시기는 유다에서 개혁의 시기였던 요시야 왕 때였습니다(습 1:1). 그와 동시대에 활동했던 선지자로서는 예레미야, 이사야, 하박국, 나훔 등이 있습니다.

스바냐의 예언은 주로 유다와 열방에 대해 심판하실 하나님의 계획(습 1장~3:8)과 구원의 날의 회복을 다루고 있으며 예언의 핵심은 '여호와의 날'로 표현됩니다. 스바냐의 처음은, 하나님은 심판주로서 죄에 대해서 "내가 땅 위에서 모든 것을 진멸하리라"(습 1:2)는 선언을 하셨으나 마지막에는 심판 날에 백성을 회복시키고 돌보신다는 약속의 말씀을 주셨습니다.

> 내가 그때에 너희를 이끌고 그 때에 너희를 모을지라. 내가 너희 목전에서
> 너희의 사로잡힘을 돌이킬 때에 너희에게 천하 만민 가운데서 명성과 칭
> 찬을 얻게 하리라 여호와의 말이니라(습 3:20).

🍃 숲 길잡이 _성경의 전체를 표로 알아봅니다

시대	분열왕국시대		
초점	여호와의 심판의 날		여호와의 구원의 날
	유다 심판	열방과 유다의 심판	구원의 날이 있을 것이다
구분	1:1 ~ 2:3	2:4 ~ 3:8	3:9 ~ 20
주제	"내가 땅 위에서 모든 것을 진멸하리라"		"너희를 만민 가운데 명성과 칭찬을 얻게 하리라"
장소	유다		
기간	B.C. 630년경		

🍃 구약 숲으로 _성경의 중심내용을 알아봅니다

심판의 날과 구원의 날

〈스바냐서〉는 세 장에 불과한 짧은 예언서이지만 여호와의 '심판의 날'과 여호와의 '구원의 날'이라는 상반된 주제가 대조되고 있습니다. 1장에서 스바냐 선지자는 "유다를 향한 심판은 인간만이 아닌 새들과 짐승들도 포함된 총체적인 심판이며 온 땅이 멸절될 큰 심판이 될 것"이라고 예언하였습니다. 2장 초반부에서는 큰 날이 이르기 전 겸손히 여호와를 찾아 숨김을 얻으라며 회개할 것을 탄원합니다.

2장에서 3장 초반까지는 유다 주변에 있는 여러 이방 나라들의 이름을 열거하면서 그들의 죄로 인해 하나님께서 그들을 벌하실 것을 알립니다. 그러나 스바냐는 위대한 그분의 약속으로 끝을 맺습니다. 하나님은 자신의 백성을 모아 회복시키실 것이며 이방 나라들을 벌하실 것입니다. 스바냐는 그러기에 '남은 믿음의 그루터기들' 즉 남은 자들은 심판 중에 두려워하거나 낙심하지 말고 기쁨의 노래를 부르기를 바랐습니다.

예레미야

눈물의 선지자

🍃 뿌리내리기 _성경의 전체를 알아봅니다

🍃 열매맺기

예레미야는 누구인가?

제사장 가문에서 태어난 그
는 요시야의 위대한 개혁과
앗수르의 멸망, 신흥 바벨론
의 등장, 예루살렘의 포위와
패망 등 전 과정을 목격했으
며 말년에 그는 애굽으로 납
치되어 그곳에서 죽은 것으
로 추정된다(렘 43:1~7).

예레미야는 젊은 시절 아나돗에서 선지자로 부름을 받았습니다. 예레미
야는 가슴이 찢어지는 듯한 메시지로, 목이 곧은 유다 백성의 운명을 40년
이 넘도록 비탄에 잠겨 선포합니다. 동포들에게 멸시와 박해를 받으면서도
예레미야는 신랄한 예언을 그치지 않았습니다. 그는 설교와 이적을 통해,
신실하게 하나님의 뜻에 순종하는 것이 재난을 피하는 유일한 길임을 선포
합니다. 예루살렘의 멸망뿐만 아니라 이방 나라 애굽, 블레셋, 모압, 암몬,
에돔, 다메섹, 바벨론 등의 심판에 대해서도 예언하였습니다.

그는 바벨론의 침공으로 유다 백성이 심판을 받을 것이라는 메시지를 40
년 동안 줄기차게 전합니다. 당시의 정세로는 앗수르와 애굽이 강대국이었
습니다. "너희가 회개치 않으면 바벨론이 와서 너희를 멸망시킬 것인데 그
들이 오면 항복하는 것이 신상에 좋을 것이다"라고 선포하니 누가 좋아하
겠어요? "매국노다, 바벨론에서 온 첩자다, 미친놈이다" 하며 때리고 옥에
가두기도 하며 혹독하게 핍박합니다. 그래서 말하지 않으려고 결심을 해도

그 심령이 불붙는 것 같아서 참을 수가 없었어요. 울면서 찢어지는 마음으로 한결같은 메시지를 전한 선지자가 예레미야입니다.

숲 길잡이 _성경의 전체를 표로 알아봅니다

시대	분열왕국시대					
초점	예레미야의 소명	남유다에 대한 예언			이방인들에 대한 예언	예루살렘 멸망
구절	1:1 ——— 2:1 ———	26:1 ——— 30:1 ———	34:1 ———	46:1 ———	52:1 ——— 52:34	
구분	멸망 이전			멸망	멸망 이후	
구분	예언적 사명	예레미야의 투쟁	예루살렘의 미래 회복	예루살렘의 현재 멸망	9개 국가에 죄에 대한 책망	역사적 결말
주제	부르심	예언				회고
장소	남유다				주변 국가	바벨론
기간	약 B.C. 627~580년					

예레미야는 시기별로 크게 예루살렘 멸망 전의 예언과 멸망 당시의 예언, 멸망 이후의 예언으로 나뉘어 있습니다. 그리고 주제에 따라서는 크게 네 부분으로 나누어서 볼 수도 있습니다. 1장에서는 예레미야의 부르심(소명), 2장부터 45장까지는 유다의 책망, 46장부터 51장까지는 이방인들(주변의 9개국)에 대한 예언, 그리고 마지막 장 52장은 부록으로 39장 예루살렘의 함락과 성전 파괴, 포로 유배에 대한 내용을 보충합니다.

예레미야는 이사야보다 100년 후의 사람입니다. 그는 유다의 요시야(B.C. 627)부터 시작해서 예루살렘 멸망(B.C. 586)까지 그리고 그 이후의 역사를 다 지켜보았습니다. 그는 국가의 흥망성쇠를 다 목격한 사람입니다. 남유다의 마지막 왕 시드기야가 바벨론 왕에 의해서 두 눈이 뽑히고 철사에 묶여서 바벨론까지 끌려가는 현장을 지켜봤습니다.

예레미야가 사역을 시작했을 때는 앗수르가 세계의 주도권을 잡고 있었고 바벨론과 애굽은 막 세력을 뻗치고 있는 상황이었어요. 남유다의 권력자들은 친애굽정책을 펼쳤지만 예레미야는 애굽과의 동맹을 반대하며, 오직 유일한 희망은 여호와임을 선포했습니다. 그러나 결국 남유다의 불순종과 부패로 말미암아 바벨론에게 망합니다. 예레미야가 예루살렘 성이 무너져가는 모습을 보며 쓴 책이 〈예레미야애가〉입니다. 〈예레미야애가〉는 눈물로 쓴 편지입니다. 거룩한 성과 성전이 무너진 것을 보고 울지만 그럼에도 불구하고 하나님의 구원과 희망 메시지를 전달하는 것이 〈예레미야애가〉입니다.

하나님께 초점을 맞춘 〈예레미야서〉

예레미야를 읽다 보면 거친 표현이 많이 나오고 솔직 담백하면서 비판적입니다. 그는 왜 이런 일이 이 민족에게 일어났는지에 주목하지 않았습니다. 이 모든 일에 하나님이 어떤 계획을 갖고 계신가에 초점을 맞췄습니다. 많은 사람이 어려움이 있을 때 "왜 나에게 이런 일이 있을까?" 고민하지만 예레미야는 그렇게 생각하지 않았습니다. "하나님이 이런 일을 통해 어떤 계획을 갖고 계신가?"에 대한 궁금증이 있었습니다. 이것이 하나님에 대한 신뢰가 있는 사람들의 특징입니다. 그는 백성들이 하나님의 마음 알기를 원했습니다. 어려운 형편 속에서 현상만이 아니라 하나님의 마음을 알기 원해서 눈물로 이 글을 썼습니다.

이 책에 나오는 핵심 단어는 '민족의 타락'이에요. 민족이 여호와께 등을 돌립니다. 그리고 그들은 우상숭배하는 인도자를 추종합니다. 예레미야는 백성들에게 눈물로 회개를 선포합니다. 그러나 민족은 회개하지 않습니다. 오히려 예레미야를 반역자로 몰고 박해합니다. "너희들이 죄를 지었기 때문에 하나님이 이방 민족을 도구로 삼아서 이 민족을 멸하실 것이다. 그렇기 때문에 어차피 멸망당할 것이니까 항복하고 얌전히 따르라. 너희에게 긍휼을 베풀 민족은 애굽도 앗수르도 아니고 바벨론이다." 예레미야만큼 많이 박해당하고 눈물 흘렸던 선지자는 없습니다. 그래서 예레미야를 눈물의 선지자라고 부릅니다.

예레미야의 메시지는 세 가지로 집중됩니다. 첫 번째는 진실한 회개를 촉구합니다. 만일 하나님의 백성이 그분께 돌아가면 심판을 면할 것이라며 회개를 촉구합니다. 그러나 36장에 여호야김 4년째에 말씀의 두루마리가 불태워지는 사건[1]이 발생하자, 두 번째로 하나님의 심판을 선포하면서 "바벨론에 의해서 정복당할 것이니 반항하지 말고 순순히 항복하라"고 이야기합니다. 마지막 세 번째는 예언대로 B.C. 586년에 무너진 예루살렘 성의 백성들을 향해서 "하나님의 최종 목적은 너희를 구원하시는 것이니까, 소망 중에서 인내하라"는 말씀을 전합니다.

예레미야는 남유다의 심판을 설명하는 과정에서 메시지를 잘 이해할 수 있도록 극적인 예화를 많이 사용했습니다. 그래서 〈예레미야서〉에는 비유와 환상이 많습니다.

1 예레미야의 예언을 그의 사환 바룩이 기록하여 성전의 한 방에서 백성에게 낭독하였다. 이 글을 들을 궁정 관리들은 왕에게 고했고 왕은 심판의 말씀을 잘라 화로불에 던져버렸다. 그리고 예레미야와 바룩을 체포하여 가두어버렸다.

예레미야의 비유와 환상

	성경	비유	의미
1	1:11~12	살구나무	하나님의 말씀은 반드시 지켜짐
2	1:13	끓는 가마	북방의 바벨론이 유다를 침공할 것임
3	13:1~11	썩은 베띠	썩은 베띠처럼 바벨론에 의해 유다가 부스러짐
4	13:12~14	포도주로 가득 찬 가죽부대	하나님을 떠난 백성의 마음이 죄로 가득 참
5	18:1~17	토기장이	민족의 흥망성쇠는 하나님의 절대 주권에 속한 것임
6	19:1~12	오지병 깨뜨림	유다에 임할 재앙의 불가피함과 철저함을 나타냄
7	24:1~10	무화과 두 광주리	사로잡혀간 자들의 회복과 남은 자들에 대한 징벌
8	27:2~11	줄과 멍에	바벨론의 멍에를 받아들일 것을 지시
9	43:8~13	큰 돌을 바로의 집 어귀에 진흙으로 감춤	애굽이 바벨론에 의해 멸망당할 것을 나타냄
10	51:59~64	책을 돌에 매어 유프라테스 강에 던짐	하나님의 재앙으로 바벨론이 멸망할 것임

1장부터 살구나무 비유가 나옵니다. 그리고 마지막 51장에 보면 책을 돌에 매어 유프라테스 강에 던지는 사건이 나옵니다. 10개의 재앙 모두가 회개하지 않은 결과로 남유다가 또는 열방이 멸망할 것을 보여주는 환상들입니다. 유대인으로서 자신의 민족이 바벨론에 의해서 멸망당하는 환상을 볼 때 얼마나 가슴이 아팠겠습니까? 대표적인 비유를 하나 예로 들어보겠습니다. 세 번째 썩은 베띠의 비유가 있습니다. 하나님이 예레미야에게 베로 된 띠를 사서 허리에 묶고 물을 묻히지 말라고 말씀하십니다. 그리고 그것을 풀어서 유프라테스 강 바위틈에 묻으라고 명령하십니다. 시간이 지난 후 그 베띠를 다시 파오라고 합니다. 그 베띠는 물 때문에 완전히 썩어버렸어요. 심한 악취가 납니다. 그 환상의 의미가 과연 무엇일까요?

여호와의 말씀이 내게 임하니라. 이르시되 여호와께서 이와 같이 말씀하시니라 내가 유다의 교만과 예루살렘의 큰 교만을 이같이 썩게 하리라. 이 악한 백성이 내 말 듣기를 거절하고 그 마음의 완악한 대로 행하며 다른 신들을 따라 그를 섬기며 그에게 절하니 그들이 이 띠가 쓸 수 없음같이 되리라 여호와의 말씀이니라. 띠가 사람의 허리에 속함같이 내가 이스라엘 온 집과 유다 온 집으로 내게 속하게 하여 그들로 내 백성이 되게 하며 내 이름과 명예와 영광이 되게 하려 하였으나 그들이 듣지 아니하였느니라(렘 13:8~11).

하나님께서 이스라엘 백성을 허리에 묶고 명예로 삼았는데 그들이 죄를 범하니까 썩게 하시겠다는 것입니다. 유프라테스는 바벨론의 강가입니다. 바로 바벨론이 올라와서 그 민족을 썩게 하고 심히 냄새나는 쓸모없는 민족이 되게 하겠다는 멸망의 예언입니다. 이런 예언들을 선포하며 예레미야는 얼마나 고통과 슬픔 가운데 있었을까요? 이런 10가지의 환상을 보면서 전하지 않을 수가 없었어요. 전하면 고통당하지만 전하지 않으려고 입을 다물면 그 심령이 불붙는 것 같아서 참다못해 외치면 또 얻어맞고 옥에 갇히고 옥에서도 다시 환상을 보게 되니 그의 눈에는 눈물이 마를 날이 없었습니다. 그런 점에서 그는 예수 그리스도와 유사점이 상당히 많이 있습니다.

예레미야와 예수 그리스도의 유사점

예레미야	예수 그리스도
자기 출신지에서 거절당했다.	고향에서 인정받지 못했다.
바벨론의 위협 하에 있었다.	로마의 그늘 하에 있었다.
백성들에게 반역자라는 말을 들었다.	
거짓 선지자들에게 미움을 받았다.	서기관, 바리새인 당대의 거짓 선지자들의 악의적인 반대로 죽음으로 내몰렸다.

	예루살렘을 보고 울었고, 곧 예루살렘 성이 파멸될 것이라고 예언하였다.	
예레미야도 소수의 제자		예수님의 12제자
외적인 형식과 의식이 아닌 마음의 종교를 강조하였다.		성전에서 물건 파는 자들, 동전 바꾸는 자들의 상을 엎으시고 청결하게 하였다.
예화를 많이 사용하였다.		예화를 많이 사용하셨다.
눈물이 많은 눈물의 선지자였다.		눈물을 흘리셨다.
	결국 둘 다 생애와 사역에 있어서 실패한 것처럼 보이지만 하나님은 그들을 높이셨으며 그들의 사역을 성공으로 이끄셨다.	

예루살렘의 죄로 인한 예언자의 비탄과 유다의 심판과 회복이 있습니다. 심판이 있지만 회복도 있을 것이라는 것이 선지서의 구조입니다. 너희가 회개치 않으면 유다는 바벨론에게 멸망되어 바벨론을 섬길 것이나 70년이 지나면 바벨론도 망하고 이스라엘은 회복될 것이라고 말합니다. 예레미야는 남유다가 바벨론에게 멸망할 것도 알았고 70년이 지나 바벨론이 멸망할 것까지 예언한 선지자입니다.

> 이 모든 땅이 폐허가 되어 놀랄 일이 될 것이며 이 민족들은 칠십 년 동안 바벨론의 왕을 섬기리라 여호와의 말씀이니라 칠십 년이 끝나면 내가 바벨론의 왕과 그의 나라와 갈대아인의 땅을 그 죄악으로 말미암아 벌하여 영원히 폐허가 되게 하되(렘 25:11~12).

더 나아가서 돌아온 백성들과 하나님이 신앙의 언약을 맺을 것도 예언하고 있습니다. 그러면서 하나님께서는 "나는 그들의 하나님이 되고 그들은 내 백성이 될 것이다"라는 새 언약의 복을 주시겠다고 하십니다.

> 그러나 그날 후에 내가 이스라엘 집과 맺을 언약은 이러하니 곧 내가 나의

법을 그들의 속에 두며 그들의 마음에 기록하여 나는 그들의 하나님이 되
고 그들은 내 백성이 될 것이라 여호와의 말씀이니라(렘 31:33).

예언대로 바벨론의 왕 느부갓네살 왕 장관 느부사라단이 예루살렘 성전
과 성벽을 허물고 성전의 기명(器皿)과 솔로몬의 기물(器物)들을 다 가져갑
니다(렘 52:17~23). 시드기야가 마지막에 두 눈이 뽑혀서 철사 줄로 몸을 동
여매고 옷이 벗겨져서 바벨론까지 1,600km를 끌려갔어요. 하나님의 대리
통치자인 왕이 하나님을 버렸다가, 이렇게 수치스러운 모습이 된 것입니다.
바벨론 역시 하나님의 심판의 도구임을 망각하고 교만할 때 페르시아에게
멸망당합니다(렘 50:29~32).

하박국

하나님이 계신다면 어찌 이럴 수가

🌿 뿌리내리기 _성경의 전체를 알아봅니다

〈하박국서〉는 예언자의 불평 소리로 시작되고 있습니다. 예언자는 그의 나라 안팎에서 자행되고 있는 불의, 폭력, 끊임없이 이어지는 악행들을 목도하며 신앙의 회의를 품습니다. 하박국은 욥의 기자가 했던 것과 같은 고민을 합니다. 선하고 결백한 사람이 고난을 당하는 반면에 악인들이 형통하는 현실을 보고 답답해합니다. 어떤 사람은 선하고 결백한데 너무나도 어렵게 살아요. 지지리 복도 없이 온갖 재난은 다 겪습니다. 또 악인의 형통을 보며 선하고 의로우신 하나님을 향해 의문을 제기합니다. "하나님, 어찌 이럴 수가 있습니까? 하나님이 살아 계시다면 하나님이 이 땅을 두루 살피시고 계신다면 어찌 선하고 의로운 자는 저렇게 힘들고 악인은 저렇게 형통할 수 있습니까?"라고 하나님께 따지듯이 질문하는 책이 〈하박국서〉입니다.

하바국은 누구였는가에 관하여 거의 알려진 바가 없으나 이 책의 결론에 나오는 음악에 관련하여 아마도 예루살렘의 성전 예배와 관련된 제사장이 아니었을까 유추합니다.

🍃 숲 길잡이 _성경의 전체를 표로 알아봅니다

시대	분열왕국시대					
초점	하박국의 질문과 하나님의 답변				하박국의 찬양	
구절	1:1———1:5———1:12———2:2———3:1———3:14—3:19					
구분	하박국의 첫 번째 질문	하나님의 첫 번째 대답	하박국의 두 번째 질문	하나님의 두 번째 대답	하나님의 권능	고난 속의 기쁨
	왜 불의한 유다에 하나님은 침묵하십니까?	바벨론을 도구로 유다를 징계하리라	왜 하나님 더 악한 자를 사용하십니까?	기다리라 (믿음으로 살아라)		
주제	하박국의 믿음의 혼란				믿음의 승리	
	하나님이 무엇을 하고 계신가?				하나님의 성품	
장소	남유다 왕국					
기간	약 B.C. 607년					

🍃 구약 숲으로 _성경의 중심내용을 알아봅니다

패권 다툼에 허덕이는 세상

남유다 말년에 이 책이 쓰였습니다. B.C. 609년에 신흥 바벨론이 티그리스 강의 물을 막아서 앗수르의 수도를 무너뜨렸습니다. 그리고 앗수르에 정복 깃발을 꽂을 때 남쪽에서 애굽이 앗수르를 돕는다는 명목으로 올라옵니다. 므깃도에서 길을 막는 남유다 요시야 왕을 죽이고 갈그미스까지 올라가죠. 그 당시에 살았던 선지자가 하박국입니다. 요시야는 하나님을 위해 여러 개혁을 단행한 선한 왕이었죠. 그가 어이없게 전쟁에 나가 죽고 여러 악한 왕들이 연이어 세워지는 것을 볼 때 그의 마음에는 하나님의 공의에 대한 의문이 생겨나기 시작했던 것 같습니다. 하박국은 여호야김 시대까지 살았습니다. 동시대 선지자로서는 예레미야와 스바냐가 있습니다.

여호야김은 애굽이 세운 아주 악한 왕이었습니다. 므낫세도 악한 왕이지만 여호야김도 애굽에 달라붙어서 폭정으로 백성을 얼마나 괴롭히고 탄압했는지 모릅니다. 여호야김 왕이 친애굽정책을 펴고 수뇌부 정치인들 역시친애굽정책에 동조하며 여호야김의 비위를 맞추어가고 있을 때였어요. 아래에서 백성 것을 빼앗아 왕에게 바치면 왕은 이것을 다시 애굽에 상납합니다. 하박국은 이때 바벨론을 통해 다가오는 하나님의 심판을 경고하였습니다.

하박국은 아모스 선지자의 메시지와 유사한 점이 있습니다. 하박국은 아모스와 비슷하게 공의와 정의를 외칩니다. 사회의 불의에 대해서, 타락한정치가들과 위정자들에 대해서 신랄하게 비판하는 책이 〈아모스서〉와 〈하박국서〉입니다.

하박국은 탐욕적이고 부패한 지도자들과 애굽에 빌붙어서 권력을 이용하는 지도자를 향해 강력한 비난을 퍼붓습니다. 그는 폭정과 열강들의 패권 다툼으로 허덕이는 상황 속에서, 회개의 촉구에도 불구하고 고집스럽게죄악된 행실을 버리지 않는 남유다의 상황이 얼마나 오래 갈지를 하나님께묻습니다. 그때 바벨론이 남유다를 징계하는 막대기가 될 것이라는 말을 듣고 하나님께 따지듯이 질문하게 됩니다. 그러나 결국 어떤 세대이든지 의인은 믿음으로 살게 된다(합 2:4)는 사실을 깨고 하나님의 방식을 이해하지 못하고 불평했음을 회개하며 하나님의 지혜를 찬양하며 결론을 맺습니다.

하나님께 따지다

〈하박국서〉의 특징은 하나님과 하박국과의 대화 형식입니다. 하박국이이렇게 하나님께 질문합니다. "하나님, 부패한 지도자들과 백성들을 왜 심판하지 않습니까? 하나님, 똑바로 보십시오. 저렇게 선한 사람이 힘들어하지 않습니까?" 그러자 하나님이 이렇게 말씀하십니다. "그래서 남유다의 심판을 바벨론에게 맡기겠다." 그러자 하박국은 더 강력한 의문을 제기합니다. "유대인이 부패했다고 할지라도 어떻게 더 악한 바벨론에게 선민인 유다 백성을 심판하게 할 수가 있습니까? 그건 너무합니다." 그러자 하나님은 "오직 의인은 믿음으로 말미암아 살리라"라고 대답하십니다. 하나님을 향한 믿음과 신뢰를 가진 자는 하나님이 보호하신다는 것이지요. 하나님에 대한 믿음과 신뢰를 가지라는 것입니다. 하나님이 이끄시는 카이로스의 계획을 믿고 신뢰로 자신을 채우라는 것입니다. 비로소 하박국은 민족의 아픔을 끌어안고 하나님을 향한 신뢰로 자신을 채우며 선하신 하나님의 섭리에 감사의 찬양을 드리게 됩니다.

하박국 선지자가 우리에게 주는 교훈이 있습니다. 눈에 보이는 것만으로 생각하거나 움직이지 말고 믿음의 눈으로 지금의 현실을 넘어서서 하나님을 바라보라는 것입니다. 지금의 어려움에 있는 현실을 바라보면서 두려워하는 것이 아니라 현실을 넘어서 일하시는 하나님을 신뢰하며 감사하라는 것입니다. 결국 역사를 이끌어 가시는 하나님의 섭리를 믿고 신뢰하면서 그의 뜻을 기다리라고 이야기합니다. 오직 의인은 하나님을 향하여 신뢰를 두는 자이고 그는 멸망하지 않고 영원히 살 것입니다. 하박국은 3장에 이런 노래를 합니다.

> 비록 무화과나무가 무성하지 못하며 포도나무에 열매가 없으며 감람나무에 소출이 없으며 밭에 먹을 것이 없으며 우리에 양이 없으며 외양간에 소가 없을지라도 나는 여호와로 말미암아 즐거워하며 나의 구원의 하나님으로 말미암아 기뻐하리로다(합 3:17~18).

비록 아무것도 없을 지라도 배후에서 일하시고 이끄시는 하나님을 바라보는 것이 믿음입니다. 상황을 보며 근심하지 마십시오. 상황을 보면 절망과 근심밖에 없어요. 그러나 하나님을 바라볼 때 믿음이 회복되고 기쁨이 회복됩니다.

'나는 여호와로 기뻐합니다. 내가 비록 병들었지만 이로 인해 하나님께 기도하는 법을 알았고, 이 기도로 인해 하나님께 가까이 나가게 되어 기쁩니다. 내가 비록 사업에 망했지만 하나님 앞에서 겸손을 배웠으니 이것이 복일 줄로 믿습니다.' 하박국은 이와 같은 은혜를 경험하고 깨달은 자입니다. 그래서 이런 찬양을 올릴 수가 있었습니다. 그는 역사가 하나님의 섭리 가운데 움직이고 있음을 깨달았습니다. 지금 우리도 어렵고 혼란한 시대에 살고 있습니다. 믿음이 필요한 시대입니다. 눈에 보이는 상황을 따라 판단하고 움직이고 살아가는 것이 아니라, 그 상황 너머에서 모든 것을 주관하시는 역사의 주인이신 하나님을 신뢰하며 기뻐하라는 것입니다. 하박국의 중심 구절은 다음과 같습니다.

> 그 종말이 속히 이르겠고 결코 거짓되지 아니하리라 비록 더딜지라도 기다리라 지체되지 않고 반드시 응하리라. 보라 그의 마음은 교만하며 그 속에서 정직하지 못하나 의인은 그의 믿음으로 말미암아 살리라(합 2:3~4).

이렇게 바꾸어서 읽어볼까요? "보라. 그의 마음은 교만하며 그 속에서 정직하지 못하나 하나님을 신뢰하며 그분께 신실한 자들은 살아남을 것이다. 오직 하나님만 신뢰하며 그분께 신실한 자들만 살아남을 것이다." 할렐루야! 이것을 인정하고 인생을 그분의 약속으로 채워가는 사람이 믿음의 사람입니다.

담아가기

1. 갈멜 산에서 이방 선지자 850명과 대결하여 승리한 엘리야가 이세벨이 무서워 로뎀나무 아래서 죽기를 바라며 영적 침체에 빠집니다. 도망자로 육신적으로 지치고 외로움을 느끼고 있는 엘리야의 모습 속에 혹시 당신의 모습이 보이지 않습니까? 하나님 앞에서 당신의 연약한 부분을 고백하고 그 연약함에 대한 도움의 기도를 시작하십시오.

2. 남유다와 북이스라엘은 같은 민족이었지만 북이스라엘에서는 선한 왕이 한 명도 없었습니다. 그 이유는 바알 종교에 점령당해 하나님 백성의 정체성을 잃어버렸기 때문입니다. 유혹 많은 세상을 살아가는 당신은 하나님의 자녀라는 정체성과 영적 자존심을 지키고 있습니까?

3. 분열왕국시대만큼 많은 선지자가 활동했던 시대도 없었습니다. 그들의 메시지는 거의 동일했습니다. 죄에 대한 경고 그리고 심판. 그러나 회복시키시는 하나님의 사랑이었습니다. 죄로 인해 나뉜 나라였지만 백성은 여전히 죄악 가운데 있었습니다. 하나님의 선지자들은 백성을 불쌍히 여기시는 하나님의 눈물을 보았기에 핍박 속에서도 회개의 메시지를 멈추지 못했습니다.

귀국시대 93년

포로시대 70년

분열왕국시대 350년

통일왕국시대 120년

사사시대 350년

가나안 정복시대 7년

광야시대 40년

노예시대 400년

이스라엘 역사의 시작 시대 400년

인류의 시작 시대 2100년

하나님 백성의 심판과
이스라엘의 멸망

남유다가 바벨론에 멸망하는 동안 세 번에 걸쳐 포로들이 끌려갔다가
본국으로 다시 돌아오는 약 70년의 시기까지를 포로시대로 구분을 한다. 포로기가 있기 전 당시 열강의 정
세는 3강 2약이었다. 애굽과 바벨론과 앗수르는 강국이었고 북이스라엘과 남유다는 약국이었다. 열강의
정세는 먹고 먹히는 먹이사슬이었다. 북이스라엘보다 조금 더 버틴 남유다는 열강의 먹이사슬에서 하나
님보다 애굽을 의지하다가 바벨론에게 침략을 당해 멸망을 당하고 바벨론에 끌려가 70년간 포로 생활을
하게 된다. 당시 선지자로는 에스겔, 예레미야, 다니엘 등이 있다.

예레미야애가

눈물로 쓴 편지

🍃뿌리내리기 _성경의 전체를 알아봅니다

〈예레미야애가〉의 기록 시기는 〈예레미야서〉와는 다릅니다. 〈예레미야서〉는 여호야김 4년(B.C. 605년) 때 기록된 것이고, 〈예레미야애가〉는 바벨론 멸망 후 끔찍했던 도시와 성전 파괴를 경험한 후 기록했기에 B.C. 586년 이후로 보고 있습니다. 그래서 바벨론 포로시대로 구분하기도 합니다.

〈예레미야애가〉는 예루살렘 성의 장례식을 묘사하는 구약성경 중 가장 슬픈 책입니다. 웅장하고 화려했던 예루살렘 성이 바벨론 군사에 의해 학살이 자행되고 파괴되어 쓰레기더미같이 황폐하게 되어버렸습니다.

예레미야는 그 잿더미 가운데서 애절한 심정으로 다섯 편의 애가를 통해 자신의 감정을 토로했습니다. 하지만 마음이 찢어지는 와중에도 선지자는 하나님의 선하심과 인자하심에 대한 깊은 믿음 가운데 미래의 회복을 기도하며 노래합니다.

여호와의 인자와 긍휼이 무궁하시므로 우리가 진멸되지 아니함이니 …

주의 성실이 크도소이다 (애 3:22~23).

🍃 숲 길잡이 _성경의 전체를 표로 알아봅니다

시대	포로시대				
초점	예루살렘의 멸망	하나님의 진노	긍휼을 구하는 기도	예루살렘의 포위	회복을 위한 기도
구절	1:1————2:1	————3:1	————4:1	————5:1	————5:22
구분	파괴된 도시의 애통	예루살렘의 고통과 호소	예레미야의 고통과 절박함	황폐하게 된 도시	통회하는 민족
주제	애통	원인	소망	회개	기도
장소	예루살렘				
기간	약 B.C. 586년				

🍃 구약 숲으로 _성경의 중심내용을 알아봅니다

가장 슬픈 책

다섯 편의 시 중 앞에 나오는 네 편은 장례식 노래에서 사용되는 애도적인 운율로 히브리어 알파벳의 순서로 시작합니다. 지금도 이 시들은 성전 파괴와 A.D. 70년의 죄 중 파멸에 대한 기억을 되새기는 뜻에서 7월 중순에 유대교 회당에서 크게 낭송합니다.

에스겔

이스라엘의 새 군대를 만난 환상의 사람

🌿 뿌리내리기 _성경의 전체를 알아봅니다

바벨론 2차 침공 때 당시 유다의 왕이었던 여호야긴과 함께 정치가, 장인, 군인들 약 1만 명이 포로로 바벨론에 끌려갔습니다(왕하 24:14). 그들 중에 예레미야보다 젊은 동시대인이었던 에스겔도 있었습니다. 당시 그의 나이는 20대 중반이었다고 합니다. 에스겔은 전쟁의 참혹함과 학살로 인한 비참함을 목격했으며 그 생생한 현장을 〈에스겔서〉에 기록하였습니다.

에스겔은 부시의 아들로서 제사장 가문 출신입니다. 에스겔은 포로로 끌려간 지 5년째 해(B.C. 593) 선지자로 소명을 받았습니다. 그는 약 23년(B.C. 593~570) 동안 포로지였던 바벨론에서 활동했던 선지자였습니다.

에스겔은 이렇듯 주권을 빼앗기고 유배지에 있는 이유가 우상숭배와 불순종의 결과였음을 선포했으며 하나님께서는 언젠가는 흩어진 마른 뼈와 같은 이스라엘 백성을 다시 살리실 것이라는 확신과 소망을 주기 위해서 기록되었습니다.

🍃 숲 길잡이 _성경의 전체를 표로 알아봅니다

시대	분열왕국시대에서 포로시대로				
초점	에스겔의 소명	유다에 대한 심판	이방인들에 대한 심판	이스라엘의 회복	
구절	1:1 ———4:1———	———25:1———	———33:1———	———40:1———48:35	
구분	에스겔의 소명과 사명	유다 심판의 비유와 상징	주변 열방에 대한 심판	이스라엘의 본토 귀환	이스라엘의 회복과 예언
주제	포위 이전 (약 5년 동안)		포위 기간 (B.C 약 586)	포위 이후 (약 15년 동안)	
	유다의 멸망		유다의 적들	유다의 미래	
장소	바벨론				
기간	B.C. 약 592~570년				

🍃 구약 숲으로 _성경의 중심내용을 알아봅니다

   구약에서 성령에 관한 책은 무슨 책이죠? 일반적으로 〈요엘서〉라고 말합니다. 그렇지만 구약에 있어서 성령의 장은 〈요엘서〉가 아니라 〈에스겔서〉입니다. 〈에스겔서〉는 성령으로 가득 차 있는 예언서예요. 〈에스겔서〉의 특징은 묵시문학(Apocalyptic)으로 분류되는 장르의 책입니다. 꿈과 환상을 통해서 하나님의 구원의 역사를 말합니다.

   에스겔의 핵심 단어는 '환상'과 '파수꾼'입니다. 환상을 통해서 백성들을 경고하고 때로는 권면하기도 하면서 파수꾼의 일을 감당했습니다. 선지자로 활동하던 중 자신의 아내가 죽습니다. 아내의 죽음까지도 예루살렘의 멸망을 예언하는 상징적인 의미로 사용됩니다. 그는 삶으로 직접 하나님의 말씀을 선포하는데 자신이 직접 벙어리가 되기도 하고 머리털과 수염을 깎기

🍃 열매 맺기
〈에스겔서〉의 유명한 구절

• 1장 : 하나님의 이상
• 33장 : 파수꾼
• 37장 : 마른 뼈 골짜기
• 40장 : 새 성전

도 하며 선지자로서 험한 인생을 살았던 사람입니다. 자신의 괴로운 모습을 통해서 하나님의 마음을 선포했습니다.

에스겔은 수많은 환상과 묵시를 통해서 말하기를 "하나님의 나라가 망해서 포로로 끌려가 나라가 끝나는 것 같지만 결코 그렇지 않다. 하나님 나라는 영원하며 곧 회복될 것이다"라며 다니엘과 에스겔은 계속해서 소망을 말합니다. 백성은 그 메시지를 붙들고 절망하지 않고 희망을 말할 수 있었습니다. 그러면서 하나님이 왕이신 왕의 좌소가 지어질 것이라고 말하며 회복된 성전의 환상을 보게 됩니다.

그러기에 포로 선지자 다니엘과 에스겔의 공통된 메시지는 회복과 위로와 치료입니다. 그래서 소망 가운데 인내하게 그들을 돕습니다. 대표적으로 이스라엘이 회복하는 상징이 있습니다. 37장의 마른 뼈 환상이 그것입니다. 하나님은 에스겔에게 계곡에 마른 뼈들이 가득 있는 것을 보이시며 이렇게 묻습니다. "에스겔아, 이 뼈들이 살 수 있겠느냐?" "주께서 아시나이다." 모를 때는 이것이 상책입니다. 주님만이 아십니다. 그러자 하나님께서는 에스겔에게 무엇을 명령합니까?

또 내게 이르시되 너는 이 모든 뼈에게 대언하여 이르기를 너희 마른 뼈들아 여호와의 말씀을 들을지어다 주 여호와께서 이 뼈들에게 이같이 말씀하시기를 내가 생기를 너희에게 들어가게 하리니 너희가 살아나리라 너희 위에 힘줄을 두고 살을 입히고 가죽으로 덮고 너희 속에 생기를 넣으리니 너희가 살아나리라 또 내가 여호와인 줄 너희가 알리라 하셨다 하라 이에 내가 명령을 따라 대언하니 대언할 때에 소리가 나고 움직이며 이 뼈, 저 뼈가 들어 맞아 뼈들이 서로 연결되더라 내가 또 보니 그 뼈에 힘줄이 생기고 살이 오르며 그 위에 가죽이 덮이나 그 속에 생기는 없더라 또 내게 이르시되 인자야 너는 생기를 향하여 대언하라 생기에게 대언하여 이르기를 주 여호와께서 이같이 말씀하시기를 생기야 사방에서부터 와서 이 죽음을 당한 자에게 불어서 살아나게 하라 하셨다 하라 이에 내가 그 명령대로 대언하였더니 생기가 그들에게 들어가매 그들이 곧 살아나서 일어나 서는데 극히 큰 군대더라 (겔 37:4~10).

　70년 후에 에스겔이 보았던 이 환상이 현실이 됩니다. 이스라엘 백성은 포로 70년 동안 "우리는 끝났다. 하나님께 버림받았고 희망이 없다"라고 스스로 고백하는 죽은 공동체였습니다. 생명이 전혀 없었던 마른 뼈와 같은 공동체가 바로 바벨론의 유다 공동체였어요. 그런데 70년 뒤에 죽었던 자들이 군사가 되어서 예루살렘을 향해 복귀합니다. 그리고 성전과 성벽을 재건합니다. 하나님의 새로운 공동체가 세워집니다. 마른 뼈와 같은 남유다 공동체, 소망과 생명이 없었던 죽었던 공동체 가운데 그리스도의 생기를 불어넣었더니 그들이 하나님의 전사로 살아났습니다.

　우리 심령 가운데 죽어 있는 것이 있습니까? 나약한 것이 있습니까? 마른 뼈와 같은 것들이 있습니까? 그리스도의 생기로 일어나시기를 바랍니다. 우리는 마른 뼈들이 아니라 생기 있는 하나님의 군사들입니다. 그렇기 때문에 우리가 살아야 할 이유는 하나님의 영광을 위해서입니다.

다니엘

영적 자존심을 지킨 사람

🌿 뿌리내리기 _성경의 전체를 알아봅니다

🌿 **열매 맺기**

신앙의 사수(死守)자

다니엘은 적어도 66년 동안 이방 왕들을 섬겼다. 압제국인 바벨론과 페르시아 정부를 위해 일하면서도 신앙의 순수성을 사수했다. 선지자들은 여러 다양한 모습으로 사명을 감당하였는데 사무엘은 왕의 공식 조언자로서 사역했으며, 아모스와 엘리야는 철저한 고독의 생활을 하였고, 예레미야와 나단은 때로 왕에게 직언을 고했다.

10대 소년이었던 다니엘은 바벨론 1차 침입 때 바벨론으로 끌려가 궁에서 궁중교육을 받으며 성장합니다. 그리고 후에 왕에게 조언하는 높은 자리까지 올라가게 됩니다. 그런데 바벨론이 페르시아에게 망했음에도 불구하고 다니엘은 페르시아에서까지 중요한 자리를 차지하였습니다. 다니엘은 정권이 바뀌어도 그 자리에서 유력자로 남아 있었습니다. 바벨론을 무너뜨린 나라는 엄격하게 말하면 바사가 아니라 메대 왕 다리오였습니다. 그리고 바사가 메대를 흡수 통일하여 메대 바사라고 부릅니다. 메대의 다리오는 바사 왕 고레스의 군대 장관입니다. "메대 사람 다리오가 나라를 얻었는데 그때에 다리오는 육십이 세였더라"(단 5:31). 여기서 얻었다는 것은 '받았다'라고 해석하며, 다리오는 고레스 왕국의 일부를 받아 통치했다는 것입니다. 다시 말하면 바사와 메대는 다른 나라가 아니라 일부 지역을 군대 장관인 다리오가 권한을 위임받아서 통치한 것입니다. 고레스가 제국의 진정한 왕이었어요. 다리오는 바사(페르시아)와 연관된 메대 지역을 통치하였을 뿐입니다. 대부분 이스라엘 역사 가운데서 성경이 기록되었는데 〈다니엘서〉는 이방 역사, 즉 바벨론과 메대와 페르시아 역사 속에서 하나님의 섭리와 권능을 보여줍니다. 구약의 묵시록(계시록)이라고 불릴 정도로 환상과 상징이 많습니다. 이방 역사일지라도 세계 역사 속에서 하나님이 주권적으로 통치하신다는 주제가 분명하게 드러납니다. 그리고 미래의 역사 바벨론-페르시아-그리스-로마 등의 세상은 오고 갈 것이지만 하나님 나라는 영원할 것이라 천명합니다.

바벨론의 느부갓네살 왕은 다니엘에게 아무것도 요구하지 않습니다. 오로지 바벨론 사람이 되기를 원합니다. 정체성이 바뀌기를 원했던 것입니다. 그래서 바벨론의 지식을 습득하고 왕의 식사법을 따라야 했으며 이름도 바벨론식으로 개명해야 했습니다. '하나님은 나의 재판관'이라는 다니엘의 이름이 바벨론식 이름인 '벨드사살'로 바뀝니다. '벨'과 '느고'는 바벨론의 신[1]이에요. '벨드사살'의 뜻은 '벨신의 은밀한 보물을 지키는 자'입니다. 그러나 그는 하나님의 사람으로서 성별(聖別)에 집중하여 왕의 음식을 먹지 않고 왕에게 기도하는 것을 거절하므로 영적 자존심을 지키는 신앙인의 모범을 보여줍니다.

[1] 바벨론의 신(Bel), 그 밖에 느고(nego)라는 신이 있다. 세 친구 중의 한 명의 이름이 '아벳느고'(느고의 종)였다.

🍃 숲 길잡이 _성경의 전체를 표로 알아봅니다

시대	포로시대						
초점	다니엘의 개인 내력	이방인들을 향한 예언			이스라엘을 향한 예언		
구절	1:1——2:1——6:1——7:1——8:1——9:1——10:1——12						
구분	역사적				묵시적		
	다니엘의 생애	느부갓네살과 벨사살의 환상	다리오의 칙령	네 짐승	다니엘의 환상	70이레의 환상	마지막 때 환상
주제	다니엘의 배경	다니엘이 다른 사람의 꿈 해석			다니엘 꿈을 천사가 해석		

기록 연대	히브리어	아람어	히브리어
장소		바벨론과 페르시아	
기간		약 B.C. 605~536년	

〈다니엘서〉는 바벨론의 포로생활에서 다니엘과 세 친구의 믿음과 신앙의 승리를 사실적으로 기록하고 있습니다. 1장에서는 다니엘의 신앙적 절개를, 2장부터 마지막 장까지는 꿈(환상) 해석이 기록되어 있습니다. 그 꿈들은 일반적이고 개인적인 꿈이 아니라 계시를 드러내는 통로로 소개되고 있습니다. 3장에서는 다니엘만이 아니라 그의 세 친구의 믿음의 절개가 소개되고 이방 왕으로부터 높임을 받게 됩니다. 4장부터 5장까지는 느부갓네살과 벨사살의 환상이 소개되고 다니엘이 그 환상을 해석해줍니다. 6장에서는 사자굴 속의 다니엘 이야기가 나옵니다. 7장부터 마지막 장까지는 묵시로서 다니엘의 환상을 통해서 가나안 땅을 중심으로 바벨론 포로 이후 세상 열강의 변천사를 정확하게 예언하고 있습니다.

구약 숲으로_성경의 중심내용을 알아봅니다

다니엘이 섬겼던 왕

2 위쪽이 열려 있고 측면에 문이 달린 가마로 벽돌을 굽는데 사용하였다. 측면의 문을 통해 나온 강한 불은 세 친구를 밀어넣은 자들의 뼈까지도 태워죽였다.

왕	성경 본문	나라	특징
느부갓네살	1~4장	바벨론	느부갓네살 왕의 꿈을 해석함으로 총리가 됨 사드락과 메삭과 아벳느고를 풀무[2] 불에 던짐
벨사살	5, 7, 8장		연회 도중에 벽에 쓰여 진 글씨를 다니엘이 해석하고, 바벨론의 최후를 왕에게 알려줌
다리오	6, 9장	메대	다니엘을 사자굴에 던짐
고레스	10~12장	바사 (페르시아)	유다 백성을 예루살렘 성전 재건을 위해 돌려보내라고 조서를 내림

바벨론의 마지막 왕은 원래 나보니도스(Nabonidos)예요. 벨사살은 이 왕의 아들입니다. 여러 가지 의견이 있는데 통치 초기에 나보니도스는 은둔 생활을 했다는 설도 있고, 아니면 거의 왕의 실권은 벨사살이 갖고 있었고 나보니도스가 원정전쟁을 하러 다녔다는 설도 있습니다. 어찌되었든 이 벨사살이 실권을 가졌던 것은 사실입니다. 벨사살 때 메대 왕 다리오가 쳐들어옵니다.

느부갓네살 왕의 꿈(단 2장) – 5개의 왕국

느부갓네살이 왕위 2년 때 꿈을 꾸었는데 어떤 꿈인지는 잊어버립니다. 굉장히 중요한 꿈이라고 생각되어 답답해서 전국의 술사와 점술사를 불러서 꿈을 알아맞히라고 하지만 아무도 알아맞히지 못합니다. 다니엘이 그와 동일한 꿈을 꾸고 그 꿈을 풀이해줍니다. 그 꿈 해석을 들은 느부갓네살 왕은 이르되 "너희 하나님은 참으로 모든 신들의 신이시오 모든 왕의 주재시로다 네가 능히 이 은밀한 것을 나타내시었으니 네 하나님은 또 은밀한 것을 나타내시는 이시로다"(단 2:47)라며 하나님을 찬양하고 다니엘을 존귀하게 높였으며, 그의 친구 사드락과 메삭과 아벳느고를 세워 바벨론 지방을 다스리게 하였습니다.

그가 본 꿈은 열강들의 세력 다툼이었습니다. 앗수르가 600년 정도 메소포타미아 지역을 점령하고 있었죠. 앗수르는 B.C. 609년에 신흥 바벨론에 망합니다. 신흥 바벨론은 남쪽 애굽과 경합을 벌이다 승리하여 메소포타미아 지역의 맹주가 되죠. 그 바벨론 역시 메대 왕 다리오에게 망합니다. 이어 메대는 바사 왕 고레스에게 흡수 통일됩니다. 이후 미래에 이어질 왕국까지 거대한 신상을 통해 5개 나라가 제시됩니다.

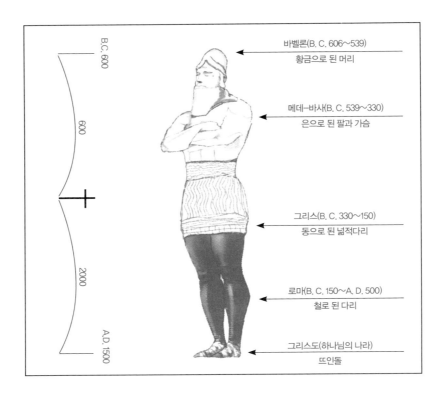

바벨론(B. C. 606~539)
황금으로 된 머리

메데-바사(B. C. 539~330)
은으로 된 팔과 가슴

그리스(B. C. 330~150)
동으로 된 넓적다리

로마(B. C. 150~A. D. 500)
철로 된 다리

그리스도(하나님의 나라)
뜨인돌

B.C. 600

600

2000

A.D. 1500

이 신상은 열강의 변천사 즉 세계의 패권을 쥘 나라들을 소개합니다. 사람의 손으로 하지 아니한 뜨인 돌이 날아와서 신상을 부수고 그 돌은 온 세계에 가득할 것이라는 것은 결국 이 세상은 다 없어지고 하나님 나라만 영원할 것이라는 것입니다. 바벨론-페르시아-헬라-로마시대 B.C. 3년에 예수님이 나시고 그분의 복음이 온 세상을 점령할 것을 상징합니다.

구약성경은 메대 바사시대까지를 배경으로 쓰였습니다. 바사 왕 고레스때 포로가 돌아간 이야기가 잠깐 소개됩니다. 바사 왕에 대한 약간의 언급을 마지막으로 구약성경의 기록은 끝납니다. 바사의 남은 역사와 그리스의 역사는 구약성경에 기록되어 있지 않습니다. 그 기록은 구약과 신약의 중간기 즉 400년 침묵기 시대의 이야기입니다.

이 기간 열방의 패권 다툼은 매우 격렬했습니다. 이러한 역사의 변천 과정과 B.C. 3년 로마시대 때 오신 예수 그리스도 또 그분의 복음 전파까지가 축약되어 담겨 있는 꿈이었습니다. 결국 하나님 나라만이 영원히 건재할 것임을 보여줍니다. 나라의 멸망으로 실의에 빠진 백성에게 이것은 위로의 메시지가 됩니다.

벨사살 왕의 벽에 쓴 글씨(단 5장)

느부갓네살이 예루살렘에 쳐들어와서 성전을 훼파하고 성전에서 가져온 금잔과 은잔으로 아들 벨사살은 손님 천 명을 불러놓고 술을 부어 마십니다. 그리고 우상숭배를 하면서 즐거워할 때 성 밖에는 메대의 다리오 왕의 군사들이 기습해 들어오고 있었습니다. 그것도 모르고 즐거워하고 대작을 벌이고 있는데 무슨 일이 일어납니까? 갑자기 손가락이 나타나 벽에 글을 쓰기 시작합니다. "메네, 메네, 데겔, 우바르신" 이것은 갈대아어입니다. 그것을 보고 사람들은 공포와 두려움에 사로잡혀 흩어지기 시작합니다.

다니엘이 해석해줍니다. "한므나, 한므나, 한세겔, 반세겔이라"는 것입니다. "메네 데겔"은 중량이나 금전의 액수를 말합니다. 그 뜻은 '수를 세었다, 무게를 알았다, 그리고 나뉘어졌다'입니다. 이것은 뭐예요? '바벨론의 수를 세었다, 바벨론의 영적 무게를 달았다, 그러나 부족하여 나뉠 것이다'라는 것입니다. "벨사살의 날 수가 계산되어 하나님의 척도로 무게를 달았더니 그 중량의 모자람이 드러나 이제 그의 왕국은 메대와 바사에 의해서 정복당하고 멸망할 것이다"라는 뜻입니다. 잔치에 참여했던 자들은 공포와 두려움으로 흩어지기 시작합니다.

하나님은 이스라엘의 하나님만이 아니라 열방의 통치자시요 심판자이십니다. 바벨론의 왕 벨사살까지도 그 무게를 다십니다. 그의 죄가 극에 달했을 때 흩어버립니다. 죄의 심판입니다.

대선지자들의 활약

선지자	이사야	예레미야	에스겔	다니엘
사역 연대	B.C. 739〜680(60년)	B.C. 627〜586(41년)	B.C. 593〜570(23년)	B.C. 605〜536(70년)
사역지	예루살렘	아나돗, 예루살렘	바벨론 땅 그발 강가	바벨론
중심 내용	하나님께서 남은 자에게 영광스러운 미래를 약속하심	예루살렘의 죄와 운명 / 미래의 영광	예루살렘의 멸망과 회복/영광스러운 미래	4개 왕국과 하나님의 영원한 왕국
성경적 배경	왕하 15〜20장 대하 26〜30장	왕하 24〜25장	겔 1〜6장	단 1〜6장
정치적 상황	1. 시리아와 북이스라엘, 앗수르가 유다를 위협함. 2. 지정학적으로 애굽, 앗수르의 중간에 위치하여 양쪽으로 압력을 받음 3. 얼마 후 북이스라엘 멸망	1. 애굽, 앗수르, 바벨론이 투쟁하던 중 앗수르가 멸망함. 2. 백성 중 일부 포로로 잡혀감(1차). 3. 지정학적으로 애굽과 앗수르의 중간에 위치함으로 양쪽으로 압력을 받음	유다 백성이 2차로 포로로 붙잡혀 가고 예루살렘이 함락됨	유다 백성의 3차 포로기
종교적 상황	1. 우상숭배와 외식적인 예배가 만연함 2. 히스기야 왕의 개혁이 이루어짐	1. 요시아 왕 치하에서 영적 부흥이 일어났으나 그가 죽은 후 다시 우상숭배가 성행함 2. 거짓 선지자의 전성기	유다 백성이 모두 하나님께 반역함	하나님과의 교제가 단절되고 소수의 믿음을 가진 사람만 남음
특징	복음의 선지자, 메시아의 선지자로 불림	눈물의 선지자, 심판의 선지자, 희망의 선지자로 불림	환상의 선지자, 포로기 선지자, 다른 인자	이방 시대의 선지자
중심 어휘	구원은 여호와의 것이다.	유다는 멸망할 것이다.	장차 있을 이스라엘의 회복	이스라엘 위한 하나님의 영원한 계획
메시아에 대한 표현	싹, 나의 종	의로운 가지, 여호와 우리 왕	백향목의 연한 가지	돌, 인자, 기름부음을 받은 자

담아가기

1. 하나님의 백성이 바벨론으로 끌려가면서 참혹함을 경험하게 됩니다. 선지서 이곳저곳에서 비참한 모습을 생생하게 기록하고 있습니다. 왜 하나님의 사람들이 이런 비참함을 겪어야 합니까? 무엇 때문이라고 여겨지십니까?

2. 다니엘은 위기 가운데서도 신앙의 절개를 지킴으로 이방의 왕으로부터 오히려 존경을 받은 사람입니다. 그가 죽음 앞에서 담대할 수 있는 이유는 한순간에 만들어진 것이 아닙니다. 어렸을 때부터 부모의 무릎에서부터 만들어진 경건의 훈련이었습니다.

3. 바벨론에 포로로 끌려온 자들이 절망을 경험하고 있을 때 하나님은 에스겔로 하여금 마른 뼈의 환상을 보게 하시고 생명과 미래가 없는 그곳에 과감하게 생기를 선포합니다. 에스겔이 하나님의 말씀을 대언하였을 때 뼈에 힘줄이 생기고 살이 오를 뿐만 아니라 극히 큰 군대가 되었습니다. 새로운 미래와 시작은 비록 죽음일지라도 생명이신 하나님의 말씀을 과감하게 던지는 사람으로부터 시작됩니다.

인류의 시작 시대 2100년

이스라엘 역사의 시작 시대 400년

노예시대 400년

광야시대 40년

가나안 정복시대 7년

사사시대 350년

통일왕국시대 120년

분열왕국시대 350년

포로시대 70년

귀국시대 93년

하나님 백성의 구원과
이스라엘의 회복

유다의 바벨론 포로 50년이 지난 즈음에(B.C. 536년) 바벨론의 벨사살 왕은 흥청망청 잔치를 벌였다. 잔치가 벌어진 어느 날 밤 사람의 손이 나타나 왕궁의 벽에 쓴 글("메네, 메네, 데겔 우바르신")이 바벨론시대의 마지막을 알리는 표식이 되었다. 결국 바벨론도 바사(페르시아) 왕 고레스에게 멸망당한다(B.C. 538년). 바사 왕 고레스는 '종속국(從屬國)의 융화정책'으로 포로귀환 칙령을 내린다. 약 93년 동안 3차에 걸쳐진 귀환으로(B.C 538~445) 유다 땅에는 성벽과 성전이 재건되었고, 특히 1차와 2차 귀환 사이에 바사 땅에서는 유다 민족을 말살하려는 하만과 에스더 사건이 있었으며 이를 통해 부림절의 기원을 소개한다. 당시 선지자로는 에스라, 에스더, 느헤미야, 학개, 스가랴, 말라기가 있었다.

에스라

수문 앞 광장에서의 심령 부흥

🍃 뿌리내리기 _성경의 전체를 알아봅니다

🍃 **열매 맺기**

2차 귀환 시의 국제 정세

그리스의 조력에 힘을 얻은 애굽은 B.C. 461년 바사제국에 반기를 들었다. 이에 바사제국은 이스라엘 해변과 광야 지역에 병참기지와 수비대를 건설했다. 이에 따라 유다 지역은 애굽을 견제하는 매우 중요한 전략적 요충지로 변했다.

에스라는 사독의 계보를 잇는 대제사장 아론의 직계 후손입니다. 히브리 원문과 70인역에서는 〈에스라서〉와 〈느헤미야서〉를 한 권으로 다루고 있습니다. 에스라와 느헤미야는 약간의 시대 차이는 있지만 동시대 인물입니다. 그는 바벨론에서 태어난 3대나 4대 정도 되었을 것입니다. 그는 1차 포로자들이 귀환(B.C. 538년)한 후 약 80년이 지난 2차 포로 귀환(B.C. 458) 시의 리더였습니다. 에스라는 포로시대라는 열악한 상황 속에서도 평생 모세의 율법을 연구했고 순종해온 학자 겸 제사장이었습니다.

에스라는 아닥사스다 왕 7년(B.C 약 458)에 2차 귀환대를 이끌고 예루살렘으로 돌아옵니다. 에스라가 활동했던 당시 상황을 생각해보면 1차 귀환 후 80년 뒤에 왔으니까 이미 1차 귀환했던 성도들에 의해 성전이 완공된 지 60년이라는 시간이 지난 후였습니다. 성전은 주변국들의 반대 때문에 20년 만에 완공되었거든요. 백성은 무기력증에 빠져 있었습니다. 에스라가 와 보니까 한심한 거예요. 성전만 덩그러니 있을 뿐 백성 가운데 예배자의 모습이 없었어요. 그때 에스라가 무슨 일을 했나요? 백성의 심령을 부흥시키는 일, 하나님 앞에서 회개하며 심령에 불을 붙이는 일을 에스라가 했습니다.

🍃 숲 길잡이 _성경의 전체를 표로 알아봅니다

시대	귀국시대			
초점	성전을 재건함		백성을 개혁시킴	
구절	1:1————3:1————————7:1		————9:1————10:44	
	1차 귀환		2차 귀환	
구분	1차 귀환	성전 건축 방해와 재건	2차 귀환	백성의 영적 회복
주제	스룹바벨		에스라	
	1차 귀환 : 49,897명		2차 귀환 : 1,754명	
장소	페르시아에서 예루살렘으로			
기간	22년간(B.C. 538~516년)		1년간(B.C. 458~457)	

〈에스라서〉는 1차 귀환과 2차 귀환으로 분명히 나뉩니다. 1차 귀환은 1장부터 6장까지로 1장과 2장은 예루살렘으로 귀환한 약 5만 명의 귀환자 명단이 소개되고 있습니다. 3장부터 5장 마지막까지는 그들이 와서 성전을 건축하다 멈추게 된 일, 성전 건축이 방해받은 일과 다시 건축하는 일들이 소개되고 있습니다.

성전을 건축한다는 말을 들은 북이스라엘의 사마리아 사람들이 "성전을 같이 짓자"고 제안합니다. 남유다 사람들이 사마리아 사람들을 이방인과 피가 섞인 혼혈족으로 여겨 그들과 함께 성전 짓는 것을 거부하자 사마리아 사람들은 성전 짓는 것을 방해합니다. 성전 건축을 방해했던 대표적인 사마리아 사람 르훔과 심새는 아닥사스다 1세에게 조서를 써서 성전 건축에 대한 거짓 조서를 올렸습니다(스 4:11~13). 그 조서를 본 아닥사스다 왕이 성전 건축 중단을 명령하여 성전 건축은 16년 동안 중단됩니다. 백성들은 성전 짓기를 포기하고 대신 자신의 집짓기에만 열심을 냅니다.

성전은 흉물스런 건축 기초만 남겨놓았어요. 주님의 마음이 얼마나 아프셨겠어요? 16년을 기다리다 하나님은 선지자 학개와 스가랴를 보내 경고합니다. "너희들이 성전 건축을 하지 않고는 아무리 노력해도 배부름이 되지 않는다"는 것입니다. 하나님이 복주시지 않기 때문에 성전 건축이 우선이라는 것입니다. 너희들이 아무리 열심을 내도 성전 건축이 중단되었기 때문에 너희는 복을 받지 못한다고 야단을 칩니다. 건축은 중단 16년 만에 다리오 왕의 명령으로 다시 재개됩니다.

《요세푸스》에 이런 내용이 있습니다. 백성들이 바사 왕에게 끊임없이 조서를 넣었다고 합니다. 성전 건축이 재개되어야 합니다. 사기를 보십시오. 열왕이었던 당신의 할아버지가 이미 조서를 내리고 허락한 일입니다. 한 번 확인해보시고 정말 그렇다면 성전 건축을 허락해달라는 조서가 많이 올라왔습니다. 그래서 다리오는 할아버지가 이미 허락한 일이기 때문에 어쩔 수 없이 허락해줬다는 기사가 있습니다. 결국 다리오 왕 때 성전 건축이 재개됩니다. 16년간 성전 건축이 중단되었고 다시 시작하여 4년 만에 완공되었습니다. 그래서 1차 포로 귀환 후 20년 만에 성전이 완공되었으며 성전 봉헌과 유월절을 백성들이 지킵니다.

2차 귀환은 1차 귀환 80년 뒤인 B.C. 458년으로, 에스라의 인도로 2차 귀환이 소개되고 있습니다. 1차 귀환한 자들은 약 5만 명이 있었고, 에스라와 함께한 2차 귀환한 자들은 5천 명 정도였습니다. 에스라가 귀환하여 말씀으로 백성들의 심령을 재건하면서 말씀 부흥운동과 회개운동을 일으켰습니다. 한편 에스라는 전국에 율법학교를 지어서 말씀을 전했습니다. 그리고 율법학교를 통해서 성경을 쓰는 서기관들과 제사장들을 많이 배출했습니다. 지금의 신학교와 같은 기관이지요.

🌿 **열매 맺기**

귀환 여정

유프라테스 강을 서쪽으로 거슬러 올라가 대상로를 따라가다 유다로 향하는 도로를 따라 남하했을 것이다. 1,500km 이상이 되는 긴 거리로 4개월 이상이 걸렸다. 22톤의 은과 3,400kg의 금을 가지고 호위군도 없이 하나님의 돌보심만을 의지하며 귀환했다.

구약 숲으로 _성경의 중심내용을 알아봅니다

에스라는 70년의 포로기가 끝나고 하나님의 백성이 약속의 땅으로 돌아온다는 약속을 하나님이 어떻게 성취하시는지를 보여줌으로써 〈역대하〉의 이야기를 이어나갑니다. 그러므로 성경 〈역대하〉와 〈에스라서〉는 같은 연장선상에 있습니다.

> 바사의 고레스 왕 원년에 여호와께서 예레미야의 입으로 하신 말씀을 이루시려고 여호와께서 바사의 고레스 왕의 마음을 감동시키시매 그가 온 나라에 공포도 하고 조서도 내려 이르되 바사 왕 고레스가 이같이 말하노니 하늘의 신 여호와께서 세상 만국을 내게 주셨고 나에게 명령하여 유다 예루살렘에 성전을 건축하라 하셨나니 너희 중에 그의 백성된 자는 다 올라갈지어다 너희 하나님 여호와께서 함께하시기를 원하노라 하였더라 (대하 36:22~23).

역대하 36장에 예언된 고레스의 명령이 에스라 1장에서 성취됩니다. 고레스가 이스라엘 백성을 귀환시킨 것은 '예언의 성취일 뿐이다'라고 이야기를 합니다.

> 바사 왕 고레스 원년에 여호와께서 예레미야의 입을 통하여 하신 말씀을 이루게 하시려고 바사 왕 고레스의 마음을 감동시키시매 그가 온 나라에 공포도 하고 조서도 내려 이르되 바사 왕 고레스는 말하노니 하늘의 하나님 여호와께서 세상 모든 나라를 내게 주셨고 나에게 명령하사 유다 예루살렘에 성전을 건축하라 하셨나니(스 1:1~2).

바사 왕 고레스 원년에 여호와께서 그 예전에 예레미야의 입을 통해서 하신 말씀을 이루게 하시려고 바사 왕 고레스를 준비시켰다는 것입니다. 이방 왕까지 하나님은 사용하셔서 당신의 원대한 뜻을 이루어가고 계시다는 것입니다. 하나님은 역사의 주인이세요. 유다 민족뿐만 아니라 열방의 주인이시고, 이스라엘 왕들뿐만 아니라 바사 왕 고레스의 마음도 움직이시고 감동하셔서 예레미야가 예언했던 그 뜻을 이루게 하셨다는 것입니다. 그러면 고레스의 사명이 뭐예요? 두 가지입니다. 백성을 해방하는 일과 예루살렘의 성전을 건축하게 하는 것입니다. 그런데 그냥 보내지 않고 어떻게 보냈어요? 4절에 은과 금과 그 밖의 물건과 짐승을 다 가지고 가서 성전을 건축하라고 도와주는 것입니다. 에스라의 기본 주제는 재건입니다. 스룹바벨과 에스라의 지도하에 예루살렘으로 돌아온 남은 자들은 영적, 도덕적, 사회적 재건을 시작합니다.

민족을 향한 에스라의 회개기도

1. 포로에서 귀환한 백성이 가증한 일을 저질렀다(스 9:1~2)

에스라의 특징 중의 하나는 9장에 소개된 개혁운동입니다. 에스라가 수문 앞 광장에서 백성을 불러 모아서 개혁운동을 일으킵니다. 포로에서 귀환한 백성이 가증한 일을 저지릅니다. 이방인의 딸을 자신의 며느리로 삼는 것입니다. 거룩한 하나님 백성이 이방인의 민족과 다시 섞이는 거예요. 잡혼으로 인해서 혼혈인들이 출생합니다. 그런데 이 죄악의 중심에 민족의 지도자들이 으뜸이 되고 있다는 것이 더 충격이었어요. 지도자가 썩으면 아래도 금방 썩습니다. 지도자와 백성 사이에 필터가 없어 그냥 더러워집니다.

잡혼은 단순한 문제가 아닙니다. 여호와 중심 신앙의 변질과 하나님 백성으로서의 정체성에 혼란을 주기 때문입니다. 이 정체성 사상이 없어지면 또 위기를 초래할 수 있는 것입니다(다신주의). 남유다와 북이스라엘이 왜 나뉘었으며, 왜 망했습니까? 하나님을 섬기는 것을 버렸기 때문입니다. 포로에서 돌아와서 이제 정신 차릴 줄 알았는데 또 과거로 돌아가는 거예요. 하나님의 종으로서 그것을 보면서 얼마나 마음이 아팠겠어요? 에스라는 가슴을 치면서 이렇게 회개합니다.

> 말하기를 나의 하나님이여 내가 부끄럽고 낯이 뜨거워서 감히 나의 하나님을 향하여 얼굴을 들지 못하오니 이는 우리 죄악이 많아 정수리에 넘치고 우리 허물이 커서 하늘에 미침이니이다 우리 조상들의 때로부터 오늘까지 우리의 죄가 심하매 우리의 죄악으로 말미암아 우리와 우리 왕들과 우리 제사장들을 여러 나라 왕들의 손에 넘기사 칼에 죽으며 사로잡히며 노략을 당하며 얼굴을 부끄럽게 하심이 오늘날과 같으니이다(스 9:6~7).

2. 에스라는 백성에게 회개를 촉구한다

> 이제 너희 조상들의 하나님 앞에서 죄를 자복하고 그의 뜻대로 행하여 그 지방 사람들과 이방 여인을 끊어버리라 하니 모든 회중이 큰 소리로 대답하여 이르되 당신의 말씀대로 우리가 마땅히 행할 것이니이다(스 10:11~12).

이방 여인을 아내로 맞이한 명단 리스트가 공개됩니다. 방을 붙인 거예요. 얼마나 큰 개혁입니까?

> 제사장의 무리 중에 이방 여인을 아내로 맞이한 자는 예수아 자손 중 요사닥의 아들과 그의 형제 마아세야와 엘리에셀과 야립과 그달랴라(스 10:18).

자신의 이방 아내와 그 자녀를 다 끊어버리라고 말합니다. 민족이 살려면 끊어버려야 한다는 것입니다. 자식과 인연을 끊는 것보다 하나님과의 관계가 끊어지는 것이 더 무섭기 때문에 하나님과 끊어지지 않으려면 죄악을 뿌리째 뽑아내라고 합니다.

하나님이 싫어하는 것은 돌아보지도 마세요. 죄의 모양이라면 흉내도 내지 마세요. 우리는 하나님과 결혼한 언약 백성입니다. 세상은 우리가 세상과 구별되는 것이 아니라 더불어 살기를 원합니다. 교회는 다니지만 세상도 섬기라고 요구합니다. 이것은 동화(同化)예요. 그래서 우리 기도 제목까지도 어느새 세상 것들로 가득 차 있습니다. 세상과 동화되어 가면 신앙의 순수성을 잃게 됩니다.

에스더

금홀을 내밀게 한 아름다운 여인

🍃 뿌리내리기 _성경의 전체를 알아봅니다

〈에스더서〉는 바사 왕 아하수에로 왕(크세르크세스 1세) 시대 즉, B.C. 483~473년에 일어난 사건을 배경으로 하고 있으며 1차 귀환과 2차 귀환 사이 약 80년 중 10년간 바사(페르시아)에서 있었던 사건입니다. 에스더와 그의 사촌 모르드개가 유대 민족 전체를 멸하려는 하만의 음모와 계략을 어떻게 저지하고 민족을 구원하였는지를 보여주며 또한 유대인의 명절 중의 하나인 부림절 기원에 대해서도 말하고 있습니다.

이 책의 저자가 누구였는가에 대한 논란도 있지만 바사가 헬라제국에게 멸망당하기 전에 바사에 살았던 민족주의자, 혹은 바사제국의 사정을 훤히 알았던 무명의 유대인이었을 것이라는 학설이 가장 우세합니다.

🌿 숲 길잡이 _성경의 전체를 표로 알아봅니다

시대	귀환시대			
초점	유대인들의 존폐 위기		백성의 심령의 부흥	백성의 회복과 개혁
구절	1:1————2:21		——5:1———	8:4————10:3
구분	왕비로 간택된 에스더	하만이 계교를 꾸밈	하만 몰락 모르드개 승리	유다의 승리와 구원
주제	아하수에로가 베푼 잔치		에스더가 베푼 잔치와 부림절 축제	
	심각한 위험		위대한 구원	
장소	페르시아 10년간(B.C. 483~473)			

🌿 구약 숲으로 _성경의 중심내용을 알아봅니다

보이지 않는 하나님의 손길

유대인들을 몰살시키려는 하만의 계획을 무너뜨리고 목을 꺾은 이야기입니다. 신나는 이야기입니다. 하나님께서 자신의 백성을 끝까지 지키시고 보호하시고 섭리하시는 사건입니다. 비록 하나님이라는 이름은 단 한 번도 나오지 않지만, 하나님의 백성을 향한 하나님의 섭리와 보호의 손길은 에스더를 통해서 분명히 드러나고 있습니다.

〈에스더서〉는 하나님께서 이스라엘의 주관자가 되심을 나타냅니다. 하나님의 주권과 섭리는 〈에스더서〉의 모든 장에 분명히 드러납니다. 에스더는 우연히 왕비로 선택되었으며, 그녀의 사촌 모르드개는 우연히 왕을 암살하려는 음모를 저지하였고, 왕은 우연히 적절한 시기에 모르드개의 상소문을 읽습니다. 그러나 이 책은 아무것도 우연히 일어나지 않았으며, 하나님은 아브라함의 자손과 맺으신 언약을 지키시며, 역사를 다스리고 계신다는 것을 분명히 보여주고 있습니다.

〈에스더서〉에는 축제라는 주제가 매우 두드러집니다. 총10회의 잔치가 언급되고 있으며, 결정적인 전개가 전형적으로 축제일에 일어납니다. 이 '축제'라는 주제는 〈에스더서〉의 중요한 배경 중 하나인 '부림절'의 기원에 대해 설명하고 있습니다. '부림절'은 에스더 9장에 유다 민족이 사멸의 위기에서 구원받은 감사의 절기로서 아달월 14일, 15일에 지켰습니다. 엄숙히 금식을 행하며 회당에 모여 손뼉을 치고 발을 구르며 〈에스더서〉를 봉독합니다. 손뼉을 치는 것은 구원하심에 대한 기쁨의 표시이고 발을 구르는 것은 하만을 밟는 모멸의 표시입니다. 절기 중 유월절과 비슷합니다. 슬픔이 변하여 기쁨이 된 날(역전의 날)이기 때문입니다.

학개

우선순위를 분명히 하라

🌿 뿌리내리기_성경의 전체를 알아봅니다

선지자 학개는 귀환 선지자 중에 가장 먼저 활동한 선지자입니다. 학개는 1차 귀환 때 스룹바벨과 함께 바벨론에서 귀환했으며, 예루살렘에 거주하면서 귀환한 유다인들의 성전 건축을 독려하기 위해 〈학개서〉를 기록했습니다.

B.C. 538년, 바사(페르시아)의 고레스는 유다인들이 자신들의 땅으로 돌아가 성전을 재건할 수 있다는 칙령을 내렸습니다. 그리고 B.C. 536년, 성전 재건이 시작되었으나 곧 사마리아의 강력한 반대에 부딪혔고 B.C. 520년까지 16년간 성전 공사가 중단됩니다(다리오 1세가 왕이 될 때까지). 학개는 스룹바벨과 함께 귀환한 5만 명 중의 한 명이었으며, 성전 건축이 16년 동안 중단되자 하나님의 음성을 듣고 성전을 다시 건축할 수 있도록 유다 백성을 독려하는 일을 학개와 스가랴가 했습니다.

포로 후 선지자들은 종교적으로 냉담한 백성을 상대했습니다. 예루살렘을 중심으로 자부심이 대단했던 백성은 자신들이 대단한 신앙을 가졌다고 생각했었는데, 이방 민족에게 나라가 망하고 포로생활을 해보니까 자신들이 믿는 하나님이 별거 아니라고 생각합니다. 우리가 대단한 민족인 것처럼 떠들고 자랑했지만 돌아보니까 이방 민족보다 못한 것이 유다 공동체라면서 실망해버립니다. 하나님에 대한 열의가 식어버립니다. 백성 가운데 냉담과 낙담이 가득 차 있었습니다. 성전도 포기하고 아무런 소망이 없었습니다. 하나님 앞에서 삶의 우선순위가 바뀌었어요. "잘 먹고 잘살자. 다 먹자고 하는 일인데 잘 먹고 잘사는 게 최고다, 장땡이다" 이런 의식이 팽배해집니다. 그러나 계속된 흉작으로 백성들은 가난에 시달립니다. 학개는 이와 같은 흉년과 가난이, 무너진 성전에 관심이 없고 이기주의에 빠진 백성에 대한 하나님의 징벌임을 선포하면서 성전 재건을 촉구합니다. 결국 B.C. 516년 성전이 완공됩니다.

🍃 **열매 맺기**

성전의 중요성

성전과 언약은 함께 결부되어 있다(겔 37:26). 성전이 황폐한 상태로 방치되어 있는 동안 회복된 공동체에 하나님의 임재의 표시를 찾을 수 없다. 성전은 하나님의 영예가 달린 문제이다. 성전은 하나님의 지속되는 목적을 대변하는 것이다.

🍃 숲 길잡이 _성경의 전체를 표로 알아봅니다

시대	귀국시대			
초점	성전 재건 완공	재건 성전의 영광	순종에 대한 현재의 복	약속을 통한 미래의 복
	제2의 성전을 완성함		하나님의 복	
구절	1:1 ——— 2:1	——— 2:10	——— 2:20	——— 2:23
구분	"내 집은 황무하였도다"	"이 성전의 나중 영광이 이전 영광보다 크리라"	"오늘부터는 내가 너희에게 복을 주리라"	"내가 하늘과 땅을 진동시킬 것이요"
	성전 재건 촉구	재건될 성전의 영광	순종의 복	미래의 약속
주제	하나님의 성전		하나님의 축복	
장소	예루살렘			
기간	B.C. 520년 9월 1일	B.C. 520년 10월 21일	B.C. 520년 12월 24일	B.C. 520년 12월 24일

🍃 구약 숲으로 _성경의 중심내용을 알아봅니다

〈학개서〉의 기본 주제는 분명합니다. 포로 귀환 이후에 하나님 백성에게 주어진 예언적 메시지입니다. 당시 성전 건축이 중단되고 백성은 성전 건축보다 자신들의 집을 아름답게 꾸미고 육체적인 필요를 채우는 것에 더 관심이 있게 됩니다.

학개는 그들의 우선순위가 잘못되었음을 지적하며 오직 하나님께서 맡기신 임무 즉, '여호와의 성전 재건'에 우선으로 둘 때 하나님의 축복이 다시 그들에게 임할 것임을 강조합니다.

스가랴

메시아의 영광이 성전에 거하다

🍃 **뿌리내리기** _성경의 전체를 알아봅니다

　포로기 이후의 선지자 중 한 명인 스가랴는 1차 귀환자로서 학개와 동시대 인물입니다. 그는 레위 지파의 제사장 가문으로 바벨론에서 태어났으며, 스룹바벨의 인도 하에 유다 포로들이 귀환할 때, 할아버지를 따라 팔레스타인으로 돌아왔습니다.

　스가랴는 앞으로 겪게 될 이스라엘 운명을 8개의 환상으로 전합니다. 학개와 마찬가지로 중단된 성전 건축을 격려하면서 이스라엘의 영적 부흥을 위해서 기록한 책이죠. 그리고 후반부에서는 장차 오실 메시아를 예언합니다. 메시아가 오심으로 이 세상이 부정에서 거룩함으로 바뀌게 되고 박해에서 평화로 변하게 될 것을 강조합니다. 그래서 어떤 선지자보다 희망의 메시지가 강한 것이 스가랴입니다.

　그는 선지자이면서 또한 제사장이었습니다. 선지자 학개, 총독 스룹바벨, 대제사장 여호수아와 동시대인이었지만, 나이는 그들에 비해 어렸습니다. 1~8장까지의 기록 연대(B.C. 520~518)는 분명하지만 9~14장까지의 연대는 명확하지 않고 몇 십 년 후인 B.C. 480~470년 사이에 기록된 것으로 보입니다.

숲 길잡이 _성경의 전체를 표로 알아봅니다

시대	귀국시대					
초점	이스라엘의 운명이 8개의 환상으로 나타남		4개의 교훈		메시아 예언	
	성전 재건할 남은 자들 격려				장차 오실 메시아 예언	
구절	1:1——1:7————6:9————7:1————9:1————12:1————14:21					
구분	회개 촉구 / 8개의 환상	왕관을 쓰게 된 여호수아	백성을 향한 미래 계획	메시아의 도래 예언		메시아의 통치 예언
주제	환상		교훈		예언	
	이스라엘 운명		금식과 축제		이스라엘의 미래	
장소	예루살렘					
기간	성전 재건 동안(B.C. 529~518)				성전 재건 후(B.C. 480~470)	

구약 숲으로 _성경의 중심내용을 알아봅니다

극적이고 신비로운 상징들을 가진 일련의 환상을 담고 있으며, 메시아의 초림과 재림에 대한 환상도 있습니다. 학개와 마찬가지로 중단된 성전의 재건 과업을 완수하도록 백성을 격려하라는 명령을 받고 강도 높은 책망의 말로 백성을 권면하기보다는, 성전이 완성되어야만 메시아의 영광이 성전에 거하게 된다는 매우 긍정적인 목표를 제시하며 격려합니다. 8개의 환상과 4개의 교훈을 통해 언약 백성을 향한 하나님의 미래 계획을 보여줍니다.

1~8장까지는 성전을 재건하고 있는 남은 자들을 격려하고 있고, 9~14장까지는 장차 오실 이스라엘의 메시아를 예견하며 성전이 완공된 후에 기록되었습니다. 이어 메시아의 다스림으로, 박해에서 평화로, 부정함에서 거룩함으로 주제를 옮기며 소망을 제시합니다.

스가랴가 본 환상들

〈스가랴서〉는 생생하고 신비스러운 환상들을 가득 기록하고 있습니다. 환상에 대한 해석도 있지만 어떤 상징들은 설명이 없는 것도 있습니다. 환상들 모두가 의미가 없는 것이 없으며 당시의 시대적, 역사적 의미를 품고 있다고 볼 수 있습니다.

환상	의미
여호와께서 두루 다니심(1:7~17)	성전을 재건하다가 지치고 실망한 이스라엘에게 용기와 소망을 줌
네 뿔과 네 장인(1:18~20)	유다를 핍박한 자들은 심판을 받을 것임(1:21)
측량줄을 손에 잡은 사람(2:1)	예루살렘이 완전히 재건됨
대제사장 여호수아의 정결(3:4)	택한 백성의 죄가 하나님의 은혜로 용서됨
정금 등대와 감람나무(4:2~3)	주께서 그의 영으로 이스라엘을 강건하게 하신다(4:6). 낙심한 스룹바벨에게 용기를 줌
날아가는 두루마리(5:1)	율법을 깨뜨린 자들은 그 율법에 의해 징계 받음
에바 속의 여인(5:6~7)	모든 죄악이 제거될 것임(5:9).
네 대의 병거(6:1~8)	이스라엘의 대적을 정복하시는 하나님(6:5, 7).

말라기

오실 엘리야는 세례 요한이었다

🍃 뿌리내리기 _성경의 전체를 알아봅니다

이 책의 제목 외에는 알려진 것이 없는 말라기(나의 사자, Messenger)는 구약의 마지막 선지자였으며, 구약 마지막 책의 저자입니다. 유대인들이 팔레스타인에 돌아온 지 약 100년이 흘렀습니다. 예루살렘 성벽과 두 번째 성전은 재건되었으나 처음의 뜨거운 믿음은 사라져 버렸습니다. 느헤미야가 이끈 부흥운동이 지난 후 백성과 제사장들은 안일에 빠져 율법 준수는 기계적이고 타성적인 것이 되어버렸습니다.

🍃 열매 맺기

역사적 배경

3차 귀환을 이끌었던 느헤미야가 12년 후인 B.C. 432년 아닥사스다 왕의 궁전으로 돌아갔다. 7년 후 B.C. 425년에 돌아와 〈말라기서〉에 기록된 죄들을 질책하며 개혁을 추진했다. 이를 통해 〈말라기서〉는 느헤미야가 없던 B.C. 432~425년 사이에 메시지를 선포한 것으로 보인다.

🍃 숲 길잡이 _성경의 전체를 표로 알아봅니다

시대	귀국시대					
초점	이스라엘의 특권	이스라엘의 타락		이스라엘을 향한 약속		
구절	1:1 ——— 1:6	——— 2:10	——— 3:16	——— 4:1	——— 4:4	——— 4:6
구분	하나님의 사랑에 대한 질문과 답변	제사장들의 불결한 죄	백성의 죄와 하나님의 심판	의인과 악인 분별	주의 날에 대한 약속	엘리야를 보낼 것이다

주제	과거	현재	미래
	하나님의 사랑하심	축복의 장애는 죄이다	하나님이 오실 것이다
장소		예루살렘	
기간		약 B.C. 432~425년	

🍃 구약 숲으로 _성경의 중심내용을 알아 봅니다

　선지자 말라기는 부패한 제사장들의 불결한 죄악들과 일반 백성 사이에서 전통적으로 내려오는 사악한 풍습, 거짓된 평안함으로 깊이 병들어 있는 백성에게 심판의 메시지를 선포합니다. 질문하고 대답하는 방법을 사용하여 말라기는 결혼(잡혼), 이혼, 잘못된 예배, 가난한 자들에 대한 착취, 십일조의 거부, 거만함 등 백성의 위선과 불의의 문제를 깊이 있게 지적합니다.

　〈말라기서〉는 구약성경에 있어서 예언의 막을 내리면서 다음 장면을 위한 무대를 재정돈합니다. 다음 장면은 엘리야의 영과 권세로서 그리스도의 길을 예비하는 자인 세례 요한이 올 것이라고 예언합니다.

> 보라 여호와의 크고 두려운 날이 이르기 전에 내가 선지자 엘리야를 너희에게 보내리니 그가 아버지의 마음을 자녀에게로 돌이키게 하고 자녀들의 마음을 그들의 아버지에게로 돌이키게 하리라 돌이키지 아니하면 두렵건대 내가 와서 저주로 그 땅을 칠까 하노라 하시니라(말 4:5~6).

　크고 두려운 날이 이르기 전에 누가 누구를 보낸다는 거예요? 내가 선지자 엘리야를 보낸다는 것입니다. 말라기의 이 마지막 예언 때문에 이스라엘 백성은 많은 선지자를 통해서 예언했던 메시아가 오기 전에 반드시 엘리야가 먼저 올 것을 기대하였습니다. 그러나 과거의 진짜 엘리야가 오는 것이 아니라 엘리야의 영과 권세로서 그리스도의 길을 예비하는 세례 요한이 올 것이라는 예언입니다. 세례 요한이 와서 무엇을 합니까? 백성된 자식들의 마음을 아버지께로 돌리고 또 아버지 하나님의 마음이 자식을 긍휼히 여기는 마음으로 돌아서게 할 것이라고 예언합니다. 결국 메시아의 길을 예비한다는 것입니다.

예수님께서 친히 마태복음 11장 14절에 이르기를 "만일 너희가 즐겨 받을진대 오리라 한 엘리야가 곧 이 사람이라"라고 말씀하시면서 세례 요한을 지명하셨습니다. 오실 메시아에 대한 예언이 소개되고 있습니다.

🍃 **열매 맺기**

십일조(말 3:10)
율법은 모든 농작물과 짐승의 십분의 일을 바쳐서 하나님의 일에 종사하는 제사장과 레위인들의 생계를 지원하며 성전을 유지하도록 규정하고 있다.

그리스도에 대한 예언	
말라기의 예언	신약의 성취
언약의 사자로서 그리스도는 자신의 성전에 오신다(3:1).	그리스도는 성전을 깨끗케 하신다(요 2:4~17).
그가 오시면 심판이 일어난다(4:1).	생명책에 이름이 기록되지 않은 자는 불못에 던져진다(계 20:11~15).
치료하는 광선으로서 그리스도는 자신의 백성을 치유하신다(4:2).	그리스도는 대중들을 치유하신다. 궁극적으로 모든 병자가 나을 것이다(마 12:15; 계 21:4).
앞서 온 사람은 주님의 오심을 예비한다(3:1, 4:5).	세례 요한이 그리스도를 전한다 (마 11:10~14).

느헤미야

성벽 재건과 백성의 회복

🍃 뿌리내리기 _성경의 전체를 알아봅니다

　느헤미야는 아닥사스다 2세의 술잔을 드는 자로서 책임이 막중한 자리에 있었습니다. 이는 단순히 술을 갖다 주는 사람이 아니라 음료를 갖다 주면서 개인적으로 조언을 해주는 자입니다. 왕이 그를 유다의 총독으로 삼았다는 것은 그가 상당한 행정가였음을 입증하는 것입니다.

　에스라를 읽을 때[1] 성전 건축을 중단시켰던 아닥사스다와 지금의 아닥사스다는 다른 인물입니다. 이름만 똑같지 에스라에서 성전 건축을 중단시킨 왕의 본명은 캄비세스(아닥사스다 1세)예요. 그러나 2차와 3차 포로귀환을 허락해준 왕은 아닥사스다 2세입니다.

　느헤미야는 에스라와 동시대 사람이며 포로 이후 세 번째이자 마지막인 예루살렘 귀환을 이끈 사람입니다. 느헤미야는 자신의 동포들에게 무너진 성벽을 재건하라고 도전합니다. 여러 반대에도 불구하고 성벽 재건은 52일 만에 마무리됩니다.

　느헤미야가 돌아왔을 당시 어떤 일이 있었을까요? 성전은 건축되었고 에

1　히브리 성경에서 〈느헤미야서〉는 〈에스라서〉와 합쳐 한 권으로 되어 있다. 그래서 한 권의 책 에스라로 지칭하기도 한다.

스라를 통해서 말씀도 회복되었습니다. 그러나 성전만 덩그러니 있고 성전을 보호해줄 성곽이 없었습니다. 그러다 보니 이방인들이 쳐들어오면 성전이 다시 더럽혀질 가능성이 얼마든지 있었어요. 그래서 전쟁 중에 무너져 내린 예루살렘 성전의 울타리를 치는 일은 굉장히 중요했습니다. 결국 성전을 지키기 위해서 52일 동안 예루살렘의 성곽[2]을 재건했습니다. 그러나 이와는 대조적으로 백성의 부흥과 개혁의 과업은 느헤미야의 신실한 삶과 지도력 아래 수년이나 걸렸습니다. 느헤미야는 B.C. 444년 3차로 바벨론 포로에서 돌아오는 자들을 이끌었습니다.

2 옛 성벽의 자취를 따라 약 2.4km로 재건되었다. 동쪽 성벽은 두께 2.75m로 세워졌다. 당시 예루살렘은 약 130,000~150,000㎡ 되었다. 거주하는 사람이 너무 적어 느헤미야는 도시를 활성화하고자 각 유대 무리 중 거주민을 선정해야 했다.

🌿 숲 길잡이 _성경의 전체를 표로 알아봅니다

시대	귀국시대			
초점	성벽의 재건		백성의 심령의 부흥	백성의 회복과 개혁
구절	1:1	3:1	8:1	11:1 ──── 13:31
구분	3차 귀환 / 성벽 재건 준비	성벽 재건	회개와 부흥	개혁된 나라
주제	정치적		영적	
	건축		가르침	
장소	예루살렘			
기간	19년간(B.C. 444~425)			

🌿 열매 맺기

평신도 사역자

느헤미야는 선지자가 아닌 하나님께 크게 쓰임받은 평신도였다. 그는 자신의 장점인 정치가로서의 수완과 통찰력으로 방해꾼들을 물리치고, 사법제도를 개혁하였으며, 이교적 종교 관습을 정화하였다. 그는 기도 없이 행동한 적이 없으며 행동하지 않고 기도한 적도 없었다.

　　1장부터 2장까지는 느헤미야가 3차로 귀환한 이야기가 소개되고 있습니다. 그러면서 성벽 재건에 대한 준비를 하게 되죠. 3장부터 7장까지는 성벽 재건에 대한 이야기를 다루고 있습니다. 그리고 후반부는 성벽과 성전, 심령의 부흥으로 백성의 회복이 되는 일이 8장부터 13장까지 소개되고 있습니다. 여기에서 느헤미야는 성벽과 성전을 재건한 공동체의 개혁과 회복에 대해서 강조하며 부흥운동에 대해서 언급하고 있습니다. 그는 백성과 함께 말씀을 읽고 회개운동을 일으킵니다.

> 이스라엘 자손이 자기들의 성읍에 거주하였더니 일곱째 달에 이르러 모든 백성이 일제히 수문 앞 광장에 모여 학사 에스라에게 여호와께서 이스라엘에게 명령하신 모세의 율법책을 가져오기를 청하매 일곱째 달 초하루에 제사장 에스라가 율법책을 가지고 회중 앞 곧 남자나 여자나 알아들을 만한 모든 사람 앞에 이르러(느 8:1~2).

그는 성벽 재건뿐만 아니라 백성의 영적 재건에도 힘썼습니다. 유대인들은 포로에서 귀환하여 성전과 성벽을 재건하고 말씀을 회복하면 다윗의 왕국이 다시 회복될 것이라고 생각했습니다. 하지만 그들이 돌아와서 성전을 다시 지었다고 해서 왕국이 다시 회복된 것은 아니었습니다.

예루살렘의 진정한 회복은 정치적인 다윗 왕국의 회복이 아닌 예수님의 복음과 성령으로 주님이 다시 오시는 날, 새 하늘과 새 땅이 임할 때, 하나님이 친히 지으신 영원한 도성 새 예루살렘 성으로의 회복입니다.

성전이 안전하게 보호받으려면 성벽이 있어야 합니다. 마찬가지로 하나님의 능력과 임재가 늘 있는 삶을 살기 위해서는 우리에게도 말씀의 성벽이 있어야 합니다. 감정이 아닙니다. 내 의지도 아니고 내 결단도 아니고 하나님의 말씀이어야 합니다. 나를 안전하게 지킬 수 있는 것은 하나님의 말씀입니다. 성전이 성곽으로 지켜지듯이 하나님과 동행하는 삶은 말씀으로 가능해지고 지켜집니다.

🌿 **열매 맺기**

3차 귀환 여정

느헤미야는 에스라와 달리 호위 군대의 보호를 받으며 귀환하였다. 수사에서 출발하여 총 1760km의 거리를 이동하였다. 이는 에스라 귀환 길보다 260km나 더 멀다.

🌿 구약 숲으로 _성경의 중심내용을 알아봅니다

회복을 강조한 〈느헤미야서〉

예루살렘 성벽의 재건과 함께 여호와의 율법에 대한 충성을 강조합니다. 예루살렘 성벽은 유대인들에 있어서 성전과 더불어 민족의 상징이요, 생명과도 같은 것이었습니다. 당시 이스라엘 백성은 한 손에는 칼을 들고 적을 경계하며, 다른 한 손에는 삽을 들고 성벽을 쌓았습니다. 방해꾼들이 많아서 24시간 교대하면서 일했는데 얼마나 급했는지 성전을 재건하는 데는 20년이 걸렸지만 성벽은 52일 만에 완공이 되었습니다. 이 성벽으로 포로 후의 새 삶의 터전이 마련되었고 또한 신앙의 증거로 후대에 큰 귀감이 되었습니다. 자기 백성에 대한 하나님의 신실하심은 성벽을 재건하는 포괄적인 이야기에서 두드러집니다. 성벽 재건은 이를 반대하는 세력이 상당히 우위였음에도 불구하고 결국 이루어졌기 때문입니다.

〈에스라서〉는 유다의 종교적인 회복을 다루는 반면, 〈느헤미야서〉는 주로 유다의 정치 및 지리적 회복에 초점을 맞춥니다. 〈느헤미야서〉의 초반부는 예루살렘의 성벽 재건에 대단한 관심을 기울이는데, 이는 예루살렘이 유다의 영적인 중심이자 정치적인 중심이기 때문입니다. 성벽이 없다면 예루살렘은 도시라고 하기 어려울 정도로 훼파되어 있었습니다.

다른 구약과 마찬가지로 〈느헤미야서〉의 두드러진 점은 그분의 백성과 맺은 하나님의 언약에 대한 개념입니다. 구약은 이스라엘의 역사를 '언약에 신실했는가, 아니면 불순종했는가?'의 견지에서 다룹니다. 느헤미야 9장 1절에서 10장 39절까지는 이방인과 통혼하지 않고 하나님의 명령을 지키겠다는 백성 스스로의 언약 갱신 의식을 기록하고 있습니다.

담아가기

1. 에스라는 성전 재건의 중단으로 영적으로 지친 백성에게 말씀과 기도를 통해서 대대적인 영적 부흥운동을 일으켰습니다(스 7~10장). 진정한 부흥은 이렇듯 영육간의 균형 있는 성장입니다. 만약 백성이 영적으로 피폐해졌는데 성전과 성벽이 무슨 의미가 있겠습니까? 〈에스라서〉와 〈느헤미야서〉를 읽다 보면 회복된 백성을 위한 절묘한 조화를 이루어내시는 하나님의 솜씨를 볼 수 있을 것입니다.

2. 스가랴는 성전 재건의 업무를 계속할 것을 격려하면서 과거 실패한 조상들의 잘못(불순종, 회개의 지연, 하나님 약속에 대한 의심)을 상기시킴으로 성전 재건을 촉구합니다.

3. 말라기는 백성이 회개를 시작하므로 영적인 습관을 다시 새롭게 할 것을 권면하고 있습니다. 그 길만이 하나님께 돌아가는 길이었기 때문입니다.

이런 책과 강의가 집필에 참고가 됐습니다

콜린 스미스, 김재영 역, 《손에 잡히는 성경 이야기》 1, 2권, 국제제자훈련원, 2004.
이애실, 《어? 성경이 읽어지네!》 강의.